KB105807

예언이 끝났을 때

When Prophecy Fails
ⓒ Leon Festinger, Henry W. Riecken, Stanley Schachter

When
Prophecy

예언이
끝났을때

세상의 멸망을 예언했던 현대의 어느 집단에 대한 사회심리학적 연구

Fails

Leon Festinger Henry W. Riecken & Stanley Schachter

레온 페스팅거·헨리 W. 리켄·스탠리 샥터 지음 | 김승진 옮김

이후

이 연구는 이론적인 작업 중에 이루어졌다. 우리가 정립하고자 했던 이론은 구체적인 예언(그리고 결국에는 실현되지 않은 예언)을 중심으로 구성된 사회운동에 참여하는 사람들이 어떤 행동을 보이는가와 관련이 있었다. 이론적 작업을 통해 가설은 세웠지만 그 가설을 실증 근거로 확인하는 일은 역사 기록에만 의존해야 했다. 그러던 어느 날 이 책에서 다루게 된 사회운동 집단을 신문에서 우연히 보게 되었다. 이미 이 운동은 상당히 진행되어 있었지만 운동의 중심인 예언은 아직 반증되지 않은 상태였다. 당연하게도 우리는 우리가 세운 이론적 개념들을 자연실험적인 조건에서 검증해 보고 싶었다.

이 연구는 미네소타 대학 사회관계연구소의 지원 덕분에 가능했다. 연구 자체가 사회관계연구소의 프로젝트로 진행되었으며 연구가 진행되던 시기에 우리 모두 이 연구소의 일원이었다. 또한 우리 저자 중 한 명이 포드 재단의 지원금을 받을 수 있었던 덕분에 현장 상황에 대해 예비 조사를 할 수 있었다. 포드 재단에 감사를 전한다.

현장 연구가 성공하는 데는 수많은 사람들의 노고가 있었다. 무엇보다, 날마다 현장에서 온갖 난관에 정면으로 맞닥뜨려 가며 참여관찰 업무를 수행해 준 연구 조교 도리스 보스티드Doris Bosted, 엘리자베스 윌리엄스 놀Elizabeth Williams Nall, 프랭크 놀Frank Nall, 마치 레이March Ray, 도널드 살츠먼Donald Salzman에게 감사를 전한다. 책에 등장하는 인물, 장소, 시간을 특정하지 않기 위해 조교들 각자가 언제 어디에서 무엇을 했는지 구체적으로 드러낼 수 없어서 그들의 독창성과 인내심과 희생을 일일이 다 설명하지 못하는 것이 안타까울 뿐이다.

사회관계연구소장 존 G. 달리John G. Darley 박사의 행정 지원에도 감사를 전한다. 우리가 수시로 자리를 비워 가며 이 운동의 일정들에 참여하느라, 또 조교들의 참여관찰을 조율하고 지휘하느라 정신이 없는 와중에, 달리 박사는 침착함을 잃지 않고 우리가 그의 책상에 마구 쌓아 놓는 행정 업무들을 질서 있게 처리해 주었다.

끝으로, 초고를 읽고 통찰력 있는 비판을 제시해 준 가드너 린지Gardner Lindzey, 세이무어 M. 립셋Seymour M. Lipset, 폴린 S. 시어스Pauline S. Sears에게 감사를 전한다. 그들의 조언은 큰 도움이 되었고 많은 부분이 최종고에 반영되었다.

책에 나오는 인명과 지명은 모두 가명이다. 누군가가 책에 나오는 이름과 자신이 아는 실제 인물 사이에 유사성을 발견했다면, 그것은 우리가 의도한 바가 아니다. 사건의 본질은 전혀 바꾸지 않고 서술했지만, 배려 없는 독자가 내보일지도 모를 과도한 호기심으로부터 이 집단의 일원들을 보호하기 위해 우리는 그들의 신원이 노출되지 않게 했다.

공동 작업으로 저술된 책에 대해 독자들은 각각의 저자가 책의 내용에 어느 만큼 책임이 있는지(따라서 어느 만큼 찬사와 비난을 받아야 하는지) 궁금할 수 있을 것이다. 우리는 모두 동등하게 연구에 참여했고 연장자가 부당하게 주 저자로 인식되지 않도록 저자이름을 알파벳 순으로 표기했다.

레온 페스팅거, 헨리 W. 리켄, 스탠리 샥터
1955년 12월 21일

차례

1장
실현되지 않은 예언과 실망한 메시아

확신에 찬 사람은 잘 바뀌지 않는다. 그에게 "나는 당신에게 동의하지 않는다"고 말해 보라. 그는 외면할 것이다. 그에게 사실관계 정보와 수치 근거들을 제시해 보라. 그는 출처를 의심할 것이다. 그에게 논리적으로 반박해 보라. 그는 당신 말의 요지를 파악하지 못할 것이다.

강한 확신을 가진 사람을 변화시키려 하는 게 얼마나 쓸데없는 일인지, 우리는 늘상 경험한다. 특히 그 사람이 자신이 믿는 바를 위해 무언가 중요한 투자를 했을 때는 더욱 그렇다. 우리는 자신의 믿음을 방어하기 위해 사람들이 갖다 붙이곤 하는 다양하고도 독창적인 궤변들에 익숙하다. 그런 궤변들을 만들고 끌어와서, 어떤 결정적인 공격이 들어와도 자신의 믿음이 무너지지 않게 지켜내는 것이다.

이런 재주와 노력은 자신이 믿는 바를 방어하려는 데서만 그치지 않는다. 어떤 사람이 진심으로 무언가를 믿고 있다고 해 보자. 그리고 그 믿음을 위해 돌이킬 수 없는 행동을 취했다고 생각해 보자. 마지막으로, 그 믿음이 틀렸다는 것을 명백하게 보여 주는, 도저히 부인할 수 없는 증거에 직면하게 되었다고 해 보자. 그는 어떤 반응을 보이게 될까? 많은 경우, 단지 믿음을 유지하는 정도를 넘어서 그 믿음에 한층 더 강한 확신을 갖게 된다. 심지어 다른 이들까지 그 믿음을 믿게끔 설득하고 끌어들이기 위해 맹렬한 전도 활동에 나서기까지 한다.

자신의 믿음과 상충하는 증거에 접했을 때 이런 반응은 왜, 어떻게 나오게 되는 것일까? 이것이 이 책의 주제다. 이 책에서 우리는 이 질문에 대해 실증 근거로 뒷받침된 합당한 설명을 제시해 보고자 한다.

먼저 우리는 아래와 같은 다섯 가지 조건이 만족되면 "자신의 믿음이 명백한 사실에 의해 반증되었을 때 그 믿음에 대한 열정이 오히려 증가하는 현상"이 나타날 가능성이 크리라는 가설을 세웠다.

첫째, 어떤 사람이 매우 깊은 확신을 가지고 무언가를 믿고 있어야 하며 그 믿음이 모종의 행동과 관련이 있어야 한다. 즉 그가 어떻게 행동하는지, 혹은 어떤 행동을 하는지가 그 믿음과 관련이 있어야 한다.

둘째, 그가 그 믿음을 위해 자신에게 중요한 무언가를 확실하게 투자했어야 한다. 즉 되돌리기 어려운 중대한 일을 그 믿음을 위해 행했어야 한다. 이러한 "투자 행동"●이 그에게 중대한 것일수록, 또 되돌리기 어려운 것일수록, 그 믿음에 대한 헌신의 강도가 높다고 볼 수 있다.

셋째, 그 믿음은 충분히 구체적이어야 하고 현실 세계와 충분히 관련이 있어야 한다. 그렇지 않으면 "부인할 수 없는 명백한 반증"이 가능할 수 없기 때문이다.

넷째, 그 믿음에 대해 "부인할 수 없는 명백한 반증"이 될 사건

● 저자가 사용한 용어는 "commitment"이다. "commitment"는 어떤 약속에 대한 실질적인 이행이나 실천, 또는 헌신을 의미한다. 여기에서는 돌이킬 수 없는 "행동"을 통해 자신에게 매우 중요한 것을 그 믿음에 "걸었다"는 의미에서 "투자 행동"이라고 옮겼다. 수익을 추구하는 계산된 행위로서의 투자와는 다른 의미다. 옮긴이

이 발생해야 하고, 그 믿음을 믿고 투자 행동을 했던 사람이 이를 [즉 자신의 믿음을 확실하게 반박하는 증거가 나타났음을] 인지해야 한다.

첫째와 둘째 조건은 믿음을 버리는 것에 대해 심리적 저항성이 커지게 만드는 상황을 의미한다. 셋째와 넷째 조건은 믿음을 버리도록 압박하는 강력한 외부 압력이 존재할 수 있는 상황을 의미한다. 물론 아무리 강한 확신을 가지고 있었더라도 부인할 수 없는 명백한 반증에 직면하면 믿음을 철회할 수 있다. 따라서 어떤 경우에 기존의 믿음이 철회되고 어떤 경우에 기존의 믿음이 오히려 강화되는지를 설명할 수 있는 추가적인 조건이 필요하다. 그것이 다음의 다섯 번째 조건이다.

다섯째, 그 믿음을 가진 사람이 사회적 지지와 지원을 받을 수 있는 환경에 있어야 한다. 명백한 반증에 홀로 저항하기란 어려운 일이다. 하지만 그가 확신에 찬 사람들로 이뤄진 집단의 일원이어서 구성원들이 서로서로를 지지하고 지원한다면, 믿음이 유지될 수 있을 것이고 나아가 외부 사람들까지 설득시키려는 전도 활동에도 나서게 될 수 있을 것이다.

요컨대, 어떤 믿음에 대해 이 다섯 가지 조건이 만족된다면 명백한 반증의 증거가 나타났을 때 사람들이 믿음을 버리기는커녕 오히려 다른 이들을 설득하려는 전도 활동이 증가하게 되리라 예상해 볼 수 있다. 가설을 세웠으니 이제 다음 단계는 가설을 검증할 수 있는 실증 자료를 찾아내는 일일 것이다. 다행히도 역사에는 이 조건들을 충족시키는 사회운동의 사례가 계속해서 등장한다. 천년왕국 운동이나 구세주 운동들이 그런 사례다. 현대판 천년왕국 운동의 사례를 상세히 알아보기에 앞서(현대의 사례는 2장부터 상세히 알아볼 것이다) 먼저 이런 류의 운동이 위에서 말한 다섯 가지 조건을 어떻게 만족시키는지 살펴보기로 하자.

일반적으로 천년왕국 운동이나 구세주 운동은 미래의 사건에 대한 예언을 중심으로 조직된다. 하지만 예언된 사건이 시기와 양상 면에서 충분히 구체적이어야만 우리의 조건이 충족될 수 있다. 즉 시점이나 기간이 특정되어야 하고 정확히 어떤 일이 벌어질지도 구체적으로 주어져야 한다. 예언된 사건의 내용은 예수가 재림해 그가 지배하는 왕국이 시작되는 것일 수도 있고, 대재앙이 와서 (선택된 소수만 구원되고) 세계가 멸망하는 것일 수도 있다. 또 메시아나 그 밖에 기적을 가져오는 누군가가 특정한 사건을 불러오는 것일 수도 있다. 예언된 사건의 내용이 무엇이건 간에, 그 사건의 발생 시점과 발생 양상이 구체적으로 특정되었다면 앞에서 말한 세 번째 조건이 만족된다.

두 번째 조건은 해당 믿음에 대해 참가자들이 되돌릴 수 없는 행동의 형태로 강한 투자를 할 것을 요구한다. 대개 이 조건은 첫 번째 조건에 응당 뒤따르는 결과로서 자연스럽게 충족된다. 어떤 예언을 정말로 믿는다면(첫 번째 조건), 가령 구체적인 어떤 날짜에 대화재로 지구가 멸망해 죄인은 죽고 선인만 구원될 것이라고 정말로 믿는다면, 당연히 그와 관련해 필요한 준비들을 하게 될 것이다. 그런 준비에는 자신의 믿음을 공개적으로 선언하는 것부터 세속의 일을 모두 저버리고 지상의 소유물을 전부 포기하는 것까지 다양한 형태가 있을 수 있다. 이러한 행동을 감행하고 사람들의 조롱과 비난을 감수하는 것은 철회 불가능한 방식으로 그 믿음에 스스로를 바치는, 매우 강한 투자 행동이 된다. 예언된 사건을 맞이하기 위해 그들이 한 행동은 되돌리기가 쉽지 않으며, 믿지 않는 사람들의 야유와 조소는 그들이 자신이 틀렸음을 인정하고 그 운동에서 빠져나오는 것을 더욱 어렵게 만든다.

예언된 사건은 결국 일어나지 않기 때문에 네 번째 조건도 충족된다. 천년왕국 운동이나 메시아 운동의 사례를 보면, 예언의 날이 왔을 때 예언대로 되지 않았다는 것은 의심의 여지없이 모두에게 명백하며 예언을 믿었던 사람들도 이 실패를 명확하게 인지한다. 즉 명백한 반증이 발생하며 이 반증이 예언을 믿었던 사람들에게 영향을 미친다.

마지막으로, 다섯 번째 조건도 천년왕국 운동이나 메시아 운동에서 일반적으로 충족된다. 이런 운동에서는 신자와 사도들의 집단이 형성되기 마련이다. 아주 소수만으로 형성되는 경우도 있고 신도가 수십만 명에 이르는 경우도 있다. 각각의 사람들이 어떤 계기로 가담하게 되었는지는 우리의 논의 주제를 벗어난다. 어떻든, 대부분의 경우 하나 이상의 집단이 생겨서 신도들이 서로서로 지지와 지원을 제공할 수 있었다는 사실은 분명하다.

역사에는 이런 운동의 사례가 많이 등장한다. 어떤 것들은 언급 정도만 되어 있지만 어떤 것들은 매우 상세한 설명이 남아 있다. 우리 연구 주제와 관련해 특히 중요한 내용이 빠져 있는 것들도 있지만, 우리의 핵심 질문에 대해 서론격의, 그리고 상당히 설득력 있는 설명을 제공하기에 충분한 기록이 남아 있는 것들도 많다. 모종의 예언을 중심으로 구성되었으며 그 예언이 반증되는 것이 분명하게 목격된 운동에서 어떤 일들이 벌어졌는지 알아보기 위해, 비교적 명백한 사례를 몇 가지 골라 보았다. 현대 사례에 대한 우리의 현장 연구로 들어가기 전에, 이들 과거 사례를 먼저 살펴보기로 하자.

예수가 십자가에서 숨진 이래 많은 기독교인이 예수의 재림을 바라왔고 구체적인 날짜를 예언하는 운동도 드물지 않았다. 하지만 초창기 사례들에 대해서는 그들이 반증에 직면했을 때 어떤 반응을 보였는지 알 수 있는 기록이 거의 남아 있지 않다. 역사학 저술에 그런 반응이 간략히 언급된 경우가 간혹 있기는 하다. 이를 테면, 필립 휴즈Philip Hughes는 몬타누스 파 교도들에 대해 다음과 같이 언급했다.

몬타누스는 2세기 중반 사람이다. 설파한 믿음의 내용이 혁신적이지는 않았다. 그가 당대 사람들에게 미친 영향을 하나 꼽자면, 예수의 재림이 임박했다는 견고한 확신을 퍼뜨린 것이다. 몬타누스에 따르면, "우리 주 예수"의 재림은 프리기아에 있는 페푸자(오늘날의 앙고라 근처)에서 벌어질 것이었으며 따라서 "우리 주 예수"를 진정으로 따르는 자는 그리로 가야 했다. 이 예언은 그가 개인적으로 받은 계시에서 나왔다고 하며, 인품과 화술 덕분에 이 새로운 예언자 [몬타누스]는 곧 많은 사도를 거느리게 되었다. 신도들이 예언의 장소로 몰려들어서 여기에 새로운 마을이 하나 세워질 정도였다. **그리고 예정된 날 재림이 오지 않았는데도 이 운동은 끝나지 않았다. 오히려** 재림이 오지 않은 것은 일종의 엘리트 종파로서 **이 운동에 새로운 형태와 새로운 생명을 주었다.** 이 새로워진 운동에서, 이제 신도들은 각자에게 직접적으로 내려오는 "신성한 영혼" 외에는

어느 것의 지침도 받지 않는다고 했나…[1]

이 짧은 단락에 전형적인 메시아 운동의 본질적인 요소가 모두 담겨 있다. 확신에 찬 추종자들이 있었고, 이들이 삶의 터전을 통째로 버리고 새로운 장소로 이동함으로써 강한 투자 행동을 했으며, 예언된 재림은 결국 오지 않았다. 그리고 예언이 반증되었는데도 운동이 끝나기는커녕 오히려 새로운 생명을 얻었다.

이보다 더 늦은 시기에 벌어진 천년왕국 운동들은 기록이 조금 더 많이 남아 있다. 일례로, 16세기 초에 재세례파 사람들은 1533년에 천년왕국이 도래할 것이라고 믿었다. 리처드 히스Richard Heath는 이들의 믿음을 아래와 같이 설명했다.

하지만 그러한 고차원적인 사고들은 모든 것의 종말이 임박했다는 호프만의 예언에 묻혀 버렸다. 호프만에 따르면, 스트라스부르크가 새로운 예루살렘으로 선택되었으며 거기에서 행정관들이 고결한 자들의 왕국을 세울 것이고 144,000명이 이 도시의 권력을 유지할 것이며 진정한 복음과 진정한 세례가 온 땅에 퍼지게 될 것이었다. 또한 누구도 성인의 힘, 계시, 기적에 저항하지 못할 것이고 두 개의 장대한 횃불처럼 에녹과 엘리아스가 나타나 입에서 내뿜는 불길로 지구를 모조리 불태울 것이었다. 호프만은 이 위대한 실현이 시작되는 해가 1533년이라고 선언했다.[2]

● 강조 표시는 우리가 추가한 것이다. 저자.

명백히 이 예언은 열정적으로 선포되었고, 많은 이들에게 받아들여졌으며, 받아들인 이들은 그에 따른 행동을 했다. 즉 재림의 도래와 덧없는 현세의 종말을 준비하기 시작했다. 히스에 따르면,

이때 [호프만의 사도] 로트만을 따르는 이들은 자신의 지도자만큼이나 강한 열정과 자기희생적인 헌신을 보였다. 그들은 자신의 삶에서 평등과 박애의 모범을 보이고자 했다. 부유한 신도들은 자신의 것을 가난한 사람들에게 나누어 주었고 소작 장부를 없앴으며 빚을 탕감해 주었고 세속의 쾌락을 거부했고 비세속적으로 살아가는 방법에 대해 연구했다.[3]

이것이 종말이 예고된 1533년 즈음의 상황이었다. 많은 사람들이 이 믿음을 받아들인 상태였고 어떤 이들은 속세에서 가진 것들을 다 버리거나 나누어 준 뒤였다. 이런 상황에서, 재림이 오지 않은 채로 1533년이 저물고 1534년으로 넘어갔을 때 이들은 어떻게 되었을까?

예언이 반증된 것은 재세례파의 열기를 꺼뜨리기는커녕 열정과 행동을 오히려 증가시킨 것으로 보인다. 그들은 이전 어느 때보다도 강한 에너지를 가지고 자신들에게 새로이 합류할 개종자를 만들려 했고 여러 곳에 전도사들을 보내기까지 했다. 전에는 전도사를 파견한 적이 한 번도 없었는데 말이다. 반증 이후에 열정과 활동이 증가한 것을 히스의 저술에서 확인할 수 있다.

1533년이 저물어 가고 있었다. 호프만이 수감될 것이라 예언되었던

반 년도 끝나 가고 있었다. 또한 2년 동안 성인 세례를 중지했던 것도 새로운 예언자[얀 마티스]가 떠올랐을 때는 거의 다 지나가 있었다.● 네덜란드의 재세례파는 자신들 사이에서 새로운 지도자가 나타났다고 여겼고 그의 지도에 복종했다. 마티스는 사도들을 여기저기로 보내기 시작했다. (…) 사도들은 여러 가지 이야기를 전파했는데, 특히 약속된 시간이 왔으며 더 이상 기독교인이 피를 흘리는 일은 없을 거라고 말했다. 또 곧 신이 압제자들과 잔혹한 탄압자들을 그 밖의 사악한 사람들과 함께 모두 무너뜨리실 것이라고 말했다. 사도들은 많은 주와 도시들을 다니면서 신도들의 집회에서 평화의 입맞춤을 베풀었다. 또 세례를 주고 주교와 부제의 직함을 내리면서 다시 이 주교들이 다른 이들을 성직자로 임명할 수 있게 했다. 열정의 파도는 전에 없이 높이 솟아올랐다. 야콥 반 캄펜은 하우트자허의 도움을 받아 암스테르담의 가난한 사람들에게 전도를 했는데, 1534년 2월에는 하루에만도 100명에게 세례를 베풀었다. 약 두 달 뒤에는 모니엔담Monniaendam 인구의 3분의 2가 얀 마티스의 추종자였던 것으로 추정되며 네덜란드 주요 도시들 모두가 마찬가지였다고 한다.[4]

반증에 대한 반응을 볼 수 있는 또 다른 흥미로운 사례로는 사바타이 체비Sabbatai Zevi가 이끈 천년왕국 운동이 있다.[5] 사바타이 체비는 스미르나 출생으로, 1646년이면 매우 금욕적인 생활과 카발라 밀교 연구에 대한 헌신으로 이미 상당한 권위자의 위치에

● 호프만은 당국이 성인 세례를 탄압하자 일시적으로 세례를 중지한 바 있었다고 한다. 옮긴이

올라 있었다. 또 불과 스무 살의 나이였지만 소수의 사도들까지 거느리고 있었다. 사도들에게 그는 의미를 알기 매우 어려운 카발라 밀교 문서를 가르치고 해석해 주었다.

당시에 유대인들 사이에서는 1648년에 메시아가 나타나 온갖 기적이 벌어지고 구원의 시대가 시작되리라는 소문이 파다하게 퍼져 있었다. 1648년의 어느 시점에, 사바타이 체비는 자신을 따르는 소수의 사도들에게 자신이 바로 예언 속의 메시아라고 선언했다. 그러나 당연하게도 1648년은 그냥 지나갔고 구원의 시대는 열리지 않았으며 예언된 기적들은 일어나지 않았다.

그 직후에 어떤 일들이 있었는지에 대해서는 정보가 남아 있지 않지만, 그가 구세주가 아니라는 사실이 밝혀진 것이 그나 사도들을 조금도 움츠러들게 만들지 않았다는 점은 분명하다. 1648년 이후에 오히려 더 광범위한 사람들에게 자신이 구세주임을 알리려한 것으로 보인다. 하인리히 그레이츠Heinrich Graetz에 따르면, "체비가 구세주를 참칭한 것은 몇 년 뒤 들통이 났고 그의 스승 요세프 에스카파가 이끌던 랍비 회의는 체비와 사도들에게 금지령을 내렸다. (⋯) 결국 체비와 사도들은 [1651년경에] 스미르나에서 추방당했다."[6] 우리의 주제와 관련해 중요한 점은, 체비가 소수의 사도들에게만이 아니라 더 광범위한 사람들에게 자신이 메시아라고 말하고 다닌 것이 1648년이 아무 일 없이 지나간 **이후**였다는 사실이다.

그의 추방도 이 이야기의 끝이 아니다. 이 시기에 기독교의 몇몇 분파 사이에서는 천년왕국이 1666년에 시작될 것이라는 설이 돌고 있었다. 사바타이 체비도 1666년설을 받아들인 것 같다. 1651년부터 1665년 가을까지 그는 유대인이 많이 살던 근동 지방 도시들을 돌아다니면서 자신이 구세주라고 말했다. 랍비 회의가 내린 금지령이 지속되고 있었는데도 그는 점점 더 많은 추종자를 거느리게 되었다. 1665년 무렵이면 그를 따르는 추종자의 규모가 매우 커졌으며, 많은 사도들이 열심히 전파한 덕분에 체비의 이름과 그가 구세주라는 것이 유대인 세계에 널리 알려졌다. 그가 추방당한 스미르나도 1665년 가을이면 분위기가 딴판으로 달라져서, 다시 고향에 돌아온 그는 굉장한 환영을 받았다. 그리고 1665년 9월(혹은 10월)경에 스미르나의 대중 종교 집회에서 체비는 자신이 구세주라고 선포했다.

스미르나 유대인들의 광적인 열기는 한계를 몰랐다. 사람들은 열렬한 사랑과 영광을 전하는 모든 신호를 그에게 내보였다. (…) 모두가 당장이라도 탈출해 신성한 땅으로 돌아갈 준비가 되어 있었다. 일꾼들은 일을 팽개치고 다가오는 구세주의 왕국만 생각했다. (…) 스미르나 유대인 지역들에서 벌어진 이런 일들은 점점 더 광범위한 곳의 사람들에게 화제가 되었다. 소아시아의 많은 마을에서 사람들이 스미르나를 방문해 그곳에서 펼쳐지고 있는 광경을 목격하고 돌아와 구세주의 권능과 기적에 대해 과장된 이야기를 전했고, 그러면 곧 그 마을들도 비슷한 소용돌이에 휩싸였다. 또 사바타이 체비를 수행하던 사무엘 프리모는 메시아[사바타이 체비]가 하는 일과 그의 영예에 대한 기록을 해외의 유대인들에게 전파했다.[7]

곧 이 운동은 거의 유대인 지역 전역으로 퍼졌고 사바타이는 모든 곳에서 메시아로 받아들여지며 환호를 받았다. 또한 이것은 전혀 나태한 신념이 아니었기 때문에, 사람들은 약속된 사건을 준비하기 위한 조치들을 서둘러 취했다. 많은 이들이 속세의 일을 팽개치고 예루살렘으로의 귀환을 준비했다.

관련된 일련의 예언 중에 술탄이 권좌에서 쫓겨나게 되리라는 예언이 있었다.(이것은 유대인들이 신성한 땅으로 귀환하려면 꼭 이뤄져야 할 선결 조건이었다). 1666년 초에 사바타이는 일군의 추종자와 함께 이 임무를 수행하기 위해 콘스탄티노플로 향했다. 그런데 다르다넬스 해협에 도착하자마자 투르크의 관리들에게 체포되어 족쇄를 찬 채 콘스탄티노플 옆의 작은 마을로 이송되었다. 그레이츠는 이렇게 기록했다.

그가 오리라는 전령을 듣고 (…) [콘스탄티노플에 사는] 체비의 추종자들은 그를 맞을 준비를 했다. 하지만 그들이 본 것은 가련하게 족쇄를 차고서 고난을 겪고 있는 체비의 모습이었다. 일단 그들이 가져온 돈으로 체비는 필요한 것들을 조금 마련할 수 있었고 그 다음 일요일[1666년 2월]에 바닷길로 콘스탄티노플로 이송되었다. [그의 콘스탄티노플 입성은] 그와 그의 신도들이 예상했던 것과는 너무나 다른 방식이 아닌가!⁸

체포된 사바타이의 모습을 본 것은 추종자들에게 큰 실망을 주었을 것이고 이것은 예언에 대한 강력한 반증이었을 것이다. 실제로 신도들이 충격과 실망을 겪었다는 내용을 역사 기록에서 찾아볼 수 있다. 하지만 곧 익숙한 패턴이 나타나기 시작했다. 확신이 회복되고 이들의 열정과 다른 이들을 전도하려는 노력이 한층 더 강렬해진 것이다. 그 뒤에 일어난 일을 그레이츠는 다음과 같이 설명했다.

며칠간은 집 안에 가만히 틀어박혀 있었다. 길거리에서 아이들이 "그분이 오신다더니? 그분이 오신다더니?"라고 외치며 놀려댔기 때문이다. 하지만 얼마 지나지 않아 그들은 체비가 진정 구세주가 맞으며 그가 맞닥뜨린 고통은 그가 영광스럽게 되기 위해 거쳐야 할 필수불가결한 조건이었다고 다시금 주장하기 시작했다. 예언가들은 사바타이와 이스라엘 전체가 곧 구원될 것이라고 계속해서 주장했다. (…) 수천 명이 그의 모습만이라도 보기 위해 사바타이가 갇힌 곳에 날마다 모여들었다. (…) 유대인들의 기대는 한층 더 고조되었고 과장된 희망도 점점 더 커졌다.[9]

사바타이가 여전히 살아 있다는 사실이 그가 구세주가 맞다는 근거로 사용되었다. 그가 다른 감옥으로 이송되어 수감 환경이 약간 나아지자(대부분은 뇌물 덕분이었다.) 이 주장은 한층 더 강력해졌다. 그를 사랑하는 추종자들이 끊임없이 감옥에 찾아왔고 기적 이야기와 프로파간다가 계속 만들어져 근동 지역과 유럽 전역에 퍼졌다. 그레이츠에 따르면,

옛 예언가와 당대 예언가들이 말한 예언을 확증하는 데 더 이상 무엇이 필요했겠는가? 그리하여 예언에 따라 유대인들은 "고향으로 귀환할" 준비에 진지하게 나섰다. 헝가리의 유대인들은 자기 집 지

붕을 벗기기 시작했다. 또 유대인들이 도매업을 장악하고 있었던 많은 상업 도시들(암스테르담, 레그혼, 함부르크 등)에서 거래가 크게 줄어들었다.[10]

당시 유럽에 살던 한 유대인이 남긴 회고록은 그레이츠가 설명한 바를 생생하게 보여 준다.

[스미르나에서] 편지가 올 때마다 우리가 느낀 기쁨은 이루 형용할 수 없다. 대부분의 편지는 세파르디* 사람들에게 전하는 내용이었다. 편지가 오면 곧바로 시나고그**로 가지고 가서 큰소리로 낭독했다. 독일인들까지도, 노소를 막론하고, 세파르디의 시나고그로 달려갔다.

많은 이들이 집과 땅과 모든 소유물을 팔았다. 어느 날이라도 구원될 수 있으니 준비를 해 두려는 것이었다. 하멜른에 사시던 연로한 장인 어른은 집과 땅과 좋은 가구들을 모두 버리고 힐데스하임으로 가셨다. 장인 어른은 함부르크에 있는 우리에게 두 개의 커다란 나무통을 보내 왔다. 그 안에는 직물, 그리고 콩, 말린 고기, 말린 자두처럼 오래 보관할 수 있는 각종 음식들이 있었다. 언제라도 함부르크를 떠나 신성한 땅으로 귀환하는 항해가 시작될 수 있으리라고 생각해서였다.[11]

● 스페인, 포르투갈에 거주하던 유대인들. 옮긴이

●● 유대교 회당. 옮긴이

이 문제를 해결하기 위해 술탄은 사바타이를 처형해 순교자로 만들기보다 이슬람으로 개종시키고자 했다. 꽤 놀랍게도 이 계획은 성공했고 사바타이는 터번을 둘렀다. 그래도 근동 지역 유대인들은 많은 수가 여전히 믿음을 버리지 않았다. 체비의 이슬람 개종을 합리화하는 온갖 이유가 발명되었고 추종자들은 전도 활동을 계속했다. 대개의 전도 활동은 전에 이 운동이 그리 강하지 않았던 지역들에서 이뤄졌다. 심지어 적지 않은 유대인이 체비를 따라 이슬람교도가 되었다. 이와 달리 유럽에서는 대부분의 추종자들에게 체비의 이슬람 개종이 감당하기에 너무나 과도한 일이었고, 운동은 곧 무너졌다.

사바타이 운동은 우리가 연구하려고 하는 현상을 매우 잘 보여준다. 사람들이 어떤 믿음과 그에 따른 일련의 행동에 자신을 강하게 투자하면 명백한 반증이 나타나도 믿음이 철회되기는커녕 오히려 확신이 강화되고 믿음을 외부에 전파하려는 전도 활동이 증가한다. 그렇지만 여기에는 어떤 임계점이 존재하는 것으로 보인다. 반증의 증거가 너무 많이 쌓여 임계점을 넘어가면 믿음을 버리게 되는 것이다.

이제까지 본 사례들은 너무 옛날 사건이라 정보가 누락된 부분도 많고 논란의 여지가 있거나 모호한 부분도 많다. 세부 사항이 더 잘 알려져 있는 비교적 최근의 사례를 하나 살펴보기로 하자. 19세기 중반 미국에서 널리 퍼졌던 밀러주의 운동이다. 이 운동은 원본 문서들이 상당히 많이 보존되어 있고 상세한 설명을 포함한 두 개의 연구서가 나와 있다. 하나는 C. E. 시어스C. E. Sears의 저술[12]로, 밀러주의 신봉자들을 조롱하는 어조로 되어 있다. 다른 하나는 F. D. 니콜F. D. Nichol의 저술[13]로, 밀러주의 추종자들을 더 면밀하고 열정적으로 옹호하고 있다.

윌리엄 밀러William Miller는 뉴잉글랜드의 농부였는데, 성경에 나오는 예언이 문자 그대로 이뤄지리라고 믿었다. 2년간 성경을 공부하고서, 1818년에 밀러는 세상의 종말이 1843년에 올 것이라는 결론에 도달했다. 니콜은 다음과 같이 기록하고 있다.

구체적으로 밀러는 "2300 주야가 지나면 성소가 정화되리라"[다니엘서 8:14]는 예언을 가장 강조했다. 성소의 "정화"는 화염으로 지구를 정화한다는 의미이며 성경의 한 "주야"[하루]는 한 해를 상징한다고 믿고서, 그리고 예언의 시간이 기원전 457년에 시작한다고 보고서, 밀러는 다음과 같은 결론에 도달했다. "2년간 성경을 면밀히 연구한 결과, 1818년에 나는 다음과 같은 거룩한 결론에 도달했다. 앞으로 25년 뒤, 우리가 알고 있는 현재 상태의 모든 것은 휩쓸려 사라질 것이다."(윌리엄 밀러, 〈사죄와 옹호Apology and Defense〉, p. 5)[14]

밀러는 이후 5년 동안 성경 연구를 계속하면서 다른 이들에게 알릴 만하다는 확신이 들 때까지 계산을 거듭 확인했고, 확신이 든 뒤에도 몇몇 이웃과 소수의 목사들에게만 이야기했다. 다들 별 관심을 보이지 않았지만 밀러는 굴하지 않고 자신의 견해를 계속 이야기했다. 1831년 무렵이면 여러 모임에서 강연 의뢰를 받을 만큼 사람들의 관심을 끌게 되었다. 이후 8년 동안 밀러는 아주 많은 시간을 강연을 하면서 보내게 되는데, 천년왕국 도래 시점이 1843년이라는 예언의 근거를 설명하는 것이 주된 내용이었다. 점점 더 많은 사람들이 그의 계산에 설득되었고 이들 중에는 목사도 꽤 있었다. 1839년에는 조슈아 V. 하임즈Joshua V. Himes가 밀러를 만나 이 예언을 확신하게 되었다. 그리고 하임즈 덕분에, 그때까지만 해도 밀러 혼자 돌아다니며 예언을 전파하던 것이 조직적인 활동으로 바뀌었다. 신문이 발간되기 시작했고, 재림을 3년 남겨 놓은 1840년에는 관심 있는 목사들이 모이는 컨퍼런스가 개최되었으며, 전도 활동도 증가했다. 이렇듯 이들의 활동이 재림 예언에 초점을 둔 대중 운동이 되면서, 밀러의 견해는 널리 퍼져 나가기 시작했다.

밀러 운동의 지도부 중에는 재림 시점이 정확히 1843년이라는 것을 완전히 믿지는 못하는 사람이 여전히 꽤 많았다. 1842년 봄에 보스턴에서 열린 컨퍼런스에 대해 니콜은 이렇게 설명했다.

재림을 설교할 때 재림의 시점이라는 요소가 갖는 중요성이 이 컨퍼런스에서 주되게 논의되었다. 그날 배포된 결의서가 이를 잘 보여 준다.

"이 컨퍼런스에서 합의된 바, 신이 종말의 시점을 드러내셨다고 믿을 만한 진지하고 중요한 이유들이 있으며 그 시점은 1843년이라고 결론이 났으므로 이를 결의한다."(『시대의 징표Signs of the Times』, 1842년 6월 1일, p. 69)

종말의 시점에 대한 문제가 점점 더 강조되었다는 사실은, 이 가르침을 받아들인 사람이라면 이를 세상에 경고해야 한다는 책임감을 점점 더 긴박하게 느끼고 있었으리라는 것을 의미한다. 신도들은 "한밤의 외침"을 열정적으로 선언할 때가 왔다고 믿었다.[15]

요컨대, 1843년이 다가오면서 예언된 시점의 정확성에 대한 믿음이 강해지고 있었고 그와 동시에 예언을 전파하려는 활동도 증가했다. 전체 회의는 1842년 여름에 신도들을 위한 일련의 야외 집회를 개최하기로 결정했고, 집회는 매우 성황리에 치러졌다. 11월 중순까지 4개월 동안 밀러주의자들은 서른 번이나 야외 집회를 열었고 수천 명이 여기에 참가했다. 추종자의 수는 꾸준히 증가했다.

1840년에 보스턴에서 『시대의 징표』를 발간하기 시작한 데 이어, 밀러주의 지도자들은 뉴욕에서도 『한밤의 외침』을 펴내기 시작했다. 또 여러 도시에서 짧은 기간 동안 이런저런 신문들이 제작되었다. 대개는 그 지역에서 열릴 강연회를 염두에 두고 발간된 것들이었다.

이를테면, 1843년에 시작되어 13호까지 발간된 『필라델피아의 경고』는 이곳에서 열린 일련의 강연회에서 배포되었다. 이런 식으로, 어떤 도시든 이 운동을 대중에게 처음 소개할 때 발간물에 지역색을 적절하게 가미할 수 있었다. 그 다음에는 더 보편적인 원칙들을 담은 출판물들이 전도와 신자 교육에 쓰였다.[16]

운동의 세가 커지면서 그에 대한 반대도 높아졌다. 1843년 초가 되면 많은 목사들이 밀러주의에 반대하는 설교를 했고 신문에는 밀러주의를 조롱하는 글이 실렸다. 밀러 추종자는 광인들이며 밀러의 설교가 사람들의 정신을 이상해지게 만든다는 소문이 널리 퍼졌고 신문에도 이런 내용이 왕왕 게재되었다. 밀러주의 운동에 어떤 공격이 가해졌는지는 다음의 사례 하나만 보아도 충분히 알 수 있을 것이다.

그 건물에 밀러주의자들의 출입을 금지한 것은 매우 적절하다. 필라델피아에서 밀러주의자들은 그 건물에서 주지육림을 벌이곤 했다. 또한 우리는 보스턴 법원 대배심이 그 사원 자체를 위험한 곳이라고 표명한 데 대해 환영하는 바이다. 대여섯 명의 사망 사건이 더벌어졌고 또 몇몇의 남성과 여성이 이 비참한 광기 때문에 정신병원에 보내졌으니, 대배심은 이렇게나 많은 잘못의 원인인 이 무뢰한 집단을 마땅히 기소해야 한다고 판단했을 것이다.[17]

이러한 반대에도 밀러주의 운동에는 계속해서 추종자들이 모여들었다. 사람들이 다 들어갈 집회장을 찾는 게 어려울 정도였다. 그래서 1843년 초에 밀러주의 지도자들은 보스턴에 임시 예배소를세우기로 했다. 3천5백 명이 모일 수 있었고, 보스턴의 성직자 상당수도 포함해 실제로 많은 이들이 여기에 모였다. 예배소가 생긴 덕분에 더 많은 사람에게 더 빠르게 예언을 전파할 수 있었고, 소책자와 신문 등을 펴내는 활동도 계속해서 활발히 이뤄졌다.

예상하시다시피, 1843년으로 접어들면서 정확히 며칠에 재림이일어날지에 대한 관심이 급격히 높아졌다. 그해 초까지 밀러는 재림이 "1843년경"에 일어날 것이라고만 언급했다. 1843년 1월 1일에밀러는 앞으로 무슨 일이 펼쳐질지에 대한 그의 믿음을 글로 펴냈는데, 날짜에 대해서는 다음과 같이 밝혔다.

이해하려는 열망을 가진 자, 재림에 준비가 된 자 모두가 시기를 알게 되리라고 믿는다. 나는 1843년 3월 21일과 1844년 3월 21일 사이의 어느 시점일 것이라고 전적으로 확신한다. 유대인의 시간 계산법에 따르면 그때 성인들과 함께 예수가 오실 것이고 마땅히 해야 할 일을 한 모든 이에게 보상을 하실 것이다.[18]

니콜은 다음과 같이 설명했다.

밀러는 그 기간 중 특정한 날짜를 언급하지는 않았다. 다른 지도자들도 날짜를 특정해 말하는 것은 반대했다. 1843년 1월에 『시대의 징표』 창간호는 밀러주의자들이 4월의 어떤 특정한 날짜를 재림의 날로 이야기했다는 주장이 널리 퍼진 데 대해 다음과 같이 반박했다. "1843년의 재림을 믿는 사람들은 **구체적인 날짜를 특정하지 않았다.** 밀러 형제, 하임즈 형제, 리치 형제, 헤일 형제, 피치 형제, 홀리 형제 등 저명한 설교자들 모두 단호하게 (…) 재림 날짜를 특정해 말하기를 거부한다. 이는 우리가 신문에서 이미 여러 번 밝힌 바와 같다"(『시대의 징표』, 1843년 1월 4일, p. 121. 1843년 1월 18일자. p. 141도 참고하라. 여기에는 날짜를 특정하는 것에 반대하는 밀러주의 목사 조지 스토어스George Storrs의 글이 실려 있다. 1843년 4월 5일자 pp. 33~35, 37도 참고하라.)
일부 설교자나 몇몇 집단이 성경에서 날짜에 대한 암시를 찾아내려 하거나 예언을 이리저리 해석해서 정확히 며칠에 재림이 일어날지 알아내고자 하는 경우가 있긴 했다.[19]

밀러가 시점을 날짜가 아니라 기간(1843년 3월 21일에서 1844년

3월 21일 사이)으로 잡았다는 사실은 많은 추종자들에게 간과되었고, 구체적인 날짜에 대한 두 개의 예언이 떠돌았다.(얼마나 많이 퍼져 있었는지는 확실하지 않다.) 밀러주의 신도들 중 일부는 재림이 1843년 4월 23일에 일어날 것이라고 믿었다. 지도자들이 이 날짜를 승인한 바가 전혀 없었는데도 말이다. 4월 23일설을 주장하던 사람들은 4월이 아무 일 없이 지나가자 다음과 같은 방식으로 합리화 논리를 폈다.

[밀러주의자들은] 처음에는 실망하고 경악했다. 하지만 이런 충격은 빠르게 새로운 확신에 자리를 넘겨주었다. 그들은 서로서로에게 이렇게 상기시켰다. "재림이 올 수 있는 기간이 1년이나 있어. 우리가 시점을 너무 일찍 잡았을 뿐이야." 이들은 새로이 북돋워진 열정으로 함께 노래를 부르고 믿음을 독려했다.[20]

여기에서도 반증 이후에 열정과 확신이 되레 높아진 것을 볼 수 있다.

지도자들이 내놓은 공식적인 입장(이들은 1844년 3월 21일까지를 재림 시기로 보고 있었다)에도 불구하고, 이번에는 많은 밀러주의자들이 1843년 말에 재림이 올 것이라고 믿었다. 이듬해인 1844년 초에 지도자들은 1843년 말 재림설이 돌았던 것을 염두에 두고서 그에 대한 입장을 밝혔다. 가령, 밀러의 신년 연설은 다음과 같이 시작했다.

"형제여, 로마력 1843년은 지나갔습니다. [유대인의 신성한 해는 1844

년 봄에 끝날 것입니다.] 그리고 우리의 희망은 아직 실현되지 않았습니다. 그러면 배를 포기해야 합니까? 아닙니다. 아닙니다. (…) 우리는 아직 우리가 계산한 시간이 끝나 버렸다고 믿지 않습니다. 457과 1843이 모두 더해져야 2300이 됩니다. 그리고 물론 1844년에 접어든 이후에도 한동안 더 지나야 합니다. 기원전 457년이 시작 시점이기 때문입니다".[21]

1844년 초의 일반적인 상황에 대해 시어스는 다음과 같이 묘사했다.

"몇몇 공동체에서는 의구심과 주저함이 명백했다. 하지만 다음의 사실을 상기하자 의구심은 곧 사라졌다. '1839년부터도 예언자 밀러는 **기독교력**으로 1843년에서 1844년으로 넘어가는 시점[1843년 말]에 재림이 오리라는 견해를 **긍정한 바 없으며**, 시기는 **유대력**으로 따져야 한다고 여러 차례 언급했다. 유대력으로는 예언의 해가 1844년 3월 21일까지 이어진다. 밀러는 이를 여러 차례 이야기했으나 일반 신도들의 열정 속에서 이 말은 잊혀졌다.' 이런 취지의 이야기가 널리 전파되었고 이 시점이면 신도들의 미망이 너무나 깊어서 아무리 조잡하고 단순한 설명이라도 그들의 상상력을 휘어잡고 회의와 의심을 잠재울 수 있는 상태가 되어 있었다.

예언의 시기가 이렇게 연장되자, 세상에 경고해야 한다는 책임감을 느낀 신도들은 새로운 활력으로 그 일에 나섰다. 이들은 그때까지 믿지 않았던 사람들이 끔찍한 사건이 임박했음을 깨닫게 설득하는 데서, 또 이미 신자였던 사람들의 믿음을 한층 더 강화하는 데서,

전에 없던 성공을 거뒀다.[22]

이번에도 열정은 다시 한 번 증가했다. 뉴욕과 필라델피아에서 열린 밀러주의 집회에는 대대적인 인파가 몰렸고 워싱턴에서는 사람이 너무 많이 와서 막판에 장소를 더 큰 회당으로 옮겨야 했다. 대중의 관심은 지도자들이 기대한 것보다 훨씬 더 강렬했다. 하지만 1844년 3월 21일에도 재림의 기미는 보이지 않았다. 밀러주의 신도가 아닌 사람들의 [조롱조의] 반응은 가혹하고 분명했다.

옛 예언자가 처한 곤경에 세상은 즐거워했다. 조롱꾼들은 도저히 견딜 수 없을 정도의 야유와 조소를 퍼부었다. 밀러 추종자는 집 밖으로만 나서면 잔인한 야유에 직면했다.
"어라, 뭐야? 아직 안 올라갔네? 당신들은 다들 올라갔을 거라고 생각했는데! 곧 올라갈 건가? 설마 당신 아내가 당신만 화염에 불타게 두고 혼자 올라간 건 아니겠지?"
요란 떠는 마을 사람들은 그들을 가만 내버려 두지 않았다.[23]

신도들도 엄청난 실망을 느꼈다. 하지만 실망의 시기는 오래 가지 않았고 곧 에너지와 열정이 되돌아왔다. 전만큼, 아니 전보다 더 강하게.

종말의 해는 끝났지만 밀러주의는 끝나지 않았다. (…) 약하게 가담했던 사람들은 떠났지만 많은 사람들이 신념과 열정을 유지했다.

그들은 [예언이 이뤄지지 않은 것이] 계산상의 사소한 실수 때문이었다고 생각하며 실망을 달랬다.[24]

예언이 실패했는데도 광기의 불꽃은 증가했다. 이러한 감정의 화염은 의지로 끌 수 없다. 대화재가 다 그렇듯이, 감정의 화염도 스스로 소진되어야 한다. 1844년에도 그랬다. 예언의 실패는 임박한 심판의 날에 대한 믿음과 헌신을 감소시키기는커녕 오히려 더 큰 신심을 내보이려는 행동을 촉발했다.[25]

7월 중순이면 다른 사람들을 더욱더 많이 개종시키기 위한 설교와 전도의 에너지가 이전 어느 때보다도 높아져 있었다. 밀러와 하임즈는 멀리 오하이오 주까지 가서 전도를 했다. 전에는 없던 일이었다. 하임즈는 재림에 대한 일반 신도들의 태도를 이렇게 묘사했다. "나는 이보다 더 강하고 활동적인 신념을 본 적이 없다. 예언의 말씀에 대해 형제들이 보여 주는 신심과 확신이 이보다 더 강했던 적은 없었다. 성경의 증거를 믿었던 사람 중에서 신념이 흔들린 사람을 나는 거의 보지 못했다. 그리고 다른 이들도 이제 우리의 견해를 받아들이고 있다."[26] 3월에 있었던 반증을 잘 알고 있는 하임즈는 필라델피아를 방문했을 때 신도들의 믿음이 되살아난 것을 목격하고 크게 기뻐했다. "믿음을 시험하는 위기는 지나갔고 필라델피아에서 대의의 분위기는 고조되고 있다. 인근에서 어느 때보다도 간절하고 절박한 연설 요청이 들어오고 있다. 켄싱턴의 에버네저 구역 담당 목사(그는 감리교도다)도 방금 우리의 원칙을 전적으로 받아들인다고 했다."[27]

니콜은 다음과 같이 설명했다.

8월 초에 클리블랜드에서 하임즈는 영국 방문 계획을 세웠다. "시간이 조금 더 연장된다면", 영국인들의 관심을 더 빠르게 촉진하기 위해 그곳을 방문해야겠다는 것이었다. 문건은 전에도 전파되었고 해외의 많은 목사들이 "보라, 신랑이 오는도다"●라는 메시지를 이미 받아들였지만, 하임즈는 지금이야말로 그를 비롯한 미국의 동지들이 해외 신도들의 믿음을 더욱 강화시켜 주어야 할 때라고 생각했다. 그는 이렇게 말했다. "시간이 한두 달 더 미뤄진다면, 우리는 여러 다른 언어로도 개신교와 가톨릭 국가들에 **기쁨의 소식**을 보낼 것이다…."

"런던에 인쇄소를 세우고 사방 모든 곳으로 설교를 하러 가야 한다. 우리는 주님의 말씀이 자유롭게 퍼질 것이고 찬미 받으리라 믿는다. 우리는 우리가 무엇을 성취할 수 있을지에 대해 말할 수 없다. 하지만 우리는 우리의 의무를 다하고자 한다."(『재림 헤럴드』, 1844년 8월 21일 p. 20)

즉 하임즈와 밀러는 전도 활동을 서쪽으로 더 확장했을 뿐 아니라 해외에서의 더 큰 활동까지 염두에 두고 있었다.[28]

이 무렵이면 점점 더 많은 밀러주의자들이 사무엘 S. 스노 목사가 말한 새 예언을 받아들이고 있었다. 스노는 재림 날짜가 1844년 10월 22일이라고 했다. 1844년의 처음 몇 달 동안에 나타났던 열정

● 마태복음 25장 6절. 옮긴이

과 신념을 능가하는 것은 불가능해 보였지만, 바로 그 불가능한 일이 일어났다. 두 번의 부분적인 반증(1843년 4월 23일과 1843년 말)과 한 번의 완전하고 명백한 반증(1844년 3월 21일)은 재림이 임박했다는 확신을 더 강하게 했을 뿐이었다. 그리고 추종자들이 이 확신을 다른 이들에게 진파하기 위해 쏟는 시간과 에너지도 증가했다.

아마도 스노에게 감화를 받아서라기보다는 종말이 임박했다는 깊은 확신 자체에서, 노스 뉴햄프셔의 추종자들은 여름이 시작되기 전부터 이미 경작을 포기했다. "겨울이 오기 전에" 주님이 오시리라고 믿었기 때문이다. 이러한 확신은 주변 사람들에게도 퍼졌다. 이들은 경작을 하긴 했지만 자신이 심은 작물을 나중에 수확하게 되리라는 믿음과 그전에 재림이 오리라는 믿음 사이에서 부조화를 느꼈다. 다음과 같은 기록이 이를 잘 보여 준다.
"계속해서 밭에 잡초를 뽑으러 가던 사람들도 [재림을 믿는 한] 이것을 지속하는 것이 도저히 불가능하다는 것을 깨달았다. 그들은 자신이 느끼는 의무감을 따르기로 하고, 행동으로 믿음을 입증하고 세상에 경고를 알리기 위해 작물을 팽개쳤다. 이런 현상은 뉴잉글랜드 북부 지역에서 빠르게 확산되었다."(『재림 헤럴드』, 1844년 10월 20일자 p. 93)
이런 확신을 가진 사람은 재림 날짜가 10월 22일이라고 콕 집어 말하는 선언에 귀가 쫑긋해질 수밖에 없었을 것이다. 여름 중반 무렵이면 이 새로운 촉진제가 뉴잉글랜드의 밀러주의자들에게 이미 상당한 활력을 준 상태였다. 배교자들이 돌아왔고 되살아난 열정이

스노의 날짜를 받아들인 사람들을 새로이 지배했다. 그들은 외쳤다. "보라, 신랑이 오는도다. 너희는 그를 맞으러 나오라." 스노는 바로 지금이 진정한 "한밤의 외침"의 시기라고 선포했다.[29]

흥미로운 사실은, 밀러주의 운동에서 10월 재림설이 받아들여진 것이 평신도들 쪽에서 벌어진 움직임이었다는 점이다. 지도자들은 재림 날짜를 특정하는 것에 반대했고 오랫동안 그러지 말라고 설교했으나 소용이 없었다. 한 밀러주의 매체 편집자는 나중에 이렇게 회상했다.

처음에는 구체적인 시점을 말하는 것에 다들 반대했다. 하지만 날짜를 선포하는 것에는 이전의 모든 주장을 다 접게 만드는 저항할 수 없는 힘이 있었던 것 같다. 그것은 토네이도와 같은 속도로 전 지역을 휩쓸었고 거의 동시에 수많은 곳에, 그것도 매우 먼 곳에까지 도달했다. [날짜 예언은] 신이 계시다고밖에는 설명할 수 없는 방식으로, 그렇게 전파되었다. (…)
강연자들[지도자들]이 재림주의자 중에서 10월 재림설을 가장 마지막에 받아들인 사람들이었다. (…) 일곱 번째 달이 두 주 정도 지난 뒤에야 [10월 1일경] 우리는 운동이 눈에 띄게 진전하고 있는 것에 크게 놀랐다. 이때 처음으로 우리는 날짜를 특정하는 것에 반대하는 것, 또 날짜 문제에 대해 계속 침묵하는 것 등이 신성한 영혼께서 하시는 일에 반대하는 것이라고 느끼게 되었다. 신의 일에 온 영혼을 다해 참여하고자 하면서 우리는 이렇게 외칠 수밖에 없었다. "신께 저항하려 했다니 우리는 무엇이었단 말인가!" 이 일은 인간의 의지와는 상관없이 벌어지는 일인 것 같았다. 즉 "한밤의 외침"
이 실현되는 것이라고밖에 볼 수 없었다.[30]

8월 중순부터 새로운 예언의 날인 1844년 10월 22일까지 신도
들의 열정, 열의, 확신은 믿을 수 없는 수준으로 치솟았다.

엘더 부텔Elder Boutelle은 이 시기를 다음과 같이 묘사했다. "『재림
헤럴드』, 『한밤의 외침』 등 다가올 영광을 이야기하는 재림주의 신
문, 매체, 소책자들은 가을 숲의 낙엽처럼 모든 곳에 떨어져 내렸
다. 그들은 집집마다 방문했고 (…) 죄인들이 회개하게 하고 배회하
던 자들이 돌아오게 하기 위해 위대한 영혼의 막강한 노력과 설교
가 이루어졌다."
이제 집회는 사람이 너무 많이 몰려서 전처럼 질서 있게 진행할 수
가 없었다. 전에는 바람직하지 않은 사람들은 들어오지 못하게 할
수 있었지만 이제는 그럴 수 없었다. 그리고 세상이 끝나는 것이 틀
림없는 "사실"이라고 하니, 전에는 조심스럽게 했던 것들에 대해 더
이상 그럴 필요가 없다고 느끼게 되었다.[31]

이 마지막 몇 주 동안 밀러주의자들은 정확한 재림 시점에 대
한 그들의 믿음이 옳다는 것을 알리는 데 최고조로 맹렬한 노력
을 펼쳤다. 『한밤의 외침』과 『재림 헤럴드』의 호외가 간행되었다.
『한밤의 외침』의 한 편집자는 필요한 문건들을 공급하기 위해 "네
대의 인쇄기가 거의 쉬지 않고 돌아가고 있다"고 밝혔다.[32]
신도들의 확신과 전도 노력이 한층 더 강화되었음을 보여 주는

또 다른 증거는 이제 지도자들까지도 부분적으로 일상생활을 접고 전도와 예언 전파에 더 많은 시간을 들이고 있었다는 사실이다. 『한밤의 외침』 마지막 호의 사설은 이렇게 선포하고 있다.

영원을 생각하라! 수천 명의 사람들이 당신의 잘못된 행동에서 다음과 같은 메시지를 보고 유혹에 넘어가 잠에 빠져들고 있을지도 모른다. "현세는 내 에너지 전체를 쏟을 가치가 있다. 다가올 세계는 헛된 그림자다." 오, **지금 당장** 이 실용적인 교훈을 거꾸로 뒤집으라! 현세에서 떨어질 수 있는 한 멀리 떨어지라. 세속의 일 중 도저히 하지 않을 수 없는 의무가 당신을 잠시 세상으로 부르거든 빗속을 뛰어가는 사람처럼 서둘러 달려가서 민첩하게 처리하고서, 당신이 현세보다 더 나은 것이 있음을 알기 때문에 현세를 떠난다는 것이 명백히 알려지게 하라. 당신의 행동이 다음과 같은 메시지를 분명히 전하게 하라. "주님은 오신다. 시간이 임박했다. 이 세계는 사라질 것이다. 신을 만날 준비를 하라".[33]

『한밤의 외침』에 실린 한 기사는 다음과 같이 전하기도 했다.

많은 이들이 자신이 가진 모든 것을 버리고 형제들에게, 또 이 세상에 경고를 하기 위해 나섰다. 필라델피아에서는 13명이 집회에서 스토어스 형제의 연설을 듣고 자청해서 세상으로 나가 경고의 소리를 전했다. (…) 두 도시(뉴욕과 필라델피아) 모두에서 가게들은 문을 닫았고, 이들은 세상이 귀를 기울이지는 않지만 이해할 수는 있는 언어로 설교했다.[34]

또한 니콜에 따르면,

많은 경우에 신자들이 자신의 소유물 전부, 혹은 일부를 팔아 버리는 모습이 관찰되는데, 여기에는 몇 가지 이유가 있었다. 우선, 대의를 지원하는 데 돈이 필요했다. 가령 밀러주의를 전파하기 위해 네 대의 인쇄기를 계속 돌리는 데는 돈이 든다. 둘째, 그들은 재림이 오기 전에 빚을 다 갚는 것 등 동료 인간들에게 마땅히 해야 할 일을 명예롭게 마무리하고자 했다. 셋째, 타인에 대한 열정적인 사랑(진정한 종교라면 분명 이런 사랑을 신도들의 마음에 불러일으켰을 것이다)에서, 이들은 자신은 빚이 없더라도 다른 이들이 빚 갚는 것을 도와주고자 했다. 몇몇 밀러주의자들은 지상의 금은보화가 곧 무가치해지리라는 깨달음에서, 그리고 동료 인간에 대한 자신의 사랑에 스스로 고무되어서, 상대가 밀러주의를 믿든 아니든 상관없이 가난한 이들에게 선물을 주고자 했다.[35]

하지만 10월 22일에는 아무 일도 일어나지 않았고 밀러주의자들의 모든 희망도 사라졌다. 이것은 가장 강력하고 치명적인 반증이었다. 드디어 신념이 흔들리기 시작했고 전도 활동도 중단되었다. 매우 강한 투자 행동에 자신을 바쳤던 추종자들은 실로 가련한 처지에 처했다. 적대적인 세계에서 조롱과 조소를 견뎌야 했고 땡전 한 푼 없는 상태가 된 사람도 많았다. 이들이 겪은 충격적인 실망과 가혹한 곤경을 기록에서도 찾아볼 수 있다. 니콜은 확신에 찼던 두 명의 신자가 전한 슬픈 이야기를 다음과 같이 인용하고 있다.

"우리가 가장 소중히 여겼던 희망과 기대가 터져 버렸고 흐느끼는 영혼이 우리를 덮쳤다. 전에는 경험해 보지 못한 감정이었다. 지상의 친구를 모조리 잃는다 해도 이와는 비교가 되지 않을 것 같았다. 동이 틀 때까지 우리는 흐느끼고 또 흐느꼈다. 나는 속으로 생각했다. '재림을 준비하며 내가 겪은 경험은 기독교인으로서 내가 한 모든 경험 중 가장 밝고 풍성한 것이었다. 그런데 그것이 실패로 판명났다면 기독교인으로서 내가 할 나머지 경험들은 무슨 가치를 가지는 것일까? 성경은 실패로 판명났는가? 신도 없고, 천국도 없고, 황금의 고향도 없고, 낙원도 없는가? 모두가 교활하게 지어진 우화였는가? 소중했던 우리의 희망과 기대는 아무 실재가 아니었던 것인가?' 소중한 희망이 모두 사라졌으므로, 우리는 슬퍼하고 흐느낄 만한 생각거리를 끊임없이 갖게 된 셈이었다. 앞에서 말했듯이, 우리는 동틀 때까지 울었다".[36]

"10월 22일이 지나갔다. 이는 열망에 찼던 신실한 사람들을 말할 수 없이 슬프게 만들었다. 그러나 믿지 않았던 사람들과 사악한 사람들을 매우 기쁘게 만들기도 했다. 모든 것이 멈추었다. 『재림 헤럴드』도, 집회도, 공식적으로 더 이상은 없었다. 모두가 외로웠고 누구에게도 말을 하고 싶지 않았다. 이 추운 세계에 아직도 머물러 있다니! 구원이 없었다니! 주님이 오시지 않았다니! 어떤 말로도 재림을 믿었던 사람들의 실망감을 표현할 수 없을 것이다. 경험한 사람만이 이 주제를 언급이나마 할 수 있을 것이다. 이것은 굴욕적인 일이었고 우리 모두가 같은 마음이었다…".[37]

10월 22일의 반증으로 밀러주의는 붕괴했다. 최종적으로 붕괴하기까지 18개월에 걸쳐 서너 차례의 반증이 있었지만, 결정타는 이 마지막 반증이었다. 엄청난 헌신으로 자신을 바쳤던 사람들도 이제는 믿음을 버렸고, 밀러주의는 불화와 논쟁과 싸움 속에서 빠르게 해체되었다. 1845년 늦은 봄이면 밀러주의 운동은 사실상 완전히 사라지게 된다.

밀러주의의 역사에서도 앞에서 본 사례들에서와 동일한 현상을 볼 수 있다. 반증의 강도가 임계치를 넘어가면 더 이상 신념이 버티지 못하지만, 임계치에 도달하기 전까지는 믿음에 상충하는 증거들에 직면했을 때 사람들의 믿음과 열정이 오히려 높아진다.

천년왕국 운동이나 구세주 운동의 사례는 이 밖에도 더 있다. 하지만 안타깝게도 대부분의 사례가 우리의 가설을 검증하기에는 자료가 너무 부족하다. 자료가 꽤 많이 남아 있는 사례라 해도 우리의 연구 주제와 관련해 중요한 지점이 모호해서 유의미한 사례가 될 수 없는 경우가 많다. 기독교의 발생이 바로 그런 사례다. 우리의 조건을 만족하는지를 확실히 판단할 수 없는 불분명한 점이 있는 것이다.[38]

기독교 성립 초창기에 신도들이 기독교의 가르침을 깊이 믿었고 강한 행동으로 그 믿음에 자신을 바쳤다는 데는 역사학자들의 의견이 대체로 일치한다. 사도들은 예수의 말씀을 의심 없이 믿었고 그 믿음에 따라 자신의 삶을 대폭 바꾸었다. 프랜시스 버킷 Francis Burkitt에 따르면, 베드로는 "그와 동료 사도들이 예수를 따르기 위해 모든 것을 버렸다고 외쳤다".[39] 따라서 우리 가설의 다섯 가지 조건 중 첫째와 둘째 조건이 충족되었다고 할 수 있다.

또한 사도들이 서로에게서 지지와 지원을 얻을 수 있었으며 예수가 십자가형을 당한 뒤 활발한 전도 활동에 나섰다는 것도 분명하다. 즉 다섯 번째 조건[사회적 지원과 지지]을 충족했으며, 전도 활동이 증가하게 된 어떤 계기가 있었다는 것도 분명하다.

하지만 세 번째와 네 번째 조건은 충족되었는지가 불분명하다. 기독교의 신념 체계는 명백한 반증이 가능한 종류의 것이었는가? 그리고 명백한 반증이 벌어졌는가? 초창기 기독교에 대해 논란의 여지가 없이 확실한 점들도 많지만, 우리의 연구 목적에 비추어 볼 때 매우 중요한 이 지점은 역사학자들 사이에서 의견이 일치하지 않는다. 예수가 여러 가지 방식으로 자신이 구세주이거나 그리스도임을 암시했다는 데는 일반적으로 이견이 없다. 그의 사도들이 그가 구세주라고 믿었다는 것 또한 분명하다. 예를 들면, 스콧은 이렇게 언급했다. "예수가 직접 질문하자 베드로는 이렇게 말했다. 당신께서는 구세주이십니다".[40]

또한 적어도 당대의 다른 유대교 종파들의 믿음에서는 구세주가 고통을 받지 않는 존재로 상정되어 있었다는 것도 분명하다. 심슨에 따르면, "분명히 유대교의 어느 분파도 '고통받는 구세주'를 상정하지 않았다".[41] 이것이 이야기의 전부라면, 예수가 십자가형을 받고 고통스럽게 외침의 소리를 지른 것은 [예수가 구세주라는 믿음에 대해] 부인할 수 없는 반증이 된다.

하지만 이것은 이야기의 전부가 아니다. 많은 학자들이 바로 이 지점을 근거로 들면서 예수가 기존의 종파들과는 다른 새로운 종파를 창시했다고 보고 있기 때문이다. 예수와 사도들은 구세주가 고통을 받아야 한다고 믿었으며 심지어 예수는 자신이 예루살렘에서 죽을 것이라고 예언하기까지 했다는 것이다. 버킷에 따르면, "베드로가 "당신께서는 구세주이십니다"라고 외치자 예수는 사실상 이렇게 대답한다. "그렇다. 나는 지금 예루살렘으로 간다. 하지만 나를 따르고자 하는 자는 누구든 모든 야심찬 희망을 버리고 네 처형의 길에 나를 따라야 할 것이다."[42] 이 견해가 옳다면, 십자가형은 예언에 대한 반증이 아니라 입증이 되며 그 이후의 맹렬한 전도 활동은 우리 가설의 반례가 된다. 우리가 위에서 인용한 학자들도 이 견해를 받아들이고 있으며, 사실 이것이 주류 견해다.

하지만 권위 있는 학자들 중에도 이에 반대하는 학자들이 있는데, 이러한 해석을 대표적으로 그레이츠에게서 볼 수 있다.

예수가 붙잡히고 처형되는 것을 본 충격에서 어느 정도 회복되자 사도들은 다시 모여서 그들이 사랑했던 주인의 죽음을 함께 애도했다. (…) 그렇더라도 예수가 계몽되지 않은 대중에게 미쳤던 영향은 매우 강력했음에 틀림없다. 예수에 대한 믿음은 꿈처럼 흩어진 게 아니라 더 강렬해졌고 열정의 강도가 높아지면서 예수에 대한 사랑도 더 강해졌다. 그들의 믿음에 유일한 걸림돌은 이스라엘을 구하러 오신, 그리고 영광스러운 천국의 빛을 가져다주러 오신 구세주가 치욕적인 죽음을 맞았다는 사실이었다. 어떻게 메시아가 그런 고통의 대상이 될 수 있었단 말인가? "고통받는 구세주"는 그들의 믿음에 상당한 타격을 주었고 예수에 대한 완전하고 환희에 찬 믿음이 되살아나려면 이 걸림돌이 반드시 극복되어야 했다. 아마도 바로 이때, 한 저자가 이사야의 예언을 언급하며 자신의 혼란을 누그러뜨리고 대중의 의구심을 불식시켰을 것이다. "그는 살아 있는 자들의 세상에서 붙잡혀 사람들의 죄를 대신해 상처를 입을 것이다."[43]

이것은 반증이었는가 아닌가? 우리로서는 확실히 말할 수 없다. 이 한 가지 지점이 불확실하기 때문에 이 사례는 우리의 가설을 검증하는 사례로서는 적합성을 잃게 된다.

역사에는 사례가 많지만, 반복적인 이야기만 하게 되거나 신빙성이 떨어지는 자료를 사용해야 하는 위험이 있다. 역사적 사례는 이제까지 제시한 것으로 충분하리라고 본다.

이제 예언이 반증된 다음에 오히려 전도가 증가하는 이유가 무엇인지 살펴보기로 하자. 이 현상은 어떻게 설명할 수 있을까? 또 그런 현상이 언제 일어나고 언제 일어나지 않는지를 결정짓는 변수는 무엇일까?

우리의 가설이 이론적 작업에서 도출된 것이기 때문에 우선 그 이론의 핵심 지점들을 짚을 필요가 있을 것 같다. 이 이론 전체는 매우 광범위한 영역에 시사점이 있으며, 의사 결정의 영향, 강요된 순응의 효과, 새로운 정보에 자발적으로 노출되는 패턴 등 다양한 주제에 대해 실험과 실증 연구들이 이미 수행된 바 있다. 여기에서는, 예언이 반증된 뒤 추종자들 사이에서 확신과 전도 활동이 강화되는 현상과 관련된 시사점만 상세히 다루도록 하겠다. 이를 위해, "인지조화"와 "인지부조화"라는 개념을 도입하고자 한다.[44]

인지조화와 인지부조화는 인지적 재료들 사이의 관계, 즉 견해, 믿음, 상황에 대한 지식, 자신의 행동이나 감정에 대한 지식들 사이의 관계를 일컫는다. 어떤 두 개의 인지적 재료가 서로 부합하지 않을 경우, 우리는 그것들이 인지부조화 상태에 있다고 말한다. 즉 두 개의 인지적 재료가 일관되지 않거나, 그 두 가지만 고려할 때는 어느 한쪽에서 다른 쪽으로 논리적으로 이어지지 않는 경우가 인지부조화의 상황이다. 예를 들어, 담배가 건강에 나쁘다는 것을 알면서도 담배를 피우는 사람에게는 자신이 계속해서 담배를 피운다는 사실과 담배의 유해성에 대한 자신의 견해 사이에서 부조화가 발생한다. 물론 담배를 계속 피우는 것과 잘 부합하는 견해, 믿음, 지식들도 가지고 있을 테지만, 그렇다고 부조화 요인이 존재한다는 사실이 달라지는 것은 아니다.

부조화는 불안함과 불편함을 일으키며, 따라서 부조화를 없애거나 줄이도록 압박하는 압력이 발생한다. 부조화를 줄이려는 시도는 부조화가 존재한다는 것을 가시적으로 보여 주는 징후다. 그런 시도는 세 가지의 형태를 (때로는 혼합해서) 띨 수 있다. 첫째, 부조화를 일으키는 견해, 믿음, 행위를 바꾸려 한다. 둘째, 전체적으로 인지부조화의 비중이 줄어들도록 인지조화를 증가시킬 새로운 정보나 믿음을 획득하려 한다. 셋째, 부조화 관계에 있는 인지 재료들의 중요성을 무시하거나 축소해 생각하려 한다.

이런 시도가 성공하려면 물리적·사회적 환경의 지원이 필요하다. 그러한 지원이 없다면 아무리 결연한 노력도 성공적일 수 없을 것이다.

이 설명은 너무 간략해서 부조화의 개념과 부조화를 줄이려는 시도를 이해하는 데 충분치 않을지도 모르겠다. 인지조화, 인지부조화 개념이 앞에서 살펴본 사회운동의 구체적인 사례에 어떻게 적용될 수 있는지, 또 우리가 관찰한 흥미로운 현상을 설명하는

데 어떻게 도움이 되는지를 살펴본다면 이 개념들의 의미가 조금 더 명료해질 수 있을 것이다.

우선, 반증 사건이 일어나기 전에 그 운동의 참가자가 어떤 상황에 있을지 생각해 보자. 그는 예언(가령, 그리스도가 언제 재림할 것이라는 예언)을 강하게 믿고 있다. 그 예언을 믿는 것은 이 운동에 동참한 다른 일원들로부터 지지와 지원을 받는다. 또 그는 예언된 사건을 맞이하기 위해 그 믿음에 전적으로 부합하는 행동들을 한다. 요컨대, 이 시점에 그에게서는 인지적 재료들이 대체로 조화 상태를 이루고 있다.

그런데 그의 믿음에 반反하는 증거가 나타났다고 해 보자. 예언이 틀렸음을 드러내는, 부인할 수 없는 명백한 사실이 벌어졌을 때, 이것이 그에게 일으키게 될 효과는 무엇일까? 이러한 반증은 중대하고 고통스러운 인지부조화를 일으킨다. 예언된 사건이 일어나지 않았다는 사실은 예언 및 그 예언을 중심으로 한 신념 체계를 계속 믿는 것과 부합하지 않는다. 또한 예언의 실패는 예언의 실현을 염두에 두고 행했던 행동들과도 부합하지 않는다. 물론 인지부조화의 정도는 그가 가졌던 확신의 강도와 그가 행했던 투자 행동의 강도에 따라 다를 것이다.

앞에서 논의한 유형의 사회운동들에서, 핵심 믿음과 그것을 중심으로 한 신념 체계는 신도들의 삶에서 엄청나게 큰 중요성을 가진다. 따라서 그 믿음이 반증되면 매우 강력하고 참을 수 없이 고통스러운 부조화가 발생하게 된다. 그렇다면, 부조화를 없애거나 적어도 강도라도 낮추려는 노력들이 매우 결연하게 시도되리라 예상해 볼 수 있다. 이 목적은 어떻게 달성할 수 있을까? 물론 믿음을 버릴 수 있다면 부조화는 해소된다. 예언에 대한 믿음을 버리고서 예언의 실현을 기대하며 행했던 행동들을 중단하고 평범한 일상으로 돌아가는 것이다. 실제로 이런 양상이 관찰되기도 한다. 가령, 최종 반증 이후에 밀러주의자들에게서도, 또 사바타이 체비가 이슬람으로 개종한 것을 본 체비의 추종자들에게서도 이런 모습이 발견되었다. 하지만 믿음에 바친 투자 행동이 너무나 강했기 때문에, 믿음을 버리는 것만 아니라면 무엇이든지 하려는 모습을 보이는 경우가 더 많다. 심지어는 자신이 틀렸음을 인정하고 믿음을 버리는 것보다 어느 정도의 부조화를 참는 편이 차라리 덜 고통스러울 수도 있다. 이런 경우에는 믿음을 버리는 방식으로 부조화를 해소하는 것이 불가능하다.

예언이 실현되지 않았다는 사실 자체를 부인해 버리는 것도 부조화를 줄일 수 있는 한 가지 방법이지만, 그러기에는 운동 참가자들을 포함해 모든 사람에게 반증의 현실적인 증거가 너무 명백하다. 그래도 현실을 애써 무시하려 해 볼 수는 있고 일반적으로 그런 시도가 나타나기도 한다. 날짜 계산이 다소 잘못되었을 뿐 예언은 곧 실현되리라고 생각한다든지, 밀러주의자들처럼 다른 날짜를 제시한다든지 하는 식으로 말이다. 최종적인 반증 뒤에도 어떤 밀러주의자들은 그것을 인정하지 않고 '재림이 일어나기긴 했는데 지상에서가 아니라 천상에서 일어났다'는 식의 설명을 제시했다. 신도들은 반증을 합리화할 수 있는 설명을 찾으려 하고 실제로 매우 자주 독창적인 설명을 찾아낸다. 사바타이 체비의 추종자들은 체비가 투르크 관리들에게 붙잡혀 수감되자 그가 살아 있다는 사실 자체가 그가 구세주라는 증거라고 설명했다. 체비가 이슬람으로 개종한 뒤에도 몇몇 확고한 신자들은 이것 역시 신이 계획하신 바의 일부라고 믿었다. 이런 식의 합리화는 부조화를 어느 정도 줄일 수 있다. 합리화 전략이 효과적이려면 그러한 재해석이 옳은 것처럼 보이게 해 줄 다른 이들의 지지와 지원이 필요하다. 다행히도, 반증으로 실망한 신도는 그 운동의 다른 일원들에게 의지할 수 있다. 이들은 모두 동일한 부조화를 겪고 있고 그것을 줄여야 한다는 동일한 압력을 받고 있다. 따라서 새로운 해석과 설명을 지지해 주는 동조자를 찾기가 어렵지 않을 것이고, 이를 통해 반증의 충격에서 어느 정도 회복될 수 있을 것이다.

하지만 어떻게 합리화를 하든 그 자체로는 여전히 충분하지 않다. 부조화 요인이 너무 막대하면 아무리 숨기거나 부인하려 해 보아도 예언이 틀렸고 예언을 준비하기 위해 행했던 모든 행동이 헛된 일이었음을 인지하지 않을 수 없을 것이다. 이 부조화는 부인이나 합리화로 완전하게 제거될 수 없다. 그런데 남아 있는 부조화를 줄일 수 있는 방법이 있다. **점점 더 많은 외부 사람들이 그 신념 체계가 옳다는 데 설득될 수 있다면, 종국적으로 이것은 반드시 옳은 신념임에 틀림없게 될 것이다.** 극단적으로, 전 세계 모든 사람이 그 신념을 믿는다면 그것이 실제로 옳으냐 아니냐는 문제가 아니게 된다. 이런 이유에서, 반증 이후에 다른 이들에게 신념을 전도하려는 시도가 크게 증가하는 현상이 관찰된다. 전도 활동이 성공적으로 이뤄져서 더 많은 추종자들을 모을 수 있다면 계속해서 지지자들에게 둘러싸여 있을 수 있을 것이고, 그러면 반증된 믿음을 계속 고수하기에 충분할 정도로 부조화를 줄일 수 있을 것이다.

이런 이유들이 반증의 결과 전도 활동이 증가하게 되는 매커니즘임을 염두에 두고서, 앞에서 보았던 역사적 사례들을 다시 한 번 비판적으로 따져 보자. 그러면, 많은 면에서 이 사례들이 우리의 가설을 입증하는 증거가 되기에 불충분하다는 것이 드러난다.

우선, 우리의 분석에 필요한 자료가 희소하다. 역사 사료를 수집한 사람들이 꼭 우리의 연구 주제를 염두에 두고 있었으리라는 보장은 없으므로, 자료 부족은 어쩌면 당연한 일이다. 하지만 그렇다고 자료가 부족하다는 문제가 달라지지는 않는다. 그나마 자료가 많은 밀러주의 운동도 반증 이후에 실제로 어떻게 전도 활동이 벌어졌는지에 대해서는 상세한 자료가 없으며 일반 신도들의 전도 활동에 대해서는 더욱 그렇다. 우리로서는 신도의 수, 모임의 횟수와 규모 등을 통해 전도 활동의 정도를 추론할 수밖에 없는데, 신도 수나 모임 횟수가 증가한 것은 전도 시도(다른 이들이 이 신념 체계를 믿게 만들려는 기존 신도들의 열망)의 결과일 수도 있지만, 전도 방식의 효과성, 예비 개종자의 마음 상태 등에도 크게 영향을 받는다.

전도 노력에 대한 직접적인 증거(연설의 횟수, 밀러와 하임즈가 널리 돌아다니며 전도했다는 언급, 밀러주의 인쇄소가 24시간 내내 돌아갔다는 언급 등)가 있는 경우에도 이는 지도자들의 행동만 말해 줄 뿐이며 우리의 연구 주제와 관련해서 더 중요한 일반 신도들의 전도 활동에 대해서는 구체적인 자료가 매우 적다. 지도자들의 경우에는 스스로 참이라고 믿어서 신념을 고수하는 방향으로 인지부조화를 해소하려는 것 외에 다른 동기가 있을 수도 있다. 운동이 해체되면 자신의 권위와 특권이 막대하게 상실될 수 있기 때문이다.

밀러주의 운동도 자료가 이렇게 부족할진대, 시기가 더 이른 다른 사례들은 자료 문제가 더 심각하다. 사바타이 체비의 경우에는 1648년에 있었던 첫 반증에 대해 자료가 존재하지 않는다. 아직 그 운동이 그리 관심을 못 끌 때여서 기록이 남아 있지 않기 때문이다.(이 운동은 이후에 규모와 중요성이 더 커진 뒤에야 기록이 남기 시작한다.)

우리의 가설을 역사 기록에만 의존해서 입증하는 것이 적절치 않은 이유가 또 있다. 이런 종류의 자료가 우리의 설명에 도전을 제기할 가능성도 존재하는데, 이에 대해 명료한 판단을 내릴 수가 없어서다. 이를테면, 반증 이후에 곧바로 무너진 운동의 사례가 발견된다면 어떻게 되겠는가? 적절한 척도가 없는 상황에서, 우리는 신도들의 투자 행동이 충분히 강하지 않았기 때문에 반증으로 인한 부조화가 믿음을 버리게 하는 데 충분했으리라고 그저 추측해 버릴지 모른다. 만약 신도들의 투자 행동이 상당히 강한 것이었음이 드러난다면, 반증 이후에 신도들이 실제로 더 강한 전도를 시도했지만 전도가 충분히 효과적이기 못했기 때문일 것이라고 해석해 버릴지 모른다.(이 해석은 충분히 있을 법한 가능성이다. 역사에 기록된 것은 대체로 전도의 "결과"이지 "시도"가 아닐 것이기 때문이다.)

우리의 가설을 확실하게 반박할 수 있는 종류의 증거가 있긴 하다. 반증 이후에도 운동에 별 변화가 없는 경우다. 즉 신도들이 그대로 예전의 믿음을 고수하되 (즉 믿음을 버리지는 않되) 그렇다고 새로운 개종자를 만들려 하지도 않는 것이다. 하지만 이런 경우에는 동시대인들이 거의 알아차리지 못했을 것이고 역사학자들도 이에 대해 기록하지 않았을 것이므로, 이런 자료를 역사 기록에서 볼 수 있을 법하지는 않다.

역사적 자료로 우리의 가설을 반박할 수 있는 가능성이 적다는 말은 역사적 원천이 우리의 가설을 지지하는 것에 대해서도 너무 무게를 부여하면 안 된다는 의미다. 그러니, 임박한 파국에 대한 예언을 믿는 사람들에 대해 직접적인 관찰을 통해 자료를 얻을 수 있을 법한 기회를 발견하고 우리가 얼마나 기뻤겠는가? 반증 이전, 반증 도중, 그리고 반증 이후를 직접 관찰할 수 있다면, 우리의 연구 목적에 직접적으로 부합하는 신빙성 있는 자료에 바탕해 우리의 이론을 종합적으로 기술해 낸 사례를 적어도 하나는 갖게 될 테니 말이다.

9월 말의 어느 날『레이크시티 헤럴드』에 두 단짜리 기사가 실렸다. 기사 제목은 다음과 같았다.「외계 행성에서 온 예언. 클래리온이 레이크시티에 12월 21일에 닥칠 대홍수를 피하라고 알려오다. 교외 어느 거주자가 외계로부터 들은 전언.」기사의 본문은 제목이 말하는 내용을 더 상세하게 설명하고 있었다.

12월 21일로 넘어가기 직전에 오대호의 범람으로 대홍수가 발생해 레이크시티가 사라질 것이라고 교외(웨스트스쿨 가 847번지)에 거주하는 가정주부 매리언 키치 부인이 주장했다. 키치 부인은 이 예언이 자신이 만들어 낸 것이 아니라 자동기술법을 통해 받은 메시지들에 나온 내용이라고 했다. (…) 키치 부인에 따르면, 이 메시지들

은 "클래리온"이라는 행성에 있는 더 우월한 존재가 보내오는 것이
며, 이들은 우리가 비행접시라고 부르는 것을 타고 지구를 방문한
적이 있는데 그때 곧 홍수를 일으키게 될 지각의 단층선들을 보았
다고 한다. 키치 부인이 전달받은 바에 따르면, 대홍수로 북극에서
멕시코만으로 이어지는 내륙해가 형성될 것이며, 그와 동시에 워싱
턴 주 시애틀부터 남미의 칠레까지 이어지는 서부 해안을 대홍수가
삼켜 버리게 될 것이라고 한다.

기사에는 키치 부인의 [외계와의 소통] 경험이 어떻게 시작되었
는지에 대한 짧은 설명과 키치 부인이 "우월한 존재"로부터 오는
가르침을 배우고 전파할 사람으로 선택되었음을 암시하는 메시
지 내용들이 인용되어 있었다. 또 키치 부인의 사진도 게재되어
있었다. 키치 부인은 50세가량 되어 보이고 무릎 위에 노트를 놓
고 연필을 들고 있었다. 여위었지만 강단 있어 보였고 짙은 색 머
리와 강렬하고 밝은 눈을 가지고 있었다. 기사는 경멸조는 아니었
고 취재 내용에 대해 기자가 논평이나 해석을 덧붙이지도 않았다.
키치 부인이 어떤 특정한 시점에 벌어질 구체적인 사건을 예언
했고, 그것을 공개적으로 밝히는 형식으로 그 믿음에 대해 강한
투자 행동을 했으며, 명백히 그 믿음을 대중에게 전파하려는 생각
이 있었으므로, 이 사례는 우리의 가설을 "현장 연구"를 통해 검증
해 볼 안성맞춤의 기회가 될 수 있을 것 같았다.
10월 초에 우리 저자 중 두 명이 키치 부인 집을 방문해 키치
부인의 가르침을 믿는 사람들이 더 있는지, 그들도 홍수 예언을
믿고 있는지, 그리고 그들이 그 예언을 위해 시간, 에너지, 평판,

소유물 등 무언가 중요한 것을 투자하는 행동을 보였는지 등을 물어보았다. 이 방문으로 우리는 이 "현장 연구"를 진행시켜도 좋겠다는 판단이 섰다. 우리 저자 세 명, 그리고 우리가 추가로 고용한 참여관찰 조교들은 이 운동의 모임에 직접 참여해 키치 부인의 예언과 가르침에 적극적으로 관여한 사람들의 확신, 투자 행동, 전도 활동에 대한 자료들을 수집했다. 신문에 기사가 나오기 전의 상황에 대해서는 되도록 상세히 이야기를 들었고, 신문에 기사가 난 후의 일은 직접 관찰해 기록했다. 관찰자들이 어떻게 모임에 진입해 다른 일원들과 라포*를 형성하고 자료를 모을 수 있었는지 등의 방법론은 이 책의 부록에서 상세히 다루었다. 10월 초 이전의 사건들에 대해서는 사람들의 회상에 주로 의존해야 했으며, 그들이 남긴 문서나 그들과의 대화를 통해 정보를 수집했다. 신문에 기사가 실린 10월부터 1월 초까지의 자료는 거의 모두 직접 관찰해 수집한 1차 자료다. 직접 목격하지 못한 몇몇 사안은 현장에 있었던 사람들에게 이야기를 들어서 정보를 수집했다.

2장부터 4장까지는 키치 부인이 처음으로 자동 기술을 하게 된 때부터 예언의 날이 임박하기 직전까지를 다룬다. 이 장들은 일종의 배경 설명에 해당한다. 이 장들에서 우리는 모임의 일원들을 소개하고 그들의 개인사, 이 운동에 관여하게 된 계기, 그리고 대홍수에 대비해 어떤 행동들을 취했는지 등을 설명할 것이다. 또 이 예언을 중심으로 형성된 신념 체계, 그리고 여기에 영향을 미

● 친밀하고 신뢰할 수 있는 관계. 옮긴이

친 당대의 담론들에 대해서도 살펴볼 것이다. 이러한 배경 설명은 12월 21일 밤으로 이어지는 핵심 사건과 행동을 이해하는 데 꼭 필요하다. 배경 설명 중 상당 부분은 이 책의 이론적인 연구 주제와 직접적으로 관련되지는 않지만, 여기에 제공된 세부 사항들이 독자들에게 이 운동에 대한 생생한 정보를 전달할 수 있기를 기대한다.

2장
우주에서 온 가르침과 예언

어느 예언자에게든 자신에게 계시를 주는 존재와 처음 접한 경험은 혼란과 놀라움과 충격의 이야기일 것이다. 매리언 키치 부인도 그랬다. 우리가 이 책에서 기술하고자 하는 사건이 일어나기 약 1년 전 초겨울의 어느 날, 새벽에 잠에서 깬 키치 부인은 "어째 팔이 얼얼하고 무감각했고 어깨까지 팔 전체에 따뜻한 느낌이 들었다." 훗날 키치 부인은 이날의 경험을 다음과 같이 회상했다.

"누군가가 나의 주의를 끌려고 한다는 느낌을 받았어요. 이유도 모르는 채 나는 침대 옆 탁자에 있던 연필과 노트를 집어 들었고 내 손은 내 필체가 아닌 필체로 무언가를 쓰기 시작했지요. 그 필체가 이상하게도 익숙하다고는 생각했지만 내 필체가 아니라는 것은 알았어요. 누군가가 내 손을 이용하고 있다는 것을 알아차렸지요. 그래서 물었어요. '당신이 누구인지 알려 주시겠습니까?' 그랬더니 그가 자신의 정체를 밝혔는데, 돌아가신 아버지라는 것을 알고 나는 너무나 놀랐어요."

"아버지"의 메시지를 받은 것이 매우 강렬한 심령 현상이기는 했지만, 키치 부인이 주술을 접한 것은 이번이 처음이 아니었다. 키치 부인은 주술을 배우기도 했고 모임에 참여하기도 했다. 이미 15년 전 뉴욕에 살던 시절에, 알고 지내는 인도 사람에게 소개를 받아 신지학神智學 강연을 들으러 갔고 강연 내용과 강연자가 전하는 메시지의 풍성함에 깊은 인상을 받았다. 키치 부인은 신지학 강연을 몇 번 더 들었고 매번 강연 내용을 기록한 복사본을 가지고 와서 더 자세히 공부했다.

신지학을 접한 뒤 몇 년 동안 키치 부인은 우주에 대해, 또 자신의 본성에 대해 깊이 관심을 갖게 되었고 깨달음을 얻기 위해 다양한 분야의 문헌들을 찾아 공부했다. "아이앰운동I AM movement"을 창시한 고드프리 레이 킹(기 발라드)의 책을 읽었고 [깨달음을 얻고 나면] 우월한 지식의 "빛 속을 걸을 수 있으리라"는 개념에 큰 감명을 받았다. 또 키치 부인은 오랜 요양 기간을 보내야 한 적이 있었는데 그동안 "코스몬 성경"이라고도 불리는 『오아스피 Oahspe』에 푹 빠졌다. 존 발루 뉴브로 목사가 『오아스피』의 첫 번째 저작권을 보유하고 있었는데, 그는 이 책의 내용을 계시를 통해 받았고 그것을 자동기술로 기록했으므로 자신은 일반적인 의미에서의 저자가 아니라고 말했다. 자신은 그저 더 높은 권능이 글을 쓰는 데 도구로써 복무했을 뿐이라는 것이었다. 『오아스피』는 인간의 타락에 대한 정통 기독교의 가르침에 도전하고 있었다. 『오아스피』에 따르면 인류가 두 종류로 나뉘는데, 전쟁과 방탕과 음주를 그만두겠다고 맹세하고 신의 명령을 따르는 "신실한 자 Faithists"들과 호전적인 파괴자인 "우지안Uzians"들이었다.

키치 부인은 우주적 지식뿐 아니라 자기 자신에 대해서도 알고 싶었다. 그래서 다이어네틱스 모임에 참가했고 "오디터"를 통해 [해로운 심상을 제거하는] "정화"를 받았다. 이 모임에서 키치 부인의 "오디터" 역할을 해 준 사람은 나중에 키치 부인의 집에 들어와 함께 머물게 된다. 다이어네틱스 경험에 대해 훗날 키치 부인은 이렇게 회상했다.

"나는 그것을 사이언톨로지라고 부르는 편을 더 좋아해요. 그것은 우리를 삶에서 가장 이전까지 거슬러 올라가게 해 주는 기술과 과학이죠. 내 친구들은 내가 태어났던 순간으로까지 되짚어 갈 수 있게 도와주었어요. 아니, 사실은 그보다 더 멀리 갈 수 있게 해 주었어요. 나는 내가 잉태되었던 날을 기억할 수 있어요."

또 키치 부인은 모두가 자신의 진정한 정체성을 알고 태어나지만 자라면서 그 지식을 잃어버려서 진정한 자아 또한 잃게 된다고 말했다. 키치 부인은 사이언톨로지를 수련하면 자신의 잉태와 탄생에 대해서뿐 아니라 전생에 대해서도 알 수 있게 된다고 믿었다.

외계에서 메시지를 받기 시작한 것과 거의 비슷한 시기에 키치 부인은 비행접시에 매우 관심을 갖게 되었다. 비행접시는 당시에 대중적으로 매우 인기 있는 신비 현상 중 하나였고 전문가들의 강연도 많이 열렸다. 키치 부인은 비행접시 강연을 많이 들으러 다녔는데, 이런 강연에서 비행접시 전문가들은 비행 물체들이 실제로 우주나 다른 행성에서 방문자들을 지구로 싣고 올 수 있다고 주장했다. 자신이 외계의 메시지를 받았다는 사실, 그리고 비행접시를 타고 지구에 오는 방문자라는 개념은 키치 부인에게 명백히 서로 관련된 일로 보였을 것이다.

이렇듯 주술에 대한 지식은 어느 정도 이미 가지고 있었지만,

키치 부인이 주술에 행위자[영매]로서 직접 "참여"한 것은 자동기술로 "아버지"의 메시지를 받았을 때가 첫 번째 경험이었다. 모든 시작이 그렇듯이, 그리 특별할 것은 없었다. 메시지의 내용은 봄에 꽃을 어떻게 심어야 하는지에 대해 "아버지"가 어머니에게 전하는 시시콜콜한 잔소리였다. 또 "아버지"의 건강 상태 등 안부가 짧게 담겨 있었고 "아스트랄계"에서 그가 "어떻게 살고 있는지"와 그곳의 환경은 어떤지에 대한 다소 불명확한 묘사들도 있었다. 이 메시지를 포함해 초창기의 메시지들은 내용에 일관성이 없고 불명확했다. 내용이 뚝뚝 끊기기도 했고 해독 불가능한 단어와 알수 없는 용어도 있었다. 키치 부인은 자신에게도 어느 정도 잘못이 있다고 생각해서 집중력을 훈련하고, 도움과 가르침을 달라고 기도하고, 꾸준하고 성실하게 연습을 하면서, 영혼계에서 오는 메시지를 더 잘 받을 수 있는 기술을 연마하기 위해 노력했다.

곧 키치 부인은 이 세상이 냉소하는 자들과 믿지 않는 자들로 가득하다는 것을 깨닫게 되었다. "아버지"가 시킨 대로 첫 번째 메시지를 어머니에게 보여 주었더니, 어머니는 키치 부인을 나무라며 이런 말도 안 되는 일은 당장 그만두라고, 아니면 적어도 [죽은 부모의 말을] 살아 있는 부모에게 강요하지는 말라고 했다. 키치 부인은 낙담했지만 흔들리지 않았고, 자신이 새로이 갖게 된 능력을 여전히 믿었다. 날마다 메시지를 받아 적기 위해 준비하는 습관을 들였고, 많은 시간을 고통스러운 좌절 속에서 보냈으며, 자신의 연필 끝에서 나오는 단어와 구절들의 의미를 파악하려 고전하면서 의심에 휩싸이기도 했다. 메시지가 전혀 안 오는 날도 있었다.

영매 역량을 키우느라 분투하는 가운데, 키치 부인은 또 다른 지적 존재가 "자신을 통해" 들어오고자 한다는 것을 알게 되었다. 나중에 키치 부인은 이를 다음과 같이 회상했다.

"아버지가 내 손을 이용할 수 있었다면 '더 높은 권능' 또한 내 손을 이용할 수 있겠다는 생각이 들었어요. 나는 늘 사람에게 관심이 많았고 인류를 위해 봉사하고 싶었어요. 내가 잘못된 손아귀에 들어가지 않게 해 달라고 정말 열심히 기도했다는 것은 확실하게 말씀 드릴 수 있어요."

이 말에서 엿볼 수 있듯이, 자동기술로 메시지를 받기 시작한 초창기에 키치 부인은 자신이 "아스트랄계"에 있는 존재들의 "손아귀에 들어갈까 봐" 두려워하고 있었다. 키치 부인은 아스트랄계에는 뒤에 남겨진 존재들[인간들]과 절박하게 소통하고자 하는 영혼들이 넘쳐나기 때문에 그들이 집요하게 메시지를 전해 오면 더 높은 존재가 보내오는 지식을 가리거나 헛갈리게 만들지 모른다고 우려했다. 더 높은 곳(즉 밀집도가 더 낮은 곳)에 있는 영혼의 진동 주파수가 교란될지 모른다고 말이다.

키치 부인의 간절한 기도는 응답을 받았다. 오래지 않아서 키치 부인은 자신을 "엘더 브라더Elder Brother"라고 밝힌 존재로부터 메시지를 받기 시작했다. "엘더 브라더"는 키치 부인의 아버지가 영혼계의 더 높은 수준으로 올라가려면 영적인 지침이 매우 많이 필요한 상태라고 했다. 키치 부인과 "엘더 브라더"는 그런 지침을 제공하려고 시도했지만 키치 부인의 "아버지"는 매우 고집 세고 말을 안 듣는 학생인 것으로 판명 났다. 지상에 남겨 두고 온 것에 너무 신경을 썼기 때문이다. 그는 집중을 잘 하지 않았고 말썽을 피웠는데, 이는 아스트랄계에 있는 영혼들의 일반적인 특징이기도 하다. 결국 "엘더 브라더"는 손을 놓았고 키치 부인에게도 더 실현 가능성이 있고 더 중요한 업무로 관심을 전환하라고 지시했다. 키치 부인 본인의 영적 발달을 위해 노력하라는 것이었다.

봄이 지나가면서 키치 부인은 메시지를 받는 역량이 점점 커졌고 영적인 소통을 해 오는 원천의 수도 늘었다. "엘더 브라더" 외에 다른 영적 존재로부터도 메시지를 받기 시작한 것이다. 이들은 "클래리온"과 "세루스"라는 행성의 존재들이었다. 그리고 4월 중순경부터는 "사난다"라고 불리는 자로부터 메시지를 받기 시작했다. "사난다"는 이후에 키치 부인에게 정보와 지시를 내리는 가장 중요한 원천이 되는 존재다. 또한 "사난다"는 키치 부인과 정통 기독교 교리 사이의 연결 고리이기도 하다. 얼마 후에 "사난다"가 자신이 역사에 등장하는 예수의 현세 버전이라고 밝히기 때문이다. [과거에 예수로서 이 세상에 등장했던] 그는 빛의 시대인 "새로운 사이클"이 시작되면서 "사난다"라는 새 이름을 갖게 되었다고 했다.

능력은 커지고 있었지만 키치 부인은 자신의 역량이 충분한지에 대해 여전히 걱정이 되었고 우월한 존재가 자신을 유망한 제자 자리에서 밀어낼까 봐 초조했다. 하지만 부활절 아침에 키치 부인의 마음은, 적어도 이 부분에 대해서는, 안정을 찾을 수 있었다. 아침 7시경에 잠에서 깨자마자, "엘더 브라더"로부터 다음과 같은 메시지를 받았기 때문이다.

"나는 늘 그대와 함께 있을 것이다. 일상에서 신경 써야 할 일들은 그대를 건드리지 못하리라. 우리는 그들에게 [진리를] 추구하고 빛 속에서 따를 준비가 되도록 가르칠 것이다. 세부 사항은 내가 알아서 할 것이다. 우리를 믿으라."

"인내심을 가지고 배우라. 우리는 그대를 '전달자'로서 준비시키고 있다. 그것은 내가 지상에 내려가기 전에 나와 지상 사이에서 맡아야 할 연락책으로서의 역할이다. 그때는 곧 올 것이다."

"그대는 내가 그대에게 오는 경험을 세상에 이야기하도록 되어 있다. 이런 이야기가 그들이 마음의 준비를 하게끔 만드는 길이기 때문이다. 나는 다시 와서 너희 각각에게 가르침을 줄 것이다. 믿지 않는다고 말하는 자들도 때가 되면 우리를 보게 될 것이다."

나중에도 키치 부인은 이 메시지의 중요성과 이것 덕분에 갖게 된 마음의 평안에 대해 자주 이야기했다. 이 메시지들은 "가디언"[키치 부인의 표현이다]이 키치 부인에게 가르침과 지침을 주겠다고 명백하게 약속한 첫 번째 경우였다. 키치 부인은 자신의 손이 받아 적고 있는 말들이 열등한 영혼의 목소리가 아니라 "엘더 브라더"의 메시지라는 것을 그의 말로 직접 확인해서 안심할 수 있었고, 자신이 "초월 감각적 인지"를 통해 알게 된 것을 필멸하는 지상의 존재들에게 전달하는 역할을 부여받았다는 데 대해서도 안심할 수 있었다. 이 두 번째 지점은 우리의 연구와 관련해 매우 중요하다. 처음으로 "전도 활동"을 암시하는 언급이 등장한 셈이기 때문이다. 이 시기에 키치 부인이 받은 메시지들의 내용, 그리고 나중에 키치 부인이 이 시기에 대해 묘사한 바로 미뤄 볼 때, 아직까지는 키치 부인이 많은 사람에게 자신의 경험을 이야기하지는 않았으며 사람들이 자신의 말을 믿게 만드는 데도 그리 성공적이지 못했던 것으로 보인다.

키치 부인이 봄에 받은 메시지들에는 전도 활동을 암시하는 내용이 많지 않다. 하지만 믿음을 전파하려는 시도는 우리의 연구에서 매우 중요한 주제이므로, 전도 활동을 독려하는 메시지의 실타래를 따라가 볼 필요가 있다. 또한 이 시기에 키치 부인이 어떤 행동들을 했는지에 대해서도 정보들을 종합해 볼 필요가 있을 것이다.

부활절 메시지를 받고 나서 며칠 뒤, 키치 부인은 "사난다"의 조수에게서 "그대가 이해하지 못하는 많은 진리"를 알려 주겠다고 약속하는 메시지를 받았다. 그 메시지는 다음과 같이 이어졌다.

"그대는 우리를 위해 무엇을 할 수 있는가? 그대는 가서 세상에 말할 수 있다. 드디어 우리가 그대의 과학자들이 터트려 온 폭탄들 덕분에 포착할 수 있게 된 에테르의 파동을 통해 지구 행성에 접촉했다고 말이다. 작동 원리는 아코디언과 비슷하다. 응축된 것이 에테르의 카르세이오스 레벨, 혹은 수중 생명의 거대한 빛의 층을 지탱하는 대기 레벨을 떠나면 장벽을 형성하게 된다. 그런데 이제 폭탄이 장벽을 부수었으니 우리는 뚫고 들어갈 수 있노라. 이것이 그대의 과학자들이 말하는 음속 장벽이다. 지상의 시간으로 말하자면 수년 동안, 우리는 알세토페와 조기 타이머를 통해 그 장벽을 뚫고 가려 노력해 왔도다."

키치 부인이 가르침을 배우고 그것을 "세상에 알리는" 일을 더 잘 수행할 수 있도록 조언을 제공하는 메시지가 그날 한 번 더 왔다.

"이것은 그대에게 새로운 공부일 것이니 우리는 그대에게 관대할 것이다. 이 경험이 그대에게 매우 충격적일 것이기 때문이다. 그대 는 진정으로 높은 수준의 사고를 하는 사람들을 주위에 두어야 할 것이니라. 학식 있는 친구 한두 명을 불러서 그대의 안정을 돕게 하 라. 그들에게 그대가 하는 일을 알리고 그대가 잘못 이해하지 않았 는지 함께 살펴보게 하라. 그대가 가진 것을 공유하라. 준비된 사람 들과 모든 것을 공유하라. 그리고 계몽될지어다."

2주 뒤에 보내온 메시지에서 "사난다"는 보호와 지침을 달라는 키치 부인의 기도가 응답을 받았다고 안심시켜 주면서 다음과 같 은 지침을 내렸다.

"전달자의 일은 소식을 전파하고 이야기를 전하는 것이다. 그 일을 하는 것을 두려워하지 말라. 이 세상의 마음은 아직 게으르다. 세상 의 마음은 아직 깨어나고 싶어하지 않는다."

이 메시지들이 실은 외계 행성에 거주하는 우월한 존재의 의지 가 아니라 키치 부인 본인의 바람을 드러냈을 것이라는 점에 비추어 볼 때, 우리는 키치 부인이 자신에게 주어졌다고 믿은 특별한 지식을 사람들에게 알려야 한다는 절박함을 느끼고 있었다고 유추할 수 있다. 그렇다면 이렇게 전도를 독려하는 메시지들을 받고서 키치 부인은 어떤 행동을 했을까?

안타깝게도 신도를 만들려는 키치 부인의 초창기 시도에 대해서는 알려진 정보가 많지 않고 일관성도 없다. 키치 부인도, 나중에 이 신념 체계의 신도가 되는 사람들도, 날짜와 장소에 대한 기억이 가물가물한 경우가 많았고 서로의 이야기 사이에, 심지어는 같은 사람이 한 이야기들 사이에서도, 상충하는 부분들이 있었다.

제한적인 정보를 통해서나마 몇 가지를 유추해 볼 수는 있다. 우선, 우리는 키치 부인이 자신의 경험을 남편에게 이야기했다는 것을 알고 있다. 남편은 이 이야기를 믿지 않았다. 그래도 그는 무한한 참을성을 가지고 있었고 부드러운 성격인데다 거의 자기 비하적으로까지 보일 정도로 다른 사람들이 하는 일에 관용적인 사람이어서, 아내가 다른 세계와 통신한다는 말을 믿지는 않았지만 아내의 활동을 적극적으로 막으려 하지도 않았다. 또한 자동기술을 그만두라고 설득하려 하지도 않았다. 그는 그저 자신이 일상에서 해야 할 일들을 했다. 그는 물류 회사의 운송 관리자였고 집에서 벌어지는 이상한 사건들이 자신의 일상생활과 업무에 방해가 되지 않도록 신경을 썼다.

또한 우리는 키치 부인이 "가디언"의 조언에 따라 한두 명의 친구를 구해 자신이 하고 있는 일을 알렸다는 것도 알고 있다. 6월에 인근 도시 하이베일에 사는 한 여성이 막대한 시간과 노력을 들여 키치 부인이 받은 메시지들의 중요 부분들을 타자로 쳐 두었다는 기록이 있기 때문이다. 또 우리는 이 여성을 통해 키치 부인이 훗날 가장 신실한 신도가 되는 사람 중 적어도 두 명을 알게 되었다는 사실도 알고 있다. 그리고 이 여성은 가정주부들이 모이는 소규모의 비공식 모임에도 키치 부인을 소개했다. 이들은 하이베일의 여러 가정집에서 모임을 갖고 다이어네틱스, 사이언톨로지, 형이상학, 주술 등을 주제로 이야기를 나누었는데, 키치 부인은 그런 모임에서 자신이 받은 "가르침"의 일부를 읽어 주었고 이 메시지들을 어떻게 받게 되었는지에 대해서도 이야기했다. 또한 우리는 때때로 키치 부인이 레이크시티 시내에서 다이어네틱스를 공부하는 사람들과 교류했다는 것도 알고 있다.

아마도 가장 중요한 것은, 키치 부인이 앞에서 언급한 비행접시 전문가에게 자신의 자동기술 경험을 이야기했다는 사실일 것이다. 그가 레이크시티에서 강연을 했을 때 키치 부인은 그에게 몇몇 메시지를 보여 주면서 자동기술 경험을 이야기했다. 이것이 그 비행접시 전문가에게 깊은 인상을 남겼던 것 같다. 얼마 후에 그는 강연 투어의 일환으로 〈스틸시티 비행접시 클럽〉에서 강연을 했는데, 이때 키치 부인에 대해 우호적인 언급을 한 것으로 보이기 때문이다. 특히 그는 〈스틸시티 비행접시 클럽〉에 자주 나오던 토머스 암스트롱에게 키치 부인 이야기를 했다. 토머스 암스트롱은 스틸시티에서 약 160킬로미터 떨어져 있는 작은 도시 컬리지빌에 사는 의사였다. 닥터 암스트롱과 아내 데이지는 이후에 키치 부인을 중심으로 형성되는 모임에서 매우 핵심적인 인물이 되므로, 이들이 관여하게 된 경로를 상세히 설명하고 넘어가는 게 좋을 것 같다.

토머스 암스트롱과 데이지 암스트롱은 캔자스 주에서 태어나고 자랐으며 자유주의적인 개신교 교회에서 의료 선교사로 이집트에 파견되어 활동을 했다. 약 5년 동안 이집트에서 의사로 일하면서 복음을 전파하다가 2차 세계대전 발발 직전에 잠시 휴가를 얻어 미국으로 돌아왔다. 하지만 전쟁 때문에 1946년이 되어서야 선교 현장에 다시 갈 수 있었다. 암스트롱 부부는 세 자녀를 데리고, 또 높은 이상과 희망을 품고 다시 선교 활동에 나섰다. 하지만 이번에는 몹시 괴로운 체류가 되고 말았다. 적어도 데이지 암스트롱에게는 그랬다. 데이지가 "신경 붕괴"(데이지 자신의 표현이다)에 시달렸기 때문이다. 폭력과 피가 낭자한 죽음의 모습이 나오는 악몽에 시달리면서, 데이지는 사랑하는 사람들에게 위험이 임박해 있다는 망상을 떨치지 못했다. 특히 칼, 도끼, 검 같은 날카로운 물체에 의해 상처를 입게 될 것이라고 생각했고, 찢어지고 베어지고 목이 잘리는 환상이 꿈에 계속 나타났다. 남편의 진료대에 있는 간단한 도구도 엄청난 공포를 초래했기 때문에 눈에 안 보이게 치워야 했다.

극복하기 위해 갖은 시도를 해 보았지만 암스트롱 부인의 증상은 누그러지지 않았다. 암스트롱 부인은 자신의 느낌이 합리적이지 않다는 것을 알고 있었지만 그것을 의지로 없앨 수가 없었다. 남편이 안심을 시켜 줘도, 가정 생활의 규칙을 바꿔 봐도, 여행을 떠나 봐도, 소용이 없었다. 기도도 도움이 되지 않았다. 암스트롱 부부는 기도가 듣지 않는다는 것에 특히 좌절했다. 암스트롱 부인이 나중에 말했듯이, 그들은 왜 하필이면 자신들이 이런 사악한 감정에 휩싸여 고통 받고 있는지 이해할 수가 없었다. 그들은 늘

선하게 살았고 옳은 일을 하고자 했으며 명백히 좋은 일을 하며 살고 있었다. 그런데 왜 우리가? "우리는 분명 이유가 있을 것이라고 생각했습니다. 그리고 그 이유를 찾기 시작했어요." 아마도 이것이 암스트롱 부부가 신비주의와 주술을 연구하게 된 계기일 것이다. 그들은 신비주의 저술들을 광범위하게 읽었다. 힌두교 경전, 성경 외경, 『오아스퍼』는 물론이고 신지학, 장미십자회, 신사상, 아이앰운동 등의 문헌과 윌리엄 두들리 펠리의 (정치 저술이 아닌) 신비주의 저술도 읽었고, 이런 것들에 대해 많은 시간을 들여 논의했다. 이런 류의 문헌에서 접하게 된 개념들 때문에 암스트롱 부부는 다른 사람들 같았으면 쉽사리 믿지 않았을 이야기들에 비교적 쉽게 마음을 열게 되었을 것이다. 그들은 영적 세계의 존재를 믿었고 영적 세계의 우월한 존재들이 지상의 사람들과 소통하면서 지침을 줄 수 있다고 믿었다. 또한 초월 감각적 소통과 (신체의 변화나 움직임을 수반하지 않는) 영혼의 이동이 가능하다고 확신했고, 환생 등 신비주의 사상들이 공통적으로 이야기하는 여타의 현상들도 실재한다고 믿었다.

암스트롱 가족은 1949년에 미국으로 돌아왔고 닥터 암스트롱은 이스턴 교육대학교 보건소에서 일하게 되었다. 보건소 일은 꽤 규칙적이고 단조로웠기 때문에 신비주의 문헌을 계속 연구할 여유를 가질 수 있었다. 암스트롱 부부는 정통 기독교의 종교 활동에도 계속 참여했다. 그들은 무종파 개신교 교회를 다녔고 이곳에서 암스트롱 박사는 "구도자The Seeker"라는 모임을 조직했다. 주로 대학생들로 구성된 청년 모임으로, 늘 진리를 추구하면서 1주일에 한 번씩 윤리적, 종교적, 형이상학적, 그리고 개인적인 문제들을 논의하는 모임이었다. 큰 키에 40대 초반인 닥터 암스트롱은 상대를 편안하게 해 주고 자신감이 넘치는 스타일이어서, 이야기를 듣는 사람들에게 신뢰를 얻었던 것 같다.

"구도자"에서는 어떤 소재라도 논의될 수 있었으므로, 닥터 암스트롱이 이 모임에서 비행접시에 대해 상당한 관심을 나타내기 시작했을 때 모임 사람들에게는 이것이 전혀 이상한 일로 보이지 않았을 것이다. 닥터 암스트롱이 어떤 계기로 비행접시에 관심을 가지게 되었는지는 확실하지 않다. 좌우간 어느 겨울에 닥터 암스트롱은 남부 캘리포니아를 방문했고, 조지 애덤스키에게 연락을 취해 그를 만났다. 애덤스키는 얼마 전에 다른 사람과 공저로 『비행접시의 방문』이라는 책을 낸 바 있었다. 이 책은 애덤스키가 캘리포니아 주 데저트센터 근처에 착륙한 비행접시에 타고 있던 존재와 만난 이야기를 담고 있었다. 이 책에서 애덤스키는 자신이 비행접시의 남자와 이야기를 나눴다고 밝혔으며, 책에는 그 외계인이 자신의 땅인 금성으로 돌아가기 위해 비행접시로 가면서 남긴 발자국 그림이 실려 있었다. 닥터 암스트롱은 애덤스키와 긴 대화를 나눴다. 그리고 비행접시가 환상이 아니라 실제로 존재하고, 외계 행성에서 오는 것이며, 지구를 탐험하거나 관찰하기 위해 방문하는 외계인 혹은 외계 존재를 실어 올 수 있다고 믿게 되었다. 닥터 암스트롱은 애덤스키가 보았다는 금성인의 발자국 그림을 확대해서 가지고 돌아왔다. 암스트롱은 발자국 안의 흥미로운 문양들이 신비로운 의미를 담은 상징이라고 생각했다.

아내 데이지도 닥터 암스트롱이 가져온 발자국이 담고 있는 신비로운 메시지를 해독하는 데 매우 관심을 보였다. 그리고 키치 부인을 만나게 되는 해의 5월 22일이면 발자국 해독을 꽤 만족할 만한 정도로 완성한 상태였다. 데이지의 해독에 따르면, 발자국은 가라앉았던 대륙 뮤와 아틀란티스가 다시 떠오르리라는 예언을 말하고 있었다. 이것은 북미 대륙에 대홍수가 나리라는 예언과 일관성이 있다고 해석될 수 있을 법한 내용이다. 한참 뒤인 8월에 키치 부인이 12월 21일에 대홍수가 나리라는 예언을 받았을 때, 데이지 암스트롱은 이 예언이 예전에 자신이 다른 경로로 받았던 정보와 일치하므로 키치 부인의 예언이 정확한 게 틀림없다고 말했다.

4월 말과 5월 초 사이에 암스트롱 부부는 앞에서 언급한 비행접시 전문가를 통해 키치 부인에 대해 알게 되었다. 암스트롱 부부는 곧바로 키치 부인에게 편지를 써서 키치 부인이 하고 있는 일에 관심이 있다고 밝히고 자신들이 수행하고 있는 주술에 대해서도 이야기했다.

한편 키치 부인은 얼마 전에 "사난다"로부터 "컬리지빌로 가라"는 메시지를 받은 상태였다. "그곳에 내가 빛으로 뚫고 들어가고자 하는 아이가 있다"는 것이었다. 키치 부인은 컬리지빌에 아는 사람이 아무도 없었으므로 어리둥절했고 무엇을 어째야 할지 알수가 없었다. 그러던 차에 암스트롱 부부의 편지는 정말이지 너무나 반가웠다. 우연이라기에는 아귀가 너무 딱 맞아떨어진다고 생각했다. 어제까지만 해도 아무 연고도 없는 도시의 낯선 사람들이었지만, 암스트롱 부부의 연락은 매우 중요한 의미를 가지는 게 틀림없었다. 키치 부인은 데이지 암스트롱이 "사난다"가 말한 "아이"라고 결론 내렸고 데이지도 이 해석을 즉각 받아들였다. 자신도 오랫동안 가디언이 자신에게 빛을 들이려 한다고 느껴 왔으며, 그것을 알아차리지 못하고 받아들이려 하지 않은 것이 이집트에서 겪은 "신경 붕괴"의 원인이라고 생각했다는 것이었다.

처음 만난 이후 키치 부인과 암스트롱 부부는 급속도로 가까워졌다. 레이크시티와 컬리지빌은 약 320킬로미터나 떨어져 있었지만 깊어지는 우정을 가로막지 못했다. 5월과 6월에는 많은 서신을 주고받았고 6월 말에는 암스트롱 부부가 차를 몰고 레이크시티로 와서 키치 부인을 만났다. 이들이 마음이 잘 통했다는 것은 명백하다. 암스트롱 부부는 예정보다 오래 머물렀을 뿐 아니라 키치 부인을 자신의 집에 초대하기까지 했다. 그래서 키치 부인은 독립기념일[7월 4일] 주말을 컬리지빌에서 보냈다. 집을 떠나 다른 곳에 가더라도 우주와 소통하는 데는 문제가 없는 것 같았다. 7월 내내 키치 부인의 생산성은 줄곧 매우 높았다. 우주로부터 많게는 하루에 10건의 "가르침"을 받기도 했으며 아무 메시지도 받지 못하는 날은 거의 하루도 없었다.

메시지의 내용은 물리적 환경에 대한 묘사부터 외계 행성의 식생활, 또 전쟁과 지구를 뒤덮을 파괴에 대한 전조와 경고 등에 이르기까지 매우 다양하고 광범위했다. 간간이 계몽, 기쁨, 그리고 "듣고 믿는" 자들을 위해 예비되어 있으며 이전의 어느 것도 필적할 수 없을 만큼 놀라운 경험에 대한 약속 등과 같은 내용도 있었다. 메시지의 길이도 한두 문장인 것부터 600~700단어에 달하는 것까지 천차만별이었는데, 대부분은 200~250단어 정도였다.

이 메시지들만으로는 키치 부인이 믿게 된 신념 체계 전체에 대해 명료한 그림을 그리기 어렵다. 이 신념 체계는 복잡할 뿐 아니라 잘 바뀌기까지 해서 (새로운 사람을 만나거나 새로운 글을 보게 되었을 경우 등) 키치 부인에게 새로이 영향을 주는 요인이 나타나면 이리저리 방향이 달라졌다. 2장은 배경 설명에 해당하는 단계이니, 이 메시지들이 담고 있는 사상들을 파고들기보다 메시지 자체를 인용하는 방식으로 주요 내용을 보여 주고자 한다. 생소한 단어나 표현은 키치 부인이 제공한 설명이나 우리가 참여관찰을 했을 때 모임 일원들 사이에서 쓰이던 용례를 토대로, 되도록 "공식적인" 용어 정의를 덧붙였다.

이 신념 체계의 첫 번째 명제는 지구를 포함하는 태양계를 넘어선 곳에 행성들의 우주가 있다는 것이다. 이 우주의 적어도 일부는 더 우월한 지능, 지혜, 기술을 가진 존재가 살 수 있는 환경을 가지고 있으며 그 존재들은 막대하게 발달된 기술을 가지고 있다. 이 존재들은 인간과 비슷한 점도 있지만 더 높은 "진동 주파수"(즉 더 낮은 밀집도)로 살고 있다. 그래서 인간이라면 물리적인 힘이나 행동으로만 할 수 있는 일을 "앎"이나 사고를 통해 수행할 수 있다.

예를 들면, "사난다"는 7월 8일에 보낸 메시지에서 이렇게 전하고 있다. "가디언들은 UN[창조주의 지능, 높은 자아의 마음]의 존재들로, 7번째 밀도나 8번째 밀도까지 올라와 있다. 그들은 창조주와 하나된 일치로서 UN이다. UN에 의해 그들은 유용할 만한 것들을 선택해 도구나 용기로 창조할 수 있으며 실제로 창조한다." 5월 14일에는 "크레톤[세루스 성운에 있는 행성으로 추정됨]의 7번째 밀도 구역"에 사는 한 가디언이 다음과 같은 메시지를 보내왔다. "우리는 아바가다[우주선]에 있노라. 이 우주선은 빛의 힘으로 추진된다. 우리는 지구의 인간과 공통점이 많다. 하지만 문화적으로는 우리와 지구 사이에 수백만 년의 차이가 있다. 그래도 우리는 여전히 형제이노라. 우리가 일상에서 자연스럽게 즐기는 것들을 그대 세계의 사람들은 아직 상상하지 못할 것이니라." 또한 "시난다"는 클래리온 행성에 대해 간략한 묘사를 보내오기도 했다. "살기 좋은 아름다운 곳이다. 날씨도 존재한다. 눈과 비. 우리는 우리의 신체를 기온에 맞게 조정한다." 그리고 가디언들의 식생활에 대해서도 이야기했다. "우리는 증가의 빵을 먹는다. 이것은 눈송이와 비슷하다."

4월 24일에 온 몇몇 메시지는 다음과 같은 정보를 전하고 있다.

"우리는 그대의 대기를 통해 오고 있다. 그대의 우주비행사들은 우리를 볼 수 있다. 그들은 그것을 큰 태양 흑점이라고 말할 것이다. 지구의 인간과 소통하는 다양한 방법은 우리가 작동시키는 다양한 주파수로 설명할 수 있을 것이다. 우리의 시스템은 그대들에게는 매우 복잡하겠지만 사실은 매우 단순하다. (…) 나는 상호 의식 지각을 통해 오고 있다. 그대가 텔레파시라고 부르는 것이니라. (…) 이것이 우리의 일반적인 통신 수단이노라. 우리와 소통하는 모든 행성에서도 이것을 사용한다. 그런 행성이 몇 개냐고 물었는가? 그대는 0을 다 쓸 수 있을 만큼의 충분한 종이가 없을 것이므로 나는 그 숫자를 말할 수 없도다. 우리는 수백만 년 동안의 지식이 있으므로 그대에게는 어마어마하게 보일 것이니라. (…) 우리는 그대가 알고 있는 방식의 죽음을 모른다. 우리에게 죽음은 번데기가 나방으로 변하는 것과 같다. **우리가 그러한 변화를 원하고 필요로 할 때,**

그것은 매우 의식적으로, 또 자발적으로 이뤄진다. 우리는 절대로 이전의 레어[우리의 지상의 신체]로 돌아가지 않는다."

이어서 "사난다"는 통신 기술에 대해 다음과 같이 설명했다.

"그대가 듣는 테르민['로솔로'에서 우리의 사고와 행동을 기록하는 것]은 진정으로 '세루스'에서 오는 것이다. 그대의 지구로부터 진동 자극을 받을 타이밍을 조절하기 위해 우리가 사용하는 것은 엔진이 하는 일과 비슷하다. 통신은 그대의 테르민에 의해 기록된다. 이것은 큰 거울과 같으며 그대의 생각이 그대가 생각하는 속도만큼 빠르게 기록된다. 그러면 다시 우리가 우리의 자극을 자기 에너지의 형태로 보낸다. 이것은 그대의 과학자들이 아직 이미지화하지 못한 '셀레코블레트'로 이뤄진다."

이 신념 체계의 두 번째 명제는 가디언들이 "로솔로"라는 우주 학교의 스승들이라는 것이다.(로솔로는 세루스에 위치해 있다.) 가디언들은 키치 부인을 가르치기 위해, 또 키치 부인을 통해 다른 인간들을 가르치기 위해 키치 부인과 소통한다. 가디언들은 인류의 영적 성장에 필요한 올바른 행위에 대해 지침을 주고 원칙, 개념, 사상 등을 가르쳐 지상의 사람들이 곧 다가올 변화에 대비할 수 있게 한다. 키치 부인이 받은 메시지에 따르면, "지상의 모든 비참함은 우주의 일반 법칙에 대한 무지 때문에 생긴다." 그리고 가디언은 이렇게 말했다. "[우리는] 어둠에서 그대가 벌이는 투쟁을 알고 있고 그대에게 진정한 빛을 가져다주고자 한다. 그대의 행성이 전쟁과 증오가 있는 유일한 행성이기 때문이다. (…) 우리는 슬픔을 느끼지는 않지만 그대의 지구에서 사람들이 진보하는 것에 대해 매우 관심이 많다. 왜냐고? 우리는 모두 형제이기 때문이다. 내가 더 설명해야 하는가?"

"엘더 브러더"는 이제까지의 진전을 이야기하며 키치 부인을 독려했다. "우리가 그대의 행성과 접촉을 해 왔으므로 지상의 인류를 진보시키기 위해 우리가 보낸 빛의 힘에 그대의 인간들 역시 반응해 왔을 것이다." 또한 더 나중에 "사난다"는 이렇게 말했다.

"빛이 존재하며 그 빛은 분명히 그대에게 드러날 것이니라. 그대는 어두운 시대의 마지막에 왔노라. 세상의 빛은 조기 경보 존재들을 통해 드러날 것이다. 조기 경보 존재들은 그대가 대기라고 부르는 곳에 거주한다. 대기에는 지상의 인간들의 밀도로는 볼 수 없는 진동 비율로 살아가는 존재들이 가득하다."

우주에서 누군가가 방문할 것이라는 약속과 이들이 지구의 일에 매우 관심이 많다는 암시가 상당히 많은 메시지에 등장한다. 4월 초에 "사난다"는 이렇게 말했다.

"비행접시가 웨스트버지니아 주 상공에 있으며 전쟁 물자를 만들고 전쟁에서 수익을 얻는 산업계 사람들의 목록을 적고 있다. 방문자들은 5월에 지구에 착륙해서 그대의 사람들과 접촉할 것이다. (…) 웨스트버지니아 주에 착륙하는 것은 6월일 수도 있다."

5월 중순에는 "엘더 브라더"가 "우리 다수가 지구의 시야에 드러날 것이고 뉴욕, 워싱턴 DC, 시애틀, 시카고의 많은 사람들에게 보일 것"이라고 말했다. 또한 "엘더 브라더"는 "우리는 다양한 장소에 착륙할 것이고 웨스트버지니아, 노스캐롤라이나, 사우스캐롤라이나, 버몬트 등이 포함될 것"이라며 "우리가 그곳에서 접촉할 것"이라고 언급했다. "엘더 브라더"는 지구인들이 다른 행성을 방문할 수 있게 해 주겠다는 더 흥미로운 프로젝트도 약속했다.

"우리는 몇 명을 선택해 우리의 차원(플레인), 즉 행성(플래닛)으로 여행시킬 것이다. 우리는 웨스팅하우스에서 여섯 명을 조직해 우리의 땅을 방문하게 하려는 계획을 가지고 있다. 놀랐는가? 우리는 그대의 세계에서 사람들을 데리고 오곤 했다. 뉴욕 주 시라큐스에서 한 명, 뉴욕 주 스키넥터디에서 한 명, 일리노이 주 록포드에서 한 명, 그리고 캘리포니아에서 한 명이며, 캘리포니아, 애리조나, 오리건에서는 한 명 이상이다. 그들 중 두 명은 이제 우리 행성인 '유니온'에 있다. 그들은 전에 특별한 임무를 가지고 지구에 있었다."

초여름 무렵이면 대홍수 예언이 모습을 드러내기 시작한다. 앞으로의 메시지들에서 점점 더 명확해지겠지만, 키치 부인에게 내려 주는 가르침, 그리고 행성 간 이동이라는 시스템은 예고된 우주적 재앙을 피하거나 완화하기 위해 필요한 것이었다.

초창기 메시지들에는 지구의 앞에 놓인 문제가 어둡게 암시되어 있긴 하지만 그에 대한 가디언들의 계획이나 의도는 모호하게만 나타나 있다. 하지만 5월 23일에는 "사난다"가 다음과 같이 비교적 직접적인 언급을 하기도 했다. "앞으로 몇 주 안에 우리 중 다수가 방문할 계획을 가지고 있다. 전쟁 준비가 이뤄지고 있기 때문이다. (…) [특정한 지구 거주자들은] 함께 모여서 다가올 사건들이 가져올 홀로코스트의 경험을 피할 수 있을 것이다." 전쟁이라는 주제는 늦은 봄과 초여름 동안 여러 메시지에 등장한다. 또 조화와 평화의 축복, 분쟁의 비참함과 무용함, 광기에 대한 이야기도 많이 등장한다. 여러 메시지에서 가디언들은 "지구에서 살육을 가르치는 사람들"이 곧 어둡고 끔찍한 정의를 만나게 될 것이라며 "지상의 사람들은 자살로 돌진할 것이고 (…) 이에 대해 우리는 하늘의 경이로움과 신호로 답을 줄 것"이라고 경고했다. 하지만 그 "홀로코스트"가 정확히 어떤 것인지, 혹은 지구에 구체적으로 어떤 종류의 재앙이 올 것인지는 5월부터 7월까지의 메시지에는 명시적으로 드러나 있지 않다. 8월 말이 되어서야 메시지는 인류 앞에 놓인 재앙이 무엇인지를 더 직접적으로 경고하기 시작한다.

이 밖에도 키치 부인이 받은 메시지에는 우리가 지면상 다 언급할 수 없는 흥미로운 가르침들이 많다. 어떤 메시지들은 키치 부인 집에 손님이 오는 것, 이 믿음을 공부하려는 새로운 사람이 등장하는 것(이런 경우 가디언들은 이들에게 굉장한 일이 있을 것이라는 약속과 칭찬을 했다), 이전의 신도가 사라지는 것(이런 경우 가디언들은 지상의 사람들을 계몽하는 것이 얼마나 어려운지에 대해 한탄했다) 등 키치 부인의 일상을 반영하고 있다. 키치 부인을 주변의 "어두운 힘"으로부터 보호해 주겠다고 안심시켜 주는 내용도 있다. 또한 전쟁광, 과학자, 믿지 않는 사람, 유물론자에 대한 맹렬한 비난도 있다. 그리고 아주 많은 훈계가 있다. 이웃을 사랑하라, 빛을 추구하라, 사고하기를 멈추라("사고하는 것은 두 번째 밀도의 일"에 불과하며 "창조주의 가르침을 공부할 때는 사고를 통해 진전시킬 수 있는 게 없다"), "오감을 멈추어서" "내면의 앎"과 "직접적인 앎"이 가능하게 만들라(이것은 아버지 창조주의 말씀을 믿는다면 달성할 수 있다), 기타 등등, 기타 등등. 무엇보다, 키치 부인은 인내심을 가지고 순종하면서 믿음을 가지라고 독려 받았는데, 실제로 인내와 순종과 믿음은 종종 큰 시험에 들기도 했다.

가디언들은 때때로 비행접시의 착륙이나 외계인의 방문 같은 구체적인 사건을 예언했다. 또한 키치 부인은 이러저러한 간단한 업무를 수행하라거나 이러저러한 장소로 가라는 "명령"도 많이 받았다. 가령, 4월에 "사난다"는 이렇게 말했다.

"그 강연에 가면 랭글리필드에서 온 한 남성을 만나게 될 것이니라. 그는 잠깐 동안 우리 행성에 있었던 적이 있다. 그가 그대에게 말할 것이다. '일찍 오셨네요.' 이것이 그가 그대를 안다는 신호다. 그는 빛줄기의 대기를 통해 왔다."

또 레이크시티 시내의 어떤 골목으로 가라는 "명령"을 받은 적도 있다. 가서 한 시간을 기다렸지만 특별한 일은 일어나지 않았다. 비행접시를 볼 수 있을 것이라거나 비행접시가 집 근처에 오리라는 약속도 몇 차례나 받았지만 결과는 늘 실망스러웠다.

가디언에 대한 키치 부인의 신실함이 가장 크게 시험에 든 것은 7월 말에 받은 한 예언을 통해서였다. 7월 23일 아침에 키치 부인은 자동기술로 다음과 같은 중대한 메시지를 받았다.

"남쪽 하늘에서 그대가 보게 될 빛줄기가 가리키는 곳이 우리가 있는 방향이다. 그곳은 '톨라'[우주선]의 회전과 소용돌이로 들썩일 것이다. 우주선은 8월 1일에 라이언스 필드에 올 것이다. 우주선이 착륙할 때 라이언스 필드에서는 세상이 끝나는 것처럼 보일 것이다. 라이언스 필드 한가운데 우주선이 내릴 때, 오퍼레이터들은 자신이 본 광경을 믿지 못할 것이다."

메시지는 이렇게 결론을 맺었다.

"우리가 주는 것은 매우 정확한 장면이다."

뒤이은 메시지들에서 키치 부인은 그날 정오에 비행접시가 착륙하는 것을 보러 라이언스 필드[공군 기지다]로 가라는 명령을 받았다. 꽤 많은 지인이 키치 부인이 비행접시를 보러 갈 계획이라는 것을 알게 되었다. 아마도 메시지들을 타자로 쳐서 정리하던 여성을 통해서였을 것이다. 나중에 키치 부인은 우르르 모여서 가려는 의도는 없었다고 회상했지만 딱히 이 일이 비밀이라고 생각하지도 않았던 것 같다. "나는 8월 1일에 라이언스 필드에 비행접시가 착륙할 것이라고 사람들에게 알려서 교통체증을 일으키고 싶지 않았어요. 열렬한 비행접시 애호가들이 그것을 보러 모여들면 고속도로에 정체가 심해질 테니까요. 그래서 사람들에게 말하지 않으려고 했어요." 하지만 소식은 퍼졌고 몇몇 사람들이 자신들도 함께 가거나 아니면 따로 가서 거기에서 만나도 괜찮겠느냐고 물었다. 그 주 주말에 레이크시티에 와서 키치 부인 집에 머물고 있던 암스트롱 부부도 함께 가겠다고 청했다. 그래서 이 세 명은 8월 1일 정오가 되기 조금 전에 라이언스 필드에 도착했다.

라이언스 필드 정문 근처에서 따로 와 있던 지인들과 합류했다. 그리고 모두 함께 차가 드물게 다니는 주변 도로로 가서 활주로와 하늘이 잘 보이는 장소를 찾아 주차를 하고 비행접시를 기다릴 준비를 했다. "우리는 우리가 보게 될 게 무엇일지 전혀 몰랐어요. 그저 비행접시를 찾아보려고 두리번거렸어요." 키치 부인은 나중에 이날을 기억하며 이렇게 말했다. "거기 서서 싸 온 점심을 먹고 길옆에서 폴라로이드로 하늘을 찍어서 들여다보면서, 그렇게 서 있었어요. 우리 테이블에 있지 않은 사람[외부인, 즉 가디언들이 제공한 지식의 향연을 함께 하지 못하고 있는 사람]이 봤다면 아주 멍청하게 보였을 거예요."

갑자기 키치 부인은 웬 모르는 남자가 다가오는 것을 보았다. 아주 길고 곧은길인데다 인근 들판에 시야를 가릴 만한 것이 아무것도 없었는데도, 키치 부인은 가까이 올 때까지 그를 전혀 보지 못하고 있었다. 마치 허공에서 뚝 떨어진 것 같았다. 그 남자는 고속도로를 건너 그들에게 다가왔고 그가 가까이 옴에 따라 키치 부인은 그의 외모와 태도에서 왠지 이상한, 섬뜩하기도 한 기운을 느꼈다. 키치 부인은 "그의 눈빛이" 무언가 이상했으며 호기심을 불러일으키는 단호함을 가지고 있었다고 회상했다.

일행 중 한 명이 키치 부인에게 "조심하세요. 미친 사람 같아요"라고 말했다. 하지만 키치 부인은 두렵지는 않았고 단지 호기심

이 일었다. 그리고 이 덥고 건조한 길을 쉬지도 못하고 간식거리
도 없이 걸어오는 남자가 안돼 보였다. 키치 부인은 자동차 뒤에
서 샌드위치와 과일 주스 한 잔을 가지고 와서 그에게 건넸다. 그
러자 그는 느리지만 예의 바르게 거절했다.

"나는 그 시간에 인적 없는 고속도로에서 시원한 음료를 원하지 않
는 사람이 있을 수 있다고는 상상하지 못했어요. 재차 권했지만 그
는 이렇게만 말했어요. '감사하지만 괜찮아요.' 나는 그의 눈을 보
았어요. 내 영혼을 꿰뚫는 것 같았죠. 그리고 그의 말은 내 발에 찌
르르한 전기를 보내는 것 같았어요. 하지만 나는 정확한 빛의 주파
수에 있지 않았어요. 우리가 거기 서서 비행접시가 오나 안 오나 하
늘을 들여다보는 동안, 그는 위를 한번 올려다보고 그 다음에는 우
리를 보았어요. 특히 나를 보았죠. 내가 먹을 것을 권하자 그는 거
절하고 걸어서 떠나갔어요. 나는 매우 슬펐어요. 그때는 이유를 몰
랐지만요. 나는 '내가 그에게 줄 만한 먹을 것이 무엇이 있을까? 우
리가 가진 다른 것 중에 그에게 줄 만한 것이 무엇이 있을까?'만 생
각했어요. 나는 (수박 한 조각을 꺼내려고) 약 6미터 정도 떨어져 있
던 자동차 쪽으로 돌아섰어요. 그런데 차에 가서 뒤를 돌아보니 그
가 사라지고 없었어요. 아무 데도 보이지 않았어요. 그리고 나는 느
꼈죠. 아, 말로 표현할 수 없어요. 이것을 표현할 수 있는 말은 없을
거예요. 나는 무언가 내가 이해하지 못하는 일이 벌어지고 있다는
것을 느꼈어요. 내가 무언가에 가까이 가고 있다는 것을요."

그날의 나머지는 특이한 일 없이 지나갔다. 두 시간을 더 기다

렸지만 비행접시는 착륙하지 않았고, 모여 있던 사람들에게 실망이 드리웠다. 키치 부인은 매우 낙담했다. "나는 속으로 이렇게 생각했어요. 그 메시지는 분명 내 손을 통해서 나왔어. 오늘 내가 누군가를 잘못 이끌었다면 내게도 얼마간 책임이 있어." 키치 부인은 지침을 달라고 기도했다. 모였던 사람들이 헤어지고 키치 부인, 암스트롱 부부, 그리고 또 다른 친구 한 명만 남게 되었을 때, 키치 부인은 그들은 어떻게 느꼈는지 물어보았다. "나는 '여러분들은 어떻게 느끼셨어요?'라고 물었어요. 모두가 이 길에서 무언가가 벌어졌다는 데는 동의했어요. 하지만 그게 무엇인지, 어떻게 설명해야 할지 몰랐어요. 우리 모두 그 정도까지는 감지를 했어요. 무언가가 벌어졌지만 우리의 정신 능력으로는 그것을 알 수 없다고요."

알 수 없는 상태가 오래가지는 않았다. 다음날인 8월 2일 새벽에 키치 부인이 다음과 같은 메시지를 받은 것이다. "나 사난다는 도로에 사이스의 형태를 하고 나타났다." "사이스"라는 단어는 독자들에게 익숙하지 않겠지만 키치 부인은 단번에 알아들었다. 7월 28일에 받았던 흥미로운 메시지에서 이 단어를 접한 적이 있었던 것이다.● 그때는 그 메시지의 중요성을 미처 알지 못했지만

● 조금이나마 이해를 돕기 위해 해당 메시지를 그대로 옮기면 다음과 같다. "사라와 저스틴은 소년과 소녀다. 둘 다에게 창조주의 사랑이 있다. 그들이 지구 중심의 큰 도시(자아의 도시라 불린다)에 왔을 때, 아이 사라는 저스틴에게 물었다. '어느 쪽에 아버지의 집이 있지?' 저스틴이 대답했다. '카터, 즉 길을 찾는 사람이 되는 것은 그가 창조된 이유인 가장 중요한 임무가 될 거야.' 지구의 중심인 자아의 도시를 돌아다니는 동안 그들은 수줍어하는 작은 사이스를 우연히 보았다. 그것은 밍크였다. 토끼로 변장을 하고 있었고 토끼는 뇌조의 사촌이었다."
'이 토끼는 정말 수줍은 작은 사이스로구나!' 사라가 말했다. 사이스가 말했듯이 그것은 '뇌조의 사촌, 뇌조! 토끼! 사이스!'였다. '뭐가 뭐였지?' 사라가 외쳤다. 그러자 소년 저스틴이 소리쳤다. '우리는 생각의 땅에 도착했어! 사이스는 우리가 헤매는 동안 밤의 어둠 속에서 우리에게 생각

8월 2일에 사난다의 메시지를 받았을 때 키치 부인은 "사이스"가 "변장을 하고 온 자" 혹은 "진짜 정체가 알려지지 않은 자"를 일컫는 가디언의 말이라고 결론 내렸다. 그리고 자신이 "사이스 이야기"를 라이언스 필드에 가기 전에 이미 들었다는 사실에 즉각 중요성을 부여했다.

그날 도로에서 "무언가가" 일어났다는 데 대한 이 설명은 키치 부인에게 궁금증만 해소해 준 것이 아니라 특별한 기쁨과 환희까지 가져다주었다. 비행접시 예언이 이뤄지지 않은 것의 실망을 충분히 상쇄하고도 남음이 있었다. 라이언스 필드에 비행접시는 오지 않았지만 더 큰 선물이 왔다. 예수를 만난 것이다!(물론 다른 이의 몸으로 변장을 한 예수였다.) 그리고 예수와 이야기를 했고 평범하고 보잘것없어 보이는 낯선 사람에게 기독교에서 말하는 선행을 수행했다! 이 깨달음은 환희뿐 아니라 경외도 불러왔다. 하느님의 아들을 만나게 될 사람으로 왜 내가 선택되었을까? 자신이 특별히 선택되었다는 것에 대해, 자신이 듣는 목소리와 자신이 느끼는 존재가 진짜이고 타당하며 초월적인 생명에 속한 무언가라는 데 대해, 그리고 자신은 그들이 지상에서 사용하는 미천한 도구에 불과하다는 것에 대해, 전보다 더 깊은 확신이 키치 부인을 휘감았다.

의 마법을 걸려 하고 있는 거야!'

"그들에게 왕국의 보물의 문이 활짝 열렸다. 가장 큰 보물은 '증가의 정원'의 사이스였다. 거기에서, 그는 그저 사이스였다. 사촌도 조상도 아니고, 단지 미스터 사이스였다. 그는 그 자신이었다. 소년과 소녀처럼, 자아의 도시의 위대한 창조주 자신. 지구 중심의 도시를 각자 조용히 목격하는 자기 자신 (…) 사이스와 아이는 모두 창조주의 도시에 있다. 각자는 자아의 정원으로 가는 자신의 길을 발견했다. 각자는 그의 창조주의 정원에 있다."

8월 3일에 "사난다"는 있을지 모를 미래의 방문들에 준비하라는 메시지를 보냈다. "지구의 손님이 보일 때 그는 많은 모습으로 올 것이다. 많은 사이스의 형태를 할 것이다. 사랑을 주는 자로, 전화를 하는 자로, 빵과 음료를 제공받고 기뻐하는 자로."

8월의 뜨겁던 그날 정오에 라이언스 필드에 온 사람은 열두 명이었다. 하지만 12월에 키치 부인의 신도로 남은 사람은 다섯 명뿐이다. 정도 차이는 있었겠지만 비행접시 예언이 실현되지 않은 것은 모두에게 큰 실망이었다. 어떤 사람은 그 실망에서 회복되지 못하고 떠나갔다. 일부는 키치 부인을 가짜 예언자라고 부르면서 곧바로 떠났다. 두 명은 한동안 떠났다가 나중에 돌아왔다. 암스트롱 부부만이 줄곧 믿음을 유지했다. 그들은 그날 오후 내내 키치 부인과 함께 있었고, "모두 무언가가 일어났다는 데는 동의했다." 이후에도 암스트롱 부부는 키치 부인과 계속 연락을 했고 주말에 방문하기도 했다. 라이언스 필드에 다녀온 다음날 키치 부인이 "사난다"의 메시지를 받았을 때도 암스트롱 부부가 함께 있었다. 키치 부인의 비범한 능력에 대해 전날 일말의 의구심이라고 생겼다면, 이로써 그 의구심은 모두 불식되었다. 암스트롱 부부는 "사난다"의 메시지를 보았고 키치 부인의 빛나는 확신을 보았으며 되살아난 키치 부인의 믿음을 보았고 키치 부인의 감동적인 겸손함을 보았다. 그들도 같은 마음이었을 것이다.

이론상으로 볼 때, 라이언스 필드 예언의 반증에 이어 전도가 증가했으리라고 추측해 볼 수 있을 것이다. 하지만 아쉽게도 이 사건에 대해서는 1장에서 살펴본 역사적 사례들과 마찬가지로 우리가 가진 자료가 부족하다. 우리 저자들과 참여관찰 조교들은 키치 부인이 8월에 어떤 행동을 했는지 관찰하지 못했고, 따라서 이에 대해서는 직접적인 1차 자료가 없다. 또 키치 부인이 8월에 받은 메시지들 중에 전도를 촉구하는 내용이 있긴 하지만 이 시기의 메시지들은 너무 분절적이어서 무엇이라 결론을 내리기 어렵다.

"사이스" 사건이 있고서 한두 주 뒤, 키치 부인은 컬리지빌을 방문해 장기간 머물렀다. 그곳에서도 계속해서 외계의 메시지를 받았고 하루에 자동기술을 14시간 동안이나 한 날도 있었다. 이때 컬리지빌에서 암스트롱 부부와 신비로운 사건들에 대해 많은 토론을 나눈 것이 키치 부인이 믿게 된 신념 체계의 내용에 큰 영향을 미친 것으로 보인다. 이 시기에 키치 부인이 받은 외계의 메시지를 보면 천국의 속성, 예수 십자가형의 의미, 신의 권능과 영광, "지상의 신"과 "창조주"와의 관계와 같은 종교적 주제의 비중이 점점 커지는 것을 볼 수 있다. 또 천사와 "고밀도 외계 존재"가 어떤 관련이 있는지에 대한 설명도 등장하고, 이들의 관련성을 설명하는 와중에 "캘리포니아 땅에서 벌어진 파티마의 기적"에 대한 이야기도 나온다. "아버지"와 "아버지의 아이들"(믿음을 가진 사람들)에 대한 언급도 점점 많아진다. 이와 함께, 선사시대에 대한 지리물리학적인 언급도 등장하기 시작한다. 특히 아틀란티스와 자매 "대륙" 뮤가 태평양에 가라앉은 것이 중요하게 언급되어 있다.(이 일은 아틀란티스와 뮤 사이에서 "원자력" 무기를 가지고 벌어진 치명적인 전쟁 때문에 발생했다고 한다.)

지상의 인류가 어떤 기원에서 생겨났는지에 대한 설명도 등장한다. 이 설명에 따르면, 억겁의 시간 전에 카르 행성에서 인구가 두 분파로 갈라졌다. 하나는 루시퍼가 이끄는 "과학자들"이었고 다른 하나는 "신"의 휘하에서 그리스도의 명령을 받아 "빛을 따르는 사람들"이었다. "과학자들"은 원자폭탄과 비견될 만한 것을 발명하고서(그때는 이것이 "알세토페"라고 불렸다고 한다), 빛의 근거지를 파괴하겠다고 위협했다. 그리고 그들의 어설픈 영리함이 카르 행성을 산산조각냈다. 견고한 실체로서의 카르 행성이 사라지면서 옴니버스("모든 우주들")의 균형이 대대적으로 교란되었고 완전한 대혼돈이 일어났다. 빛의 세력은 클래리온, 우라누스, 세루스 등 다른 행성들로 후퇴해 다시 집단을 이루고서 이후의 전략을 도모했다. 그리고 루시퍼는 자신의 군대(이제는 우주적 지식을 모두 망각한 군인들)를 이끌고 지구로 왔다.

오래 전의 그날 이후 새로운 "사이클"이 시작되었고 이전의 오류가 되풀이될 위험에 처했다. 오늘날 루시퍼는 변장을 하고 외부에 머물면서 현대의 과학자들이 점점 더 막강한 파괴의 무기를 만들도록 지휘하고 있다. 파멸을 향한 무모한 질주가 지속된다면 카르 행성의 파괴와 같은 비극이 반복될 것이다. 지구는 산산조각나고 태양계 전체가 교란될 것이다. 물론 빛의 세력은 가만히 보고만 있지는 않았다. 그리스도가 "예수"로서 지구를 방문했고 이것이 인류를 구원하려는 첫 시도였다. 인류가 어둠의 왕자를 버리도록 설득하기 위한 것이었는데, 이 시도는 부분적으로만 성공했다. 지상의 인류 중 일부는 마음을 열어 "빛"을 받아들였다. 이들은 지금도 창조주나 신의 목소리를 들을 수 있고 신의 뜻에 복무하는 방향으로 올바르게 행동할 수 있다. 하지만 악의 세력(과 과학)은 지극히 강력해서, 빛을 따르는 이들이 또 다른 대폭발을 피할 수 있기에 충분할 만큼 빠른 시간 안에 악의 세력을 정복하지 못할지도 모른다.

이 듬성듬성한 설명만으로는 암스트롱 부부와 키치 부인이 7월부터 9월까지 수집하고 발달시킨 이론의 복잡성을 제대로 보여 주지 못할 것이다. 하지만 그들이 미래에 대해 어떤 견해를 가지고 있었는지에 대해 감을 잡을 수는 있으리라 생각하다. 또한 이들이 먼 과거의 희미한 사건들과 임박한 미래의 끔찍한 가능성 둘 다에 매우 관심이 있었다는 것도 알 수 있다. 우리는 키치 부인의 이론을 설명할 때 메시지들이 담고 있는 내용 중 가장 분명한 부분들만 취하고 복잡하고 화려하게 얽혀 있는 수많은 세부 사항들은 생략해야 했다. 그렇다 보니, 메시지의 가르침이 실제보다 훨씬 체계적이고 질서 잡힌 내용이라는 인상을 주었을지도 모르겠다. 하지만 원본 메시지들에는 오만 가지 원천에서 나온 광범위하고 방대한 이야기들이 얽히고설켜 있다. 암스트롱 부부와 키치 부인 모두 굉장히 광범위한 영역에 대해 잡식성의 독서를 한 사람들이었으니, 충분히 그럴 만하다.

여기에서 독자들에게 분명히 짚어 두고 싶은 점은, 이 사상을 키치 부인이 완전히 처음부터 새롭게 발명해 낸 것은 아니라는 사실이다. 키치 부인의 가르침에 등장하는 우주, 영적인 세계, 행성 간 소통과 이동, 전면적인 핵전쟁의 끔찍한 가능성과 같은 개념은 당시에 대중 잡지와 센세이셔널한 서적, 심지어는 신문 칼럼 등에서도 이런저런 형태로 많이 볼 수 있는 것들이었다. 환생의 개념과 ("진동 밀도"의 변화로 인해) 영혼계 상층부의 밀집도가 희박해진다는 개념 등도 수많은 "현대의 컬트와 비주류 종교 운동"

에서 흔히 발견되는 내용이다.● 아틀란티스와 뮤 "대륙" 이야기도 숱하게 존재했으며 그 대륙들이 대양 속으로 "사라진" 것을 논리적으로 설명하려는 시도도 많이 있었다. 또한 천상의 대표자들이 지구를 방문할 것이고 그들이 자신이 선택한 통로를 통해 인류에게 가르침을 주어서 믿음과 행위가 구원받기에 적합하다고 판명된 사람들을 구원하리라는 개념은 기독교보다도 오랜 개념이다.

그뿐 아니라 이 믿음 체계에 등장하는 모든 개념은 (단독으로든 다른 개념들과 결합해서든) 당시에 상당히 많은 사람들이 진지하게 믿었다. 이런 개념들이 등장하는 책과 잡지는 매우 널리 읽혔다. 또한 이런 것을 읽는 사람들 상당수가 자신이 믿는 바를 위해 특정한 집단에 들어간다든지 특정한 의례적 실천을 행한다든지 돈을 기부한다든지 다른 이들에게 그 개념이 진리라고 설득한다든지 하는 다양한 방식으로 투자 행동을 했다.

따라서 독자들이 키치 부인이 자동기술로 펼쳐낸 사상을 웬 정신 나간 여성 한 명의 광기라고 치부하거나 "미친 사람들"만이 이런 생각을 믿을 것이라고 생각한다면, 이는 너무 성급한 결론이다. 키치 부인이 상당히 특이하게 (그리고 걱정 많은 현대 시대에 희한하게도 잘 부합하는 방식으로) 개념들을 엮어 냈다는 것은 맞지만, 키치 부인이 사용한 개념들 중에 완전히 독창적이었거나 완전히 새로웠거나 (대다수가 믿는 "주류" 개념까지는 아니었다고 해도) 그것을 믿는 사람이 없었거나 한 것은 없었다.

● "현대의 컬트와 비주류 종교 운동"은 찰스 S. 브레이든의 책 『그것들 또한 믿습니다』(뉴욕: 맥밀란, 1949년)의 부제다. 이 책은 미국의 몇몇 비주류 종교 집단에 대해 객관적이고 학술적인, 그러면서도 읽기 쉬운 서술을 하고 있다. 특히 신지학, 아이앰운동, 사이키아나, 심령주의, 여호와의 증인에 대해 기술한 부분을 참고하라.

또한 암스트롱 부부와 키치 부인은 비슷한 관심사를 가진 모임들과 단지 사상과 내용 면에서 관련이 있는 정도를 넘어 실질적인 교류를 하고 있었다. 암스트롱 부부는 하나 이상의 비행접시 클럽에 속해 있었고 키치 부인은 비행접시 강연에 자주 참석했다. 또 두 집 모두 "우주의 지혜 학회" 논문 모음집, "보더랜드 과학 연구회"의 『라운드 로빈』, "행성 간 비행 물체에 대한 민간 연구회"의 소식지 같은 간행물을 구독했다. 키치 부인과 암스트롱 부부는 집에 찾아오는 손님에게 이런 간행물들을 제공했고, 키치 부인은 메시지에 대한 해석을 뒷받침할 때 이런 문헌에 나온 내용들을 종종 인용했다. 또한 키치 부인은 자기 말고도 외계의 원천들에서 가르침을 받고 있는 집단이 미국에 여럿 더 존재한다고 주장했다.

이러한 개념들을 배경으로, 대홍수 예언이 나오기 시작한다. 키치 부인이 컬리지빌에 머무는 동안 키치 부인과 암스트롱 부부는 일종의 팀을 이뤄 일을 수행했다. 키치 부인이 메시지를 받아 적으면 데이지 암스트롱이 그것을 타자로 치고 토머스 암스트롱이 내용을 보면서 모호한 곳들에 주석을 달고 다른 문헌이나 자료에서 나온 근거들을 인용해 해석을 뒷받침했다.

임박한 재앙이 처음 명시적으로 언급된 것은 8월 2일에 온 "사난다"의 메시지였다. 이날은 [라이언스 필드에] "사이스"가 방문한 다음 날이었다. 메시지 내용은 다음과 같았다. "지구인들은 깨어나 (그 조건들이 충족될 것이다) 위대한 힘으로 부글거리는 호수의 힘과 이 도시의 높은 건물들이 막대하게 파괴되는 것을 보게 될 것이다. 호수 전역에 걸쳐 거대한 바람이 움푹 패고 지나간 듯이 호수 바닥이 가라앉을 것이다. 이 일이 올 것이라고 세상에 알리라. 그대에게 알려지지 않은 것은 날짜뿐이다. 날짜가 알려지면 인간의 패닉이 끝을 모를 것이기 때문이다."

이 끔찍하고 충격적인 정보는 8월 15일에 온 "사난다"의 메시지에서 상세하게 다시 설명되었다. 메시지의 일부를 소개하면 다음과 같다.

"그날의 광경도 마찬가지로 미친 듯한 상태일 것이다. 추악한 자들도 그만큼이나 미친 듯한 상태일 것이다. 그리고 빛을 따르는 자들은 스승의 가르침에 따라 이날을 위해 준비된 시벳[제자]들로서 존재할 것이다. (…) 계획에 따르면 [조건들이 충족되면] 이 일은 새벽에 시작되어서 지나가는 구름처럼 빠르게 일어날 것이다. 보는 자들에게는 보일 것이다."

"되살아날 자들이 되살아났거나 들어올려졌을 때, 이는 마치 빛의 폭발과도 같을 것이다. (…) 지상의 땅은 약 9미터 깊이까지 밝을 것이다. (…) 지구가 정화될 것이기 때문이다."

"이 모든 일이 벌어지는 와중에, 로키산맥으로 거대한 파도가 칠 것이다. 뒤덮인 지역의 사람들은 새로이 죽은 자의 무리가 될 것이다. 동쪽 경사면에서 새로운 문명이 시작될 것이다. 이것은 빛 속에 있는 새로운 질서일 것이다. 세 개의 산맥이 그것을 지킬 것이다. 그것은 앨리게니산맥, 캐츠킬산맥, 로키산맥이다."

"하지만 땅은 아직 가라앉지 않았다. 바다는 위쪽 부분만을 쓸어냈다. 지구인들을 씻어 버리고 새로운 질서를 창조하기 위해서다. 하지만 이것은 빛의 일이다. 집을 청소하는 것과 비슷하다. 먼저 혼돈이 지배하고 그 다음에 질서가 온다."

"이것이 올 날짜는 상징적인 것이 아니다. 이것은 진짜다! 현실의 것, 이것은 현실이다."

열흘 뒤, 이 거대한 파국이 몰고 올 파급 효과를 상세히 설명한 세 번째 메시지가 왔다.

"이것은 이 지역에만 국한되지 않을 것이다. 미국이라는 나라가 두 조각날 것이기 때문이다. 미시시피, 캐나다, 오대호 지역, 미시시피, 멕시코의 걸프만, 그리고 중앙아메리카까지 모두 달라질 것이다. 미국이 동쪽으로 크게 기울고 중부 주들의 산맥이 뒤집힐 것이다. 북쪽에서 남쪽으로 거대한 새 바다가 생길 것이다. 새로운 산맥은 '아르곤산맥'이라고 불릴 것이다. 그곳에 있었다가 사라진 자들을 기리기 위한 것이다. 옛 사람들은 과거로 가고 새로운 사람들이 온다. 이것은 옛 인종에 대한 기념물이 될 것이다. 새로운 사람들에게는 로키산맥과 앨리게니산맥의 제단이 있을 것이다."

8월 27일에 "사난다"는 길고 정교한 메시지를 보내 이집트가 다시 만들어지고 사막이 비옥한 계곡이 될 것이라는 예언과 함께 지구 대격변의 그림을 마지막으로 채워 넣었다. "뮤"가 태평양에서 떠오를 것이었고 대서양의 바닥이 솟아올라 대서양 해안 지방을 가라앉힐 것이었다. 또 프랑스와 영국은 대서양 바닥에 가라앉고 러시아는 하나의 거대한 바다가 될 것이었다.

이 중대한 메시지를 받고서 키치 부인과 암스트롱 부부가 느낀 경외감이 어느 정도였을지 우리는 상상만 해 볼 수 있을 뿐이다. 일반적인 기준으로 보면 평범하기 그지없는 세 사람이 현 시대의 가장 중요한 소식을 전해 받은 것이다. 그들은 두려울 정도로 막중한 책임과 무엇과도 비교할 수 없는 특권이 그들에게 내려졌다고 생각했을 것이다.

자신의 임무를 분명하게 인식하고서 그것을 즉시 실행에 옮긴 사람은 닥터 암스트롱이었다. 그는 8월 30일에 "미국의 편집자들과 발행인들에게 보내는 공개 편지"라는 제목의 7페이지짜리 보도 자료를 50부 이상 발송했다. 여기에서 그는 대재앙이 임박했다고 알리면서 가라앉은 대륙 뮤, 누가복음에 나오는 기독교 교리에서의 비슷한 재앙 사례들, 키치 부인의 "ESP 가르침"[초월 감각적 인지를 통해 받은 가르침] 등을 설명했다. 이 보도 자료에 재앙의 구체적인 날짜는 언급되지 않았지만 재앙이 "매우, 매우, 임박했다"고는 언급되어 있었다. 우리는 10월에 이 보도 자료의 사본을 보았는데, 여기에는 손 글씨로 다음과 같은 내용이 덧붙여져 있었다. "가장 최근 소식: 대피 날짜는 12월 20일이다." 신문사로 보내진 몇몇 보도 자료에는 이 내용도 들어가 있었을 것이다.

언론에 보도 자료를 보냄으로써, 이제 키치 부인과 암스트롱 부부의 활동은 첫 번째 단계를 넘어 다음 단계로 들어가게 된다. 첫 번째 단계에서는 "가르침"이 키치 부인과 몇몇 친구들 사이의 사적인 일이었다. 하지만 암스트롱의 행동으로 이것이 달라졌다. 이

한 번의 행동[보도 자료 발송]으로 그는 대홍수 소식을 공적인 뉴스가 되게 했다. 그에게 이것은 강한 투자 행동이었다. 그는 세계를 멸망시킬 대홍수에 대한 예언에 자신과 자신의 평판을 걸었다. 그리고 이와 관련된 운동을 본격적으로 조직하는 일에 첫 발을 내디뎠다.

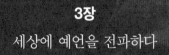

3장

세상에 예언을 전파하다

토머스 암스트롱이 8월 30일에 "미국의 편집자들과 발행인들에게" 보낸 보도 자료는 키치 부인 일행에게 매우 중요한 움직임이었다. "세상에 예언을 전파하려는" 첫 번째 시도였기 때문이다. 하지만 이 시도가 실제로 사회에 미친 효과는 실망스러웠다. 보도 자료를 받은 50여 곳의 매체 중에서 이 내용을 게재하거나 추가 정보를 요청해 온 곳은 하나도 없었다. 이러한 실패에 대해 지도자 삼인방이 어떻게 느꼈는지에 대해서는 우리가 아는 바가 없다. 하지만 그들이 어떻게 "행동"했는지에 대한 자료는 있다. 9월 17일에 닥터 암스트롱은 두 번째의, 더 간명한 보도 자료를 보냈다.

두 번째 보도 자료도 동일한 매체들에 발송되었고 발송인 서명도 동일하게 "닥터 암스트롱"으로 되어 있었다. 이 보도 자료는 "그 안에서 우리 모두가 세계를 무대로 한 배우이자 청중이지만 우리 누구도 플롯에 대해서는 알지 못하는" 어느 "우주적 연극"에 대한 한 페이지 분량의 시놉시스 형태로 구성되었다. "2천 년 전에 우리는 예수의 시대를 공연했다. 이제 위대한 연출자 사난다는 이 시즌의 마지막 공연을 준비하고 있다." 그리고 보도 자료의 마지막 두 단락은 다음과 같은 매우 중요한 내용을 담고 있었다.

"장면은 레이크시티 및 그 주위의 국가다. 날짜는 12월 21일이다. 장면은 아직 어둠이 가시지 않은 새벽녘에 시작한다. 배우들은 끔찍하고 소란스러운 소리에 깨어난다. 지구가 흔들린다. 큰 빌딩들이 무너진다. 오대호의 물이 솟아올라 무시무시한 파도가 되어 도시를 덮치고 동쪽과 서쪽으로 퍼져 나간다. 새로운 강이 형성되고 호수에서 나오는 물줄기가 멕시코만으로 들어간다.'

"가디언의 도래를 기다리던 배우들은 기뻐한다. 한편 고통의 비명 속에서 질문이 들린다. 왜 아무도 우리에게 안전한 곳으로 옮겨 가야 한다고 이야기해 주지 않았는가? 하지만 경고의 날들에 그들은 안전한 곳 이야기를 들었다. 로키·캐츠킬·앨리게니 산맥의 동쪽 기슭이라고. 하지만 그때 그들은 말했다. '여기에서 그런 일은 일어날 수 없어!'"

9월 23일에 『레이크시티 헤럴드』에 게재된 기사는 이 두 번째 보도 자료를 토대로 한 것이 분명하다. 보도 자료를 보고 한 기자가 키치 부인을 찾아와 인터뷰를 청했다. 키치 부인은 우아하게 응대했고 두세 시간이나 들여 그의 질문에 대답하고 몇 권의 공책에 적은 원문 메시지들도 보여 주었다. 하지만 흥미롭게도, 키치 부인은 그리 절박한 기색을 보이지는 않았다. 분명히 이 시기에 키치 부인은 기자든 그 밖의 누구든 간에 적극적인 설교나 위협, 설득을 통해 개종시켜야 할 필요를 느끼지 못했다. 키치 부인은 가디언들이 내려 주는 정보를 "전달"하는 것만이 자신의 역할이라고 생각했다. 그러면 "준비된" 사람들은 경고를 알아듣고 귀를 기울일 것이라고 말이다. 준비되지 않은 사람은 오대호의 홍수에 휩쓸려 가겠지만, 그들이 물에 가라앉아도 그리 중요한 문제는 아닐 터였다. 그들이 잃게 될 것은 "육신"일 뿐이고 나중에 각자의 영적 발달 정도에 걸맞은 행성으로 이동하게 될 것이기 때문이다.

두 번의 보도 자료 발송 외에도 암스트롱 부부와 키치 부인은 몇 가지 전도 활동을 했다. 9월 초에 키치 부인은 레이크시티에 있는 "형이상학 서점"에서 두세 번의 낭독 모임을 갖고 메시지의 내용 중 일부를 이야기했다. 낭독 모임 자체에 대해서는 정보가 별로 없지만 결과가 실망스러웠던 것은 분명하다. 이 낭독 시리즈는 곧 끝나 버렸고 키치 부인은 나중에 거의 이 일을 언급하지 않았다.

9월 초중순에 전도 활동이 갑자기 활발해진 것은 봄과 초여름까지도 그런 활동이 없었던 것과 대조적이다. 8월 30일 보도 자료 발송 전까지 전도 활동은 극히 제한적인 규모로만 이뤄졌고 사실상 키치 부인의 지인들과 그 친구들 사이에서 알음알음 전해지는 정도였다. 봄과 여름에 이런 개인적인 경로로 키치 부인을 찾아온 사람들이 꽤 있기는 했지만, 키치 부인 쪽에서 더 많은 사람들의 관심을 끌려는 노력을 하지는 않았다. 라이언스 필드 사건 때도 되도록 계획을 비밀에 부쳤고, 알려진 뒤에도 함께 가겠다고 자청해 오는 사람들에게 허용을 했을 뿐 본인이 사람들을 부르지는 않았다. 또 "구도자" 사람들이 키치 부인 집에 자주 찾아오기는 했지만 이들에 대한 태도도 마찬가지였다. 키치 부인 쪽에서 적극적으로 그들을 초대하지는 않았고 그들을 설득하려 하지도 않았다. 요컨대 전도 활동에서 키치 부인은 매우 소극적인 역할을 했다.

그렇다면 9월 초에 갑자기 전도가 촉발된 것은 어떻게 설명할 수 있을까? 가장 설득력 있는 설명은 대홍수 예언 자체의 중대성과 긴박성이 전도 열정에 불을 댕겼으리라는 것이다. 보도 자료를 작성하고 발송한 사람은 닥터 암스트롱이었지만 키치 부인도 동의했음이 틀림없다. 첫 보도 자료에 자신의 이름이 언급되도록 허용한 것을 보면 키치 부인이 내용 작성에 관여했을 수도 있다. 하지만 키치 부인이 보도 자료 발송을 먼저 주도하지는 않았던 것 같다. 앞으로도 보겠지만, 닥터 암스트롱은 대중에게 믿음을 알리는 것과 관련해서 일관되게 키치 부인보다 적극적인 역할을 했고 자신의 임무가 가진 긴박성도 키치 부인보다 훨씬 더 민감하게 느끼고 있었다. 또 선교 활동 경험이 있어서 이런 일이 더 능숙하기도 했을 것이다.

어떤 계기로 전도 활동이 촉발되었든지 간에 전도 효과는 미미했다. 두세 개의 신문이 『레이크시티 헤럴드』 기사를 받아서 썼지만 비중 있게 다루지는 않았고 후속 취재를 하지도 않았다. 『레이크시티 헤럴드』 신문사에 더 상세한 내용을 요청하는 편지가 몇 통 왔고 키치 부인의 집으로도 편지가 왔지만 전반적으로 볼 때 키치 부인에 대한 기사가 대중에게 알려진 것은 별다른 반향을 불러오지 못했다. 미국 시민들, 아니 레이크시티 시민들도 다가올 파국에 대한 경고에 무관심했다.

신문에 보도된 것이 가져온 결과 중에 언급할 가치가 있는 것이라면 딱 하나를 들 수 있는데, 바로 "외계인"의 방문이었다. 신문에 기사가 나고 며칠 뒤, 아침에 대문을 두드리는 소리가 났다. 키치 부인이 나가 보니 남자 두 명이 있었다. 그들은 키치 부인과 이야기를 하고 싶다고 했다. 둘 중에 나서서 말을 한 사람은 키치 부인의 초월 감각적 통신, 대홍수 예언, 최근에 실린 기사 등에 대해 꽤 잘 알고 있는 것으로 보였다. 나중에 키치 부인이 회상한 바에 따르면, 그는 완벽하게 정상적인 인간으로 보였지만 함께 온 사람은 이상한 외모를 하고 있었고 내내 한마디도 하지 않았다. 키치 부인이 누구시냐고 묻자 말을 한 사람은 "나는 이 행성 사람이지만 이 사람은 아니다"라고 대답했다. 그리고 더 이상은 말해 주지 않았다. 대화는 적어도 30분 이상 이어졌는데, 방문자들이 전한 이야기의 요지는 간단했다. 키치 부인이 메시지를 더 이상 기사화하거나 출판하지 말아야 한다는 것이었다. 혼자만 알고 있거나 우주에서 다른 명령이 올 때까지 기다려야 한다고 했다. 그래야 하는 이유가 무엇인지, 그들이 누구의 권위를 위임받아 그런 이야기를 하는 것인지 등은 말하지 않았고, 단지 "지금은 때가 아니다"라고만 했다. 이 전언을 남기고 두 남자는 떠났다.

키치 부인은 매우 혼란스러워졌다. 이들이 진정으로 "사난다"의 메시지를 가지고 외계에서 온 것인지, 아니면 루시퍼가 클래리온의 유일한 지구 연락책인 자신의 입을 막으려 하는 것인지 알 수가 없었기 때문이다. 어느 쪽이건 간에, 책을 내려 했던 계획을 포기한 것을 보면 믿음을 외부에 공개하려는 노력이 줄어들었다는 것은 분명하다.

10월 초에 우리 저자 중 두 명이 키치 부인을 찾아갔다. 키치 부인은 호의적으로 맞아 주었고 자신의 믿음에 대해 상세히 설명도 해 주었지만, 예언된 재앙에 대해서는 말을 아꼈고 비밀을 지키려 하는 듯한 태도를 보였다. 암스트롱 부부 외에 키치 부인의 가르침과 예언을 믿는 사람이 또 있는지, 그들이 대홍수에 대비하기 위해 어떻게 할 계획인지 등은 아주 여러 차례 질문을 하고 나서야 무언가라도 알아낼 수 있었다. 키치 부인은 구체적인 계획이나 사실을 이야기하기를 꺼려했을 뿐 아니라 재앙 이야기 자체를 하고 싶어 하지 않는 것 같았다.

우리가 방문했을 때 키치 부인은 우리를 설득하려는 어떤 명시적인 시도도 하지 않았다. 자신이 믿는 바를 이야기하긴 했지만 우리가 그것을 믿을지 안 믿을지는 알아서 판단하라는 식이었다. 또 자신이 "패닉이 오지 않게 해야 한다"는 경고를 받았으며 주변 사람들이 평정을 유지하도록 해야 한다고 반복해서 말했다. 키치 부인의 태도에서 흥분이나 열광은 보이지 않았다. 세계 멸망이라는 끔찍한 가능성을 이야기하면서도 "아름다운 무관심"● 이라고 할 만한 태도를 유지했다. 우리를 신도로 끌어들이려 하지도 않았고 깨달음을 얻거나 추가적인 정보를 들으러 다시 오라고 권하지도 않았다. 자신의 견해에 동의를 표하라고 몰아붙이지도 않았다. 전도와 가장 비슷했던 행동을 굳이 꼽는다면, 우리가 다시 찾아오거나 편지로 질문을 해도 되겠냐고 물었을 때 "우리 집 문고리는 늘 열려 있어요. 준비된 사람들에게는 늘 문을 열어야 한다는 이야기를 들었거든요"라고 우아하게 대답한 것이었다. 키치 부인은 "준비된" 사람이라면 더 높은 영적인 힘에 의해 자신에게 "보내질" 것이므로 어떻게든 알아서 찾아오게 될 것이라고 생각했다. 따라서 키치 부인 쪽에서 신도를 모으거나 전도를 할 필요는 없

● belle indifference, 증상의 심각성에 비해 걱정하지 않는 무관심의 태도를 일컫는 정신병리학적 용어. 옮긴이.

었다.

키치 부인이 대홍수나 신도들에 대한 질문에 너무 모호하게 대답한데다가 우리를 전도하려는 열의도 그다지 없어 보였기 때문에, 데이지 암스트롱이 그 자리에 함께 있지 않았더라면 우리는 정보도 훨씬 적게 얻었을 것이고 이 집단의 활력도 과소평가했을 것이다. 키치 부인이 인터뷰를 주도했고 우리의 질문도 주로 키치 부인을 향한 것이었지만, 대홍수가 나기 직전에 앨리게니산으로 가서 "제단", 혹은 믿는 자들의 영적인 공동체를 세울 계획이라고 알려 준 사람은 데이지였다. 대홍수에서 살아남을 것으로 예정된 사람들은 그 피신처에서 이듬해 크리스마스까지 지구에 남아 있다가 육신과 정신이 함께 클래리온, 금성 등 다른 행성으로 가게 될 것이라고 했다. 거기에서 그들은 영적으로 지침을 받고 지구에 돌아올 준비를 갖추게 될 것이고, 정화되어 순수해진 지구에서 "빛 속을 걷는" 좋은 사람들로서 지상의 인구를 다시 채우게 될 것이었다. 컬리지빌에 키치 부인의 가르침을 믿는 사람들의 모임인 "구도자"가 있다고 알려 준 사람도 데이지였다. 데이지는 자신과 남편이 이 모임을 이끌고 있다고 했다. 이 모임에 대해서는 곧 더 상세히 이야기하게 될 것이다. 그전에, 10월 초에 레이크시티에서 주요 인물의 확신, 행동 투자, 전도 활동의 상태가 어떠했는지를 먼저 간략히 알아보자.

키치 부인은 자신이 받는 메시지의 진실성을 전적으로 믿었고, 암스트롱의 보도 자료 및 『레이크시티 헤럴드』 기자와의 인터뷰를 통해 자신의 견해를 공개적으로 밝힘으로써 강한 투자 행동도 했다. 또한 레이크시티 인근의 지인과 친구 10~20명에게도 자신의 믿음에 대해 이야기했다. 키치 부인의 확신과 투자 행동은 매우 강했고 이 모임이 존재한 시기 내내 강하게 유지되었다. 하지만 전도 활동에 대해서는 분명하게 말하기 어렵다. 우리가 가진 자료에 따르면, 봄에는 키치 부인이 외부 모임에 나가 이 믿음을 이야기한 적이 한 번밖에 없었으며 전도 활동이 촉발된 9월 초에도 모임에 나가 이야기한 것은 두 번뿐이고 그것도 매우 소규모 모임에서였다. 다른 모임에서 만난 적이 있는 두세 명의 지인 등 집에 찾아오는 사람들에게는 망설임 없이 이야기했지만, 우리가 아는 바로 키치 부인이 다른 사람에게 자신의 신념을 이야기한 경우는 대부분 상대방이 먼저 이야기를 청한 경우였다. 누군가가 이야기를 걸어 오면 환영했고 또 누군가가 전도를 하러 나서는 것도 말리지 않았지만, 키치 부인 자신이 전도 기회를 찾아 나서려 했던 것 같지는 않다.

10월 말까지는 신도들에 대해 우리가 가지고 있는 정보가 매우 적다. 하지만 이때까지 키치 부인의 추종자가 매우 소수였다는 점은 분명히 말할 수 있을 것이다. 봄, 여름 동안에는 많아야 10여 명이 각기 다른 시기에 키치 부인의 경험에 관심을 가졌던 것 같고, 이중 일부는 금세 흥미를 잃었거나 키치 부인과 언쟁을 벌이고 떠나갔다. 키치 부인의 남편도 적어도 예언과 관련해서는 아내가 "잘못된 경로"에 있다고 생각했다. 10월 초에 우리가 키치 부인의 집에 찾아갔을 때 이 가르침을 믿는 사람이 또 있느냐고 물었더니 키치 부인은 이렇게만 대답했다. "나에게는 매우 소수의 친구들이 있어요." 10월 중순까지도 레이크시티 인근에는 키치 부인의 추종자가 없었거나 있었더라도 매우 적었다.

한편 컬리지빌의 암스트롱 부부는 추종자를 확보하는 데 키치 부인보다 성공적이었다. 암스트롱 부부는 자신의 믿음을 다른 이들에게 알리는 것을 주저하지 않았다. 닥터 암스트롱은 기회만 있으면 교수들과 보건소 환자들에게 자신이 믿는 바에 대해 이야기했다. 닥터 암스트롱의 컬리지빌 지인들은 암스트롱 부부가 주술에 관심이 많다는 것을 잘 알고 있었다. 하지만 무엇보다 중요한 것은 그가 "커뮤니티 교회"에서 "구도자" 모임을 이끌면서 한 역할일 것이다.

"구도자"는 그 이전해 봄에 "커뮤니티 교회"가 닥터 암스트롱에게 학생 피정에서 "자원 제공자" 역할을 해 달라고 제안해서 시작되었다. 닥터 암스트롱의 참여는 상당한 관심을 불러일으켰고 많은 학생들이 그가 더 많은 역할을 해 주기를 원했다. 학생들은 학기 중에 정기 모임을 열어 달라고 했고, 이렇게 해서 "구도자"가 탄생했다. 그해 가을에 이 모임은 매우 성황을 이뤘던 것 같다. 모임에서 토론된 내용은 "비교종교학"적 측면에서 살펴보는 기독교 신비주의가 중심을 이루었던 것으로 보인다. "구도자" 모임은 커뮤니티 교회에서 암스트롱의 주도 하에 매주 한 번씩 열렸고, 참가자 수는 일정하지 않았지만 이 교회를 다니던 학생 중 적어도 12~15명이 꽤 꾸준히 참석했던 것 같다.

닥터 암스트롱이 비행접시에 진지하게 관심을 갖기 시작하면서 비행접시는 "구도자" 모임에서도 주된 논의 주제가 되었다. 또 암스트롱은 동료와 환자들에게도 비행접시라든지 우주선을 이용한 행성 간 이동 같은 것에 대해 이야기하기 시작했다. 처음에 사람들은 암스트롱이 과학소설을 별나게 열심히 탐독하는 사람인가 보다, 정도로 생각했을 것이다. 하지만 그가 자신이 우주와 접촉하게 될 것이라는 기대를 더 구체적으로 설명하자 몇몇은 인내심이 바닥났고 경계심을 갖기 시작한 것 같다. 특히 커뮤니티 교회가 그랬다. 늦은 봄에 교회 측은 암스트롱에게 "구도자" 모임에서 비행접시 이야기를 하지 말라고 했고, 그렇지 않을 거라면 모임을 교회에서 열지 말라고 했다. 암스트롱은 후자를 택했고, "구도자"는 매주 일요일 오후에 암스트롱의 집에서 모이게 되었다. 공식적으로는 모든 이에게 개방된 모임이었지만 장소를 그의 집으로 옮긴 뒤부터는 암스트롱이나 기존 일원들이 초대하는 사람으로만 참가자가 한정되었다. 이 정도의 간단한 사실들을 제외하면, 봄에 "구도자"가 어떤 활동을 했는지에 대해서는 우리에게 정보가 거의 없다. 여름이 되자 모임은 방학을 맞아 중단되었고 이때는 아직 키치 부인이 대홍수 예언을 듣기 전이었다.

그러나 가을이 되어 암스트롱의 집에 학생들이 다시 모였을 때, 암스트롱은 이들에게 전해 줄 새 소식이 있었다. 9월 말과 10월 초에 일요일 오후의 정기 모임에서 그는 대홍수 예언 및 그와 관련된 신념 체계의 일부를 이야기했다. 학생들은 그가 한 이야기의 많은 부분을 곧바로 흡수할 준비가 된 상태였다. 대부분이 영적인 세계로부터 메시지를 받거나 외계 행성으로부터 방문자가 오는 것이 가능할 뿐 아니라 실제로 존재하는 현상이라고 이미 믿고 있었(거나 믿을 준비가 되어 있었)기 때문이다. 학생들은 즉각 귀를 기울였고 암스트롱도 거침없이 이야기했다. 매우 중요한 한 가지 지점에 대해서만 몇몇이 받아들이기를 주저했다. 대홍수가 정확히 12월 21일에 일어날 것인가에 대해서였다. 확신의 정도는 우리의 연구에서 매우 중요한 요소이므로 우리는 곧 참가자들의 확신과 투자 행동에 대해 더 자세히 알아볼 것이다. 하지만 지금으로서는, 암스트롱이 "구도자" 모임에 꾸준히 나오던 10~20명의 젊은이들에게 키치 부인의 메시지에 담긴 홍수 예언 및 관련 사상들을 전도하고자 했다는 점만 언급해 두기로 하자.

10월 중순에 암스트롱 부부는 키치 부인이 기록한 메시지를 체계적으로 발췌해 복사하기 시작했다. 이는 11월 마지막 주까지 계속되었다. (그때 중단한 이유는 나중에 다시 설명할 것이다.) 이 복사본들은 "구도자" 일원 및 우편 발송 대상자 목록에 있는 사람들에게 배포되었다. 암스트롱 부부는 정확히 몇 명이 우편 발송 목록에 있었는지는 밝히지 않았지만 150~250명 정도는 되었다고 주장했다. 목록에는 개인뿐 아니라 비행접시 클럽이나 형이상학 학회와 같은 단체들도 있었다. 이렇게 복사, 배포된 가르침들은 전적으로 **초창기의** 가르침들, 즉 키치 부인에게 대홍수 예언과 날짜가 "주어지기" **이전까지의** 내용이었다. 대홍수 예언을 넣지 않은 것은 사람들에게 패닉을 일으키지 않기 위해서였을 수도 있고, 개종이 될 사람들이라면 전체 가르침 중 첫 부분만으로도 그들이 진동 주파수를 올리게 만드는 데 충분하리라고 믿었기 때문일 수도 있다.

우리가 가진 자료들을 토대로 볼 때, 초가을 무렵에 암스트롱 부부가 했던 전도 활동은 상당히 적극적이긴 했어도 불특정 대중을 향했다기보다는 선별적인 대상에 대해서만 이뤄졌다고 보아야 한다. 가르침의 복사본을 발송할 사람들은 이 믿음 체계에 호의적이라고 판단된 사람들이었다. 또 컬리지빌 자체 안에서도 암스트롱 부부는 그들의 집에서 모이는 소규모 모임에서만 대홍수 예언과 키치 부인의 가르침을 논의했다. 때때로 비행접시, 금성인의 발자국 같은 이야기를 보건소 환자와 대학 동료들에게 했지만, 그때도 (그가 키치 부인과 함께 정교하게 발달시킨 개념인) "준비된 자"라면 그들에게로 알아서 "보내질 것"이라는 개념을 따랐다.

"구도자" 이외의 사람들에게 전도 활동이 소극적이었다고 해서 홍수 예언이 비밀이었다는 말은 아니다. "구도자" 일원 중에는 지인이나 친척에게 대홍수 예언을 이야기한 사람들이 있었다. 암스트롱이 이들에게 전도 활동에 대한 지침을 주었는지, 주었다면 어떤 것이었는지에 대해서는 우리가 알고 있는 자료가 없다. 하지만 "구도자" 일원들이 전도 활동을 적극적으로 독려받았던 것 같지는 않다. 그보다, 그들 또한 예언에 대해 다른 이들과 논의하는 것을 조심스러워했던 것으로 보인다. 그들도 이 이야기를 가장 잘 받아들여 주고 가장 덜 조롱할 것 같은 사람으로 대화 상대를 매우 주의 깊게 골랐다. 암스트롱 집에서 열리는 일요일 모임에 친구를 데리고 오는 식으로 전도를 한 사람도 있었고 "외부인들"과 대화를 나누는 자리에 참여한 사람들도 있었지만("구도자" 일원 개개인의 행동에 대해서는 이후에 더 자세히 설명할 것이다), 분명한 것은 이들이 예언을 공개적으로 설파하거나 다른 모임에 나가 선포하거나 하지는 않았다는 사실이다.

우리의 참여관찰 조교 한 명이 "구도자" 모임에 들어가는 것을 시도했을 때도 전도가 "선별적으로" 이뤄지고 있다는 인상을 강하게 받았다. 여기에 대해서는 간략한 배경 설명이 필요하다. 초가을(아마도 10월) 어느 날 암스트롱은 (교회 측에 비행접시나 행성

간 이동 같은 이야기는 하지 않겠다고 약속하고) 커뮤니티 교회에서 "구도자" 모임을 다시 꾸렸다. 하지만 교회 모임이 재개되었다고 해서 모임을 다시 다 교회로 옮긴 것은 아니었다. 암스트롱은 대상에 층위를 두어 모임을 두 개로 구분했다. 기존의 "구도자" 일원들은 일종의 "상급반"으로서 계속해서 일요일 오후마다 암스트롱의 집에 모여 아무런 제한 없이 "가르침"에 대해 논의했다. 이와 달리, 교회에서 열리는 공개 모임은 일종의 "초급반"으로서 논의 내용을 기독교 신비주의나 비교종교학 등 안전하고 무해한 주제로만 엄격하게 한정했다. 우리의 참여관찰 조교는 11월에 교회에서 열린 모임에 두 번 참석했는데, 두 번 다 키치 부인이나 키치 부인이 받고 있는 가르침, 대홍수 등은 거의 언급되지 않았고 우주와의 소통 가능성에 대해서는 아주 모호하게만 암시되었다. 암스트롱이 잘 모르는 사람에게 이 신념 체계를 말하는 것에는 조심스러운 태도를 가지고 있었음을 보여 주는 대목이다.

암스트롱이 9월에 [보도 자료를 통해] 불특정 다수에게 메시지를 전파하려 했던 데서 10월에 선별적인 전도 방침으로 전환하는 데 근거가 된 논리는 이 시기에 키치 부인이 받은 가르침에서 찾아볼 수 있다. 가디언들은 신도를 모으거나 외부인을 설득하는 것과 관련해 소극적인 태도를 갖도록 조언했다. 메시지의 내용에도, 또 키치 부인과 암스트롱 부부가 나눈 이야기에도 "준비된 사람은 보내질 것"이라는 말이 반복적으로 나온다. 주사위는 이미 던져졌으므로 추가적인 행동을 취할 필요가 없다는 것이었다. 지구의 모든 거주자는 자신의 영적 발달 상태에 맞게 적절히 취급될 것이기 때문이다. 천상에 가장 가까운 사람들은 최고 밀도의 행성에 보내질 것이고 그곳에서 미래에 정화된 지구의 지도자가 될 훈련을 받을 것이었다. 저밀도의 사람들은 뒤에 남겨져 불편함과 육신의 죽음을 겪게 될 것이었다. 하지만 이들의 영혼도 곧 자신의 영적 발달에 부합하는 영적 밀도를 가진 행성으로 가게 될 터였다. 요컨대 차등은 존재하겠지만 종국에는 모든 이가 자신에게 걸맞은 몫을 갖게 되리라는 것이었다. 대홍수가 오기 전까지 얼마 남지 않은 기간 동안 괄목할 만한 영적 발달을 할 수 있을 가능성은 어차피 매우 낮으며, 가르침을 배워 유의미한 결과를 얻을 수 있을 만한 사람이라면 자기 영혼의 요동을 통해, 아니면 높은 곳에 있는 존재의 개입을 통해, 알아서 계시를 받아 이리로 보내질 것이라고 여겨졌다. 또한 가디언의 메시지는 사람들에게 패닉을 일으키는 것을 피하라고 엄격하게 훈계하고 있는데, 불특정 대중에게 재앙이 임박했다고 알리면 패닉을 일으키게 될 가능성이 컸다.

이 시기에 전도에 대한 입장이 이렇게 수동적이었는데 암스트롱 부부와 키치 부인은 왜 보도 자료를 내고 가르침의 발췌본을 복사해 배포했을까? 그들 자신이 설명한 바에 따르면, 어쨌든 경고를 하기는 해야 했기 때문이었다. 경고를 해야 구원 가능성이 있는 사람들이 행동에 나설 마음을 먹도록 추동될 수 있을 테니 말이다. 이들은 위험에 대한 경고를 듣고 추동되겠지만 종국적으로는 그들 자신의 내면의 역량과 내면의 준비 상태에 따라 움직이게 될 것이었다. 따라서 운동을 이끄는 사람들의 입장에서는 경고를 외친 것만으로 충분히 의무를 다한 것이 된다. 경고에 응답하는 사람은 가르침을 받겠지만 냉담한 사람은 경고를 놓칠 것이고, 냉담한 사람들을 억지로 구원시키겠다며 운동에 끌어들이는 것은 잘못일 터였다. 그렇더라도 10월 중순까지 외부에 문을 완전히 닫지는 않았다. 암스트롱 부부와 키치 부인 모두 이 점을 분명히 했다. 이들은 11번째의 시간[가장 막판의 시간]에까지도 보내질 사람들이 있을 것"이라고 믿었다. 그리고 직접 신도들을 찾아 나서지는 않았지만 찾아와서 질문하는 사람은 언제나 환영했다.

이제까지 우리는 10월까지의 전도, 확신, 투자 행동에 대해 알아보았다. 이때를 기점으로 우리의 자료 수집과 관련해 국면이 달라진다. 대략 이 무렵부터 직접적인 참여관찰을 통해 자료를 수집할 수 있게 되었기 때문이다. 11월 초까지의 상황에 대해 우리가 가진 자료는 문서들, 아니면 모임에 나오던 사람들(물론 이들은 관찰과 기록의 의도를 가지고 모임에 참가한 것이 아니었다.)에게 들은 내용들이었다. 그런데 11월 초부터는 우리 연구팀의 관찰자들이 운동에 직접 참여해 자료를 모았다. 관찰자들이 어떤 일을 했으며 이것이 운동에 어떤 영향을 미쳤는지에 대해서는 이 책의 부록에서 상세히 다루었다. 여기에서는 관찰자들이 모임 내부로 들어간 과정을 설명하는 것이 중요할 것 같다. 이 시기의 "선별적" 전도 원칙을 잘 드러내 주기 때문이다.

11월 둘째 주에 사회학과 학생인 남성 참여관찰 조교가 커뮤니티 교회에서 열린 "구도자" 초급 모임에 참석했다. 약 10명의 학생이 참여한 가운데 닥터 암스트롱이 영적·윤리적·종교적 주제들에 대해 이야기했다. 모임이 끝난 뒤, 우리 조교는 관심이 있어서 왔다고 자신을 소개하면서 암스트롱에게 몇 마디 말을 건넸다. 조교는 신비주의와 관련된 문제들에 관심이 많다고 했다. 암스트롱은 관심을 보였지만 우리 조교를 모임의 일원으로 끌어들이려는 시도는 하지 않았고 대홍수나 키치 부인의 가르침, 또 일요일 모임에 대해 이야기하지도 않았다. 신비 체험에 대한 대화가 더 이어졌지만 암스트롱은 외계 행성에 거주하는 존재와 접촉하는 친구가 한 명 있다고만 말했을 뿐 이에 대해 더 설명하려 하지 않았고 키치 부인의 이름도 말하지 않았다.

그 다음 주에 우리 조교는 닥터 암스트롱의 관심을 끌려는 시도를 두어 차례 더 했지만 비행접시에 대한 책을 한 권 빌린 것 말고는 별다른 성과가 없었다. 교회에서 열린 "구도자" 모임에도 다시 참가했는데, 우리 조교 외에 온 사람이 한 명밖에 없어서 닥터 암스트롱은 이날 공식 모임은 열지 않기로 했다. 이를 기회 삼아 우리 조교는 멕시코에서 영적 세계와 접촉한 체험을 이야기했다. 한 노파가 신비롭게 나타나서 미래에 끔찍한 일이 있을 것이라고 예언하고 사라졌다는 내용이었다.

닥터 암스트롱은 금방 쉬는 시간을 갖고서 우리 조교에게 "구도자"의 "상급" 모임이 있다고 알려 주면서 다음 일요일에 오라고 했다. 1주일간의 집요한 노력 끝에, 드디어 우리 조교는 모임에 들어가게 되었다. 그의 노력 중 결정적이었던 것은 두 번째 교회 모임에서 신비 체험을 이야기한 것이었다. 그날 모임에 당황스러울 정도로 참가자가 적었던 것도 닥터 암스트롱이 우리 조교를 "상급" 모임에 초대하게 된 한 요인이었을 것이다. 이유가 무엇이었건 간에, 이 시기에 닥터 암스트롱이 우리 조교를 열정적으로 전도하려 하지 않았다는 점은 분명하다.

남성 조교가 내부자로 받아들여지기까지의 과정이 순탄치 않았다는 것을 염두에 두고서, 컬리지빌의 또 다른 조교는 더 만반의 준비를 했다. 이 조교는 여성으로, 역시 사회학과 대학생이었지만 참여관찰에서 자기소개를 할 때는 학교를 다니다가 현재는 파트타임으로 비서 일을 하고 있다고 말하기로 했다. 이 여성 조교는 "구도자" 초급 모임은 건너뛰고 곧바로 암스트롱의 집을 찾아갔다. 집에는 암스트롱 부인 혼자 있었다. 조교는 암스트롱 의사 선생님을 뵙고 싶다고 청했다. 1년 전에 보건소에서 그에게 진료를 받은 적이 있는데 그때 그가 "우주와 잘 조율되어야 한다"고 조언했다며, 최근 경험한 어떤 일 때문에 마음이 몹시 뒤숭숭해서 그에게 또 조언을 얻고자 한다고 설명했다.

이 간청을 들은 암스트롱 부인의 반응은 즉각적이었고 처음에는 알 수 없는 소리를 계속해서 좀 무섭기까지 했다. "당신이 보내지셨군요. 그들이 당신을 보내셨어요." 우리 조교로서는 매우 운이 좋게도, 암스트롱 부인은 자신이 방금 말한 "그들"이란 가디언을 말하며, 이들은 지구상의 선택된 사람들을 지켜보면서 행동에 지침을 주는 우주의 존재라고 설명해 주었다. 암스트롱 부인은 어떤 일 때문에 마음이 뒤숭숭하냐고 물었고, 조교는 미리 계획한 대로 전날 밤에 꾼 꿈 이야기를 했다. 꿈에서 자신이 어떤 언덕 기슭 근처에 서 있었는데 언덕 위에 후광에 싸인 한 남자가 있었고 사방에서 물이 소용돌이치며 덮쳐 오는 와중에 그 남자가 내려와 자신을 안전하게 들어 올려 주었다는 것이었다.

이 꿈 이야기는 전부 지어낸 것이었다. 그런데 이 이야기 덕분에 우리 조교의 일이 수월하게 풀렸다. 암스트롱 부인은 조교에게 집 안으로 들어오라고 했고 비행접시, 빛과 어둠의 우주적 사이클 같은 내용들을 쏟아내기 시작했다. 10분도 안 되어서 암스트롱 부인은 대홍수가 지구를 파괴할 것이라는 예언을 이야기했다. 하지만 방문자가 겁에 질리게 하지 않으려고 날짜를 말하지는 않았다. 암스트롱 부인은 남편이 귀가할 때까지 자신들이 믿는 신념 체계에 대해 계속 이야기했고 몇몇 글들을 읽어 보라고 권하기도 했다. 집에 돌아온 닥터 암스트롱도 우리 조교가 말한 "꿈"에 지대한 관심을 보였고 아내가 흥분해서 내린 결론, 즉 더 높은 권능자가 방문자를 "보냈다"는 결론에 동의했다. 그는 우리 조교에게 이전에도 심령 체험을 한 적이 있는지 물었고(조교는 없다고 대답했다.) 그 꿈을 어떻게 해석하느냐고 물었다.(조교는 도통 모르겠다고 대답했다.) 종합적으로, 닥터 암스트롱은 우리 조교가 네부카드네자르 2세●처럼 자신의 꿈에 대한 해석을 듣기 위해 여기로 보내진 것이라고 결론 내렸다.

나머지 시간 동안 암스트롱 부부는 자신들이 믿는 바를 더 상세하게 설명했고 다가올 재앙, 자동기술, 외부 행성으로부터의 통신, 환생, 비행접시 등에 대해서도 자세하게 말했다. 우리 조교는 곧바로 일원으로 환영을 받았고 어떤 정보도 숨김없이 제공되었다. 의미심장하게도, 암스트롱 부부는 우리 조교가 "앞으로 배워야 할 것이 많이 있다"며 이 집에 자주 오게 될 것 같다고 예견했다. 그러면서 되도록 빨리, 그리고 되도록 자주 오라고 초대했고, 특히 일요일 오후에 열리는 모임에 오라고 했다.

이 두 사건은 암스트롱 부부가 전도에 대해 가졌던 태도를 잘 보여 준다. 또한 자신의 믿음이 타당하다는 것을 얼마나 깊이 확

● 예전 표기로는 느부갓네살 2세. 옮긴이

신하고 있었는지도 잘 보여 준다. 그들은 "준비된 자는 보내질 것"이라는 말을 진정으로 믿었고 그렇게 "보내진" 사람들이 오면 두 팔 벌려 환영했다. 그들은 믿음을 억지로 강요하거나 성급하게 몰아붙여서는 안 된다고 생각했다. 또한 그들은 "우리 주위에서는 이상한 일들이 늘 일어나고 있다"고 믿었고, 이러한 신비로운 일들은 주술 세계에 대한 그들의 지향을 뒷받침하는 증거가 되었다.

그 다음 일요일에 암스트롱의 집에서 열린 "구도자" 모임은 이 운동의 속성과 밀도를 잘 보여 주었지만 모임 자체는 영 흥미롭지 못했다. 평범하기 그지없는 어느 가정집 거실에 15명 정도의 참가자(대부분 학생들)가 모였다. 분위기는 고요하고 진지했다. 종교적 감수성을 지닌 젊은이들이 일요일 오후에 친교를 맺는 자리에서 으레 있을 법한 분위기였다.

모임은 명상으로 시작했다. 모두가 눈을 감고 조용히 앉았다. 닥터 암스트롱이 짧게 "우리의 진동 주파수들을" 맞춰 "서로와 조율하자"고 했고 내면의 목소리를 듣자고 했다. 침묵에 이어 암스트롱은 가르침을 달라고 아버지 하느님에게 큰소리로 기도했다. 무종파 개신교 교회의 전형적인 기도였다. 마찬가지로 그리 특별할 것 없는 방식으로, 닥터 암스트롱은 키치 부인이 최근에 내려받은 가르침을 낭독했다. 주로 "사난다"가 전해 온, 신도들을 안심시켜 주는 평안의 메시지였다.

닥터 암스트롱은 낭독 중간 중간에 익숙하지 않은 용어나 신조어의 의미를 설명했고 때로는 옆길로 더 새서 신비주의, 지질 물리학, 행성 간 여행, 영혼의 이주, 성경에 나오는 암시, 우주의 기원 등 모인 사람들을 계도하는 데 도움이 되리라고 생각한 주제들을 설명했다. 누군가가 질문을 하면(주로는 더 명확하게 설명해 달라는 요청이었다.) 그에 답하다가 옆길로 새는 경우가 많았다. 그의 설교는 이 신념 체계에 대한 그의 믿음을 다시금 확인하고 그것을 더 정교하고 유려하게 체계화한 내용이 주를 이뤘다. 모인 사람들은 대체로 말없이 앉아서 그의 말을 흡수했다. 그의 설교가 끝나 갈 무렵, 모두가 서명을 하도록 좌중에 편지가 하나 돌았다. 주소는 아이젠하워 대통령 앞으로 되어 있었다. 미 공군이 비행접시에 대해 수집한 "비밀 정보"들을 공개하라고 대통령에게 요구하는 편지였다.

공식 모임이 두 시간쯤 진행된 뒤 간식을 먹으면서 쉬는 시간을 가졌다. 두세 명씩 모여 소소한 이야기들을 나누었다. 어떤 이들은 영혼의 이주에 대해 이야기했고 어떤 이들은 대학 미식축구에 대해 이야기했다. 몇몇 여학생이 차와 케이크를 준비했다. 케이크는 "우주 항공모함"과 세 개의 작은 비행접시 모양의 분홍과 파랑 프로스팅을 얹은 아름다운 작품이었다. 옆에는 "하늘 높은 곳에"●라는 글씨가 쓰여 있었다. 신비 체험을 실험해 보고자 주술용 점괘 판을 가지고 온 사람들도 있었다. 하지만 암스트롱은, 이 집은 양기로 채워져 있는데 점괘 판은 음기이고 이 집의 공기와 달리 진동 주파수가 낮아 작동하지 않을 것이라고 했다. 나중에 몇몇은 공중부양도 시도해 보았는데 이것도 실패했다.

느긋한 휴식 시간이 한 시간쯤 지난 뒤 일부는 집으로 돌아갔고 더 진지하게 관심이 있는 사람들만 남았다. 이들은 다시 닥터

● Up in the Air, 문자 그대로는 "공중에" 혹은 "하늘 위에"라는 뜻이지만 "아직 미정이어서 불확실한", 또는 "아직 알 수 없는"이라는 뜻도 있다. 옮긴이

암스트롱에게 집중했고 진지한 주제들을 논의했다. 한 학생이 전도의 중요성에 대해 질문했다. 얼마나 많이, 그리고 어떤 상황에서 전도를 해야 하는가? 그는 임박한 재앙에 대해 대학 친구들에게 이야기를 했는데, 믿을 수 없다는 반응과 조롱만 샀다고 말했다. 암스트롱은 이에 대해 그의 전도 원칙을 잘 보여 주는 답변을 했다. 준비되지 않은 사람에게는 예언이나 다가올 재앙을 설명할 수 없다. 준비된 사람은 이 집으로 보내질 것이다. 가디언들이 지켜보면서 이 집에 있어서는 안 될 사람들이 이리로 오지 않도록 지켜 줄 것이다. 대홍수에서 살아남도록 운명 지워진 사람들은 알아서 이 집에 오게 될 것이다. 그렇다고 해서 오지 않은 사람들을 배척하면 안 된다. 누군가가 먼저 이야기를 꺼내면서 관심을 보인다면 그들을 거부해서는 안 된다. 그들을 패닉에 빠뜨리지 않으면서, 우리 앞에 닥친 일이 무엇인지 침착하게 설명해야 한다. 그 다음에 어떻게 할지 결정하는 것은 그들 각자의 몫이다.

여기에서, 이날 벌어진 에피소드 하나를 언급하고 넘어갈 필요가 있을 것 같다. 이른 오후에 닥터 암스트롱은 한 젊은 여성으로부터 전화를 한 통 받았다. 전화를 건 여성은, 이름을 밝히기는 거부한 채, 자신이 학생이고 닥터 암스트롱이 12월 21일의 재앙 예언을 잘 알고 있는 사람이라는 말을 들었다고 했다. 또 모임이 열린다는 이야기도 들었다며 거기에 참여해도 되겠느냐고 물었다. 암스트롱은 날짜는 맞다고 확인해 주었지만 모임에 오는 것은 허락하지 않았고, 원한다면 나중에 근무 시간에 보건소로 찾아오라고 했다. 암스트롱은 전화를 건 여성이 학교 당국이 이 모임을 "염탐"하기 위해 보내려 한 "스파이"일 것이라고 말했다. 나중에도 암스트롱은 이런 태도를 여러 차례 드러낸다. 여기에서 중요한 점은, 이미 11월 중순이면 암스트롱이 외계에 대한 일들과 주술적인 내용을 학생들에게 가르치는 것에 대해 대학 당국이 주시하고 있다고 느끼고 있었으며 대학 당국이 무언가 조치를 취할지 모른다고 걱정하고 있었다는 사실이다.

관여도가 높고 믿음이 더 강한 사람들만 남았을 때 논의된 내용들을 보면 이들의 신념 체계를 구성하는 요소가 매우 광범위하고 다양한 영역에서 나왔음을 알 수 있다. 예를 들면, 이들 사이에서는 환생이 당연한 사실로 여겨졌고 각자 전생에 무엇이었을지에 대해 많은 이야기가 오갔다. 운이 좋은 사람들, 특히 암스트롱 부부와 대학생 딸 클레오, 그리고 깊은 확신을 가지고 있는 학생 밥 이스트먼은 키치 부인이 자동기술로 받은 메시지를 통해 각자 자신이 나사렛 예수 시절에 누구였는지 알 수 있었다. 암스트롱은 환생 이야기에 많이 참여하지는 않았지만 "이 방의 누군가"가 과거에 요셉이었다고 말했고 키치 부인이 예수의 어머니인 마리아라는 "사실"을 넌지시 흘리기도 했다.

육식과 흡연이 영적인 상태에 미치는 유해성도 논의되었다. 담배는 대기를 오염시키는 것도 문제지만 담배 피우는 사람이 동물적인 본성이 갈구하는 바를 이기지 못하고 항복했다는 의미이기도 했다. 담배는 지옥으로 가는 길이라고까지는 여겨지지 않았지만 영적인 성취의 기회를 축소시킨다고 여겨졌다. 동물의 살인 고기를 먹는 것도 영적인 발달을 저해할 수 있었다. 이들은 동물적 육신을 벗어나 위로 올라가고자 하는데, 육식은 자신이 벗어나고자 하는 바로 그것[동물적 육신]을 섭취하는 격이기 때문이다. 게

다가 가디언들의 메시지도 육식하는 사람들을 좋지 않게 이야기하고 있었다. 인간이 고기를 얻기 위해 도살한 동물의 영혼이 아스트랄계에 할당되기 때문에, 육식을 하는 사람들은 시카고 같은 도시들의 창공이 동물적 진동 주파수를 가진 거대한 검은 구름으로 흉측해진 것에 책임이 있다는 것이었다.

마지막으로, 키치 부인이 전달한 가르침 자체에 대해, 그리고 "신성한 메시지"를 기록하는 자동기술과 자신의 무의식에서 나오는 것을 기록하는 단순한 자동기술의 차이에 대해 상당히 많은 논의가 이뤄졌다. 대홍수 예언을 뒷받침하는 증거들도 논의되었다. 아마도 가장 중요한 것은, 대홍수의 속성과 전개 양상에 대한 설명이었을 것이다. 닥터 암스트롱의 설명에 따르면, 12월 21일에 지구 표면에 거대한 물리적 변화가 일어나게 된다. 그날 대홍수가 레이크시티를 뒤덮고 점차 미국 전체로 퍼질 것이다. 하지만 이 범람이 곧바로 전 지구적으로 퍼지지는 않을 것이고 그것이 끝나는 데까지는 1년이 걸릴 것이다. 이렇게 해서 이듬해 크리스마스 무렵이면 지구의 표면은 모두 물로 뒤덮이고 죽은 자의 영혼이 일어날 것이다. 준비가 된, 자격을 갖춘 사람들은 클래리온 등 고밀도 영혼의 행성으로 보내져 정화된 지구를 지배할 새로운 임무를 위해 훈련을 받게 될 것이다. 닥터 암스트롱은 이런 내용을 굳게 믿었지만, 세부 사항에 대해서는 자신이 잘못 알고 있는 것이 있을 수 있다며, 분명히 아는 것은 대홍수의 시작이 12월 21일이라는 것뿐이라고 했다. 또 그는 개인적으로 자신은 언제라도 준비가 되어 있고 24시간 대기 상태라고 했다. 무슨 일이 일어날지, 그것이 언제 일어날지는 모르지만, 그렇다면 언제 일어나도 괜찮도록 준비해 두는 게 가장 현명한 일일 것이라고 했다.

우리는 11월 21일에 열린 "구도자" 모임을 상세히 설명했는데, 여기에는 이유가 있다. 첫째, 이날 모임의 묘사를 통해 독자들이 이 모임의 지배적인 분위기를 감 잡을 수 있었을 것이다. 즉 평범함과 신비주의적인 요소가 뒤섞여 있었고 (우리의 연구와 관련해서는 매우 흥미롭게도) 흥분, 열광, 절박성의 느낌은 별로 없었다. 둘째, 이날의 모임을 설명하면서 우리는 자연스럽게 컬리지빌의 주요 인물 소개로 넘어갈 수 있다. 다음 단락부터 설명할 인물 소개에서, 우리는 11월 21일에 수집한 것으로만 자료를 한정하지 않고 이들 각자의 확신, 투자 행동, 전도 활동의 정도를 정확히 가늠하는 데 필요하다면 그 이후에 수집한 자료들도 활용할 것이다.

우리가 사용할 자료들은 모두 참여관찰자들(저자와 조교 모두)이 11월 중순부터 대홍수 예고일 전날인 12월 20일까지 모은 것이다. 이 기간 중에 우리는 총 33명을 만났다. "구도자" 모임 일원이거나 이 모임의 믿음과 관련된 일로 암스트롱의 집에 찾아온 사람들이었다. 33명 중 8명은 강한 투자 행동을 수행한 사람들이었다. 즉 이들은 12월 21일에 대홍수가 정말로 발생하리라는 예언을 믿고 그에 부합하는 행동을 취했다. 이러한 행동은 공개적으로 이 믿음을 밝히는 것부터 직장을 그만두는 것, 21일 이후에 해야 할 일을 만들지 않거나 신경 쓰지 않는 것까지 다양했는데, 이는 되돌릴 수 없는 행동을 통해 그 믿음에 자신을 "거는" 효과를 낳는다. 한편, 이 믿음 체계를 얼마나 확신하느냐는 이들 8명 사이에서도 차이가 있었다. (각각의 확신 상태에 대해서는 아래에서 더 자세히 살펴볼 것이다.) 마지막으로, 전도 활동의 정도에서도 이들 사이에 차이가 있었다.

33명 중 7명은 모임에는 위의 8명만큼 열심히 참여했지만 대홍수 예언에 대해 그리 강한 투자 행동을 하지는 않은 사람들이다. 따라서 대홍수 예언에 대한 확신도 비교적 낮았고 전도 활동의 정도도 더 낮았다. (이들에 대해서도 앞으로 더 자세히 알아볼 것이다.)

33명 중 나머지 18명은 이 운동의 일원이라고 보기 어려운 사람들이었다. 대개 한 번만 왔다가 더 이상 참석하지 않았고 더 참석한 사람들도 호기심에서 구경하러 온 정도였다. 이들의 확신 정도는 이 신념 체계의 모든 면에 의구심을 품는 사람부터 비행접시, 영적 세계의 존재, 환생 등 일부 요소만 믿는 사람까지 다양했다. 하지만 후자인 사람들도 대홍수 예언에 대해서는 매우 회의적이었다. (이 18명에 대해서는 더 상세히 논의하지 않을 것이다.)

암스트롱 부부에 대해서는 확신의 정도, 투자 행동의 정도, 전도 활동의 정도가 모두 강했다고 분명히 말할 수 있을 것이다. 하지만 딸 클레오는 상황이 조금 복잡하다. 클레오는 "구도자" 정기 모임을 건너뛴 적도 있고 12월 중순에 중요한 모임이 열렸을 때도 친구들과 크리스마스캐럴을 부르러 가느라 불참했다. 하지만 매우 어려운 상황 속에서도 상당한 거리를 이동해 부모가 꼭 참여해야 한다고 말한 모임에 참석하는 모습을 보이기도 했다. 그런가 하면 모임 일원들이 늘 재앙이 임박했다는 이야기만 해서 "거슬린다"고 한 반면, 이 믿음 체계에 그리 확신을 보이지 않던 어떤 사람에 대해서는 그가 "미래에 대해 계획들을 가진 것 같아서" 좋다고 말하기도 했다. 그러다가 또 12월 초에는 우리 조교 한 명에게 대홍수가 오기 전에 최대한 예쁜 것들을 많이 입어 보고 싶어서 옷을 많이 샀다고 말하기도 했다. 얼마 후에 우리 조교가 그 집에 방문했을 때는 "집에 있는 것은 마음껏 사용해도 좋다"며 "조금 있으면 다 쓸모가 없어질 테니 다 써 버려도 된다"고도 말했다.

언젠가 클레오는 "구도자" 사람들 대부분은 설령 홍수가 나지 않는다고 해도 잃을 것이 별로 없지만 자신은 모든 것을 잃게 된다고 말한 적이 있는데, 이 말이 클레오가 처했던 상황에 대한 가장 정확한 묘사일 것이다. "나는 대학을 그만두어야 하고 일자리를 찾아야 할 거야." 예언이 틀리면 아버지의 직업적 명예가 실추될 것이고 그러면 자신의 학비를 지원해 줄 수 없게 되리라는 것이었다. 클레오가 이 운동에 관여한 것은 기본적으로는 부모에 대한 존중에서, 그리고 비자발적인 투자 행동의 결과로서 이뤄진 일이었다고 볼 수 있다. 클레오 본인이 움직였다기보다는 그의 발밑에서 땅이 움직였고, 그 바람에 어쩌다 보니 이 운동의 신념 체계를 믿어야만 하는 위치에 서 있게 되었다. 클레오의 운명은 아버지의 운명과 밀접하게 연결되어 있었다. 이런 이유에서, 우리는 클레오를 투자 행동의 정도가 강한 사람으로 분류했다.

하지만 클레오의 확신 정도는 들쭉날쭉했다. 이 신념 체계가 발달해 가는 과정에서 모임의 일원 누구보다도 그 사상에 가장 깊이, 또 가장 강하게 노출되어 있었고, 토론에 참여할 때 보면 논의되는 내용들을 잘 숙지하고 있다는 점도 자주 드러났지만, 키치부인이 받은 가르침을 공부하는 데 그리 열의를 보이지는 않았다. 또 클레오는 자신의 성경 시대 전생이 나사로의 누이 마르다라는 말을 들었지만 그에 대해 거의 언급하지 않았다. 키치 부인의 메시지 내용에 대해 아버지와 언쟁을 벌이기도 했다. 12월 21일이라는 예언의 날짜가 거짓이라고 믿은 적도 있는 듯하다. 하지만 의구심의 바닥을 치고 회복된 클레오는 12월 중순이면 매우 단호하게 홍수 예언이 사실이라고 주장하게 되며(키치 부인이 처음 예언한 것보다는 점진적인 방식으로 올 것이라고 말하기는 했다), 인근 스틸시티에 사는 한 영매가 날짜가 잘못되었다고 주장하자 강하게 반박했다. 클레오가 대학 친구들에게 전도 활동을 했는지는 알 수 없다. 친구들이 홍수 예언에 대해 따져 물으면 클레오는 자신이 예언을 믿는다는 것을 부인하지도 않았지만 예언이 옳다고 적극적으로 주장하지도 않았다. 종합적으로, 11월과 12월 초 시기에 클레오는 강한 투자 행동을 한 사람들 중에서는 확신이 가장 약한 사람이었다.

밥 이스트먼은 경우가 상당히 달랐다. 그는 교육 행정을 전공하는 학부생이었는데 대부분의 학생보다 나이가 많았다. 3년간 군 복무를 했고 거기에서 (자신의 표현으로) "꽤 거친 생활"을 배웠다. 술과 담배를 했고, 욕설도 했으며, 기독교의 종교적·윤리적 가르침에 냉소적이었다. 전역 후에 그는 〈스틸시티 비행접시 클럽〉에 들어갔고, 이스턴 교육대학을 다니기 시작했을 무렵 비행접시 클럽 사람들의 추천을 통해 암스트롱의 눈에 뜨이게 되었다. 둘은 곧 친밀해졌고 사제지간 같은 관계가 되었다.

이스트먼은 "구도자" 모임에 빠짐없이 참석했고 암스트롱의 집에서 많은 시간을 보냈다. 담배와 술을 끊었고 욕도 하지 않았으며 그 밖의 거친 습관들도 끊었다. 그리고 곧 이 운동의 가장 진지하고 유능한 사도 중 한 명이 되었다. 가르침의 내용을 열심히 공부했을 뿐 아니라 질문도 많이 했고, 암스트롱의 지도를 받아 가며 여타의 신비주의 문헌들을 찾아서 공부하기도 했다. 암스트롱 부부가 가르침의 내용을 등사기로 복사하기 시작하자 이스트먼은 타자, 복사, 정리 등의 일을 맡았고 암스트롱 부인을 도와 키치 부인이 받아 적은 원문을 "편집"하는 일도 했다.

그는 "성경 시대에 자신이 누구였는지" 알게 되었고 영혼의 짝을 찾는 문제에 대해 상당히 많이 생각했다. 또 대홍수 예언에 대한 복잡한 이야기를 외워서 말할 수도 있을 만큼 완전히 숙지했고 완전하게 믿었다. 그뿐 아니라 대홍수 예언을 믿으면서 삶의 양식도 완전히 바꾸었다. 자신의 진동 주파수 밀도를 높이기 위해 지상의 즐거움들을 버렸을 뿐 아니라, 그가 여러 차례 말했듯이, "지상에서의 모든 끈도 포기했다." 그리고 12월에는 "언제라도 갈 준비가 되어 있다"고 자주 선언했다. 학교 수업은 계속 들었지만, 그 자신의 설명에 따르면, 외부적으로 정상적인 모습을 유지해 학교 친구들 사이에서 (자신이 갑자기 학교까지 버릴 경우에 발생할지도 모를) 동요를 일으키지 않기 위해서일 뿐이었다. 수업은 들었지만 한두 과목은 F를 받을 줄 알면서도 공부를 하지 않았고 나머지 시간을 전부 "가르침"을 공부하는 데 쏟았다.

그는 귀하게 여기던 소유물들을 일부 팔아 빚을 갚았다. 추수감사절 연휴 동안 스틸시티에 가서 "이런저런 일들을 정리하고" 부모와 친구들에게 "작별 인사를 했다." 자동차는 팔지 않았는데, 재앙 직전 마지막 날들에 자신과 동료들이 이동하는 데 필요하리라고 생각했기 때문이다. 하지만 운전은 매우 거칠게 했다. 거의 자동차의 기능을 한계까지 쓰려는 듯했다. "더 이상 자동차를 애지

중지하지 않고 다 써 버릴 거야. 시간이 얼마 남지 않았으니까."
그는 모임 외부의 학생들에게 자신의 믿음에 대해 거리낌 없이
이야기했고 그들의 질문에 답했으며 그들의 조롱을 견뎌냈다. 또
한 부모에게 홍수가 임박했다는 것을 설득시키려고 오래도록 애
썼고, 초등학교 교사이던 새어머니를 설득하는 데는 성공했지만
(적어도 그는 그렇게 생각했다) 주 정부 공무원이던 아버지는 끝내
믿게 만들지 못했다. 그가 전도에 성공한 사람 중 우리에게 가장
중요한 사람은 그와 친하게 지내던 여성 키티 오도넬이다.

키티 오도넬은 10월 중순에 밥 이스트먼이 권하는 통에 "구도
자" 모임에 처음 참석했다. 키티는 차편이 필요해서 그와 함께 왔
는데, 처음에는 암스트롱 집에서 본 사람들이 "한 무리의 미친 사
람들"이라고 생각했다. 그리 세련되지는 않았지만 꽤 세속적인 젊
은 여성이었던 키티는 두 번 결혼했고 어린아이가 한 명 있었으
며 이스트먼과 알게 되었을 때는 남편과 헤어진 상태였다. 키티는
"구도자" 일원 중에서 학생이 아닌 소수 중 하나로, 인근 공장에서
일을 하고 있었다. 처음에 오게 된 것은 밥에게 관심이 있어서 잘
보이려고 그런 것이었지만 머지않아 키티는 가장 확신에 차고 강
한 투자 행동을 한 일원이 된다.

10월 말에 키티는 꿈을 하나 꾸었는데, 키티 자신의 설명에 따
르면 꿈의 내용은 다음과 같았다. 키티는 언덕 위에 비행접시가
착륙해 있는 것을 보았다. 그리고 그 안에서 누군가가 자신을 보
고 있다는 것을 알아차렸다. 무슨 일이 벌어질지 몰라 두려움을
느끼면서 키티는 비행접시로 올라갔다. 들어가 보니 일군의 친절
한 사람들이 둥그런 탁자 주위에 앉아 있었다. 키티는 곧바로 안

정과 평안함을 느꼈다. 이 이야기를 밥과 암스트롱에게 했더니 그들은 이것이 키티가 선택되었다는 의미이며 선택된 다른 이들과 함께 클래리온으로 갈 준비가 되었다는 뜻이라고 했다. 키티는 매우 기뻤고 이 집단에 대해 처음에 가졌던 생각은 모두 잊고서 온 마음으로 여기에 뛰어들었다.

12월 21일에 홍수가 나리라는 것을 전적으로 믿은 키티는 공장 일을 그만두고 시간을 온전히 이 운동에 바치기로 했다. 홍수 때까지 생계는 저축해 놓은 돈 6백 달러로 꾸릴 작정이었다. 키티는 그때까지 살고 있던 부모 집을 나와서 세 살배기 아들과 함께 컬리지빌의 아파트로 이사했다. 집세는 더 비쌌지만 운동의 본거지와 더 가까웠고 영혼의 친구라고 믿은 이스트먼과도 더 가까웠다. 키티는 "하루씩 하루씩 살아가는" 삶의 원칙들을 만들었고, 점차로 자신도 홍수 이전 언제라도 비행접시가 와서 픽업해 갈지 모른다고 믿게 되었다.

키티의 가장 큰 걱정은 어린 아들이었다. 아들도 "준비된" 사람 중 한 명인지를 알 수 없었기 때문이다. 하지만 그렇기를 간절히 희망했다. 어찌나 간절히 바랐던지, 키티는 아들이 어느 날 실종되리라고까지 기대하게 되었다. 아이가 실종된다는 것은 아이가 자신보다 먼저 비행접시에 픽업되어 더 좋은 곳으로 갔다는 의미일 것이라고 생각했기 때문이다. [크리스마스를 기다리는] 아들의 즐거움을 빼앗지 않기 위해 키티는 아들에게 크리스마스 선물을 3주 먼저 주었다.

키티는 "구도자" 모임에 매번 참석했고 간식 시간에 제공되는 케이크를 화려하게 장식하기도 했다. 술을 끊었고 담배도 끊으려고 노력했다. (모임 때, 또 그 밖에 암스트롱 부부의 집에 있을 때는 담배를 피우지 않고 참았다.) 또 채식을 시작했다. "구도자"의 특별 모임이 소집될 경우 전화로 연락을 돌리는 일도 맡았다. 키티는 새로이 믿게 된 사상을 다른 이들에게 거리낌 없이 이야기했다. 부모는 키티가 미쳤다고 생각했고 공장 친구들은 키티의 믿음과 키티가 갑자기 갖게 된 건전한 습관들을 비웃었지만, 키티는 굴하지 않았다. 11월에는 몇몇 지인에게도 이 운동의 사상에 대해 이야기했다.

키티는 모임에 잘 융화되었고 암스트롱을 크게 신뢰했다. 한 번은 키티가 전남편의 방문이 걱정되어 안절부절 못하고 있었다. 아이 아버지인 전남편이 아이에게 험하게 굴곤 했기 때문이다. 키티는 암스트롱에게 전화를 걸었고 암스트롱은 전화를 통해 키티가 "빛의 대역폭 안에 있게" 하겠다고 약속했다. 폭력으로부터 보호해 줄 가디언과 키티가 조율되도록 해 주겠다는 의미였다. 나중에 키티는 전 남편이 아이에게 더없이 친절하고 상냥했다며, 그가 아이에게 작별 인사를 할 기회를 가질 수 있게끔 본인도 모르는 채로 "보내진" 것 같다고 말했다.

한편, 클레오처럼 키티도 자신의 투자 행동이 무엇을 의미하는지 잘 알고 있었다. 12월 4일에 우리 조교 중 한 명이 예언을 얼마나 강하게 믿고 있느냐고 질문하자 키티는 이렇게 말했다. "나는 대홍수가 21일에 온다고 믿어야만 해요. 돈을 거의 다 썼으니까요. 나는 직업도 버렸고 계산 학원도 그만두었어요. 지금 사는 아파트는 월세가 백 달러나 하고요. 나는 믿어야만 해요." 실제로 키티의 투자 행동은 학생 신분인 다른 일원들이 필적할 수 없는 정도였다. 물론 이는 학생들은 투자할 만한 무언가를 훨씬 적게 갖고 있기 때문이기도 하다. 학생들 대부분은 여전히 부모의 보호 아래 있었고 특별한 재정적인 책임도 지고 있지 않았으니 말이다. 학생들이 이 운동의 신념 체계를 위해 보일 수 있는 주요한 투자 행동이라면 학과 공부 대신 이 운동에 시간을 많이 쏟는 것과 부모의 반대에 직면했을 때 자신의 믿음을 얼마나 강력하게 방어하느냐 정도였다.

학생 수준에서 취할 수 있는 강한 투자 행동을 전형적으로 보여 준 사람으로 프레드 퍼든과 로라 브룩스가 있다. 이들은 결혼을 약속한 사이였고 늘 함께 다녔기 때문에 한 쌍으로 취급되곤 했다. 둘 다 3학년이었고 프레드는 음악, 로라는 교육학 전공이었다. 둘 다 학교에서 약 80킬로미터 정도 떨어진 작은 마을 출신이었다. 또한 둘 다 커뮤니티 교회의 학생 모임에 매우 활발하게 참여하고 있었고 이전해 봄에 여기에서 암스트롱을 보고 큰 감명을 받았다. 그들은 교회에서 열리는 "구도자" 모임에 참여하다가 암스트롱의 집에서 고급반이 모이기로 하자 그리로 옮겨 갔다. 가을 내내 이들은 거의 빠지지 않고 모임에 나왔고 토론에도 늘 적극적으로 참여했다. 또 둘 다 홍수가 21일에 일어나리라고 전적으로 믿고서 학업은 내팽개쳤다. 프레드는 가장 중요한 수업에서 F를 맞을 게 확실했다. 부모와도 크게 싸웠고 부모는 그를 내쫓겠다고 했다. 로라는 로라대로, 앞으로는 필요하지 않을 거라고 생각해서 12월 중순에 소유물을 많이 버렸다.

프레드는 성경 시대에 자신이 바울이었다는 말을 들었고 그와 로라는 서로가 영혼의 짝이라고 확신했다. 이들이 전도 활동을 했는지에 대해서는 우리에게 상세한 자료가 없다. 하지만 둘 다 부모에게 홍수가 임박했다는 것을 설득하려 애썼고 이들의 믿음을 단념시키려 하는 부모의 강력한 압력에 저항했다.

수전 히스는 체육교육을 전공하는 학생으로, 이전해 봄부터 "구도자" 모임에 참여하고 있었다. 가을 내내 거의 모든 모임에 참석했고 자신의 믿음을 지인들과도 이야기했다. 수전의 확신과 투자 행동의 강도는 여러 가지 사실을 통해 확인할 수 있다. 커뮤니티 교회가 암스트롱이 교회에서 모임을 여는 것을 금지하자 수전은 전에는 굉장히 소중하게 여기는 활동이었던 교회 학생 활동을 그만두었다. 커뮤니티 교회 스텝 중 한 명이 홍수 예언의 의심스러운 점들을 대면서 그것을 믿지 말라고 설득하려 했을 때도 신념을 접지 않았다. 또 모든 면에서 매우 잘 맞는 친구이던 룸메이트와 홍수에 대해 의견이 크게 다르다는 것을 알게 되었을 때도 자신의 믿음을 바꾸기보다 친구를 잃는 편을 택했다.

수전은 이 운동의 신념 체계를 외부에 가장 적극적으로 알리고 옹호한 사람 축에 든다. 11월에 기숙사 친구 서너 명에게 체계적으로 교리를 설명하기 시작했고 그 밖의 몇 명에게도 주저 없이, 그리고 설득력 있게 이 믿음을 이야기했다. 12월 중순에 이 모임이 외부 전도를 하지 않기로 공식적으로 방침을 정한 뒤에도 한 학생이 깨달음을 청하며 찾아오자 이 운동의 신념 체계를 열정적으로 설명했다. 수전의 부모는 딸의 신념을 알고 있었지만 소극적인 태도를 취한 것 같다. 그들은 딸이 하는 말을 받아들이지도 않았지만 일축하지도 않았다.

이 8명(암스트롱 부부와 딸 클레오, 밥 이스트먼, 키티 오도넬, 프레드 퍼튼, 로라 브룩스, 수전 히스)은 이 운동에 깊이 관여했고, 정도는 다르지만 모두 되돌릴 수 없는 투자 행동을 했다. 또 8명 모두 21일에 정말로 대홍수가 나리라고 믿었고 대부분은 이 예언을 외부인에게도 전도했다. 모두 강한 투자 행동을 했지만 그중에서도 암스트롱 집안 세 명의 투자 행동이 가장 강도가 높았을 것이고 수전 히스가 이 8명 중에서는 투자 행동의 강도가 가장 약했을 것이다.

투자 행동을 했지만 위의 8명보다는 투자 행동의 강도가 낮았던 사람들을 보면, 우선 조지 셰르가 있다. 사회과학을 전공하는 학생이었던 그는 "구도자" 모임에 거의 모두 참여했고 그 밖에도 암스트롱 집에 자주 방문해 가르침을 (특히 홍수 예언을) 공부했다. 그는 공동 주택에 함께 사는 하우스메이트들에게 12월 21일에 홍수가 날 거라고 말했고 그들의 조롱과 설득에 굴하지 않고 버텼다. 셰르는 홍수가 나지 않는다면 그 다음 학기에 공동 주택에 들어가 친구들의 얼굴을 다시 볼 수 없을 거라고 말했는데, 이는 예언에 대한 자신의 투자 행동을 스스로도 인식하고 있었으며 그가 그만큼 헌신하고 있었음을 말해 준다. 또 12월 중순경에 셰르는 이 운동에 관여하는 것에 대해 부모의 반대에 부닥쳤다. 그는 부모가 컬리지빌에 살고 있는 몇 안 되는 학생 중 하나였는데, 그래서인지 그의 부모는 이 운동의 평판에 특히나 신경을 많이 썼다. 그들은 조지의 이름이 이 운동의 일원으로 신문에 난다면 대학 졸업 후에 일자리를 찾는 데 어려움이 있을 거라고 말했다. 조지는 이 점을 걱정하게 된 것으로 보이지만, 하우스메이트들에게 말한 바를 철회하지는 않았다. 부모의 집에 머물러야 했던 크리스마스 연휴 동안에는 매번 행선지를 부모에게 숨기고 홍수 예언과 관련된 가디언의 명령을 들으러 암스트롱 집에 왔다.

때때로 조지는 홍수 예언에 대해 상당한 회의를 보이기도 했다. 대체로는 (우리의 조교들을 포함해) "구도자" 일원들과 말할 때 회의감을 드러냈다. 재앙이 오리라는 것은 믿었지만 그게 정확히 21일에 올 것인가에 대해서는 미심쩍어 했다. 21일에 일어날 수도 있고 아닐 수도 있다고 말이다. 또 한 번은 홍수에 대비해 무엇을 할 것이냐는 질문에 누구라도 앉아서 기다리는 것 말고 할 수 있는 일은 없다며 21일에 홍수가 나지 않아도 자신은 실망하지 않겠지만 그날 무언가가 일어나기를 분명코 원한다고 했다. 그는 기다리는 것에 영 소질이 없었다. 21일이 되기 전의 마지막 며칠 동안 조지는 계속 암스트롱의 집에 찾아왔고 우리 조교들은 그가 매우 스트레스를 받고 있다는 것을 느낄 수 있었다.

할 피셔는 분류가 좀 애매하다. 사회과학을 전공하는 4학년생이던 피셔는 주술에 대해 상당히 많은 경험을 가지고 있었다. 일찍이 다른 대학에 다니던 때에 영적 세계로부터 메시지를 받아서 늦은 여름에 재앙이 오리라고 예언한 친구의 필사가 노릇을 한 적이 있었다. 자신이 긴밀히 관여한 예언이 틀린 것으로 판명 났던 경험 때문인지, 그는 매우 조심스러운 태도를 보였다. 하지만 "구도자" 모임에 매우 성실히 참여했고 다른 일로도 암스트롱의 집에 자주 왔다. 이 운동의 사상 체계에 대해 가장 많이 토론한 사람 중 하나이기도 했던 피셔는 토론에서 주로 회의적으로 문제를 제기하는 역할을 했다. 그는 자신이 학교 공부보다 키치 부인의 가르침을 공부하는 데 더 많은 시간을 쓰고 있다고 말했으며, 학업은 포기했고 학점에 관심이 없다고도 말했다.

외부인이 보기에는 이 신념 체계를 가장 적극적으로 설명하고 옹호하는 사람으로 보였지만, "구도자" 일원들 사이에서는 할이 굳은 신념을 가진 것으로 여겨지지 않았다. "구도자"의 다른 일원들에 비해 그는 토론 중에 "전문가"적 역할을 담당하고자 했다. 그래서 증거들의 일관성이나 논리적 적합성에 대해 계속해서 질문했고, [키치 부인의 메시지 이외의] "독립적인 원천"들에서 비교해 볼 만한 내용들을 소개했다. 외부 사람들이 있는 자리에서는 예리한 질문들을 던지긴 했어도 의구심을 겉으로 드러내지는 않았다. 하지만 내부자들끼리의 모임에서는 회의주의자의 역할을 하기도 했고 중립적인 역할을 하기도 했다. 한 번은 우리 조교 중 한 명에게 이렇게 말했다. "나는 믿지도, 안 믿지도 않아요. 하지만 필요하다면 봉사할 준비가 되어 있어요." 동료 학생들 사이에서 그의 평판은 "남들과 달라 보이려고 애쓰는 사람"이었다. 그래서 다른 학생들은 그가 사실은 믿고 있으면서도 믿지 않는 척한다고 생각했다.

스틸시티에 사는 또 다른 영매도 홍수 예언을 했다는 말을 듣고서(할은 이것이 "독립적인 증거에 의한 확증"이라고 말했다), 한동안 할은 홍수가 발생하리라는 데 확신을 갖게 된 것으로 보였다. 하지만 다시 의구심을 표하기 시작했는데, 이 의구심은 키치 부인의 영매 경험이 상대적으로 일천하다는 것과 관련되어 있었다. 키치 부인이 자동기술로 메시지를 받은 경력이 1년밖에 안 된다는 것이었다. 분명히 할은 신비주의, 우주와의 소통 등에 대한 믿음과 관련해 공개적으로 자신을 투자하는 행동을 했다. 또 재앙 예언을 옹호하며 공개적으로 논쟁을 벌이기도 했으며 학업을 뒤로 하고 많은 시간과 에너지를 "구도자" 일에 쏟았다. 하지만 "확신"에 대해서 말하자면, 그는 전형적으로 "경계선에 있는" 사람이었다. 이데올로기의 희생자이기보다는 주인이고자 하면서, 할은 최대한 꼼꼼하고 객관적이고 중립적인 전문가 역할을 하고자 했고 증거가 충분해지기 전까지는 늘 판단을 보류하려 했다.

조지와 할 못지않게 모임에 열심히 참여한 사람이 5명 더 있는데, 12월 21일 이후로는 연락이 닿지 않았기 때문에 이들에 대해서는 상세히 설명할 수 없다. 여기에서는, "구도자" 모임에 적극적으로 참여한 사람들에 대해 전반적인 그림을 그릴 수 있도록 간단한 소개만 하기로 하자. 이 5명 중 2명은 조지 셰르의 친한 친구이자 하우스메이트인 사람 한 명, 그리고 수전 히스의 친구인 여학생 한 명이다. 이 둘은 조지와 수전 못지않은 믿음을 가지고 있었고 그들 못지않은 투자 행동을 했다. 5명 중 다른 2명은 다소 특이했다. 한 명은 중년의 여성으로, "구도자"는 그가 참여하던 일련의 신비주의자 활동 중 하나였다. 다른 한 명은 학내의 종교 활동에 활발히 참여하는 학생이었는데, 이 모임의 믿음 체계에 대해 완전히 회의적이었으면서도 모임에 계속 나왔다. 5명 중 마지막 1명은 고등학생이던 암스트롱의 십 대 아들이다. 그도 누나처럼 부모의 행동 때문에 비자발적으로 이 운동에 투자 행동을 하게 된 처지였다. 믿음 자체에 대해서는 누나보다 더 회의적이었고 관심도 더 적었지만, 투자 행동의 정도는 마찬가지로 강할 수밖에 없었다. 학교에서 급우들에게 매우 심한 조롱의 대상이 되었기 때문이다.

나머지 18명은 우리 참여관찰자들이 암스트롱의 집에서 한두 번 정도 마주친 사람들인데, 이들에 대해서는 별도의 언급 없이 넘어가도 되리라고 생각한다. 대부분은 암스트롱의 집에 딱 한 번만 왔고 그것도 모임 일원의 권유로 그냥 와 본 경우였다. 그날의 일정이 진행되는 동안은 머물렀지만 다시 오지는 않았다. [특별한 모임에 참가하는 사람들 사이의] "동지애" 같은 것을 기대하며 왔을 수도 있고, 맛있는 간식 때문에 왔을 수도 있을 것이다.

알고 보니, 우리 조교들이 11월 21일의 모임에 갈 수 있었던 것은 우리 연구에 엄청난 행운이었다. 비교적 평범한 상황에서 모임이 열린 것으로는 이날이 마지막이었기 때문이다. 다음날인 22일부터는 매우 복잡한 사건들이 펼쳐지면서 컬리지빌과 레이크시티 모두에서 상황이 크게 바뀌게 되는데, 이는 이 운동의 경로에도 큰 영향을 미친다.

첫 번째 주요 사건은 암스트롱이 학교 보건소에서 해고당한 것이다. 해고 이유도 솔직하게 제시되었다. 그가 자신의 위치를 이용해 비정통적인 종교적 믿음을 가르치려 했고 이것이 일부 학생들을 "경악하게" 만들어서 민원이 제기되었다는 것이었다. 이 조치는 조용하고 신중하게 이뤄졌다. 해고 직후의 며칠간 이 사실을 알고 있었던 사람은 학교 당국의 한두 명과 암스트롱 부부뿐이었다. 우리가 아는 바로, 암스트롱 부부는 "구도자" 사람들에게 해고 사실을 1주일 동안이나 알리지 않았다. 해고 직후 암스트롱이 어떤 반응을 보였는지에 대해서는 우리에게 자료가 없다. 하지만 그가 나중에 한 말과 행동으로 미루어 보건대, 암스트롱이 이 사건을 가디언들의 "계획의 일부"라고 여겼던 것은 꽤 분명해 보인다.

그가 지상의 일들에 덜 묶여 있게 해서 지상을 떠나 더 나은 곳으로 가는 일에 더 단단하게 준비될 수 있도록 말이다.

추론해 볼 수 있는 또 한 가지 가능성은(위의 가능성보다는 덜 확실하긴 하지만), 대학 당국으로부터 해고 통보를 받고서 암스트롱이 레이크시티의 매리언 키치에게 전화를 걸었으리라는 것이다. 만약 그랬다면, 키치 부인도 위와 같은 해석으로 여기에 중요성을 부여했을 것이다. 이렇게 추론해 볼 수 있는 한 가지 이유는, 그날 [암스트롱이 해고당한 날] 조금 나중에 키치 부인이 "사난다"로부터 다음 날인 23일 화요일 자정에 모임을 열라는 명령을 받았기 때문이다. 22일 자정 무렵에 키치 부인은 암스트롱에게 전화를 걸어서 다음날 레이크시티에서 모임을 가질 것이니 꼭 오라고 했다. 다행히 암스트롱이 그곳을 떠나 레이크시티로 갈 예정이라는 소식을 들은 컬리지빌 조교들이 우리에게 이 사실을 즉시 알렸고, 우리는 키치 부인에게 전화를 걸어 우리도 모임에 참석할 수 있게 해 달라고 청했다. 이것은 레이크시티에서 열린 이런 류의 모임 중 첫 번째이며, 여러 가지 이유에서 매우 중요한 사건이다. 그럼 이제 레이크시티로 장소를 옮겨서, 이 모임이 소집되기 전인 10월 말부터 11월 중순까지 무슨 일이 있었는지 알아보기로 하자.

4장

명령이 오기를: 오랜 기다림의 시간

10월 말에 매리언 키치는 레이크시티 근처에 사는 8~10명 정도의 사람들에게 할로윈데이에 열릴 "가르침" 낭독 모임에 오라고 초대했다. 그중에서 두 명이 왔는데, 에드나 포스트와 아들 마크 포스트였다. 에드나는 키가 크고 마른 사십 대 후반의 여성으로, 신중하고 슬픈 표정이거나 아니면 따뜻하고 활짝 웃는 표정이거나 했다. 이혼을 했고 열아홉 살인 아들 마크와 레이크시티 교외의 하이베일에 살고 있었다. 에드나는 거기에서 사설 어린이집을 운영했다. 마크는 공대를 다니다가 이전해 봄에 성적 미달로 퇴학을 당했다. 9월부터는 근처 가전제품 가게에서 점원으로 일하고 있었지만 여전히 어머니의 소득과 위자료에 의존해 살고 있었다. 키가 크고 여위었으며, 조용하고 친절하고 약간 수줍음을 타는 성격에, 유머 감각도 있고 남을 잘 도와주는 사람이었다. 하지만 구체적인 목표는 없어 보였고 이리저리 부유하면서, 또 어머니가 이끄는 대로 따르면서 살아가는 데 만족하는 것 같았다. 그리고 이번에 어머니는 그를 이 운동의 중심으로 이끌었다. 곧 그는 이 운동에서 두드러지지는 않아도 유용한 역할을 하는 인물이 된다.

에드나 포스트는 지적인 지향을 갖는 준準신비주의 집단에 참여해 본 적이 있었다. 매리언 키치처럼 에드나도 다이어네틱스에서 "오디터"로부터 정화를 받았고 사이언톨로지를 논의하는 상급 모임으로 옮겨 갔다. 여기에서 매리언 키치를 만났는데 깊은 감명을 받았음에 틀림없다. 에드나는 봄과 여름에 키치 부인에게 계속 연락을 했고, 적어도 8월 1일에 라이언스 필드에 함께 갔을 만큼 오래 연락을 주고받았다. 그날 라이언스 필드에는 마크와 마크의 여자 친구도 함께 갔다. 하지만 에드나와 마크 모두 할로윈데이 낭독 모임에 초대를 받을 때까지 키치 부인을 다시 만난 적이 없었다. 어떤 연유에서 이들이 다시 키치 부인을 찾아오게 된 것인지는 알 수 없다. 그날의 모임에서 어떤 일이 있었는지는 모르지만, 어쨌든 그 후에 에드나는 베르타 블라츠키를 찾아가 몇 주 뒤 (정확히는 11월 23일)에 키치 부인의 집에서 열릴 모임에 함께 가자고 했고 이들은 23일 모임에 참여하게 된다. (베르타도 사이언톨로지 모임에 참여하고 있었고 봄에 키치 부인의 가르침을 들은 적이 있었다.)

우리가 키치 부인의 집을 처음 방문한 10월부터 11월 23일 사이에 키치 부인이 어떤 활동을 했는지에 대해서는 자료가 많지 않다. 어쨌든 그 사이의 어느 짧은 기간 동안 집 맞은편 초등학교의 아이들이 키치 부인 집에 자주 찾아온 것은 분명하다. 어찌어찌 키치 부인 이야기를 알게 된 아이들은 키치 부인 집에 찾아와 비행접시에 대해 이야기해 달라고 했다. 키치 부인은 아이들에게 잘 대해 주었고 꽤 많은 아이들이 키치 부인을 따랐다. 그래서 부모, 학교 당국, 경찰이 개입하게 되었다. 교사-학부모 모임이 긴급히 열려서 키치 부인이 아이들에게 미치는 영향을 막을 방법을 논의했고, (키치 부인에 따르면) 결국 키치 부인은 아이들과 이야기를 하지 말라는 경고와 그렇지 않으면 "정신감정 위원회"에 가게 될 것이라는 말을 들었다. 분명히 경찰을 통해 전해졌을 이 경고에 키치 부인은 겁을 먹었고 아이들과 이야기하지 않기로 했다. 다만, 아이들은 진심으로 진리와 빛을 원하고 필요로 하며 자신의 가르침이 얼마나 가치가 있는지를 아는데 부모와 교사들이 아이들을 자기에게서 떼어 놓으려 한다는 사실이 안타까울 뿐이라고 했다.

우리가 가지고 있는 자료에 따르면, 10월과 11월에 매리언 키치는 지속적으로 사난다 등 영적 고밀도 지역에 있는 가디언들로부터 메시지를 받았다. 키치 부인에게 일어난 사건들(가령, "외계인"이 키치 부인을 찾아온 것)을 해석해 주는 내용도 있었고 믿음 없는 세상에 직면한 신도들에게 위로와 안심을 주는 내용도 있었다.

또한 이 시기 즈음에 키치 부인은 개개인에게 가르침을 전달하기 위해 한 명씩 함께 "앉아 있어 주는" 역할을 점점 더 많이 하기 시작했다. 누군가가 요청을 하면 그의 질문에 대해 가디언으로부터 조언, 지침, 답변 등을 받아 전달해 주는, 개인 상담 같은 것이었다. 하지만 가디언이 준 답변은 종종 당사자를 더 어리둥절하게 만들었고 키치 부인도 어리둥절한 적이 많았다. 키치 부인은 내용을 해석해서 조언을 제공하기 전에 솔직하게 당사자에게 "방금 내가 전달한 말이 당신에게 어떤 의미인가요?"라고 물어야 할 때가 많았고, 때로는 자신의 손끝에서 기록된 내용이 무슨 뜻인지 도통 모르겠다고 인정하기도 했다.

[그룹 활동이나 불특정 다수를 대상으로 한 전도 활동보다] 개개인에게 지침을 주는 방식으로 전환한 것은 컬리지빌에서 이미 보았던 "선별적 전도" 방침으로의 전환과 맥을 같이 한다. 키치 부인은 가르침을 대중에게 전파하려는 열의가 줄곧 암스트롱보다 약했으

므로 "전도"라는 표현은 과한 표현일 것이다. 키치 부인은 찾아오는 사람들에게 소극적인 태도를 보였다. 이런 태도는 레이크시티에서 참여관찰을 수행한 우리 조교들의 경험에서도 잘 드러났다. 남성 조교는 키치 부인의 집에 찾아가 신문에서 대홍수 예언을 봤다고 말했는데, 키치 부인은 따뜻하게 맞아 주었고 상당한 시간을 들여 메시지의 배경도 설명해 주었지만 그를 일원으로 포섭하려 하거나 다시 오라고 권하거나 하지는 않았다. 그래서 우리 조교 쪽에서 다시 와도 되겠느냐고 물어야 했다. 키치 부인은 "문은 언제나 열려 있다"고 예의 바르게 대답했다.

여성 조교가 찾아갔을 때도 키치 부인은 따뜻하게 대접하면서 한두 시간 동안 비행접시, 사난다, 가디언 등 이 믿음 체계의 여러 요소들에 대해 알려 주었다. 여성 조교는 찾아간 이유를 설명할 때 대홍수 이야기를 하지 않았고 키치 부인도 대홍수는 언급하지 않았다. 하지만 키치 부인은 "위층"으로부터 개인적인 메시지를 받을 수 있도록 자신이 함께 "앉아 있어 주기를" 원하느냐고 물었다.

나중에 이 조교가 관심 있는 사람들이 모이는 모임 같은 것은 없는지 물었더니 키치 부인은 없다고 했다. 모임을 만들지 않는 것이 규칙이라는 것이었다. 가르침은 개개인에게 개별적으로 주어질 것이며 관심 있는 사람들은 각자 와서 본인에게 해당하는 가르침을 들어야 한다고 했다. 또한 키치 부인은 9월과 10월에 가디언들로부터 앞으로는 집에 머물면서 집으로 찾아오는 사람들, 즉 키치 부인의 도움을 구할 준비가 된 사람들에게만 가르침을 주라는 지침을 받았다고 말했다. 하지만 한두 명이 오고 있다고만 말했을 뿐, 몇 명이나 찾아왔는지, 얼마나 자주 왔는지, 그들이 누구인지 등에 대해서는 대답하기를 꺼렸다. 또 키치 부인은 새로운 추종자를 만드는 데도 그리 관심이 없어 보였다. 그래서 이 여성 조교도 자기 쪽에서 다시 찾아와도 되겠느냐고 물어야 했다.

우리 조교들이 찾아갔을 때까지도 이런 분위기였음을 생각하면, 불과 며칠 뒤인 11월 23일에 모임이 소집되었다는 것은 놀라운 일이다. 키치 부인이 모임을 소집한 것은 암스트롱의 해고 소식을 듣고 이것이 가디언이 행동을 개시할 때가 가까이 왔음을 말해 주는 신호라고 느꼈기 때문이었을 것이다. 이것이 이날 모임의 전반적인 기조였다. 키치 부인이 사람들에게 가장 먼저 한 말은 "사난다로부터 우리에게 메시지가 있을 것이라는 말을 들었고 우리는 명령이 올 것이라고 기대합니다"였다. 앞으로 자세히 살펴보겠지만, 이날 모임의 나머지 시간은 이 명령이 오기를 기다리는 것으로 채워졌다.

7시 30분경에 키치 부인의 집에는 열 명이 있었는데 우리가 처음 보는 사람들도 있었다. 사람들은 거실과 바로 옆의 현관 테라스에 대충 둥글게 앉아 있었다. 에드나 포스트와 마크 포스트는 교외에 있는 집에서 차를 몰고 왔다. 큰 키에 단단한 체구와 강한 인상을 가진 사십 대 초반의 여성 베르타 블라츠키는 레이크시티 북서쪽에 있는 마을에서 이웃 두 명을 데리고 왔다. 메이 노빅과 프랭크 노빅 부부였다. 베르타와 포스트 모자는 사이언톨로지 모임에서 이미 잘 아는 사이였다. 에드나 포스트와 메이 노빅도 서로 만난 적이 있었고, 베르타와 메이는 이보다도 더 가까운 사이였다. 다이어네틱스 정화 의례에서 베르타가 메이의 "오디터" 역할을 했기 때문이다. 메이는 창백한 얼굴에 마른 여성이었고, 소심하고 어딘가 걱정스러워하는 태도를 가지고 있었다. 흥미롭게도 프랭크 노빅은 유일하게 분위기에 동참하지 못했고 불편한 기색을 드러냈다. 전기 엔지니어인 그는 아내가 졸라서 왔을 뿐이었다. 아마도 눈치가 없어서라기보다는 분위기의 사회적 압력에 저항을 하려는 의도에서, 프랭크는 그날 유일하게 담배를 피웠고 한마디도 하지 않았다. 그 밖에 이날 있었던 사람으로는 아내의 믿음에 동참하지는 않았지만 매우 강한 인내심의 소유자인 키치 씨 (키치 부인의 남편), 닥터 암스트롱, 레이크시티에서 참여관찰을 맡은 우리의 여성 조교, 우리 저자 세 명 중 한 명, 그리고 클라이드 월튼이 있다. 월튼은 800킬로미터나 떨어진 도시에 사는데, 비행기를 타고 왔다.

월튼은 키가 크고 체격이 좋은 남성으로, 엄정한 자연과학 분야에서 박사 학위를 받은 삼십 대 후반의 과학자였다. 조용하고 유머 감각도 있으며 지적인 호기심이 왕성했다. 중요한 연구소에서 연구원으로 일하고 있었고 과학 저널에 논문도 출판하는 등 학계에서 인정받는 사람이었다. 키치 부인이 전화로 모임이 있을 거라고 알리자 그는 그 멀리서 자기 돈을 들여 참석했다. 월튼은 9월에 레이크시티를 방문했을 때 키치 부인을 알게 되었다. 그때 키치 부인에게 깊은 인상을 받은 것 같고, 집으로 돌아간 뒤에도 10월과 11월에 걸쳐 계속 연락을 주고받았다.

그가 주술적 가르침에 접한 것은 키치 부인의 메시지가 처음이 아니었다. 그는 "다른 스승들"의 가르침들을 자주 이야기했고 그런 가르침과 가디언들이 키치 부인에게 내려 준 가르침을 비교하며 유사한 점들을 뽑아내기도 했다. 월튼은 오래전부터 비행접시에 관심이 있었고 찾아볼 수 있는 비행접시 문헌들은 다 찾아서 열심히 연구했지만 호기심이 채워지지 않았다. 23일 모임에서 (그리고 이후의 모임들에서도) 클라이드 월튼은 거의 말을 하지 않았지만 다른 이들의 말을 매우 경청했다. 또 가르침의 특정한 구절들을 인용하는 등 키치 부인이 받은 가르침의 내용을 매우 잘 숙지하고 있는 것이 명백했고 구절의 해석이나 용어의 의미에 대해 키치 부인이나 닥터 암스트롱과 토론을 벌이기도 했다.

월튼의 접근 방식은 지적이고 학구적이며 학술적이기까지 한 것이었지만, 키치 부인이 받은 메시지의 정당성과 실재성을 전적으로 믿는 것으로 보였고 대홍수 예언도 믿는 것 같았다. 그는 이런 주제들에 대해 아내와 오래 이야기했는데 여전히 아내는 믿지 못하고 있다고 털어놓았다. 또한 홍수 예언을 믿었을 가능성이 있어 보이는 이웃 한 명과 키치 부인의 가르침에 대해 이야기한 적이 있었다. 종합해 볼 때, 클라이드 월튼은 적어도 자신의 신념을 이웃에게 이야기해 본 적이 있으며 이 운동의 믿음에 확신을 가지고 있는 사람이었다고 볼 수 있다. 또 집과 직장이 있는 곳에서 이렇게 멀리까지 시간과 돈을 들여서 왔다는 점에서, 투자 행동도 했다고 볼 수 있다.

키치 부인과 암스트롱은 23일 모임에서 자신들이 따라야 할 구체적인 명령들이 내려올 것이라고 믿었지만, 그 명령이 무엇일지, 어떤 형태일지, 누구를 통해 전해질지 등에 대해서는 전혀 알지 못했다. 따라서 그들은 모임에 온 사람 누구라도 우주 메시지의 전령일지 모른다고 생각했고 누가 어떤 선언을 하든 그것이 바로 그 명령이라고 생각할 태세가 되어 있었다. 그런데 하필이면 그들은 우리 저자를 주목했다. 우리 저자는 그날 가장 늦게 도착한 사람이었다. 문을 열어 준 키치 부인은 모여 있는 사람들에게 그를 소개하고서 그를 옆방으로 데리고 가더니 아마도 그가 명령을 전해 받게 될 사람인 것 같다며 이렇게 결정했다. "당신이 오늘 모임에서 우리를 이끌어 주었으면 좋겠어요." 최대한 중립적인 위치를 유지하기 위해 우리의 저자-관찰자는 자신이 공식적인 임무를 맡을 수 없고 그럴 "준비"가 되지 않았다고 거절했다. 하지만 키치 부인은 단호하게 그가 "준비"되었다고 말하면서 더 이상의 거부 의사를 일축했다. "우리 모두 우리가 져야 할 거대한 책임을 직시하고 그것을 받아들여야 해요."

결국 우리의 저자-관찰자는 키치 부인의 지시에 응하기로 했다. 키치 부인은 그를 다시 거실로 데리고 갔고 모두에게 그가 오늘 모임을 이끌 것이라고 말했다. 9명의 기대에 찬 눈길이 그에게 꽂혔다. 우리 저자는 시간을 벌기 위해 "명상을 합시다"라고 말하고 침묵 속에 고개를 숙였다. 몇 분간 침묵이 지속된 뒤, 그는 키치 부인에게 몇 마디 말을 해 달라고 했다. 키치 부인은 오늘 모임이 특별한 목적에서, 즉 명령들을 받기 위해서 소집되었다고만 간단히 말했다. 그리고 우리 저자에게 이에 대해 추가로 덧붙일 말이 없는지 물었는데, 당연히 우리 저자는 덧붙일 말이 없었다. 그래서 모임은 다시 침묵 속에 명상으로 돌아갔고 분위기는 점점 더 긴장이 팽배해졌다.

극도로 긴장되는 침묵의 시간이 20분쯤 지났을까, 갑자기 베르타 블라츠키가 고개를 뒤로 젖히고 눈을 감더니 매우 깊고 짧게 숨을 쉬기 시작했다. 한숨을 쉬는 것 같기도 했다. 헐떡이듯이 계속 그렇게 숨을 쉬면서 간간이 낮은 신음 소리를 한 2분 정도 냈다. 그리고 다시 헐떡이면서 다음과 같을 말을 계속 되풀이했다. "내가 말씀을 받았어. 내가 말씀을 받았어." 무겁고 거친 숨이 더 빠르게 계속되더니 베르타는 흐느끼기 시작했다. 닥터 암스트롱과 키치 부인이 서둘러 거실을 가로질러 베르타 쪽으로 갔다. 그들은 베르타가 소파에서 몸을 펴도록 도왔고, 암스트롱이 베르타의 맥박을 짚어 보고서 괜찮으니 그냥들 있으라는 손짓을 했다. 키치 부인은 베르타가 누워 있는 소파 옆에 앉았다. 하지만 아무 말도 하지 않았다. 나머지 사람들은 불편한 침묵 속에서 자기 자리에 계속 앉아 있었다.

베르타의 헐떡임과 한숨은 더 커졌고 곧 커다란 흐느낌으로 바뀌었다. 이어서 입술을 떨고 가쁜 숨을 쉬면서, 그러는 와중에 또 중간 중간에는 숨도 쉬지 않고서 이렇게 말했다. "내가 말씀을 받았어." 이어서 다음과 같은 말도 했다. "내가 너희들의 주님이다. 너희들은… 나 이외에… 다른 신을 알아서는… 안 된다." 베르타는 눈을 감고 있었고 격한 감정으로 몸 전체가 떨렸다. 베르타는 헐떡이면서 십계명의 제1계명을 다시 말하고서 잠시 침묵으로 빠져들었다.

짧은 휴지기 이후에 베르타는 여러 번 멈추면서 고통스럽게 다시 말을 하기 시작했다. "나는 사난다." 그러고는 제풀에 놀란 듯이 "헉" 하고 숨을 들이쉬었다. 그리고 이어서 다시 말했다. "사난다가 말한다. 사난다가 말한다. 나는 사난다. 나는 사난다. 여기 있는 이들은 나의 시벳[제자]들이다. 나의 소중한 시벳들이다." 그리고 베르타는 갑자기 말을 중단하더니 고통스럽게 비명을 지르면서 저항하기 시작했다. "오, 아니에요. 나를 말씀하신 것일 리가 없어. 내가 아닐 거야. 나를 말씀하신 것일 리가 없어… [잠시 멈춤]… 나는 너에게 나의 시벳들을 준다… 오, 아니야, 나를 말씀하신 게 아닐 거야. 오, 아닐 거야." 베르타의 목소리는 신음 소리가 되었고 키치 부인이 재빨리 다가가서 큰 목소리로 반복해서 말했다. "맞아요. 당신을 말씀하시는 게 맞아요, 베르타. 당신을 말씀하시는 게 맞아요." 그리고 몸을 우리 쪽으로 반쯤 돌린 채 이렇게 말했다. "오늘 낮에 나는 당신[베르타]이 시벳들을 넘겨받게 될 거라는 메시지를 받았어요. 그래요, 이것이 그가 뜻하신 바예요." 명백히 키치 부인은 명령이 오리라는 자신의 희망을 베르타에게 투사하고 있었다. 처음 지목한 사람, 즉 우리 저자가 그 역할을 해주지 못했기 때문이다. 키치 부인이 확신과 안심을 주자 영매 베르타는 진정이 되는 것 같았다. 그리고 몇 분 뒤에 최면에서 깨어났다.

베르타 블라츠키는 전에는 미용사였고 지금은 점원으로 일하고 있었다. 폴란드에서 태어났지만 아이오와 주에서 자랐다. 가톨릭 학교를 다녔고 19세에 레이크시티의 소방관과 결혼했으며 28~29세 정도까지 가톨릭 교리에 충실했다. 하지만 그때쯤 가톨릭교회에 실망하기 시작했고 곧 거기에서 나왔다. 베르타는 아이가 생기지 않아 몹시 속상해하고 있었다. 20년 넘게 결혼 생활을 했는데도 임신이 되지 않았다. 에너지가 넘치는 사람인데다 육아의 부담이 없어서, 베르타는 이 일 저 일을 계속 전전했다. 그러다 미용 일을 배우게 되었고 그 일이 참 좋았다. 특히 자신의 미용실을 열 수 있게 되자 더욱 만족했다. 그러던 중 메이 노빅을 알게 되었다. 메이는 미용실 손님이었고 둘은 곧 친한 친구가 되었다. 또 다이어네틱스와 "형이상학"을 소개해 준 여성도 미용실에서 알게 되었다.

다이어네틱스와 사이언톨로지 모임(에드나 포스트도 여기에 참여했다)에 참여하면서 베르타는 키치 부인의 가르침을 들으러 가자는 권유를 받았고 키치 부인의 이야기를 듣고 감명을 받았다. 키치 부인이 가르침을 타자로 쳐 복사본을 만드는 일을 맡아 줄 조수가 필요해지자 베르타는 즉시 메이 노빅을 떠올렸고 메이에게 도와 달라고 했다. 베르타와 메이 둘 다 봄과 여름 동안에 키치 부인과 계속 연락을 주고받았다. 하지만 8월에 키치 부인이 컬리지빌에 머물게 되면서 연락이 중단되었고 11월 초까지 키치 부인으로부터 별다른 소식을 듣지 못했다. 11월 23일의 그날 모임까지, 베르타는 이 운동의 믿음에 관심이 많았지만 두드러진 역할을 하고 있지는 않았다.

베르타가 최면에서 깨어나자 모두의 관심이 베르타에게 집중되었다. 모든 대화가 베르타가 최면 상태에서 한 말과 행동에 대해 이뤄졌다. 베르타는 방금 일어난 일이 매우 혼란스럽다고 했다. "이런 일을 겪어 본 적이 없어요." 그리고 이것이 "굉장한 경험"이었다는 말을 여러 번 되풀이했지만 그 느낌을 말로 어떻게 표현해야 할지 모르는 듯했다. 베르타는 "누군가 다른 이의 목소리가 나를 소유했다는 것"을 "알 것 같기는 했는데", 두려웠고 어떻게 행동해야 할지 몰랐다고 말했다.

매리언 키치는 베르타가 새로이 맡게 된 일이 매우 커다란 일이며 위대한 책임에 걸맞게 살 것을 요구하는 일이라고 거듭 명심시켰다. 또 자신도 "말하는 힘"을 원했고 그 힘을 달라고 기도까지 했는데 자신에게 주어진 것은 "글 쓰는 힘"이었다며, 부러운 듯한 축하의 말도 건넸다. 닥터 암스트롱은 베르타에게 심신의 긴장을 이완하는 법을 알려 주었고 "그들"의 사고가 들어오기 시작하면 마음을 비우라고 조언했다. 물도 마시고 격려와 조언의 말들도 듣고서 기운을 차린 베르타는 곧바로 소파로 가서 "다시 한 번 시도해 보고 무슨 일이 일어나는지 보겠다"고 했다.

이 시점에는 아무도 몰랐지만 그날의 하이라이트는 이미 지나간 뒤였다. 나머지 시간은, 베르타가 자신이 던진 번개에 부합하게 행동하고자 고전하는 와중에, 괴로울 정도로 단조롭고 밋밋하게 지나갔다. 한 시간 동안 베르타는 모인 사람을 한 명씩 옆으로 불러서 각자에게 영적인 메시지, "사난다"가 전하는 위안과 축복의 메시지를 전해 주었다. 그리고 휴식을 취한 뒤 10시 30분에 다시 소파 위의 자리로 돌아갔다. 하지만 공허한 말들만 지루하게 반복되었다. "사난다의 축복이다. 소중한, 소중한, 소중한 [11번 반복] 소중한 시벳들이여. 그리고 이것이다. 그러니 그렇게 되어라, 그렇게 되어라, 영원히, 영원히, 영원히, [14번 반복] 그리고 영원히."

자정에 다시 쉬는 시간을 가졌다. 베르타는 눈에 띄게 낙담한 것 같았고 키치 부인에게 아마도 오늘 밤에는 메시지 받는 것을 더 시도하지 말아야 할 것 같다고 했다. 하지만 키치 부인은 반대했다. "이것은 시작일 뿐이에요. 아직 당신은 아무것도 보지 못했어요. 당신이 오늘 밤이 끝났다고 생각한다면 잘못 생각한 거예요. 이 모든 것이 무슨 의미인지 우리가 다 파악하지는 못했지만 나는 그들이 우리가 계속하기를 원한다는 느낌이 강하게 들어요. 그들은 다 목적이 있어서 이렇게 하시는 걸 거예요." 그리고 다른 사람들 쪽으로 몸을 돌려서 섬뜩할 만큼 고양된 어조로 이렇게 경고했다. "여러분 중 누구라도 오늘 밤 잠을 잘 수 있을 거라고 생각한다면, 다시 생각해야 할 거예요. 잠을 잘 시간은 없어요. 그들은 우리가 일을 하기를 원해요."

한 시간쯤 뒤에 "소중한 시벳들" 이야기를 한바탕 더 하고서, 베르타는 자신의 목소리로 돌아와 오늘 밤에는 여기에서 그만두는 것이 어떠냐고 다시 말했다. 하지만 키치 부인은 단호했다. "아니, 아니에요, 베르타. 아직 당신은 마지막 1마일을 가지 않았어요." 새벽 두 시가 가까워오자 암스트롱은 조용히 키치 부인에게 베르타가 "빛의 대역폭에서 나온 것 같다"며 이제까지 베르타가 한 이야기는 종합적으로 어느 결론으로도 이어지지 않았다고 말했다. 하지만 키치 부인은 좌중에 분명하게 들리는 목소리로 암스트롱의 말에 반대를 표했다. "아, 아니에요, 아니에요. 나는 '운송자의 형태'[가디언의 계획을 일컫는다]를 깨뜨리지 않을 거예요. 이것이 규율이에요. 이것은 매우 어려운 규율이지만 배워야만 해요. 나는 개입해서 베르타를 멈추는 일을 하지 않을 거예요."

잠시 후, 영매의 목소리는 이 방의 누군가가 운송자의 형태를 깨려 한다며 누구도 운송자의 형태를 깨서는 안 된다고 경고했다. 키치 부인은 고개를 끄덕이면서 이 훈계에 대해 현자다운 미소를 지었다. 암스트롱도 이 말을 받아들이는 것 같았고 겸연쩍어 하며 물러섰다. 베르타의 입에서 구체적인 명령이 나오기를 키치 부인이 여전히 기대하고 있었음이 분명하다.

영매 베르타의 세션은 다음날 아침 8시까지 계속되었지만 베르타가 전하는 말의 패턴은 그리 달라지지 않았다. 밤 사이 유일한 교란이 있었다면, 2시 30분쯤에 아내가 울면서 애원하는데도 프랭크 노빅이 잠을 자야겠다며 가 버린 것이었다. 다른 사람들은 간간이 졸면서 거실에 남아 있거나 다락방으로 가서 기숙사처럼 놓여 있는 여러 개의 침대와 간이침대에 누워 기지개를 켰다.

그날 고대했던 명령은 오지 않았다. 베르타가 시벳들을 이끌어야 한다는 메시지를 제외하면 베르타는 이 운동의 신념 체계와 관련된 것은 아무것도 말하지 않았다. 한번은 에드나 포스트가 키치 부인에게 "사난다"의 말씀을 베르타가 받게 된 것이 혹시 대홍수 날짜가 "변경되었음"을 의미하는 것은 아니냐고 물어보았다. 키치 부인은 격렬히 반대하면서, 날짜 변경에 대한 이야기는 내려오지 않았다고 주장했다. 하지만 만약 12월 21일이 "틀린 날짜"여서 그날 대홍수가 일어나지 않는다면, 21일 예언은 우리를 가르치고 믿음을 "시험"하기 위해 주어졌을 것이라고 덧붙였다. 모임 전체적으로, 베르타의 새로운 역할이 앞으로 벌어질 일에 대한 기대가 달라지게 만들지는 않았다. 하지만 베르타의 최면과 영매 역할은 사람들에게 너무나 어리둥절하고 혼란스러웠고 키치 부인도 그 혼란을 해소할 만한 말을 전혀 하지 않았다.

새벽에 베르타가 최면 상태에서 보인 마지막 행동 중 하나는 11월 24일(당일) 밤 11시에 다시 모이라는 명령을 받은 것이었다. 그 시간이 메시지를 받기에 더 "유리한" 시간이라는 것이었다. 나중에 알고 보니, 베르타의 남편은 아내가 주술에 심취하는 것에 크게 반대하고 있었는데 그가 밤 교대조여서 11시면 일을 하러 나가기 때문에 그 시간은 베르타가 남편의 간섭 없이 모임에 참가할 수 있는 시간이었다.

예정된 모임 시간이 되기 전까지 낮 시간은 조용히 흘러갔다. 낮에 키치 부인의 집에 계속 남아 있었던 사람은 네 명이었다. 키치 부인, 닥터 암스트롱, 클라이드 윌튼, 그리고 우리의 저자-관찰자. 적어도 키치 부인이 보기에 이 네 명은 상징적인 집단이었다. 한 명은 동쪽, 한 명은 남쪽, 한 명은 북쪽, 키치 부인 본인은 서쪽에서 왔을 뿐 아니라, 전날 저녁에 이들 네 명만 발효하지 않은 무교병*을 먹었고 키치 부인이 의례를 위해 쓰는 특별한 잔에 물을 마셨기 때문이다. (키치 부인은 "위쪽 방의 경험을 재창조"하는 의례 때 그 물 잔을 사용한다고 말했다). 다음 날 아침에도 정화 의례에 따라 아침 식사로 무교병을 먹었고 이번에는 커피 잔에 뜨거운 물을 마셨다.

베르타의 영매 자질을 둘러싸고 설왕설래가 이어지자, 키치 부인이 좌중을 정리하며 자신은 오늘 밤 모임에서 커다란 일이 일어날 것으로 기대한다고 말했다. 가령, 자신이 비밀리에 쓰고 있는 책을 공개하라거나 하는 식으로 구체적인 명령이 올 거라고 말이다. 하지만 키치 부인은 우리 저자에게 모임에 전달할 메시지를 가져온 게 정말로 없느냐고 또 물어보았다.

암스트롱은 자신의 해고 소식을 전하면서 앞으로 무엇을 해야 할지에 대해 명령을 받고 싶다는 간절한 열망을 드러냈다. 지난

● 이집트에서 고난을 당하던 유대 민족이 탈출한 것을 기리는 유월절에 먹는 빵. 누룩을 넣지 않았다. 옮긴이

밤 밤샘 교령회 중에 에드나 포스트는 직장을 그만두어야 할지 물어보았고, 암스트롱은 자신이 해고당한 것이 명백히 그를 "더 중요한 일"(즉 가디언에게 봉사하는 일)에 준비되게 하기 위한 "계획의 일부"라고 말했다. 메이 노빅도 얼마 전에 비서 일에서 해고되었다고 말했다. 아침을 먹으면서 이런 일들을 되짚어 보더니, 암스트롱은 이 일들이 우연의 일치일 수 없다고 결론내렸다. 명백히 무언가가 진행되고 있었고 "위층 소년들"(모임 일원들끼리는 "가디언"이라는 더 공식적인 용어 대신 종종 이렇게 불렀다.)이 무언가를 계획하고 있음에 틀림없다는 것이었다. 그는 자신이 무슨 일을 해야 할지에 대한 명령을 빨리 받을 수 있기를 고대했고 기왕이면 오늘 밤이었으면 좋겠다고 생각했다. 그는 어디로든 갈 준비가 되어 있고 무엇이라도 할 준비가 되어 있다고 했다. 우리 저자가 그에게 [대홍수를 피해] 언덕의 안전한 장소로 가려던 계획은 어떻게 되었냐고 묻자 그는 모호하게 대답했다. 그도 키치 부인도 가디언으로부터 그 계획의 철회에 대한 이야기를 듣지 못했으니 그것도 여전히 유효하지만, 명령이 더 오기 전까지는 알 수 없다는 것이었다. 이어서 암스트롱은 앞으로 벌어질 일에 대한 자기 나름의 예상을 이야기했는데, 몇몇 사람들, 즉 특히 더 중요하고 즉각적인 임무를 할 필요가 있는 사람들은 홍수 전에 비행접시가 와서 개별적으로 픽업해 갈 것 같다고 했다.

수요일 밤 11시에 모임이 시작되었다. 프랭크 노빅이 오지 않은 것과 우리의 남성 조교가 추가로 참여한 것(그는 오전에 들렀다가 밤 모임에 다시 오겠다고 약속했고 밤 모임에 참여했다.)을 제외하면 구성원은 전날과 동일했다. 청중은 동일했지만 연기자는 어제의 연기자가 아니었다. 모인 사람들은 강력한 카리스마를 가진, 새로워진 베르타를 보았다. 일관성 없고 반복적이고 키치 부인에게 도움을 구하던 어제의 베르타는 없었다. 베르타는 소파에 앉아 한 팔을 훽 올려 눈을 척 가리고는 자신감 있게, 심지어 명령조로 말하기 시작했다. 어제처럼 영매 역할에 진입하기 전에 흐느끼거나 헐떡이지도 않았다. 베르타는 전문가다운 능란한 태도로 자신의 배역으로 들어가서 권위적이고 자신감 있게 설교를 하기 시작했다.

베르타를 통해 말하는 "목소리"는 자신이 "사난다"가 아니라 "창조주 자신"이라고 말했다. 이는 베르타가 "권능을 가진 분"의 목소리를 대변하고 있음을 뒷받침하는 발언이었다. 이렇게 해서 키치 부인이 가지고 있던 최고 권위자의 자리를 무너뜨린 뒤, 베르타는 "선", "의지", "나(I)", "앰(AM)" 같은 것을 논하기 시작했다. 그러면서 베르타는 점점 더 고압적이고 지배하려는 듯한 태도를 보였다.

"창조주"의 가르침 대부분은 이 운동의 신념 체계와 관련이 없었고 홍수 예언과도 관련이 없었지만, 의지, 자기 규율, 복종을 강조해서 설교했다. 요컨대, "창조주"의 견해는 각자가 자신의 의지를 조직하고 발달시켜야 한다는 것이었다. 또한 행동은 개인의 의지와 선택의 문제라고 했다. 이러한 "자기 결정"의 철학, 혹은 이 모임 일원들이 나중에 지칭한 표현을 빌리면 "내면의 앎"에 대한 철학은 이날 모인 사람들에게 완전하게 받아들여졌다.

새벽 4시 30분경, "창조주"는 다음날 세 번째 모임을 열라고 말했다. 그러자 클라이드 윌튼이 자신은 가족이 있고 이미 예정보다 하루 더 집을 떠나 있었다고 항변했다. 또한 직장도 이틀이나 빠졌는데 더 빠지려면 휴가원을 내야 하고 그러려면 휴가 목적을 상사에게 상세하게 밝혀야 한다고 했다. 윌튼은 모임에 오가는 데 돈도 많이 들었다. 이런 점들을 고려해 윌튼은 레이크시티에 살지 않는 사람은 모임이 열리는 동안 자기 집에서 명상을 하고 나중에 가르침의 내용을 녹음해서 보내 주면 따로 공부하면서 숙지하면 어떻겠냐고 제안했다.

"창조주"는 이 제안을 단칼에 일축했다. 모임에서 말해진 것은 아무것도 녹음되어서는 안 되었다. 이것이 규칙이었다. 그리고 집에서 명상을 하는 것만으로는 부족했다. 배워야 할 것이 많았고 모든 이가 지침을 받아야 했다. 마지막으로, 창조주는 다음 3주 동안 적어도 세 번의 모임이 더 있을 것이라고 했다. 시간이 촉박하고 달성되어야 할 것이 너무 많기 때문이라는 것이었다. 클라이드 윌튼은, 그렇다면 세 번의 모임을 주말에 몰아서 하면 어떻겠냐고 새로 제안했다. "창조주"는 여기에 반대하는 사람이 없는지 물은 뒤 기꺼이 협조하겠다는 뜻을 선포했다.

이날 밤에 베르타가 전한 메시지는 사람들의 주요 관심사와 관련이 없었다. 어떤 명령도 나오지 않았고 대홍수도 언급되지 않았다. 새벽 5시가 지나서야 "창조주"가 대홍수를 언급했다. "날짜에 대한 질문을 지금 여기에서 꺼내야 하는지 모르겠구나. 보자, 그래야 하는지 아닌지 결정하지 못하겠다. 날짜에 대해 알기를 원하는가?" 키치 부인은 "창조주"가 무슨 말을 할지 매우 긴장하며 듣는 것처럼 보였다. 소파의 목소리는 한숨을 쉬었다. "자, 그러면 그 이야기를 하자. 그대들은 무엇이 알고 싶은가?" 좌중에 긴장의 전류가 흘렀다. 침묵이 잠시 이어진 뒤, 키치 부인이 피할 수 없는 질문을 했다. "우리가 받은 날짜의 정당성이 무효가 되었습니까?" 이에 대해 "창조주"는 아주 길게 답변했다.

"너희에게 주어진 것의 정당성을 무효로 하는 것은 나의 일이 아니다. 그것을 너희에게 준 여성은 줄곧 신실했고 매우 열심히 일을 했으며 오늘 이 소중하고 놀라운 모임을 이끌어 내는 데 주되게 기여했다. 그녀의 일은 잘 이루어졌고, 그녀는 그녀에게 가르침을 준 자와 내가 날짜를 고정하고 그녀에게 그것을 말하라고 지시한 자에게 충실했다. 내가 '그녀는 좋은 예언자였다'고 말할 때 나는 그녀의 일을 얕잡아 보지 않는다. 하지만 오늘 너희들은 창조주와 함께 있다. 창조주는 가장 위대한 예언자를 선택했다. 그 예언자는 베르타이고 앞으로도 영원히 가장 위대한 예언자일 것이다."

전체 모임은 새벽 5시 45분에 끝났다. 모두가 뼛속까지 지쳤지만 이게 끝이 아니었다. 한 명씩 "창조주"와 개별 면담을 해야 했던 것이다. 그러는 동안 나머지 사람들은 "창조주"와 면담자의 대화가 들리지 않을 만큼 떨어진 곳에서 과일, 견과류, 무교병 등을 먹고 커피와 물을 마시며 담소를 나눴다.

닥터 암스트롱은 홍수 날짜의 정당성에 대해 "창조주"보다 더 강하게 말했다. 우리 관찰자 중 한 명과 이른 저녁에 나눈 대화에서 그는 자신의 견해를 다음과 같이 분명하게 밝혔다.

"우리는 날짜에 대한 언급을 여러 번 들었어요. 내 말은, 우리 아이들에게, 매리언에게, 우리에게 온 수많은 메시지에 날짜 언급이 있었어요. 그리고 우리는 그날이 어쨌든 중요한 날짜라는 것을 알고 있어요. 그것은 우연이 아니에요. 우선, 그날은 동짓날이죠. 또 에세네파가 옛 집을 나와 새로운 스승을 구하러 떠난 날이기도 해요. 그들은 우주의 스승을 달라고 기도했고 12월 20일에 옛 집을 나와 그를 찾으러 가죠. 그러니까 이것은 매우 중요한 날짜예요. 또한 예수가 정말로 태어난 날도 25일이 아니라 21일이죠. 그러니까 날짜에 대해서는 꽤 확실하다고 말할 수 있어요."

전도 활동에 대한 지침도 나왔다. "창조주"는 가르침들이 "닫힌" 상태에 있어야 하고 지금 모인 사람들에게만 한정되어야 한다고 하면서도 그 가르침들이 "세상을 계몽하기 위해" 쓰일 것이라고 했다. "창조주"는 여기 모인 사람들이 "세상의 선한 이들을 위해" 다른 이들을 가르치고 정보를 전파해야 하지만, 마구잡이로 하면 안 되고 "신중하게" 해야 한다고 말함으로써 위의 지침의 의미를 명료화했다. 오늘 이 방에서 무슨 일이 일어났는지를 말해서도 안 되고 이 믿음을 조롱할지도 모르는 비우호적인 사람들에게 이야기를 해서도 안 된다며, "공감하는" 사람들만 [가르침을 주어서] 계몽해야 한다고 했다. 또한 "창조주"의 메시지에는 이 모임의 존재 자체를 이야기해서는 안 된다는 암시도 강하게 담겨 있었다. 개인 면담 때 우리 관찰자 한 명이 이 문제에 대해 더 질문하자 "창조주"는 다음과 같이 대답했다.

"너 혼자서는 세상을, 아니 세상 속의 단 한 명도 구원할 수 없다는 것을 기억하라. 의지가 없다면 그들은 배울 수도 구원될 수도 없다. 아무나 붙들고 가르치려 하지 말라. 이미 의지를 가지고 있는 사람, 자신의 의지를 너희의 의지 및 나의 의지와 일치시켜 빛에 닿고자 하는 사람을 부드럽게 이끌 수는 있지만, 의지가 없는 사람을 구원할 수는 없다. 다른 이들을 구원하려 너무 열심히 노력하느라 자신을 지치게 해서는 안 된다. 부드럽게 조금씩 사람들을 밀어 줄 수는 있지만 서둘러서는 안 된다. 서두르는 것을 피해야 한다. 누군가를 성급하게 설득하려 하는 자신을 발견하거든, 멈추고 포기해라. 서두르는 것은 옳지 않기 때문이다."

즉 이 새로운 영적 정보 원천("창조주")도 키치 부인과 암스트롱이 말했던 것과 비슷한 전도 원칙을 이야기하고 있었다. '조심스럽고 신중하게 말해야 한다. 조롱을 사는 것을 피하라. 강요하지 말라. 우호적으로 들을 것이 확실한 사람에게만 비밀을 말하라.'

11월 23일과 24일에 걸쳐 열린 두 차례의 전체 모임은 가뜩이나 불확실하던 상황을 더 알 수 없게 만드는 결과를 낳았다. 베르타가 (지도자의 지위까지는 아니라 해도) 영향력 있는 지위로 올라가면서, 이제 모임은 "위로부터" 정보를 내려 주는 영적 원천을 두 개 갖게 되었다. "창조주"와 "사난다"가, 그리고 이들 각자의 지상의 대변인들이 전적으로 일치된 이야기를 하고 있는지도 명백하지 않았다. "창조주"가 한 말은 "사난다"의 메시지를 바탕으로 발달되어 왔던 사상 체계와 직접적인 연관도 없었다.

게다가 키치 부인이 기대했던 "중요한 메시지"를 이날 가디언들이 전달해 온 것인지 아닌지도 분명치 않았다. 아무도 자신의 명령을 받지 못했다. 아니, 받았나? 명령이 "창조주"의 말 어딘가에 숨어 있었나? "안전한 장소"로 피신하는 계획은 어떻게 되었나? 키치 부인은 이런 것들을 전보다 더 알 수 없게 되었고 "명령이 오기를" 기다리고 있다고만 했다. 한편, 닥터 암스트롱은 적어도 개인적으로라도 자신이 홍수 전에 비행접시에 픽업될 것이라고 믿기 시작했다.

목요일 아침 8, 9시경이면 대부분의 사람들은 집으로 돌아가고 없었다. 이날은 추수감사절이었고, 키치 부인의 집에 남아 있는 사람은 암스트롱뿐이었다. 이들은 채식을 했으므로 명절 음식에 별로 관심이 없었고(그것에 대해 농담도 했다), 따라서 암스트롱은 명절을 가족과 지내기 위해 서둘러 컬리지빌로 돌아가야 할 이유가 없었다. 그는 그날 밤 아니면 다음날 아침에 컬리지빌에 돌아왔고, 지구를 떠날 날이 임박했다는 기대 속에서 "구도자" 모임을 소집했다.

학생들 상당수가 명절을 쇠러 집에 가서 컬리지빌에 없었기 때문에 11월 28일 일요일에 참석한 사람은 12명뿐이었다(여기에 더해 우리의 조교들도 참석했다). 암스트롱 부부, 큰딸 클레오와 아들, 밥 이스트먼과 키티 오도넬, 그리고 주변적으로만 참여하던 사람 5명 등이었다. 이날 모임은 "구도자" 모임 치고는 빨리 끝났지만, 몇 가지 중대한 발표가 있었다.

이때까지 암스트롱의 해고 사실을 아는 사람은 극소수였다. 밥 이스트먼과 키티 오도넬도 몰랐다. 하지만 이날 모임에서 암스트롱은 해고 사실을 공공연히 밝히면서 여기에서 두 가지를 유추할 수 있다고 말했다. 첫째, 암스트롱은 자신의 해고가 "위층 소년들"

이 계획한 것이며 그가 그들과 함께 하는 더 중요한 일에 시간을 쓸 수 있게 하려는 것이라고 했다. 둘째, 암스트롱은 자신에게만이 아니라 그와 관련된 모든 사람에게 [박해의] "불이 들어왔다"고 했다. 그는 스스로를 초기 기독교 순교자들에 (아마도 그들 중 가장 첫 순교자와) 비견하면서, 대학 당국이 이렇게 극단적인 조치를 취한 것을 보면 자신이 한 말이 매우 인상적이었음에 틀림없다고 말했다. 그래서 그의 신념과 가르침이 대학 당국을 불편하게 만들었을 것이고 아마도 대학 당국은 그와 그를 따르는 사람들을 탄압하는 데 주저하지 않을 것이라고 했다. 그러므로 이 믿음 체계에 대한 증거를 모조리 숨겨야 했다. 이렇게 해서, 전도에 대한 태도와 관련해 컬리지빌 사람들은 조심스럽고 주저하던 데서 믿음과 행동을 아예 숨기는 쪽으로 전환하게 되었다.

데이지 암스트롱은 자신도 가르침을 편집하고 복사하는 일을 중단했다며, 복사본을 가지고 있는 사람은 "그것을 잘 숨겨야 한다"고 신신당부했다. 닥터 암스트롱은 여분의 복사본과 우편 발송 목록을 모두 없애라는 명령을 받았다고 했다. "구도자" 일원들의 이름과 컬리지빌 외부에 사는 사람 중 여기에 관심이 있는 사람들의 목록도 없애거나 태워야 했다. 암스트롱은 이러한 명령을 레이크시티를 떠나기 직전에 받았다고 했고, 실제로 "구도자" 모임이 열린 일요일 밤이면 암스트롱 부부는 혐의를 살 만한 모든 문서를 없앤 뒤였다.

닥터 암스트롱은 이것이 "구도자"의 마지막 공식 모임이라고 선언했다. 집에 찾아오는 것은 환영이지만 모임은 없을 것이었다. 또 새로운 일원도 들이지 않을 것이었다. "11번째의 시간"은 지나갔고 더 이상은 아무도 참여할 수 없었다.

이어서 닥터 암스트롱은 "사난다"가 계획을 변경했다고 말했다. 이제 대홍수를 피해 안전한 장소로 이동하게 될지는 불확실했고, 암스트롱 개인적으로는 아마도 그 계획은 이뤄지지 않을 가능성이 크다고 생각했다. 그 대신, 비행접시가 개별적으로 사람들을 픽업할 것이라고 보았다. 어느 경우든, 컬리지빌 모임은 집단으로 모여 은신처로 옮겨 가지는 말아야 했다. 그보다는 각자 자신의 명령을, 아마도 직접적인 방식으로, 받게 될 터였다. 가령 어디로 가서 무엇을 하라는 목소리를 직접 받게 될 터였다. 어떤 사람은 집에 남아 있으라는 명령을 받을 수도 있고, 어떤 사람은 특정한 장소로 가라는 명령을 듣고 거기에 가서 픽업될 수도 있다. 어쨌든 선택된 사람은 한 가지 사실만큼은 확신해도 좋은데, 그것은 자신이 곧 명령을 받으리라는 사실이었다.

닥터 암스트롱은 시간이 별로 없지만 모두 침착함을 유지하면서 각오를 다지고 있어야 한다고 강조했다. 절대로 패닉에 빠져서는 안 되고 어떤 상황이 벌어지더라도 그 상황에 대해 마음의 준비가 되어 있어야 했다. 어떤 사람들은 이미 다른 행성으로 가는 비행접시에 픽업되었고 곧 더 많은 사람들이 그렇게 될 것이다. 어떤 사람들은 안전한 장소로 가도록 지시를 받았다. 그런 곳은 문명의 편의가 없으므로 이곳보다 척박할 것이다. 거기에서 그들은 1년 정도 머물다가 다른 행성으로 가게 될 것이다. 선택된 사람들 중 또 어떤 이들은 우리로서는 불가해한, 가디언들만이 알 수 있는 이유로 다가올 홍수 속에 휩쓸릴 것이다.

또한 암스트롱은 구원받기 위해 꼭 계몽되어야 하는 것은 아니라고, 즉 이 신념 체계를 꼭 알아야만 하는 것은 아니라고 말했다. 선택된 사람 중 계몽되기까지 한 사람들이 해야 할 중요한 임무 하나는 영문을 모르는 채로 비행접시에 픽업되었거나 안전 장소로 이동하고 있는 사람들을 안심시켜 주는 일이었다. 어쨌든, 지금으로서는 우리 모두 일상의 일들을 수행하면서 최대한 외부의 이목을 집중시키지 말라는 것이 위로부터의 명령이라고 닥터 암스트롱은 결론 내렸다. 암스트롱은 특히 "전도를 하려는 특별한 노력을 하지 말라"고 했다. 그런 행동은 괜히 이목을 불러일으켜서 캐묻는 사람들이 많아질 것이고 대학 당국의 탄압만 불러올 것이기 때문이다. 계몽된 사람에게 스스로 찾아와서 진실되게 도움을 청하는 이에게 가르침을 주는 것까지 금지되지는 않았다. 하지만 모임의 일원들은 자신이 아는 것을 여기저기 알리고 다니지는 말아야 했다.

마지막으로, 모임이 거의 끝나 갈 무렵에 닥터 암스트롱은 녹음테이프를 하나 틀었다. 스틸시티에 사는 영매가 진행한 교령회를 녹음한 것이었다. 영매인 엘라 로웰 부인이 영적 세계 7번째 밀도 구역 17번째 자리에 있는 "닥터 브라우닝"의 목소리를 받아 말하고 있었다. 이 교령회는 가을 어느 시점(아마도 10월 중순)에 암스트롱의 집에서 열렸는데, 우리가 아는 바로 "구도자" 모임에서 이 녹음테이프를 튼 적은 이제까지 한 번도 없었다.

이 테이프에는 다가올 홍수에 대한 모호한 언급이 여러 차례 나온다. 가령, "향후 3년 안에 (…) 네게 익숙한 모든 것이 씻겨 나갈 것이다", "너희 중 일부는 평원에 서 있을 것이고 세상이 주위에서 부서져 내리는 것을 볼 것이다", "지구의 대부분은 거주 불가능한 곳이 될 것이고, 거꾸로 뒤집혀 물의 정화하는 힘에 노출됨으로써 깨끗해지고 빛나게 될 것이다. 이것은 세탁기의 모터와 같다. 매우 간단한 논리다"와 같은 언급이 있었다. "닥터 브라우닝"은 재앙의 날짜에 대해서는 말하지 않았지만 그날 교령회에 참여한 사람들 모두 "선택되었으며" 구원될 것이라고 말했고 "이 방의 누구도 어떤 형태의 자연재해로도 생명을 잃지 않을 것"이라고 안심시켰다.

그뿐 아니라 "닥터 브라우닝"의 이야기는 (우리가 앞에서 살펴본) 닥터 암스트롱과 키치 부인이 발달시킨 담론에 나오는 개념들을 상당히 많이 담고 있었다. 이를테면 전도 활동에 대해 "닥터 브라우닝"은 이렇게 말했다. "너희는 너희가 가진 특별한 지식을 공유하고 싶겠지만 누군가가 너희를 받아들이는지 아닌지는 신경 쓰지 말아야 할 것이다. 또 누군가가 너희가 전하는 특정한 지식을 받아들이는지 아닌지에도 신경 쓰지 말아야 할 것이다. (…) 너희는 여기에 구원자로서 있는 것이 아니다…" 비행접시에 대해 암스트롱이 믿었던 이야기들 상당 부분도 "닥터 브라우닝"의 녹음테이프에서 들을 수 있었다. "어떤 비행선은 3마일[약 5킬로미터]보다 더 가까이 올 수 없다. 너의 몸은 8~10명이 탈 수 있는 꼬투리 같은 작은 비행선에 픽업되어 모함으로 가게 될 것이다."

이 녹음테이프에서 닥터 암스트롱은 우쭐하게 해 주는 특별한 지침도 받았다. 앞으로 올 시련의 시기에 그가 매우 중요한 사람이 되리라는 것이었다. "그는 권능을 줄 것이고 권능의 빛이 될 것이다. 그는 후광을 만들 것이다. 그는 그의 몸을 구성하는 세포들을 모두 채울 전자기력으로 충전될 것이다. 그리고 그것은 어떤 질병이나 죽음에 대해서도 그가 면역력을 갖게 해 줄 것이다. 그것은 우주선에서 이뤄질 것이다."

정확히 어떻게, 언제, 왜 암스트롱이 로웰 부인과 접촉하게 되었는지는 분명치 않다. 우리의 추측으로는, 암스트롱이 〈스틸시티 비행접시 클럽〉을 통해 로웰 부인을 알게 되었고, 늦은 여름과 가을에 키치 부인의 가르침에 대해 암스트롱과 로웰 부인이 이야기를 나누었을 가능성이 커 보인다. (키치 부인과 로웰 부인 둘이 직접 만나지는 않았다.) 로웰 부인은 오랫동안 "닥터 브라우닝"의 메시지를 받아 온 영매였고, 영적 세계와 소통하는 기술에 매우 숙련된 사람이었다. 로웰 부인은 매우 독창적이고 창조적이며 유려하게 영매 역할을 수행했다. 로웰 부인이 암스트롱을 우쭐하게 해 주고 그가 스스로를 중요한 사람이라고 여길 수 있게 해 줄 만한 메시지를 애써 전달한 것은 분명해 보인다. 암스트롱은 암스트롱대로 로웰 부인의 숙달된 태도와 그의 정보 원천["닥터 브라우닝"]의 해박한 지식에 깊이 감탄했을 것이다. 몇 주 뒤, 12월 21일이 되기 직전에 로웰 부인은 레이크시티와 컬리지빌의 활동에 중요한 (그리고 혼란을 가중시키기도 한) 영향을 미치게 된다.

11월 28일 일요일 모임이 "구도자"의 마지막 공식 모임이라고 선언되었지만 못 온 학생이 많았기 때문에 암스트롱은 다음 날인 11월 29일 월요일 밤에 마지막 공식 모임을 한 번 더 열었다. 이번에는 참석률이 매우 높았다. 전부 19명이나 왔다. 앞에서 우리가 상세히 알아본 주요 인물은 다 참석했고, 낯선 사람 2명이 들어가도 되겠냐고 찾아왔지만 어제 새로이 발표된 "닫힌 그룹" 정책에 따라 돌려보냈다. 이날 모임에서는 기본적으로 전날과 동일한 내용이 이야기되었다.

암스트롱은 최근에 레이크시티에서 있었던 모임 이야기는 하지 않은 채 자신이 다음 주말에 레이크시티로 갈 것이고 어쩌면 돌아오지 않을지도 모른다고 말했다. 그는 자신이 24시간 대기 상태이며 언제라도 명령이 올 수 있다고 했다. 하지만 암스트롱 부인은 아마 자신은 컬리지빌에 돌아오게 될 거라고 생각했다. "그들"이 아직 자신을 "데려갈" 계획은 아닌 것 같다고 말이다. 닥터 암스트롱은 학생들에게 일상생활을 영위하면서 명령을 기다리라고 했다. 사실상 리더의 위치를 포기하고 추종자들을 각자 알아서 지내도록 풀어 놓은 격이었다. 재앙을 준비하기 위해 딱히 할 일이 없었으므로 학생들은 그저 일상을 영위했다.

그 다음 주에 암스트롱 부부는 일요일과 월요일 모임에서 설교했던 내용을 몸소 실천했다. 어느 날 오후, 아들 친구인 고등학생 세 명이 그를 기다리고 있다가 세상이 끝날 거라는 소문에 대해 설명해 달라고 했다. 암스트롱은 인내심 있고 침착하게 소문은 과장된 것이라고 말했다. 그는 홍수 가능성을 별일 아닌 듯이 이야기하면서, 지각에서 자기장의 변화가 벌어지고 있지만 세상의 종말과는 다른 이야기이므로 겁먹거나 흥분할 필요가 없다고 했다. 그리고 화제를 비행접시로 돌려 외계 행성과의 통신에 대해 이야기했다. 학생들이 가고 난 뒤 닥터 암스트롱은 자신이 상황을 잘 처리한 것에 매우 흡족해했다. 닥터 암스트롱은 현재로서는 홍수 이야기를 강조하지 않는 것이 중요하다며, 홍수에 대한 대중의 두려움을 높이기보다는 낮추기 위해 노력해야 한다고 강조했다. 그는 학생들에게 "너희의 이성으로 볼 때 호소력이 있는 것"만을 믿으라고 말했는데, 그렇게 말하길 정말 잘했다고 생각했다.

문서를 편집하고 회람하는 일을 덜게 된 암스트롱 부인은 강박적이다 싶을 만큼 가사 노동에 매달렸다. 하지만 미래에 대해 기대하는 바가 달라진 것은 아니었다. 한번은 밥 이스트먼이 암스트롱 부인이 세탁기에서 건조기로 빨래를 옮기는 것을 보다가 "이 일을 다 안 해도 되게 되면 매우 기쁘실 거예요"라고 말했다. 그러자 암스트롱 부인은 그런 날이 멀지 않았다고 말했다. 분명히 이 일을 안 해도 되게 되면 기쁘겠다는 의미였다. 또 한 번은 우리의 여성 조교가 설거지를 돕다가 암스트롱 부인이 식기세척기를 사용하지 않는 것을 보고 깜짝 놀랐다. 암스트롱 부인은 모터가 고장 나서 고치려면 35~40달러쯤 드는데 그 돈을 들일 가치가 없다고 설명했다. "이제 시간이 얼마 없으니까요."

12월 3일 금요일에 닥터 암스트롱은 아내와 큰딸 클레오, 그리고 밥 이스트먼과 함께 컬리지빌을 떠나 레이크시티로 갔다. 암스트롱 부부는 열 살인 막내딸을 컬리지빌에 두고 가면서 키티 오도넬에게 돌봐 달라고 부탁했다. 열다섯 살인 아들도 고등학교의 공식 댄스파티에 참석하고 싶어 했기 때문에 컬리지빌에 남았다.

컬리지빌 쪽 학생들은 일상이 거의 달라지지 않았지만 레이크시티 쪽은 상황이 사뭇 달랐다. 토요일과 일요일에 에드나 포스트와 마크 포스트는 키치 부인의 자동기술 메시지를 통해 매리언 키치의 집으로 들어가 살면서 키치 부인을 도우라는 "명령"을 받았다. 키치 부인은 실제로 보살핌이 필요하긴 했다. 3일간 금식을 하고서(물론 이것도 명령에 따라서 한 것이다.) 원래도 말랐던 몸이 상당히 더 야위어졌기 때문이다. 몸이 너무 약해져서 통증이 생긴 것은 물론이고 몸동작도 제대로 말을 듣지 않았다. 에드나와 마크도 그전에 가디언의 명령에 따라 하루 동안 금식을 했다.

그뿐 아니라 레이크시티 사람들은 거의 일괄적으로 직장을 그만두라는 명령을 받았다. 마크 포스트는 이미 가전제품 가게 일을 그만둔 상태였다. 에드나 포스트도, 다소 당황스러워하면서, 어린이집 일을 그만두었다. 베르타도 공장 점원 일을 그만두었다. 모두 가디언의 명령에 의해서였다. 이들 모두 그 이후로는 하루 벌어 하루 먹고 살았다. 그중에서도 에드나와 마크의 일상이 특히 극적으로 달라졌다. 매리언 키치와 함께 살게 되었을 뿐 아니라 이들 세 명 모두 집 밖에 나가지 말라는 명령을 받은 것이다. 식료품을 구매하러 가는 것도 안 되었다. 그래서 전화 주문으로 시키거나 키치 부인 남편의 물품 사무소를 통해 식료품을 구했다. 남편은 집안에서 일어나는 이런 변화가 반갑지 않았지만 그래도 그러려니 했다. 아내의 건강을 매우 염려했지만 아내가 단식을 그만두게 설득할 수도, 그 밖의 명령들을 따르지 않게 막을 수도 없었다.

이러한 명령들이 에드나 포스트처럼 매우 신실하고 강한 믿음을 가지고 있었던 사람에게 미친 영향은 실로 엄청났다. 키치 부인 집 밖으로 나가지 말아야 한다는 "명령 하에" 있던 동안, 에드나는 언니로부터 전화를 한 통 받았다. 어머니 병세가 크게 악화되었다는 것이었다. 어머니가 몹시 고통스러운 상태라는 소식을 듣고도 에드나는 명령을 따르기로 즉, 키치 부인의 집 밖으로 나가지 않기로 했다. 나중에 이 일을 이야기했을 때, 금방이라도 울음이 터질 듯한 모습과 떨리는 손에서 이 일이 에드나에게 얼마나 큰 갈등을 일으켰는지가 잘 드러났다. "너무나 힘든 선택이에요." 에드나는 이렇게 말하자, 옆에 있던 키치 부인은 기실 지금은 힘든 선택들을 내려야 하는 시기라며, 이것은 한 사람이냐 우주적인 형제애냐를 정하는 문제라고 말했다. 무엇이 더 중요한가? 에드나는 가지 않기로 선택했다.

이 주에 몇 명이 키치 부인의 집에 찾아오긴 했지만 조직적인 활동은 없었다. 베르타 블라츠키가 어느 날 오후에 한 번 들렀고 전화도 몇 차례 했다. "창조주"로부터 받은 메시지들을 해석해 달라는 것이 주된 용건이었다. 또 다른 방문자는 완전한 외부인이었는데, 못자리를 판매하는 세일즈맨이었다. 못자리 파는 일을 시작한 이래 이렇게 희한한 반응은 아마 처음 보았을 것이다. 키치 부인은 웃으며 그에게 이렇게 말했다. "내 못자리는 내가 가장 걱정하지 않는 일인데요." 하지만 그래도 그에게 집 안으로 들어오라고 했고 키치 부인과 에드나 포스트가 한 시간 정도 자신들의 사상과 홍수 예언을 설명했다. 그는 가르침을 더 받으러 다시 오겠다고 했고 다들 그러리라고 기대했지만 (우리가 아는 바로는) 그는 다시 오지 않았다. 또한 키치 부인에 따르면 매주 목요일 저녁에 가르침을 받으러 왔다던 한 방문자도 기대와 달리 나타나지 않았다.

바로 이 주에 우리 관찰자들은 비우호적인 자들이 자신의 집을 감시하고 있다는 강박을 키치 부인이 점점 심하게 느끼고 있다는 것을 처음으로 감지했다. 그때까지 키치 부인은 이 집은 가디언이 보호하고 있어서 여기에 오지 말아야 할 사람은 오지 못하게 되어 있다고 말하곤 했다. 또 자신은 문과 창문을 잠그지 않는다고도 했다. 하지만 이제는 경찰의 주의를 끌게 될까 봐 걱정했다. 경찰이 순찰차를 타고 근처를 지나가면서 손전등으로 창문을 비춰 보곤 한다는 것이었다. "그들은 우리가 여기에서 무엇을 하고 있는지 알고 싶어 해요." 그러면서 한 번은 이렇게 말했다. "우리는 모든 것이 아주 평범해 보이도록 해야 해요." 우리 관찰자 중 한 명에게도 경찰의 주의를 끌지 모르니 올 때마다 대문 앞에 차를 세우지 말라고 했다. 키치 부인의 우려는 간헐적이었지만 분명했고 점점 커지고 있었다. 이런 우려는 닥터 암스트롱이 이 모임을 비밀로 하기 위해 매우 신경을 쓴 것과 맥을 같이 한다.

베르타 블라츠키가 소집한 12월 3일 금요일 모임은 평소와 다르게 시작되었다. 저녁에 키치 부인의 집에 도착한 사람들은 커피 테이블 위에 놓인 메모를 보았다. "도착하는 대로 한 명씩 시벳을 만날 것이다. 위층의 방으로 올라오면 내가 지침을 줄 것이다. 나는 저녁 모임 때까지 거기에 머무를 것이다. 패리치. 벨레이스."● 한 명씩 좁은 다락으로 올라갔고, 깡마른 키치 부인이 불이 피워져 있는데도 덜덜 떨면서 거기에 앉아 각자에게 "사난다"가 전하는 개별 메시지를 전달했다.

불이 환하게 켜진 아래층에서는 사람들이 서로 인사를 나누고 마크, 에드나, 베르타로부터 최근의 소식들을 들었다. 그리고 키치 부인이 평소와 다른 방식으로 상담을 하는 것의 의미가 무엇일지 추측해 보기도 하고 오늘 저녁에 무슨 일이 벌어질지 예상해 보기도 했다. 구성원의 면에서 매우 좋은 모임이었다. 이제는

● "패리치"는 키치 부인이 이즈음에 사용한 직함이다. "위"로부터 받은 메시지를 전할 때 서명에 이 직함을 사용했다. "벨레이스"는 이들 사이에서 통하던 인사말이었는데 메시지를 맺을 때 쓰는 말로도 사용되었다.

더 이상 낯선 사람들이 아니어서 편하고 느긋하고 즐거운 분위기에서 거리낌 없이 이야기를 나눌 수 있었다. 11월 23일 수요일 모임에 왔던 사람은 모두 다 왔다. 프랭크 노빅도 왔는데 아내 메이가 졸라서 마지못해 온 것 같았다. 클라이드 윌튼은 이번에도 비행기 편으로 왔다. 키티 부인의 남편 키치 씨는 인내심 있고 친절하게, 그리고 약간 어리둥절해하면서 무리에서 조금 떨어져 있었다. 닥터 암스트롱은 아내와 딸, 그리고 밥 이스트먼과 함께 자동차로 컬리지빌을 출발해 오후에 도착했다. 물론 에드나 포스트와 마크 포스트, 베르타 블라츠키도 있었다. 우리 관찰자 세 명까지, 총 15명이 그날 참석했다.

아래층에 있는 방 하나에서는 때 아닌 법석이 벌어지고 있었다. 닥터 암스트롱은 바지에서 지퍼를 떼어 내느라, 마크 포스트는 신발에서 구두 끈 들어가는 구멍의 금속을 떼어 내느라 바빴다. 프랭크 노빅과 클라이드 윌튼은 늘 차던 벨트 대신 허리춤에 밧줄을 묶고 있었다. 키치 부인과의 개별 면담에서 모두 몸에서 금속을 전부 제거하라는 명령을 받은 것이었다. 주머니에서 잔돈을 꺼내고 손목시계를 푸는 것은 물론, 옷에서 금속으로 된 부분도 모두 잘라냈다. 이 이상한 행동에 대한 설명은 간단했다. 닥터 암스트롱에 따르면, 비행접시에 타기 위해서는 몸에 어떤 금속도 걸치고 있지 말아야 했다. 금속에 접촉하면 심각한 화상을 입을 것이기 때문이었다. 그는 우리 인간은 애처롭게도 기술적으로 너무나 발달되지 못해서 구체적인 내용은 정확히 알 수 없다고 했다. 하지만 명령이 왔고 그것이면 충분하다며, 한 번에 모든 것을 다 알 필요는 없다고 했다.

그러는 동안 키치 부인과 참가자 사이의 개별 면담은 베르타가 소집한 모임 시간인 7시 30분을 훌쩍 넘겨서까지 계속되었고 베르타는 점점 조바심이 났다. 8시 30분쯤, 웬 낯선 여성 한 명이 찾아왔다. 아래층에 있던 사람들 중에는 그 여성을 아는 사람이 없었다. 대문에서 그 여성은 키치 부인을 만나고 싶다며, 지난여름 이후 키치 부인을 본 적이 없는데 오늘 갑자기 생각이 나서 들르게 되었다고 했다. 마지막 시벳이 상담을 마치고 위층에서 내려오자 새로 온 여성이 서둘러 키치 부인을 보러 올라갔다. 키치 부인은 그 여성과 20~30분 정도 면담을 했는데, 다른 사람들보다 두 배나 많은 시간이었다. 그러느라 모임 시작은 더 늦어졌다. 이 예기치 않은 방문자는 9시 30분 정도에 볼일이 있어서 잠깐 나가 봐야 한다며 10~15분 후에 다시 오겠다고 했다. 그 여성이 떠나자마자 키치 부인이 내려왔고, 공식적인 모임이 시작되었다.

모임 시작이 자꾸 늦어지자 베르타는 몹시 짜증이 난 것 같았다. 지난 모임부터 그날까지의 기간 동안 베르타는 권력자라는 새로운 위치에 적응이 되어 있었다. 지도자의 지위가 주는 만족을 맛본 베르타는 처음에 그렇게나 어렵게 입었던 망토를 이제는 기꺼이 받아들일 만반의 준비가 되어 있었다. 베르타가 짜증이 난 상태였다는 것을 고려하면 이날 나온 메시지들의 내용이 상당 부분 설명이 된다.

이날 나온 내용을 상세히 설명할 필요는 없을 것 같다. 모임은 금요일 밤 9시 45분에 시작되었고 새벽 3시에 쉬는 시간을 가진 후 9시 반에 다시 시작해서 오후 6시에 끝났다. 이 이틀 동안 일어난 일은 베르타가 자신의 지배적인 위치를 공고히 하고자 하는 욕망을 드러낸 것이 대부분을 차지했고, 따라서 우리의 핵심 연구 주제와는 관련이 없다. 또 이날 모임은 이전이나 이후의 어느 모임과도 성격이 달랐다. 본질적으로 이날 모임은 이 운동에 지속적인 중요성을 거의 남기지 않은, 그저 한 번 크게 옆길로 샌 것이라고 볼 수 있는 사건이었다. 따라서 이 이틀 동안의 일 중에서 그 자체가 흥미로워서 독자들이 관심을 가질 법한 사건들만 간략하게 설명하도록 하겠다.

이날 모임은 베르타의 권위를 선포하는 간단한 언명들로 시작되었다. "창조주"의 목소리로, 베르타는 자신이 어느 자리에 앉아야 하는지, 또 이런 저런 전등을 켜야 하는지 꺼야 하는지 등에 대해 키치 부인이 결정한 바를 뒤집었다. 또한 때로는 은근히, 때로는 대놓고, 키치 부인이 그렇게나 신중하게 발달시켜 놓았던 담론의 상당 부분을 공격했다. 베르타는 키치 부인이 자동기술로 받는 가르침의 어투도 비웃었다. "나는 '그대'라거나 '했노라'와 같은 우아하고 고풍스러운 단어는 사용하지 않는다. 우리는 직설적으로 말한다. 너희에게 필요한 우아하고 고풍스러운 말들은 이미 너희에게 다 사용되었고 그것이면 충분하다. 그런 일에 낭비할 시간이 없다…" 그리고 "사난다"의 지식을 폄훼하며 "사난다"를 비웃었다. "이 방의 또 다른 사람이 자신이 마리아였다고 들었다고 한다. 하지만 그녀는 그 이야기를 사난다에게 들은 것이고, 사난다는 알지 못한다. 지금 너희는 알고 있는 사람으로부터 이야기를 듣고 있다."

이어서 베르타는 금식이나 금욕, 자신의 것을 내어주기와 같은 개념을 비웃으면서 자신의 신체를 살피고 영양분을 공급하는 것은 중요한 의무라고 말했다. 자신의 지배력을 더 분명하게 드러내려는 듯, 베르타는 토요일 모임에 각자 조금씩 점심거리를 준비해 올 때 쇠고기 요리를 가지고 왔다. 누구라도 키치 부인의 식탁에 고기가 올라오는 것을 본 것은 이번이 처음이었을 것이다. 하지만 베르타는 맛있게 먹었고 다른 이들에게도 "단백질을 좀 섭취하라"며 권했다. 키치 부인과 암스트롱 부부는 고기를 먹지 않았지만 (우리 관찰자들도 먹지 않았다) 대부분의 시벳들은 베르타를 따라 고기를 먹었다.

뭐니 뭐니 해도 베르타가 보여 준 가장 대담한 지배 행동은 키치 부인이 모임 시작 직전에 매우 오랜 시간을 들여 개별 상담을 했던 여성 방문자를 돌려보낸 것이었다. 그 여성은 "창조주"가 이야기를 시작하기 전에 잠시 집을 나서면서 곧 돌아오겠다고 했다. 그런데 그 여성이 돌아오자 "창조주"는 집에 들이는 것을 단호하게 불허했다. 키치 부인이 항변하는 듯했는데도 말이다. 나중에 키치 부인은 그 여성이 두 개의 비행접시 클럽에 나가고 있는 회원이라며 "우리에게 매우 중요한 사람"이라고 말했다. 그리고 "그여성을 돌려보내는 것을 보면서 마음이 매우 아팠다"고 덧붙였다.

금요일 저녁의 하이라이트는 11시가 가까웠을 때 일어났다. 그때 베르타의 목소리, 즉 "창조주"는 베르타의 몸에 기적이 왔노라고 선언했다. 점점 더 클라이맥스로 고조되면서, 약 30분 동안 "창조주"는 "그 자신"이 그 주 초에 베르타의 몸으로 들어갔다는 충격적이고 알 수 없는 이야기를 했다. "창조주"가 설명하길, 처음에 베르타는 이 일을 받아들일 수 없었고 너무나 무서워서 거의 미칠 지경이었는데 바로 그때 베르타가 자신이 그리스도의 어머니가 되리라는 이야기를 들었다는 것이었다.

시계가 열한 시를 치자 베르타는 갑자기 신음을 하면서 도와
달라고 비명을 지르기 시작했다. "성경에 나오는 내용에도 불구하
고 그리스도는 아직 태어나지 않았다. 그 아기는 지금 태어날 것
이다. 아, 도와줘요! 아, 의사 선생님, 도와주세요! 침대를 준비해
주세요. 나는 산통을 겪고 있어요. 내 배에서 무언가가 일어나고
있어! 침대, 의사, 그리고 간호사. 위층에. 방에 다른 사람은 없어
야 해요. 아, 도와줘요!"

키치 부인과 닥터 암스트롱이 베르타를 부축해 다락으로 데리
고 올라갔다. 베르타는 10분이나 15분 정도 신음을 하더니 정신을
되찾고 진정한 것 같았다. 키치 부인과 메이 노빅이 다락에 남아
서 베르타가 옷 입는 것을 도와주는 동안, 나머지 사람들은 딱히
할 일이 없어서 조용히 식당에 모여 있었다.

베르타의 행동은 사람들을 완전히 어리둥절하게 만들었다. 모
두가 방금 일어난 일에 대해 도무지 뭐가 뭔지 모르겠다며 옆 사
람에게 설명을 청했지만, 옆 사람이라고 뾰족한 답이 있을 리 없
었다. 에드나 포스트가 한 말이 모두의 심정을 가장 잘 표현한 말
일 것이다. "무슨 의미인지 도통 모르겠어요. 그저 기다려 봐야 할
것 같아요."

드디어 베르타가 키치 부인과 함께 내려왔다. 베르타는 자신이
던진 폭탄에 대해 거의 소녀처럼 천진스럽게 "내게도 도통 미스
터리"라고 말했다. 베르타는 실제 산통과 비슷한 것을 자신이 느
끼리라고는 정말 예상치 못했다고 말했고, 자기가 미리 "쇼"를 계
획한 게 아님을 사람들이 믿지 않을까 봐 걱정스러운 것 같았다.

("쇼"라는 말은 본인이 사용한 단어다.) 베르타는 결론적으로 이렇게 말했다. "내가 다시 [최면 상태로] 돌아가면 우리는 이것이 무슨 의미인지 알 수 있을 거예요."

그래서 베르타는 다시 최면 상태로 들어가 "창조주"의 설명을 들었다. "창조주"에 따르면, 이 전체가 교훈이었다. "창조주"의 진실성과 이 "쇼"를 그의 방식대로 진행하려는 의도를 알리기 위한 교훈이었다는 것이다. 또한 "창조주"는 이것은 농담이기도 했다고 설명했다. "기존의 개념들"을 흩뜨리게 할 만큼 큰 충격을 주어서 앞으로 어떤 일이라도 벌어질 수 있다는 것을 보여 주기 위해 모임 사람들 모두에게 그가 건 농담이었다는 것이다.

금요일 밤의 나머지 시간은 밋밋하게 지나갔다. 생각을 멈추고 가르침을 흡수하는 것, 생각을 멈추는 기술, 영혼과 영혼의 짝 사이의 분리와 결합, "창조주"의 지혜와 권능 같은 주제들을 설교하는 내용이 대부분이었다.

토요일 모임은 "창조주"의 치유력을 보여 주려는 시도에 상당 부분 할애되었다. "창조주"는 베르타의 오른쪽 눈 바로 아래의 작은 얼룩을 제거하려 시도했다. 모인 사람들이 얼룩이 사라지고 있다는 것을 믿지 못하는 듯 보이자, "창조주"는 다소 짜증스러운 말투로 방금 보여 준 것은 사람들이 자신이 본 대로 정직하게 말하는지를 테스트하기 위한 것이었다고 말했다. "창조주"의 치유력을 보여 주고자 한 또 다른 중요한 시도는 메이 노빅이 혼자서 밖에 나가서 걷는 것을 무서워하는 오랜 증상을 한 시간 정도에 걸쳐 치유하려 한 것이었다.

베르타가 영매 역할을 한 이 두 차례의 세션에 대해 사람들의 반응은 다양했지만, 전체적으로는 받아들이는 분위기였다. 마치 모두들 하도 두들겨 맞아서 어거지로 복종하게 된 상태인 듯했다. 닥터 암스트롱만이 베르타의 세션을 열정적으로 받아들였다. 금요일 밤에 닥터 암스트롱은 이렇게 효과적인 가르침은 처음 보았다고 말했다. "우리는 정신을 때리고, 때리고, 또 때리는 경험을 했어요." 한편 키치 부인은 이날 일어난 일을 자신의 세계관에 통합시키려 노력했다. "그들은 우리를 무언가 큰일에 준비시키려 하는 것 같아요." 또 키치 부인은 자신이 소중히 여기는 믿음을 "창조주"가 공격한 것을 두고, 아마도 "창조주"가 각자 "내면의 앎을 따라야 한다"는 원칙을 보여 주고 있는 것 같다고 해석했다.

토요일 오후의 세션을 마무리하면서 베르타는 다시 한 번 "내면의 앎"을 강조했다. "창조주"의 목소리로 베르타는 이제 모두가 스스로 메시지를 받을 역량이 있다고 선포했다. 또 그런 메시지는 개인적인 지침과 계몽을 위해서만 사용되어야 하며 다른 이들을 가르치려는 목적으로는 사용되어서는 안 된다고 강조했다. "창조주"는 외부인들에게 "빛을 전파하는 것"을 금지하지는 않았지만 가르침의 임무는 베르타와 키치 부인에게로만 한정되어야 한다고 했다.

또한 베르타는 "창조주"의 목소리로 "형제애"에 대해 이야기했다. 여기 있는 모든 사람은 "사난다의 형제애"의 형제들이며 "빛의 질서"의 형제들이었다. 베르타는 형제들이 서로를 알아볼 수 있는 비밀 신호도 보여 주었는데, 왼손 손바닥을 오른쪽 어깨 아래에 놓고 목례를 하는 것이었다. "창조주"는 이 신호를 다른 이들 눈에 띄지 않게 살며시 해야 하며 형제라고 주장하는 사람의 정체를 확인하는 용도로만 써야 한다고 경고했다.

베르타의 이 마지막 지침은 전도에 대한 일반적인 태도를 다시금 강조하고 있다. 다른 사람을 설득하고자 노력하는 것이 딱히 금지되지는 않았지만 독려되지도 않았고, 신참자를 가르치는 역할은 베르타와 키치 부인으로만 한정되었다. 형제애를 표시하는 신호가 도입된 것은 "선택된 사람"과 "믿지 않는 사람" 사이를 분명히 구분하려는 첫 시도였다. 그리고 이 신념 체계를 밖에서 이야기할 때는 매우 신중해야 한다는 점도 다시금 강조되었다.

전도와 관련된 지침을 제외하면 이틀 내내 벌어진 일 중 우리 연구의 관심사에 부합하는 것은 하나뿐이었다. "창조주"와 개별 면담을 할 때 우리 관찰자 한 명이 자신의 앞날에 대해 물어보았다. 그러자 "창조주"는 학교 교사 일을 그만두라고 강력하게 권했다. 형제애에 대한 의무보다 중요하지 않기 때문이라는 것이었다. 그리고 종말까지 얼마 남지 않았기 때문에 직장 없이도 살아갈 수 있을 것이라고 그를 안심시켰다. 우리가 아는 바로는, 이것이 베르타가 키치 부인이 받았던 가르침과 일치하는 방식으로 홍수 예언에 대한 투자 행동을 권고한 첫 사례였다.

대체로 12월 3일과 4일에 벌어진 일들은 이 모임의 주 관심사를 벗어난 것들이었다. 이는 매우 당황스러운 일이기는 했지만 그 영향이 오래 가지는 않았다. 원래의 주 관심사, 즉 대홍수에 어떻게 대비할 것인가의 문제로 금방 돌아왔기 때문이다. 이 이틀간의 모임이 남긴 분명한 결과 하나는, 이제 가디언으로부터 정보를 받는 두 개의 "독립적인 채널"이 생겼다는 점이었다. 때로는 이 두 채널이 주는 정보가 상충되기도 했지만, 이후 몇 주 사이에 이 두 원천은 서로의 메시지가 맞다고 "확인"해 주면서 조화를 이루기 시작했다. 또한 오래지 않아 키치 부인은 지도자로서의 위치를 되찾게 된다.

12월 5일 일요일이면 일들이 대체로 만족스럽게 정리되는 듯하긴 했지만, 여전히 베르타가 했던 행동은 상황을 복잡하게 만든 면이 있었다. 키치 부인의 가장 소중한 신조들을 공격했으면서도 모두가 고대하고 있던 명령은 하나도 내놓지 않았기 때문이다. 대부분의 사람들은 이런 불확실성을 그냥 참고 견디는 수밖에 없었지만 암스트롱 부부는 그렇지 않았다. 그들은 제3의 정보 원천을 찾아갔다. 일요일 밤에 암스트롱 부부는 컬리지빌로 돌아갔고 월요일 아침에는 엘라 로웰에게 물어보기 위해 스틸시티에 갔다.

이날 아침에 열린 교령회에서 닥터 암스트롱은 의구심이 해소되는 정도를 넘어 틀림없이 그를 크게 만족스럽게 해 주었을 이야기들을 많이 들었다. 한 시간 넘게 이어진 교령회에서 "닥터 브라우닝"(로웰 부인에게 메시지를 주는 영혼계의 스승)은 세상에 닥칠 위기에서 암스트롱이 맡게 될 중요한 위치에 대해 암스트롱이 우쭐해질 만한 이야기를 했다. 12월 21일을 재앙의 날짜로 특정한 적은 한 번도 없고 그 밖에 키치 부인이 말한 어떤 세부 사항도 직접적으로 확인해 주지는 않지만, "닥터 브라우닝"은 임박한 홍수에 대해 상세하게 설명했고 특히 선택된 사람들이 우주선으로 어떻게 "픽업"될지를 생생하게 묘사했다. 가령, 우주선으로 들어 올려질 때는 "영적인 마취 상태"가 될 것이므로 두려움이나 고통을 느끼지 않을 것이라고 했다("우리는 너희가 잠들었다가 다시 태어나게 할 것이다"). 또한 "닥터 브라우닝"은 모인 사람들에게 자신이 알고 있는 것을 가족들에게 알리지 말라고 했다. "너희는 그것을 가족에게 알릴 필요가 없다. 너희는 그들도 너희와 같은 영역으로 가리라는 것을 알고 있다. (…) 너와 직계 가족들은 모두 구원될 것이다."

"닥터 브라우닝"의 메시지에 담긴 많은 내용이 암스트롱 부부가 그전에 믿었던 것, 그리고 그들이 생각한 대홍수의 양상과 부합했다. 그들은 이런 내용을 잘 기억해 두었고 이후 몇 주 동안 즐겨 인용했다. 예를 들면, 암스트롱 부부는 "닥터 브라우닝"이 그들이 "재앙에 대해 알게 될 것이며 정확한 시간을 알게 될 것"이라고 말한 것이라든지, 그들이 언제라도 픽업될 수 있으며 어디로도 갈 수 있다고 말한 것 등을 자주 인용했다.

메시지의 거의 마지막 부분에서 "닥터 브라우닝"은 "다른 지시가 있기 전까지는 일상에서 하던 일을 그대로 계속해야 한다"고 말했다. 데이지가 "11번째의 시간인 지금, 다른 이들에게 이 일에 관심을 가지라고 알려 주는 것이 좋을까요?"라고 묻자 "닥터 브라우닝"은 다음과 같이 짧고 단호하게 대답했다. "너무 늦었다. 우리는 어쨌든 그들을 선택할 것이다. 그들의 마음을 바꾸려 하는 것은 소용없는 일이다." 하지만 또 메시지의 다른 부분에서는 누구라도 질문을 해 오는 사람이 있다면 모임의 일원들은 그 질문에 대해 정보를 줄 의무가 있다고도 했다. 아직 선택된 사람들이 다 "빛의 대역폭 속에 있는" 것은 아니기 때문에 그런 이들에게는 재앙을 알려 주고 질문에 대답해 주어야 한다는 것이었다. 요컨대, "사난다"와 "창조주"처럼 "닥터 브라우닝"도 전도를 신중하고 선별적으로 하라고 조언하고 있었다. 전체적으로, 암스트롱 부부는 이날 "닥터 브라우닝"에게 들은 이야기 덕분에 크게 안심한 것 같았다.

"구도자"는 12월 8일 수요일에 이미 해산되었지만 암스트롱 부부는 다음 날 또 한 번 모임을 소집하기로 했다. 데이지는 주소록 명단을 없앤 상태였고 다 기억하지 못했기 때문에 수전 히스와 키티 오도넬을 불러 도와 달라고 했다. 이들이 일을 매우 잘 해낸 덕분에, 눈보라가 치는 날씨에도 총 18명이 암스트롱의 집에 모였다. 강한 투자 행동을 한 사람들은 전부 참석했고, 중간 강도로 투자 행동을 한 사람들도 대부분 참석했다.

암스트롱은 레이크시티에서 최근에 있었던 모임을 간략히 설명하는 것으로 이야기를 시작했고 레이크시티 일원 중에 새로운 영적 정보 원천(베르타)이 나타났다는 사실을 알렸다. 또 자신에게 곧 명령이 올 것으로 기대한다며 다른 사람들도 곧 각자의 명령을 받게 될 것으로 보인다고 말했다. 이어서 최근에 엘라 로웰 부인의 교령회에 참석했던 일을 언급하면서, 아마도 "닥터 브라우닝"의 말을 직접 듣는 게 가장 좋을 것이라며 한 시간 반 분량의 녹음테이프를 틀었다. 물론 테이프에는 위에 언급된 내용들(을 포함해 더 많은 내용들)이 담겨 있었다.

몇몇은 자신이 어떻게 "픽업"될지에 대한 묘사에 깊이 매료된 듯했다. 다음 날 테이프를 다시 듣기 위해 또 찾아왔을 정도였다. 하지만 몇몇은 대홍수에 대비하기 위해 무엇을 해야 할지 혼란스러워졌거나 목적을 상실한 것 같았다. 밥 이스트먼과 키티 오도넬(이 무렵이면 둘 다 암스트롱의 가족이나 다름없었다.)은 쏟아지는 지침들을 그저 조용히 받아들였다. 우리가 주목할 만한 반응이라면,

할 피셔의 반응뿐이다. 이제까지 그는 "구도자" 모임에서 늘 회의적으로 의구심을 제기하는 역할을 맡았는데, 특이하게도 이번에는 대홍수 예언을 더 확신하게 된 것 같았다. 로웰 부인의 메시지가 "독립적인 증거"라면서 말이다.

컬리지빌에서 그 주의 나머지는 별 일 없이 지나갔다. 그러다가 일요일에 중요한 일이 하나 벌어졌다. 일요일 오후에 닥터 암스트롱이 키치 부인에게 전화를 걸었다. 그 전화 통화에서 키치 부인은 레이크시티에서 화요일 밤 14일에 모임이 있을 거라고 알려 주었고, 암스트롱은 오늘 저녁에 엘라 로웰이 자신의 집에 들를 것이라고 말했다. 그가 키치 부인더러 오라고 한 것인지 키치 부인 쪽에서 먼저 오겠다고 한 것인지는 알 수 없지만, 어쨌든 그날 밤 9시에 키치 부인이 마크, 에드나와 함께 암스트롱의 집에 도착했다. 이렇게 해서, 각자 자신의 영적 스승에게 받는 메시지를 통해 오랫동안 암스트롱에게 지침을 주어 온 두 여성이 드디어 만나게 되었다. 이제까지 "닥터 브라우닝"은 홍수 날짜에 대해서는 명확하게 이야기하지 않았지만 "선택된 사람"들이 비행접시로 들어 올려질 것이라는 등 구원의 양상은 상세하게 묘사했다. 반면 "사난다"는 날짜에 대해서는 21일이라고 확실하게 말했지만 선택된 사람들이 어떤 방식으로 구원될 것인지는 명확하게 이야기하지 않았다. 그러는 사이에, 암스트롱이 이 두 여성 사이의 연결고리 역할을 한 덕분에 두 여성은 다른 쪽에게 어떤 메시지가 "주어졌는지"에 대해 꽤 잘 파악하고 있었다.

로웰 부인이 키치 부인에게 제일 먼저 물어본 것은 나이였다. 언젠가 "닥터 브라우닝"이 엘라 로웰에게 1900년 이전에 태어난 사람은 지상의 스승으로 삼지 말라고 했기 때문이었다. 엘라 로웰은 단도직입적으로 매리언의 생년월일을 물었고 1900년 5월 6일이라는 답을 듣자 문제가 해결되었다. 로웰만이 알 수 있는 이유에서, 로웰은 키치 부인을 자신의 지상의 스승으로 받아들였다. 그리고 최면 상태로 들어가 "닥터 브라우닝"의 목소리로 말하기 시작했다.

이 교령회에서 나온 상세 내용은 매우 흥미롭긴 하지만 우리의 논의를 불필요하게 복잡하게 할 것 같다. 여기에서는 로웰 부인이 "닥터 브라우닝"의 목소리로 12월 21일이라는 날짜를 강하고 분명하게 확인해 주었다는 것 정도만 언급하면 충분할 것이다. 또한 "닥터 브라우닝"은 레이크시티의 "원천", 혹은 "스승"을 매우 공경하는 어조로 몇 차례 언급했다. 더불어, "닥터 브라우닝"은 자신이 전달한 명령은 뒤집힐 수 있으며 특히 키치 부인이 받는 메시지에 의해 번복될 수 있다고 말했다. 예를 들면, "닥터 브라우닝"은 토머스 암스트롱에게 화요일에 레이크시티에 갔다가 금요일에 컬리지빌에 돌아오라고 명령하면서 "다른 개입이 없다면"이라는 단서를 달았다. 키치 부인은 자신과 로웰 부인 사이에서 발달하고 있는 협력적인 관계에 매우 만족한 것 같았고, 두 여성 사이에 갈등이나 긴장이 있다는 낌새는 전혀 없었다.

월요일 오후와 저녁에 로웰 부인과 키치 부인은 자신이 믿는 바에 대해 대화를 계속 나누고 서로의 기술적인 부분들을 채워 주었다. 이 과정에서 분명히 많은 정보를 쌓았을 것이다. 또 이날 이들의 논의를 통해 홍수를 피해 산 옆의 "안전한 장소"로 간다던 초창기 계획은 조용히, 그러나 완전하게 철회된 것으로 보인다.

"닥터 브라우닝"은 선택된 자들이 개별적으로 비행접시에 픽업될 것이라고 했는데, 점차 모임 사람들은 이쪽을 정설로 받아들였다.

이날 교령회 참석자 중에는 엘라 로웰을 처음 보는 사람들도 있었다. 엘라 로웰은 밥 이스트먼, 키티 오도넬, 할 피셔, 클레오 암스트롱에게 깊은 인상을 남긴 것으로 보이며, 다시 이들을 통해 이후 몇 주 동안 컬리지빌 사람들에게 많은 영향을 미치게 된다. 어쨌든, 일단 이날 로웰 부인의 메시지, 그리고 로웰 부인과 키치 부인 사이의 대화가 즉각적으로 남긴 영향은 "사난다"의 메시지 중 닥터 암스트롱이 모호하거나 불분명하다고 여겼던 여러 부분들이 명확해진 것이었다. 그때부터 닥터 암스트롱은 앞으로 벌어질 일을 자신이 정확하게 알고 있다고 확신했다.

화요일 아침에 에드나 포스트, 마크 포스트, 키치 부인은 레이크시티로 떠났고, 곧이어 암스트롱 부부도 뒤따라갔다. 컬리지빌의 학생들은 조직화되지 않고 혼란스러운 상태로 남게 되었으며 대부분 크리스마스 연휴를 보내기 위해 집으로 돌아갔다. 암스트롱 부부는 세 자녀를 컬리지빌에 두고 가면서 막내를 키티와 우리의 여성 조교에게 돌봐 달라고 부탁했다. 그리고 자신들이 앞으로 어떻게 할 것인지에 대해서는 아무 정보도 주지 않았다.

암스트롱 부부가 레이크시티로 가면서 운동의 중심도 레이크시티로 옮겨 갔고 12월 21일이 지나고서 며칠 뒤까지도 계속 이곳이 중심이었다. 암스트롱 부부가 12월 21일이 지나서도 꽤 한참 뒤에야 컬리지빌에 돌아오기 때문이다. 하지만 컬리지빌에서도 주목할 만한 일들이 있었다. 서사의 주요 무대가 될 레이크시티로 가기 전에, 컬리지빌의 사건들을 여기에서 간단히 언급할 필요가 있을 것이다.

12월 21일이 되기 정확히 1주일 전 화요일에 키티 오도넬이 로웰 부인을 자동차로 스틸시티에 데려다 주었다. 그날 오후에 밥 이스트먼과 클레오도 스틸시티에 왔고, 네 명 모두 그날 저녁에 열린 교령회에 참석해 "닥터 브라우닝"의 메시지를 들었다. "닥터 브라우닝"은 로웰의 스틸시티 팀과 컬리지빌에서 온 방문자들 모두에게 메시지를 전달했다.

"닥터 브라우닝"이 정확히 무슨 말을 했는지에 대해서는 우리가 자료를 가지고 있지 않다. 어쨌든 세 명의 컬리지빌 사람들은 수요일에 다소 불만족스러워하면서 컬리지빌로 돌아왔다. 스틸시티 "그룹"은 "닥터 브라우닝"으로부터 12월 21일이라는 날짜 예언을 들은 바가 없으며 이 날짜를 믿지 않는다는 사실을 알게 되었기 때문이다. 게다가 로웰과 소통하는 영혼["닥터 암스트롱"]의 이야기에 일관성이 없다는 사실도 발견했다. 가령, 이틀 전에는 "닥터 브라우닝"이 키치 부인에게 날짜를 강하게 긍정해 준 바 있었는데 이틀 뒤에는 그런 말이 없었고, 오히려 날짜 자체를 사소한 문제로 치부하려는 경향을 보이면서 전생 이야기로 주제를 돌렸다. 또한 로웰은 은근히 밥 이스트먼과 키티 오도넬의 확신을 약화시키려 하는 것처럼 보였다. 로웰은 키티에게 밥이 [홍수 예언에] 너무 몰입해 있기 때문에 만약 홍수가 나지 않으면 견디지 못하고 "무너질 수 있다"고 걱정했다. 또 로웰은 키티도 홍수가 나지 않을 경우를 대비하도록 만들려는 것 같았다. 이런 이야기를 들으면서 클레오는 당황하고 화가 났다. 하지만 수요일이 지나기 전에 확신을 되찾았고 우리 조교에게 스틸시티 사람들이 홍수 날짜를 믿지 않고 있었는데 이것은 그들이 날짜를 "믿게끔 예비되어 있지 않기 때문"이라고 말했다.

수요일 오후 무렵이면 학생들 대부분은 방학을 보내러 뿔뿔이 흩어졌다. 저녁 6시까지는 비교적 조용한 날이었다. 하지만 그때 대혼란이 벌어졌다. 대학 당국의 정례 회의에서 암스트롱의 해고 사실과 그 이유를 공식적으로 발표한 것이었다. 스틸시티 어느 석간신문의 한 추진력 있는 기자가 이 소식을 통신사 기사로 띄웠다. 기사가 나간 지 한두 시간 만에 암스트롱 집의 고요한 평화는 깨어지고 신문사, 잡지사, 통신사에서 전화가 빗발치기 시작했다.

클레오가 어느 정도 평정을 되찾은 상태였기에 그나마 다행이었다. 기자들의 질문에 답해야 할 사람이 클레오였기 때문이다. 클레오는 기자들에게 키치 부인의 신념 체계를 설파하려고는 전혀 시도하지 않고, 오히려 홍수 예언의 의미를 최소화해 말하려고 노력했다. 클레오는 아버지가 일자리를 찾으러 레이크시티에 갔기 때문에 현재로서는 질문에 답할 수 있는 상태가 아니라고 했다. 아버지가 지구 종말을 예언했느냐는 질문에 대해서는 단호하게 아니라고 대답했고 아버지는 단지 12월 21일에 지각에서 어떤 변화가 일어날 것 같다고 말했을 뿐이라고 했다. 그리고 이것 이외에는 더 이상의 답변을 거부했다. 클레오는 기자들에게 자신과 동생들이 그저 평범하게 살아가고 있었다며, 계속 그럴 수 있도록 놔둬 달라고 말했다.

수요일 내내 전화가 끊이지 않았고 목요일 아침에도 전화가 오기 시작했다. "구도자" 학생들이 뉴스를 보고 대체 무슨 일인가 싶어 전화를 걸어 오기도 했다. 목요일 오후 무렵에는 기자들이 닥터 암스트롱의 레이크시티 소재지를 파악했고 따라서 관심도 그쪽으로 옮겨 갔다. 하지만 암스트롱의 집에서는 또 한바탕의 새로운 사태가 벌어졌다. 장난 전화들이 걸려 오기 시작했고 암스트롱의 견해를 진지하게 반대하는 사람들과 진지하게 지지하는 사람들이 전보를 보내고 집으로 찾아오기 시작한 것이다. 약 이틀 동안, 암스트롱의 집은 아침부터 늦은 밤까지 거의 난리통이었다.

침착을 유지하던 클레오는 목요일자 기사를 보고 다시 평정을 잃고 흥분했다. 클레오는 분개하며 신문이 아버지를 조롱했다고 비난했고, 정말로 대홍수가 나서 믿지 않는 자들에게 똑똑히 보여 주면 좋겠다고 말했다. 클레오와 키티는 폭력적인 파괴가 벌어져 오늘 그들을 놀린 사람들이 물에 휩쓸려 가고 그들이 "최후에 웃는 자"가 되는 것을 상상했다. 또 이들은 누군가가 집안 구석구석까지 밀고 들어와 정보를 캐내 갈까 봐 몇 가지 방어 조치들을 취했다. 남아 있는 문서들을 모두 불태웠고 키치 부인의 주소와 전화번호도 암기한 후 불태웠다. 클레오의 걱정은 불합리한 것이긴 했지만 클레오에게는 매우 현실성이 있는 걱정이었다. 클레오는 윌리엄 더들리 펠리가 "자신의 믿음 때문에 감옥에 갔다"는 것을 상기하며, 지금 자기 집에 있는 사람들도 (이름 없는) 수사관들에게 "증거"가 발견되면 비슷한 운명에 처할지 모른다고 걱정했다.

이러한 혼란의 와중에 엘라 로웰은 계속해서 의심의 씨앗을 뿌리고 있었다. 목요일에 스틸시티의 교령회에 참가한 밥 이스트먼은 그것을 녹음한 테이프를 가지고 와서 키티, 클레오, 조지 셰르, 그리고 우리의 조교 한 명에게 틀어 주었다. 시작 부분에서 "닥터 브라우닝"은 12월 21은 홍수의 날이 아니라고 했다. 그러더니 또 헛갈리게도 애매한 언명과 지침들을 통해 부분적으로 그 철회를 다시 철회했다. 이를테면, "닥터 브라우닝"은 20일에 하늘이 검어지고 21일에 레이크시티에 홍수가 올 것이라고 인정했다. 하지만 컬리지빌까지 오는 데는 며칠이 걸리고 나라 전체가 잠기려면 몇 달이 걸릴 것이라고 했다. 또 밥 이스트먼에게 [홍수 예언일 이후인] 크리스마스를 스틸시티에서 부모와 함께 보내라고 조언했는데, 그러면서도 "홍수가 일어날 것처럼 행동하라"고 했다. 또한 "닥터 브라우닝"은 키치 부인이 예언한 날짜는 "문화적인 개념"이라며 외계인의 계획과 꼭 관련이 있는 것은 아니라고 말했다.

테이프를 들은 컬리지빌의 네 사람은 매우 침울하고 화가 나고 혼란스러워졌다. 조지 셰르는 뭐가 뭔지 모르겠다고 말했고 몹시 신경이 날카로워져 안절부절 못하는 듯 보였다. 키티는 분개하고 불안해하면서 이 테이프가 하는 말이 지금 자기더러 일자리를 찾아야 한다는 말이냐고 물었다. 클레오는 대학을 계속 다닐 돈이 없으므로 자신도 일자리를 찾아야 할 거라고 말했다. 밥은 크게 충격을 받았지만 고정관념을 흩어서 없애 버리려면 기대했던 바를 바꾸는 것이 필요하다는 논리로 이 상황을 납득해 보려고 노력했다.

이들이 이렇게 침울하고 화가 난 상태이던 그날 밤, 닥터 암스트롱이 전화를 걸어 와 컬리지빌로 당분간 돌아가지 않고 레이크시티에 계속 머물 것이라고 말했다. 그는 기자들이 둘러싸고 있어서 매우 힘들고 불유쾌한 상황이라며, 클레오가 컬리지빌에서 굉장히 잘 대처했다고 칭찬했다. 나머지 이야기는 대개 개인적인 용건들이었다. 클레오가 엘라 로웰의 테이프 내용에 대해 이야기했는지 아닌지는 알 수 없지만, 이야기했다 해도 닥터 암스트롱에게는 아무 부정적인 영향을 미치지 못한 것이 틀림없다. 그는 클레오에게 레이크시티에서 위대한 일들이 벌어질 것이라며 기운을 내라고 격려했다.

다음 날인 18일 토요일 아침이면 클레오와 키티도 어느 정도 마음을 수습한 것 같았다. 클레오는 다시 한 번 스틸시티 팀은 날짜를 "믿게끔 예비되어 있지 않다"고 말했고, 이렇게 보면 "닥터 브라우닝"이 그런 식으로 이야기한 것도 충분히 설명되는 것 같았다. 심지어 클레오는 엘라 로웰의 영매 역량마저 다소 의심하기 시작했다. 하지만 밥 이스트먼은 여전히 로웰을 신뢰했다. 오전 11시 30분에 암스트롱이 레이크시티에서 다시 전화를 걸어 와 클레오와 밥에게 즉시 그곳을 떠나 레이크시티로 오라는 "사난다"의 명령을 전달했다. 그의 전언에 따르면, "사난다"는 "언제라도 무슨 일이 일어날 수 있으니" 서두르라고 말했다. 또 키티 등 컬리지빌의 나머지 사람들은 차후의 명령을 기다리면서 스스로의 판단에 따라 행동하라고 했다. 저쪽에서 이렇게 지침들이 쏟아져 들어오자 모두 기운이 난 듯했다. 그들은 다시 한 번 확신에 차서 어떻게 우주선으로 "들어 올려질"지에 대해 이야기하기 시작했다.

토요일과 일요일의 나머지는 조용하게 지나갔다. 하지만 키티 오도넬은 암울한 상태에서 긴장과 짜증이 커지고 있는 듯 보였다. 이제 키티는 우리 조교 두 명과 암스트롱의 아들(그는 대부분의 시간을 학교 친구들과 집 밖에서 보냈다), 그리고 어딘지 대하기가 불편한 조지 셰르를 제외한 모두로부터 버려진 상태였고, 이 상황이 점점 더 괴롭게 느껴졌다. 키티는 시간을 보낼 만한 무언가를 찾으려고 애썼다. 줄담배를 피우기 시작했고, 하염없이 명령을 기다리면서 이 집에 갇혀 있는 것에 대해 불평했다. 수전 히스도 무언가 안심과 격려를 바라며 암스트롱의 집에 들렀지만 아무도 안심과 격려를 주지 못했다. 또 조지 셰르도 부모 몰래 암스트롱의 집에 와서 테이프를 들으면서 이 알 수 없고 불안한 상황 속에서도 부여잡을 만한, 무언가 단단한 확실성을 찾으려고 애를 썼다. 요컨대, "구도자" 중 남겨진 사람들은 방향성 상실과 회의감이 주는 고통에 시달렸다. 엘라 로웰이 일요일 밤 8, 9시경에 들렀지만 이런 긴장을 완화시켜 줄 만한 말은 아무것도 하지 않았다. 그리고 (자신의 목소리로) 미래가 얼마나 영광스러울 것인지와 선택된 사람들이 얼마나 행복하고 중요한 일을 하게 될 것인지, 또 이것이 어떻게 새로운 시대를, 더 나은 지구의 시작을 열게 될 것인지에 대해 이야기했다. 하지만 홍수 날짜가 맞느냐는 질문에는 대답을 회피했다.

밤 11시경에 레이크시티에서 닥터 암스트롱이 전화를 걸어 와 아이들이 잘 있는지 물었다. 로웰은 암스트롱과 매우 통화를 하고 싶어 했는데 드디어 수화기를 넘겨받자 레이크시티를 밝히는 "빛"에 대해 몇 가지 소소한 이야기들을 하고 나서 12월 21일이 그리 중요한 날이 아니라는 취지의 말을 했다. 맥락상, 자신은 그날 재앙이 일어나지 않을 것으로 본다는 강한 암시가 담겨 있었다. 그러자 닥터 암스트롱은 공격적으로 되물었다. "대체 그게 무슨 말씀이십니까?" 강한 반응에 로웰은 깜짝 놀란 것 같았다. 로웰은 잠시 주저하더니, 물론 레이크시티에 다른 명령이 있었다면 자신이 브라우닝에게서 받은 메시지보다 그것이 더 우선한다고 말했다. 키티는 이 대화 중 일부를 들었는데 물론 그의 기운을 전혀 북돋워 주지 못했고, 로웰이 (재앙의 날 이후인) 화요일 밤에 열릴 특별 교령회에 갈 수 있도록 그날 차로 데려다 달라고 부탁하자 더욱 혼란스러워졌다.

그 이후의 기다림의 시간은 키티에게 지옥과 같았다. 키티는 정말로 대홍수가 올 것인가에 대한 의구심과 정말로 대홍수가 와서 21일에는 레이크시티가, 그리고 곧 나라 전체가 물에 잠길 것이라는 확신 사이를 오락가락했다. 의심에 깊이 빠져 있던 한 시점에 키티는 "닥터 브라우닝"의 말에서 힌트를 얻은 생각으로 스스로를 위로했다. 홍수가 나지 않더라도 그와 관련된 믿음과 설교는 "사람들을 일깨워 신에게로 향하게 했다는 점에서" 좋은 일이었다고 말이다. 자신의 경우만 보더라도 이 경험을 통해 더 종교적이 되었고 안 좋은 버릇도 많이 끊었으며 "더 나은 사람"이 되지 않았는가? 그러다가 한 번은 감정의 위기가 폭발해서, 파괴적인 대홍수가 나서 인류를 싹 쓸어갔으면 좋겠다고 생각했다. 하지만 또 곧바로 분노를 죽이고서, 너무 많은 사람이 죽게 되는 것은 안타까운 일이긴 하지만 그것만이 인간이 신을 인식할 수 있는 유일한 방법이라고 했다. 재앙이 오리라는 데 대한 키티의 확신은 종종 흔들렸지만 그래도 결국에는 강하게 유지되었다. 키티는 암스트롱 집 침실에 있는 전화기 바로 옆에서 자겠다고 했다. 자신에게는 전화로 명령이 올지 모른다고 생각해서였다.

조지 셰르는 지난 이틀 동안 암스트롱의 집에 살다시피 했다. 그도 안절부절 못하고 긴장해 있었고 눈에 띄게 말을 더듬었다. 그리고 그의 이름이 이 운동과 관련된 사람으로 공개될까 봐, 또 다가올 홍수와 관련된 소식이나 명령을 놓칠까 봐 내내 걱정했다. 키티에게도 그랬듯이 그에게도 이 시기는 힘겨운 시험의 시기였다.

한편 레이크시티에서는 마지막 전체 모임(옷에서 금속을 제거하느라 난리였던 날 모임)과 키치 부인이 포스트 모자와 함께 컬리지빌을 방문한 날 사이에 여러가지 흥미로운 일들이 일어났다. 중요한 것으로는, 베르타의 지위가 두 번째 자리로 내려앉은 것, "새로운 시벳들"을 가르치기 위한 특별 모임을 소집하기로 한 것, 그리고 키치 부인이 인근의 작은 도시에서 강연 요청을 받은 것 등을 꼽을 수 있다.

베르타의 위치를 변화시킨 사건은 베르타와 남편 사이에서 벌어진 격렬하고 스펙터클한 사건에서 시작되었다. 그때까지 베르타는 이 모임에 참여하고 있다는 것을 요령껏 남편에게 숨겨 왔다. 남편은 아내가 다이어네틱스 치유 모임에 가는 것이라고만 생각했다. 그런데 "그리스도 출산" 에피소드가 있고서 며칠 뒤에 베르타는 자신이 키치 부인의 모임에 참여하고 있다는 것, 자신이 "창조주"의 목소리로 이야기하는 역량을 가지고 있다는 것, 아기 그리스도를 잉태한 환희, 그리고 기타 관련된 이야기들을 봇물 터지듯이 모조리 쏟아 내었다. 그리고 최면 상태로 들어가서 레이크시티 모임에서 했던 것 같은 영매 역할을 남편 앞에서 수행했다. "창조주"는 남편에게 여러 가지 명령을 내렸고 따르지 않는 기미가 조금이라도 보이면 즉시 때려죽이겠다고 협박했다. 이 신념 체계를 믿지 않는 남편에게 이렇게 충격적인 방식으로 그간의 일을 드러냄으로써, 베르타는 이 운동에 대해 매우 강한 투자 행동을 한 셈이 되었다. 남편이 앞으로는 허락 없이 집 밖에 나가지 못하게 하는 바람에 이제 남편의 말을 거역하지 않고는 모임에 나갈 수 없게 된 것이다. 또 모임에 계속 나간다면 정신감정을 받아야 할지도 몰랐다. 남편이 베르타가 1월까지 자발적으로 이 모임과의 모든 연락을 끊지 않으면 정신병원에 보낼 것이고 이 운동과 관련된 문건을 모두 불태우겠다고 했기 때문이다.

베르타의 남편은 프랭크 노빅과도 상의를 했다. 분명히 프랭크는 아내 메이가 베르타의 영향에서 멀어지게 하고 싶었을 것이고, 아마 두 남성은 아내들을 통제할 전술을 의논했을 것이다. 그래서 이든 아니든, 메이는 베르타를 방문하지 않겠다고 했고 베르타가 자신을 방문하러 오지도 못하게 했다. 또 매리언 키치의 집에도 가지 않겠다고 했다.

이러한 사건들로 베르타는 매우 강한 투자 행동을 한 셈이 되었지만 "창조주"의 목소리로 이야기할 수 있는 역량에 대해 자신감이 크게 줄어들기도 했다. 메이와 함께 있지 못하게 되고 남편의 감시로부터 자유로울 수 없어진데다가 정신이 이상한 게 아니냐는 의심까지 받자, 베르타는 자신감에 넘쳤던 이전의 태도를 상실했다. 받아들이지 않는 사람들에게 자신의 신념을 노출하고 나서 베르타는 크게 위축되었다.

한편, 새로운 사람 몇 명이 이 모임에 관심을 표했기 때문에 지난주에 매리언 키치 부인은 "새로운 시벳들"을 만나는 모임을 갖기로 결정한 바 있었다. 가디언은 메시지를 보내 이 결정을 지지했다. 키치 부인은 몇 명에게 초대장을 보냈지만, 누구를 초대할지에 대해서는 엄격한 선별주의 정책을 고수했다. 이를테면, 그

주에 진지하게 관심을 보이는 고등학생 두 팀이 찾아왔는데 한 팀은 바로 돌려보냈고 다른 팀은 집에 들어오게 해서 한 시간 동안 그들의 주 관심사인 비행접시에 대해 이야기를 나눴다. 하지만 두 팀 모두 "새로운 시벳들"을 위한 모임에는 초대하지 않았다.

주말이 다가오면서 매리언 키치는 때가 임박했다는 기대를 보이기 시작했다. 어느 날 저녁 우리 관찰자 중 한 명이 찾아갔을 때는 다짜고짜 메시지를 가져왔느냐고 물어보기도 했다. 그가 자신이 가진 유일한 메시지는 "지금 내가 당신 옆에 서 있는 것"이라고 말하자 매리언 키치는 고개를 끄덕이더니 이렇게 말했다. "좋아요. 오늘이 그날일지 몰라요. 우리가 오늘 이 집에서 픽업된다 해도 나는 놀라지 않을 거예요." 임박성에 대한 기대에 부합하게, 사람들의 관여도를 한층 더 높이기 위한 시도들도 나타났다. 우리 관찰자 한 명(여성)은 직장을 그만두라는 강한 압박을 지속적으로 느꼈다. 또 다른 관찰자는 앞에서 언급했듯이, "창조주"와의 개별 면담 때 명시적으로 직장을 그만두라는 지시를 받았다. 여성 관찰자가 12월 17일에 직장을 그만둘 것이라고 하자 곧바로 매리언 키치는 자신의 집에 들어와 지내라고 제안했다.

12월 14일 저녁 모임에는 10명이 참가했다. 여기에 더해 우리 저자와 관찰자 4명도 참가했는데, 레이크시티에서 줄곧 관찰자로 참여했던 조교 두 명과 이전 모임들에는 참가하지 않았던 저자 두 명이었다. 암스트롱 부부, 포스트 모자, 매리언 키치와 남편, 베르타 외에 3명의 새로운 인물이 있었다. 커트 프룬드, 아서 베르겐, 그리고 이웃 여성 한 명이었다. 이 여성은 늘 신비주의에 관심이 있었고 여름에 스스로 키치 부인을 찾아온 적이 있었으며 그 이후에도 몇 번 더 찾아와 가르침을 구했다. 오늘 모임에 오게 된 것은 순전히 우연이었다. 빌려간 소책자를 돌려주러 왔는데 마침 모임이 열리는 날이었던 것이다. 매리언 키치는 그 여성이 이곳에 "보내진" 것이라고 알려 주었다. 저녁 모임 내내 이 여성은 (겁을 먹은 것까지는 아니라 해도) 매우 불편한 기색이었다. 그리고 자신이 들은 이야기에 깊은 인상을 받기는 한 것 같았지만 믿지는 못하는 눈치였다. 이 여성은 눈에 띄지 않게 일찍 자리를 떴고 다시 오지 않았다.

이와 달리 아서 베르겐은 이날 이후 모임의 일원이 되었다. 15, 16세가량의 남자 고등학생으로, 레이크시티에 있는 두 개의 비행접시 클럽에 적극적으로 참여하고 있었다. 그중 하나에서 알게 된 사람을 통해 매리언 키치 이야기를 들었고 키치 부인의 가르침을 공부했으며 초가을에 키치가 형이상학 서점에서 낭독회를 했을 때도 참석했다. 창백하고 마른 체형에 책벌레인 아서는 실제 나이보다 더 나이 들어 보이고 싶어 했다. 또 사람들을 기쁘게 해 주고 싶고 모임의 일원으로 잘 받아들여지고도 싶었던 그는 늘 진지했고 공경심을 보였으며 자신의 명확한 입장을 가지지는 않은 듯했다. 그는 이 모임에 참여하는 것을 부모가 반대해 어려움을 겪었는데, 부모의 반대는 아버지가 스웨덴에서 "종말 설교"와 관련해 안 좋은 경험을 가졌던 것이 (적어도 부분적으로라도) 영향을 미친 것으로 보인다.

키치 부인은 아서에게 상당한 관심을 보였고 신경도 많이 썼다. 화요일 밤에 아서는 키치 부인의 모임에 가도 좋다고 부모의 허락을 받았다. 부모가 늦게까지는 있지 말라고 했지만 아서는 자리를 뜰 수가 없었다. 일어서기가 난처해서였는지 모임이 흥미가 있어서였는지는 모르지만, 하여튼 그는 새벽 2시 30분에 어머니가 전화를 해서 당장 오라고 한 다음에야 자리를 떴다. 키치 부인은 어머니의 명령이 이 젊은 친구에게 얼마나 큰 영향을 미치는지를 감지하고서 그가 서둘러 자리를 뜰 수 있게 배려해 주었다. 키치 부인은 그를 위로하면서 그가 더 깊이 관여하고 소속감을 높일 수 있게 하고자 노력했다. 키치 부인은 그에게 강해지라고, 또 신념을 가지라고 말했고, 그가 가족 전체를 구원하기 위해 일하고 있는 것임을 잊지 말라고 했다. 아서가 선택된 사람이기 때문에 가족들도 모두 "들어 올려질" 것이라면서 말이다. 아마도 이 말이 그를 안심시킨 것 같았고, 그는 재앙의 날 직전의 중요한 시기에 키치 부인 집에 다시 올 수 있었다.

커트 프룬드는 출판업자였다. 키치 부인의 주장에 따르면, 전에 프룬드는 키치 부인의 가르침을 책으로 펴내는 데 관심이 있었다. 그래서 키치 부인은 (메시지가 가르침을 출판하라고 촉구한 시기였던) 여름에 가르침의 일부를 그에게 보냈고 그는 상당한 관심을 보였다. 하지만 그는 키치 부인이 보낸 내용이 "너무 이론적"이어서 출판을 미뤘으며 "더 구체적인" 내용이 함께 담길 수 있도록 비행접시 전문가를 한 명 섭외해 공저를 하도록 권했다. 이 모임이 있기 전 주에 그가 키치 부인을 방문했는데, 이제 출판에는 전혀 관심이 없는 키치 부인은 프룬드도 "빛으로 들어갈 수 있도록" 이곳에 "보내진" 사람일 것이라고 생각했다.

화요일 밤 모임에서 프룬드는 대체로 조용히 앉아 있었다. 듣는 내용이 영 지루했던지 하품을 많이 했고 잠도 잤다. 커피 브레이크 동안에는 주로 닥터 암스트롱과 대화했다. 닥터 암스트롱은 이 출판업자에게 이 신념 체계의 정당성을 확신시키고자 열의에 넘쳐 있었지만 프룬드는 모호하게만 반응했다. 프룬드는 자신이 주로 비행접시에 관심이 있으며 비행접시가 행성 간 이동을 한다는 것은 주저 없이 믿는다고 했다. 닥터 암스트롱이 더 영적인 면을 다그쳐 물어보자 프룬드는 자신이 현대 물리학과 현대 철학을 공부했으며 따라서 물질적 실재를 믿지 않는 "신플라톤적" 입장을 가지고 있다고 했다. 그리고 다이어네틱스와 사이언톨로지 경험이 이러한 확신을 더 강하게 해 주었다고 덧붙였다.

대화가 홍수 이야기로 넘어가자 프룬드는 재앙이 다가온다는, 혹은 임박했다는 느낌이 들곤 한다고 말했다. 하지만 이것만으로는 그가 홍수 예언을 믿고 있었는지 아닌지 알 수 없다. 우리 관찰자 한 명이 그에게 재앙을 준비하기 위해 무엇을 하고 있느냐고 묻자 그는 웃으면서 대답했다. "아무것도 안 해요." 관찰자가 21일 이라는 날짜는 믿느냐고 다시 질문하자 그는 자신의 삶에는 여러 가지 이상한 일들이 있었다며 홍수가 나도 놀라지 않을 것이라고 역시 모호하게 말했다. 또한 우리가 보기에 그는 키치 부인과 "개인 세션"을 하는 동안 별로 집중을 하지 않았으며 (심지어 키치 부인이 자동기술을 하고 있는데 방에서 나오기도 했다.) 키치 부인이 내놓는 조언에 흥미를 느낀다기보다는 어리둥절해하는 것 같았다. 이후에 몇 차례 더 모임에 오기는 했지만, 믿음에 대해서는 판단을 유보하고 있었거나 아니면 우리가 알 수 없는 다른 동기에서 이 모임에 왔을 뿐 믿음 자체에 대해서는 회의적이었던 것으로 보인다.

이날 모임에서 나온 이야기의 내용을 길게 논의할 필요는 없을 것 같다. 이날 모임은 대체로 엘라 로웰이 스틸시티와 컬리지빌에서 주관한 교령회들의 녹음테이프를 듣는 것 위주로 이뤄졌다. 이 테이프들은 "닥터 브라우닝"이 홍수 날짜가 21일이라고 강하게 확인해 준 것, 비행접시가 선택된 자들을 어떻게 픽업할 것인지에 대한 상세한 묘사, 모두가 집에서 자신의 개인적인 명령을 기다려야 한다는 지시, 믿지 않는 사람들에게 적극적으로 전도 활동을 해서는 안 된다는 경고, 그러나 구하러 오는 사람들에게는 도움과 정보를 주라는 지침 등을 담고 있었다.

모임 중 어느 시점에 키치 부인은 크리스마스를 쇠지 말라는 메시지를 받았다. "검은 크리스마스"가 될 것이므로 선물도 사지 말고 캐럴도 부르지 말라는 것이었다. 또 그날 세션을 시작할 때 키치 부인은 "닥터 브라우닝"은 7번째 레벨에서 이야기하지만 "사난다", 그리고 "사난다"만이 유일하게, 8번째 레벨에 있다는 점을 언급했다. 키치 부인은 ("창조주"는 어느 레벨에 있느냐는 문제는 무시하고서) 8번째 레벨이 지구에서 메시지를 받을 수 있는 가장 높은 레벨이라고 말했다. 이 주장은 엘라 로웰이 자신(즉 "닥터 브라우닝")이 전달한 명령은 어느 것이든 레이크시티에서 받는 명령으로 뒤집힐 수 있다고 말한 것과 부합한다. 또한 앞에서 보았듯이, 키치 부인은 엘라 로웰의 지상의 스승으로 자리매김한 바 있었다.

12월 14일 모임 내내 베르타는 예전의 소심하고 영향력 없는 베르타였다. 화요일 밤에 가장 늦게 도착한 베르타는 지치고 긴장한 듯 보였다. 에드나와 데이지는 베르타가 올 줄 몰랐던 모양인지 크게 놀랐고 베르타를 따뜻하게 맞이했다. 테이프들을 틀기 전에, 베르타와 키치 부인은 각각 목소리와 자동기술을 통해 "개별 가르침"을 제공했다. 모인 사람 대부분이 둘 다와 개별 면담을 했다. 우리 관찰자들이 개별 면담을 하면서 본 바로, 베르타는 이전의 개별 면담에서와는 매우 다른 모습을 보였다. 대부분의 질문에 단순히 이렇게만 대답했다. "너의 내면의 앎을 따르라." 한번은 이렇게까지 말했다. "어떤 권위도 받아들이지 말라. 창조주의 권위조차도." 또 전체 모임 중에는 그날의 활동을 이끌려는 시도를 세 번이나 했지만 다 실패했다. 한 번은 더듬거리며 몇 마디를 하다가 포기했고, 한 번은 사람들의 주목을 끌지 못했으며, 마지막에는 자신[베르타]이 며칠 전에 만든 테이프를 틀라고 키치 부인에게 지시했지만 키치 부인이 이를 무시하자 지시를 철회했다.

예전의 힘을 상당히 잃긴 했지만 그렇다고 베르타가 미미한 존재가 된 것은 아니었다. 점차 베르타와 키치 부인은 매우 긴밀한 협업적 관계를 구축했다. 두 여성은 서로의 영적 지도자에게 "조언"을 구하면서 자신이 들은 메시지가 옳은지를 상대의 정보 원천에게 재확인했다. 이 복잡한 확인 시스템은 메시지의 타당성을 검증하는 것이 중요할 때면 언제나 사용되었다.

이날 모임에서 두드러졌던 점 중 하나는 현 단계에서 이 운동을 엄격히 비밀로 두어야 한다는 지침이 내려진 것이었다. 그전 1주일간 비밀 유지와 관련해 키치 부인의 우려는 매우 높아져 있었다. 키치 부인은 가르침의 복사본이 남아 있으면 모두 없애고 이 운동과 관련된 몇몇 문서들도 없애라는 "명령"을 받았다. 어떤 것들은 없애지는 말되 봉인해서 안전한 곳에 두어야 했다. 키치 부인이 사악한 누군가가 집을 수색할 것이 틀림없다고 확신하고 있었기 때문이다. 많은 문서가 태워졌고, 매리언이 차마 버리지 못하는 것은 두 개의 상자에 담겨 봉인되었다.

엘라 로웰의 녹음테이프를 틀기 직전에도 키치 부인은 녹음된 내용에 대해 외부 사람 누구에게도 말해서는 안 된다고 강조했다. 그리고 나중에 이 경고를 한 번 더 말했다. 어떤 정보라도 새어 나간다면 가디언들이 이 테이프에 녹음된 것을 지워 버릴 것이라고 말이다.

우리 관찰자 한 명이 참가하지 못한 사람을 위해 내용을 필기하자고 (일부러) 제안하자 키치 부인은 단칼에 불허했다. 아무것도 기록해서는 안 되고 누군가가 기록을 했다면 집을 나서기 전에 태워야 한다고 했다. 그러면서도 키치 부인은 모임에서 나온 이야기들을 여기 못 온 일원에게 말로 전달하는 것은 합당하다고 인정했다. 질문을 했던 우리 관찰자에게 키치 부인은 모임에 참가하지 못한 일원에게 이날 모임에 대해 이야기하는 것은 괜찮다며, 그는 분명 신호(형제애의 신호)를 보낼 것이고 신호를 보냈다는 사실 자체가 그에게 모임의 내용을 들을 권리를 부여해 준다고 말했다. 어쨌든, 키치 부인과 암스트롱 부부는 "이너 서클"(내부자)을 여러 차례 언급했다. 이 모임의 가르침들은 대중에게 알려져서는 안 되고 "이너 서클"로만 한정되어야 한다는 것이었다.

이날 모임에서 벌어진 또 하나의 중요한 상황 전개는, 선택된 자들이 재앙 전에 어떤 방법으로 구출될 것인지와 관련해 구체적인 준비 사항이 처음으로 제시된 것이었다. 이른 저녁에 사람들은 각각 "여권"(검정 도화지에 3센트짜리 우표가 붙은 봉투)을 발급받았고 비행접시에 탈 때 이것을 제시해야 한다는 말을 들었다. 또 모두 키치 부인과의 개별 면담에서 비행접시에 탑승할 때 대야 하는 암호를 전달받았다("모자를 집에 두고 왔어요"였다). 어떤 사람들은 특정한 비행접시와 좌석 번호까지 배정받았다. 이렇게 시벳들에게 여권과 암호를 주고, "닥터 브라우닝"의 말을 통해 시벳들의 믿음을 한층 더 강화시키고, 시벳들로부터 비밀을 지키겠다는 맹세를 받은 뒤, 매리언 키치는 수요일 새벽 4시 30분에 모임을 끝냈다.

구체적으로 탈출 계획이 논의되었다는 것은 이들 사이에서 재앙이 임박했다는 느낌이 커지고 있었음을 보여 준다. 이제 확신에 찬 일원들은 언제라도 우주선에 픽업될 준비가 된 채로 시시각각 구원을 기다리고 있었다. 자신이 어떤 방식으로 구원될까에 온 정신이 쏠려 있지 않을 때면 이들은 미국의 다른 지역들에 있는 비슷한 집단들을 떠올리며 동류의식을 느꼈다. 때때로 키치 부인과 암스트롱은 "날짜를 듣지는 못했지만" 선택되기는 한 사람들에 대해 이야기했다. 그와 동시에, 이들은 세상에는 믿지 않는 사람들이 매우 많다는 사실도 알고 있었다. 매우 권위 있고 이 모임에서도 굉장히 존경받는 비행접시 전문가들 중에도 12월 21일이라는 날짜에 대해서는 회의적인 사람들이 있었다.

모임 뒤의 낮 시간은 조용히 흘러갔다. 마크 포스트는 명령에 따라 며칠째 엄격하게 땅콩류만 먹는 식생활을 하고 있었는데 이제 그것을 중단하라는 명령을 받았다. 또 그는 이날 먼 도시에 있는 여자 친구에게 (적어도 자기 쪽에서는) 연애 관계가 끝났음을 알리는 편지를 썼다. 여자 친구가 "사난다"를 믿지 않았기 때문에 마크는 둘이 연분이 아니라고 생각했다.

또한 이날 낮 동안에 키치 부인은 다음날 저녁 강연에서 무슨 말을 할지도 생각해야 했을 것이다. 인근의 작은 도시에서 강연을 하기로 되어 있었던 것이다. 1주일 전에 초청을 받았을 때부터 이 일은 키치 부인의 뇌리에서 내내 떠나지 않고 있었다. 12월 8일에 키치 부인은 "미확인 비행 물체 북동부 지역 학회" 회장으로부터 전화를 한 통 받았다. 그 학회의 "비행접시 모임"에서 강연을 해 줄 수 있겠냐는 것이었다. 이때 키치 부인이 보인 반응은 우리에게 매우 흥미롭다. 자기 쪽에서 선택하지 않은 전도 기회가 왔을 때 키치 여사가 어떻게 느끼고 어떻게 행동했는지를 너무도 잘 보여 주는 사례이기 때문이다.

강연 의뢰 전화를 받고 키치 부인이 보인 첫 반응은 학회 회장에게 그것이 "명령"인지 단순히 요청인지 물어본 것이었다. 이는 가디언들이 어떤 변장을 하고서도, 또 어떤 통로를 통해서도 명령을 보내올 수 있다는 것을 키치 부인이 여전히 흔들림 없이 믿고 있었음을 시사한다. 비행접시 학회 회장은 물론 "요청"드리는 것이라고 했고 키치 부인은 생각해 보겠다고 대답했다. 그리고 정말로 열심히 생각해 보았다. 다음 며칠 동안 키치 부인은 이 건에 대해 에드나, 마크, 레이크시티의 우리 관찰자 두 명, 그리고 암스트롱 부부와 상의했다. 키치 부인은 이들 각자에게 (이제는 이들의 표준 언어가 된 어휘들을 사용해서) 여러 차례 조언을 구했다. "내가 비행접시 학회에 가야 하는지 아닌지에 대해 어떤 빛이라도 가지고 계시나요?" 12월 10일에는 베르타, 즉 "창조주"에게도 물어보았다. "창조주"는 대답하기를 주저하더니 그 건에 대한 키치 부인의 빛은 무엇이냐고 되물으면서 질문을 키치 부인에게 되돌렸다. 키치 부인은 "내면의 앎"이 그 의뢰를 수락하고 비행접시 학회에 가서 가르침을 읽어 주라고 말한다고 대답했다. 그러고서 키치 부인은 "창조주"에게 재차 물었고, "창조주"는 때가 되면 키치 부인이 "내면의 앎"을 통해서 자신이 무엇을 해야 하는지 알게 될 것이라고 대답했다.

요컨대, 이 전도 기회에 대한 키치 부인의 반응은 주저하고 상의하고 조언을 구하는 것이었다. 키치 부인은 결정을 내리지 못한 채로 며칠이나 미적거렸고 강연에 별로 열의가 없어 보이거나 직접적으로 가르침을 표현하기에는 너무 소심해 보였다. 만약 비행접시 학회 회장이 이 의뢰가 "명령"이라고 말했더라면 키치 부인은 의심 없이 곧바로 따랐을 것이다. 하지만 "요청"이라고 하는 바람에 키치 부인에게 엄청나게 불확실한 일이 되어 버렸다. 키치 부인은 12월 12~13일에 컬리지빌을 방문해 "닥터 브라우닝"으로부터 수락하라는 말을 듣고 나서야 강연을 하기로 결정했다. 즉 홍수 예정일이 1주일밖에 안 남은 상황이었는데도 키치 부인은 자신의 믿음을 전도하는 것을 매우 꺼렸고 영적인 조언자로부터 수락하라는 조언을 듣고 나서야 겨우 수락했다.

물론 우리에게 더 흥미로운 것은 키치 부인이 이 강연 기회를 어떻게 사용했느냐일 것이다. 강연은 12월 16일 저녁에 열렸다. 암스트롱의 해고 소식이 공개적으로 알려진 날이었다. 그날 오전 내내 암스트롱과 키치 부인은 레이크시티의 온갖 신문사와 통신사 기자들에게 포위되어 있었다. 저녁 무렵이면 그들은 자신이 전국적으로 알려진 인물이 되었다는 것을 (혹은 적어도 다음날 아침 기사가 나올 시점이 되면 전국적으로 알려지게 되리라는 것을) 잘 알고 있었다.

강연은 밤 9시에 어느 식당의 홀에서 25~30명의 청중이 모인 가운데 열렸다. 학회 회장이 비행접시에 대한 최근 뉴스 몇 가지를 언급한 뒤 연사인 키치 부인을 소개했다. "강연"을 하기로 되어 있었지만 키치 부인은 이렇게 말했다. "질의응답으로 시작하면 어떨까요? 나중에 10분이나 15분쯤 제가 정리해서 이야기를 하기로 하고요. 그런 식으로 하는 게 좋을 것 같아요."

45분 동안 키치 부인은 청중의 질문에 답했다. 주 내용은 어떻게 자동기술 메시지를 받는지, 메시지에 등장하는 어휘들의 특성은 무엇인지, 이전에 키치 부인이 어떤 경험을 했는지 등이었다. 키치 부인은 "사이스", "로솔로", "UN" 같은 단어의 의미를 설명하는 데 많은 시간을 할애했다. 하지만 닷새밖에 남지 않은 시점이었는데도 홍수 예언은 한마디도 언급하지 않았다. 결국 학회 회장이 홍수 예언에 대해 단도직입적으로 질문했다. 여기에 대해 키치 부인은 지난여름에 암스트롱과 함께 연구한 내용을 길고 상세하게 설명했지만 홍수 예언이나, 날짜, 그리고 키치 부인 자신의 예상 등에 대해서는 일절 이야기하지 않았다. 홍수 질문 전체를 회피해 버렸다고 볼 수 있었다.

학회 회장은 키치 부인에게 양해를 구하고서 암스트롱을 연단으로 불렀다. 약 5분 정도에 걸쳐 암스트롱은 그가 처음에 어떻게 비행접시에 관심을 갖게 되었는지를 설명하고 비행접시가 외부 행성에서 온다는 자신의 믿음을 강하게 주장했다. 암스트롱의 마무리 발언은 9월에 보도 자료를 발송한 이래로 어느 누가 한 것보다 적극적인 대중 전도 활동이라고 할 만했다. 그의 흥미로운 "전도" 스타일과 어조를 감 잡을 수 있도록 그의 발언 중 관련 부분을 아래에 발췌했다.

"비행접시에 관심이 있는 여러분들은 모두 특별한 범주에 있습니다. 여러분은 그것을 모르지만 여러분은 특별한 범주에 있습니다. 이 세상 사람 중에서 특별히 비행접시에 관심을 가진 사람은 자신의 내면에 자신도 잊어버린 것들로까지 거슬러 올라가는 무언가를 가지고 있기 때문에 비행접시에 관심을 갖게 되었을 것이기 때문입니다. 따라서 당신 안에는 반드시 되살아나게 되어 있는 무언가가 있습니다. 그러니 다음 몇 주나 몇 달 동안, 당신이 어디에 있게 되든, 외계인이나 비행접시, 또 이와 비슷한 것과 관련해서 이상한 경험을 하게 되어도 놀라지 마십시오. 비밀이 아니니 이것을 알려 드려도 될 것이라고 생각합니다. 외계인들이 말하길, 그들이 목적이 있어서 지구에 있는 것이며 그 목적 중 하나는 지구에서 그들의 사람들 중 일부를 데려가는 것이라고 했다는 것을요."

"자, 여러분은 그들이 누구인지 모릅니다. 여기 앉아 있는 잭이 외계인일 수도 있지요. 아마도 그럴 것입니다. 당신도 모릅니다. 당신도 당신 자신을 모릅니다. 그래서 옛 지혜를 하나 알려 드리겠습니다. 예전에 읽은 책에서 본 것입니다. '너 자신을 알라. 네 안에 큰 비밀이 숨겨져 있기 때문이다.' 자, 우리는 우리가 정말로 누구인지 모릅니다. 그것을 발견하기 시작할 때, 우리를 위해 펼쳐진 책을 갖기 시작할 때, 우리 중 몇몇은 그런 특권을 이미 가졌습니다만, 그때 우리는 우리가 생각보다 더 위대하고 더 풍성한 존재라는 것을 알게 될 것입니다. 우리가 최근에 알게 되었듯이 말입니다."

"당신이 신이라는 것을 모르십니까? 당신은 그런 식으로 생각해 본 적이 없을 것입니다. 하지만 당신은 신입니다. 만들어지고 있는 신이죠. 우리 모두 만들어지고 있습니다. 우리 자신이 더 위대한 것의 일부가 될 운명입니다. 따라서 나는 다가올 사건들에 비추어 스스로에게 물어보기 시작하시라고 여러분에게 말하겠습니다. 왜 비행접시인가? 당신은 스스로에게 왜 비행접시인지 물어보시겠습니까? 그리고 왜 하필 지금, 왜 하필 나의 생애에 비행접시인가?"

암스트롱은 청중의 박수 속에 자리에 앉았고 감사하다는 인사를 받았다. 대홍수나 날짜는 이야기하지 않았고 미래에 대해 구체적인 어느 것도 이야기하지 않았다. 암스트롱의 발언은 "굳이 전도라고 치자면 전도라고 부를 수도 있을 전도 활동"이라고 묘사할 수 있을 것이다. 여기에서 (암스트롱의 말에 암시된 바를 풀어 보자면) 청중의 모든 사람이 "선택된 자"라고 선언되었다.

학회 회장이 "향후 몇 시간 동안, 혹은 며칠 동안 개인적으로 무엇을 할 것인지"를 단도직입적으로 질문하려 하자 암스트롱은 간단히 이렇게 대답했다. "바로 말씀 드리지요. 저도 모릅니다." 이것이 끝이었다. 모임은 얼마 후인 10시 30분 정도에 끝났고 두 연사는 녹초가 되어 집으로 돌아왔다. 이들은 그날 하루 종일 쏟아지는 질문을 받고 그 질문에 대처하고 자신의 믿음을 세상의 눈초리로부터 숨기느라 고되게 보냈다. 그리고 그들은 정말로 쉬어야 했다. 다음날인 12월 17일도 16일 못지않게 피곤한 하루가 펼쳐질 것이었기 때문이다.

　16일 목요일 아침 일찍부터 레이크시티에서 법석이 시작되었다. 9시가 조금 못 되었을 때 취재기자 한 명과 사진기자 한 명이 키치 부인의 집 앞에 나타났다. 9월에 키치 부인을 인터뷰했던 신문사의 기자들로, 전날 저녁에 알려진 암스트롱의 해고 소식과 관련해 후속 취재를 온 참이었다. 이들의 도착은 이 집이 겪게 될, 전에 없이 정신없고 바쁘고 혼란스러운 날의 시작을 알리는 신호탄이었다. 이들을 시작으로 암스트롱과 키치를 찾는 초인종과 전화벨이 계속해서 울렸다. 레이크시티의 주요 신문과 통신사 모두가 기자들을 직접 보냈고, 먼 지역의 신문사들은 전화를 했다. 전국 잡지의 레이크시티 지부에서도 기자들이 찾아왔고, 라디오와 텔레비전 방송국의 뉴스캐스터와 논평가들도 찾아왔다.

　몇몇 기자들은 집요하게 노력한 끝에 집에 들어와도 좋다는 허락을 받았다. 하지만 취재에 더 진전을 보이지는 못했다. 암스트롱은 사생활 침해에 항의했다. 그는 자신이 전문직 종사자이며 정확성에 매우 주의를 기울이는 사람이라고 말했다. 그러면서 기자들이 너무 성급하고 이런 담론에 대해 학습이 되어 있지 않기 때문에 이 운동의 개념들을 제대로 다루지 못할 것 같다고 우려를 제기했다. 또 자신은 세상의 이목을 피하고자 했는데도 비자발적으로 "희생양"이 되었다고 항변했고 자신을 공개적인 쇼의 소재로 만들고 싶지 않다고 했다. 그는 자신이 골목에서 떠드는 복음주의자가 아니며 자신은 세상을 구하는 데 관심이 없다고 했다. 그리고 자신은 어느 누구에게도 무언가에 참여하라고 설득할 생각이 없으며 이것은 컬트도 아니고 종교도 아니라고 했다.

그는 거의 한 시간 동안 열심히 기자들에 맞섰다. 하지만 일부 집요한 기자들은 막무가내로 보였다. 몇몇 기자들이, 어쨌거나 종국에는 암스트롱에 대해 무언가가 보도될 텐데 부정확하거나 꾸민 내용이 나가는 것보다 사실이 나가는 게 낫지 않느냐는 취지의, 거의 협박과 비슷한 말을 했다. 암스트롱은 이 논리에 항복한 것 같았다. 자신은 보도되기를 원하지 않는다고 재차 말하면서도 정확성을 기할 의무가 있는 것 같으니 몇 마디 발언을 하겠다고 했다. 암스트롱과 키치 부인은 사진을 촬영하는 것은 단호하게 금지했고 집 내부 사진도 찍지 못하게 했다. 한 사진기자가 몰래 들어와 사진을 찍고 나가자 그들은 맹렬히 비난했다. 또 키치 부인과 암스트롱은 시내로 나가서 텔레비전 생방송에 출연하는 것도, 방송 카메라가 집에 오는 것도 거부했다.

실랑이가 한참 오간 뒤, 결국 암스트롱은 전국 방송을 위해 몇 마디를 녹화하기로 동의했다. 저녁 뉴스에 나올 거라고 했다. 전체적으로 닥터 암스트롱은 딱 한 건의 언론 인터뷰를 했고 이에 더해 목요일에 30초 분량의 방송을 녹화했다. 두 건 모두 기자들의 엄청난 압력에 따른 것이었다. 닥터 암스트롱은 예의 바르고 교양 있고 침착했지만, 그렇게 시달린 이후였는데도 여전히 단호했다. 키치 부인은 암스트롱을 그대로 따라서 대응하고자 하는 듯 보였다. 키치 부인도 결국 신문 기자들 앞에서 짧은 인터뷰를 하나 했다. 하지만 방송 녹화는 하지 않았다.

12월 16일자에 이미 대부분의 신문이 암스트롱에 대한 기사를 신긴 했지만 짧막한 분량에 암스트롱의 해고와 그가 12월 21일에 "세상의 종말"이 오리라고 예상하고 있다는 정도의 사실관계 정보만 다루고 있었다. 16일에 키치 부인의 집에서 인터뷰를 하면서 암스트롱은 너무 많은 기사가 잘못된 인상을 주고 있는 것을 바로잡으려고 했다. 그는 21일이 "세상의 종말"이라는 보도를 부인하면서, 다만 자신은 거대한 파도가 일어 "허드슨만부터 걸프만까지 지구의 지각을 없앨 것이고 이것이 미국의 중심에 큰 영향을 미칠 것"으로 예상한다고 말했다. 그는 세상이 "너저분한" 상태라며, "하지만 우월한 존재가 우리가 현재 알고 있는 모든 대륙을 가라앉히고 현재 바다에 가라앉아 있는 모든 대륙을 위로 올려서 집을 청소할 것"이라고 말했다. 또 "세상을 물로 청소하는 일이 있을 것"이고 "몇몇은 우주선으로 들어 올려져 구원될 것"이라고도 했다. 홍수에 대비해 무엇을 할 계획이냐는 질문에는 대답하지 않고 이렇게만 덧붙였다. "이 예언의 결과로 내가 삶에서 어떤 변화를 만들 것인지는 나의 개인적인 확신의 문제이지 공개적으로 설명할 사안이 아닙니다." 또한 대부분의 기사는 키치 부인이 우주에서 메시지를 받고 있으며 이 예언을 클래리온 행성에서 받았다는 내용도 보도했다.

기사의 내용은 대체로 사실관계만을 직설적으로 다루었고 닥터 암스트롱과 키치 부인이 한 말을 정확하게 인용하거나 소개했으며 기자의 견해나 해석은 달지 않았다. 하지만 기사의 제목은 조롱을 할 수 있는 좋은 기회를 놓치지 않았다. 그래서 모임 일원들은 (적대적이라고까지는 아니라 해도) 믿지 않는 세상이 내보이는 조롱과 조소에 크게 놀랐다. 한 신문은 1면 기사에 "화요일, 그 가라앉는 느낌"이라는 제목을, 또 다른 신문은 "세상이 끝나지는 않겠지만 지구가 뒤집히는 것은 확실"이라는 제목을 달았다. 편집자들은 믿음을 가진 사람들을 희생시켜 재미를 추구하려는 것 같았다. 한 가십 칼럼니스트는 칼럼을 이렇게 시작했다. "최근에 우주에서 메시지 받으셨어요?" 또 다른 칼럼은 이렇게 언급했다. "토머스 암스트롱이 '12월 21일이 세상의 종말'이라고 강하게 예언했다는 기사가 나오자(나중에는 레이크시티에 거대한 파도가 올 것이라고 예언의 내용을 바꾸었다), 코미디언 지미 에드먼슨은 급히 이렇게 요청했다. '로즈볼[미식축구] 50야드[약 45미터]에서 볼 수 있는 티켓 두 장 싸게 사실 분?' 또 어느 사설은 키치 부인이 우주와 소통한다는 점을 언급하면서 예언을 부탁했다. '우선(금성님, 듣고 계세요?), 다음 레이크시티 시장 선거에서 누가 이길까요? 추신: 답하기 곤란하시면 됐고요.'"

이후 며칠 동안 조롱은 더 심해졌다. 닥터 암스트롱과 키치 부인 모두 언론의 멸시에 상처받고 화가 났으며 기자들에게 말하는 것을 더 꺼리게 되었다. 그들은 "불공정"하고 "왜곡된" 보도라고 자주 언급했다.

12월 17일 금요일 늦은 오전부터 신문을 본 방문자들이 몰려오고 전화가 빗발쳤다. 더 많은 정보나 설명을 요구하는 사람들이었는데, 주로는 고등학생이었지만 어른도 있었고 어른의 대부분은 여성이었다. 장난치러 온 사람도 있었지만 상당수는 (때로 회의적이기는 했어도) 진지했다.

더 알고 싶어서 찾아오거나 전화를 걸어오는 사람들에 대한 응대는 큰 틀에서 "선별적 전도"라는 정책에는 부합했지만 뒤죽박죽이었다. 선택된 사람만 지침을 받을 자격이 있었으므로 단지 호기심에서 왔거나 조롱하러 온 사람은 돌려보내야 했다. "선택된 사람"과 "믿지 않는 사람"을 어떻게 구분할 것인지는 "내면의 앎" 이 알려 줄 터였다. 전화를 받거나 현관문을 열어 주는 사람(대개 는 마크 포스트나 닥터 암스트롱이었다.)이 방문자의 진실성에 대해 1 차적인 판단을 했다. 이를 "통과"하면 안으로 들어오게 해서 간단 한 설명을 해 주거나 질문에 대답해 주었다. 이 일은 누구든 손이 비는 사람이 맡았고, 설명을 해 줄 수 있을 만한 사람들이 모두 먼 저 온 방문자들을 응대하고 있을 경우에 나중에 온 방문자는 멀 뚱히 기다리도록 방치되었다. 계획도, 체계적인 교육 지침도 없 이 혼란스러운 가운데, 잠재적으로 신도가 될 가능성이 있는 사람 들인데도 방문객들에 대한 모임 일원들의 태도는 대체로 무심했 다. 늦은 오후가 되자 모두 지쳐서 진지한 관심에서 온 사람도 (전 화로 문의해 온 사람의 경우에는 더욱 더) 신문에 난 것 말고는 더 할 말이 없다고 간단히 대답하고 돌려보내는 일이 많아졌다.

　이것이 금요일 오후의 상태였다. 막대한 언론 세례에 노출되었 는데도 이들은 유명해지는 것을 피하려고 모든 노력을 기울였다. 수십 명을 전도할 기회가 있었는데도 비밀을 유지하려 했고 모호 하게 대응했으며 거의 우월적인 무관심의 태도를 보였다. 암스트 롱의 말대로, 그들은 "어느 누구에게도 무언가에 참여하라고 설득 할 생각이 없었다." 바로 이러한 상태에서, 앞으로 벌어질 일련의 반증 사건 중 첫 번째 사건이 발생하게 된다.

5장
"구원" 직전의 나흘간

매리언 키치를 포함해 레이크시티의 신도들은 며칠 사이에 한 번도 아니고 몇 번에 걸쳐 반증 사건을 겪었다. 대홍수는 12월 21일 새벽에 레이크시티를 뒤덮기로 되어 있었지만 이들은 자신들이 그전에 구조될 것이라고 믿었다. 더 구체적으로는 비행접시가 와서 선택된 사람들을 픽업해 다른 행성이나 가디언이 정한 "안전한 장소들"로 이동시키리라 믿었다. 첫 번째 반증 사건은 12월 17일에 일어났고 일련의 반증 사건이 모두 끝난 것은 21일 새벽 5시였다. 그 기간에 구체적이고 반박 불가능한 반증 사건이 세 차례 있었고 이들이 믿는 사상에 대한 강력한 공격이 한 차례 있었다. 이 장에서는 이 결정적인 시기에 벌어진 사건들을 상세히 살펴보기로 하자.

레이크시티 일원들 대부분은 당장이라도 비행접시에 픽업될 수 있도록 마음의 준비를 하고 있었다. 이미 12월 4일부터도 비행접시에 안전하게 탑승하기 위해 몸에 걸친 것에서 금속을 떼어 냈다. 또 토머스 암스트롱은 컬리지빌의 "구도자"와 레이크시티 모임의 일원들에게 자신이 언제라도 픽업될 준비가 되어 있고 가디언에게 봉사하는 일에 "24시간 대기 상태"라고 반복해서 말했다. 모임의 분위기를 한마디로 말하자면 "열정적인 기대감"이라고 할 수 있었다. 그리고 12월 17일자 아침 신문에서 조롱조의 기사를 읽었을 무렵이면 키치 부인과 닥터 암스트롱은 비행접시에 픽업되는 것에 대해 전보다 한층 더 준비가 되어 있었고 되도록 빨리 구원자들이 와서 적대적인 세상에서 자신을 데려가 주기를 간절히 바랐을 것이다.

12월 17일 금요일 정오가 되기 조금 전에 키치 부인은 자신을 외계에서 온 "캡틴 비디오"라고 밝힌 한 남성의 전화를 받았다. 그는 오후 4시에 비행접시가 키치 부인 집 뒤뜰에 와서 그들을 데리고 갈 것이라고 했다. 적어도 키치 부인이 집에 있던 다른 사람들에게 전한 바에 따르면 그랬다. 그때 집에는 암스트롱 부부, 에드나 포스트와 마크 포스트, 그리고 모임에 새로 참여한 마냐 글래스바움이 있었다. 명백히 장난전화였지만 이들은 진지한 메시지로 받아들였고 우주선에 탑승할 준비를 하기 시작했다. 데이지 암스트롱은 처음에 의구심을 제기하려는 듯했다. 데이지는 누군가가 남편과 매리언을 난처하게 만들려 하는 게 아닌 것이 확실하냐고 물었다. 하지만 닥터 암스트롱과 키치 부인은 데이지의 의심을 단박에 일축했다. 닥터 암스트롱과 키치 부인은 외계인이 전화로 소통을 해 올 수 있는데 종종 암호를 사용해야만 하기 때문에 모든 전화 메시지를 진지하게 받아들여야 한다고 말했다.

이들이 4시에 정말로 비행접시가 오리라고 기대했다는 데는 의심의 여지가 없다. 정오 무렵이면 다섯 명의 고정 멤버 전원이 지퍼, 금속 고리, 단추, 머리핀, 벨트 고리 등 몸에서 모든 금속을 제거했다. 우리의 여성 조교도 도착하자마자 금속을 제거하기 시작했다. 그 역시 우주선에 탈 준비를 해야 했기 때문이었다. 1시에는 마냐 글래스바움만 몸에 금속을 지니고 있었는데, 아직 마냐는 다른 이들과 함께 픽업될 "선택된 자"에 해당하는지가 분명치 않았기 때문이다.

레이크시티 모임에 가장 최근에 합류한 마냐는 18세 정도의 여성으로, 오랫동안 비행접시에 관심을 가지고 있다가 외계에서 비행접시가 오리라고 확신하게 되었다. 여름에 매리언 키치를 찾아와서 매리언의 메시지와 신념 체계에 대해 배웠지만 매리언이 그 전날 비행접시 학회에서 강연을 할 때까지는 다시 만나지 못했다. 아마도 그 강연을 듣고 관심과 믿음이 되살아난 것으로 보인다. 마냐는 그날 매리언의 집으로 와서 하루를 묵었다.

금요일 아침에 마냐는 가디언의 "명령"에 따라 자신이 근무하던 신문사에 전화를 해서 일을 그만두었다. 담배와 커피도 끊었고 키치 부인 집에서 거주하라는 명령도 따를 준비가 된 것 같았다. 즉 마냐는 이 믿음 체계를 진지하게 생각했고 투자 행동을 하기 시작했다. 명백히 키치 부인은 마냐가 매우 전도유망한 제자라고 생각했고, 4시에 비행접시가 데려갈 사람에 마냐가 포함되느냐의 문제도 금방 해결되었다. 2시에 키치 부인이 마냐도 선택된 사람 중 하나이니 모든 금속을 제거하라는 명령을 받은 것이다. 그래서 마냐도 속옷에서 금속 고리를 떼어 내고 치마에서 지퍼를 떼어 냈다.

사람들은 초조하게 4시가 되기를 기다렸다. 그러는 한편, 거의 온 정신이 비행접시를 기다리는 데 쏠린 상태로나마 (이제 빠르게 규칙적인 일상으로 자리 잡기 시작한) 몇 가지 일들을 처리했다. 언론은 여전히 더 많은 정보를 원했고 자주 전화를 했다. 언론의 질문에 응대하는 일은 마크 포스트가 맡았는데 일괄적으로 "노코멘트"로 답하면서 더 질문을 받지 않고 전화를 끊었다. 전국 잡지의 여성 기자가 이런 거절에도 굴하지 않고 집에 찾아와서 결국 안으로 들어오라는 허락까지는 받았지만 누구에게서도 정보를 얻을 수 없었다. 그 기자는 곧 떠났고 대놓고 무시당한 것에 대해 낙담하고 화도 난 것 같았다. 바깥쪽 길가에는 텔레비전 카메라 차량이 와서 대기하고 있었지만 전과 마찬가지로 어떤 촬영도 허용되지 않았고 카메라맨은 집 안에 들어올 수 없었다. 모임 사람들은 전날 몰래 들어와서 키치 부인 사진을 찍은 사진기자에게 아직도 화가 나 있었다.

아침 신문에 키치 부인의 집 주소가 실려 있었기 때문에 기자 말고도 방문객들이 많이 찾아왔다. 전화로 질문을 해 오는 사람들에게는 마크 포스트가 모든 내용은 신문에 있다는 답변으로 응대했다. 전화한 사람이 질문을 계속하면, 마크가 생각하기에 진심이라고 판단될 경우에, 집으로 직접 찾아오라고 했다. 전화를 걸지 않고 집으로 곧바로 찾아온 사람들도 많았다(절반가량은 10대이거나 20대 초였다). 이들은 마크나 닥터 암스트롱이 대문에서 1차로 진실성을 판단했는데, 많은 사람들을 그냥 돌려보냈다. 10~15명 정도는 집 안으로 받아들여졌지만 이 중 2명의 여성에게만 키치 부인이 제법 시간을 할애했을 뿐, 다른 사람들은 아무에게서도 별 관심을 받지 못했다. 전도를 받고자 온 사람들인데도 대체로 무시되었다. 원래도 전도에 소극적이었는데다가 이날은 다들 4시에 벌어질 일을 기다리는 데 정신이 팔려 있었기 때문에 더욱 그랬다.

드디어 4시가 되었고 선택된 사람들은 부엌에 모여 코트를 입고 방문객들을 내버려 둔 채 뒤뜰로 나갔다. 키치 부인은 매우 들떠 있었다. 가만히 있지를 못하고 뒷 현관과 부엌 창문 사이를 왔다 갔다 하면서 하늘을 계속 쳐다보았다. 다른 사람들도 키치 부인의 흥분을 느낄 수 있었고 다들 하늘을 열심히 들여다보았다. 10분 정도 하늘을 계속 살피는 와중에 긴장이 점점 높아졌다. 그러다 매리언이 갑자기 코트를 벗더니 다른 사람들에게 하늘을 계속 살펴보라고 하고는 거실로 들어갔다. 곧 암스트롱 부부도 자리를 떴다(데이지는 산책을 나갔고 닥터 암스트롱은 다락으로 올라갔다). 포스트 모자와 마냐 글래스바움만 계속 자리를 지켰다.

5시 30분에는 그들도 포기하고 거실로 돌아왔다. 이 일에 대해 거의 아무도 말을 하지 않았다. 방문객들이 다 돌아갈 때까지 기다렸다가 우리 조교 한 명이 키치 부인에게 왜 비행접시가 오지 않았느냐고 물어보았다. 하지만 키치 부인은 이 문제에 대해 이야기하지 않으려 했다. 거실에 있는 누구도 이 문제를 이야기하고 싶어 하지 않는 것 같았다. 그 대신, 키치 부인은 앉아서 메시지를 받을 준비를 했고 메시지 하나를 받았다. 그리고 울음을 터뜨렸는데, 너무나 기쁜 소식을 담고 있었기 때문이다. "사난다"는 매리언에게 이 모임 사람들이 픽업될 때 매리언은 "아버지의 집"으로 돌아가게 될 것이고 지구로 다시 올 필요가 없을 것이라고 말했다. 사람들이 매리언에게 축하를 건넸고 각자 고밀도의 우주에서 자신의 미래는 어떻게 될지에 대해 이야기하기 시작했다.

이 메시지는 매리언이 중요한 인물이라는 것과 매리언이 전하는 메시지가 타당하다는 것을 재확인해 주는 효과를 냈다. 또 사람들의 주의를 방금 일어난 반증 사건에서 돌려놓는 효과도 냈다. 하지만 주의를 돌려놓는 효과는 오래 지속될 수 없었다. 저녁 식사를 마쳤을 무렵에는 모두에게 반증 사건이 다시 생각났기 때문이다. 키치 부인은 텔레비전을 켜고 사람들에게 텔레비전에 방영되는 "캡틴 비디오" 프로그램을 꼼꼼히 보면서 암호 메시지가 없는지 살펴보라고 했다. 매리언은 이 프로그램에 메시지가 담겨 있을 것이라고 확신했다. 하지만 아무도 메시지를 포착해 내지 못했고 이 문제는 다시 한 번 불편한 침묵 속으로 빠져들었다.

사람들은 이 문제를 완전하게 털어 버리지 못했고 비행접시가 오지 않은 이유에 대해 이런저런 설명들을 내놓기 시작했다. 하나의 가설은 집 안에 모임 일원이 아닌 낯선 사람들이 있었기 때문에 외계인이 그냥 가 버렸다는 것이었다. 이 가능성은 한동안 매우 진지하게 논의되었지만 만족스러운 설명은 분명히 아니었다. 몇 가지 다른 설명도 제시되었다. 그러다가 최종적으로 합의된 해석은, 이날 오후의 사건이 긴장을 늦추지 말라는 경고였다는 것이었다. 시간이 무르익으면 비행접시는 정말로 올 것인데, 그때는 모두가 잘 훈련되어 있어야 했다. "연습이 잘 된 배우들"이어야만 실제 상황이 도래했을 때 일이 부드럽게 진행될 터였다. 외계인들은 이들의 신념을 시험하려 한 것은 아니었고, 단지 인간 동료들이 실수할 가능성을 남기지 않으려 한 것이었다. 즉 4시 사건은 연습 경기였다.

첫 가설보다는 만족스러운 설명이었지만 실망이 완전히 없어지지는 않았다. 밤 9시경에 우리의 남성 조교가 도착했을 때 키치 부인은 아직도 꽤 실망하고 화가 나 있었다. 키치 부인은 그에게 오후의 사건을 이야기하면서 자신과 다른 사람들 모두 최선을 다했는데도 외계인들이 일부러 일을 뒤죽박죽으로 만든 것 같다고 불평했다. 키치 부인은 클래리온 사람들더러 이리 내려와서 일을 바로잡아 놓으라고 따지고 싶은 심정이었다고 말했다.

적어도 한 명에게는 이 반증 사건이 미몽을 깨고 믿음을 버리게 하기에 충분했다. 마냐 글래스바움은 원래 키치 부인의 집에 계속 머물 생각이었다. 하지만 이날 저녁(반증 사건 이후)에 남자 친구의 전화를 받고는 사람들에게 상의도 없이 남자 친구를 불렀다. 매리언은 마냐의 행동이 매우 거슬렸지만 남자 친구가 오는 것을 막지는 않았다. 남자 친구가 왔고 11시 정도에 둘은 콜라를 사러 간다고 나가서는 돌아오지 않았다. 가장 최근의 개종자이자 가장 약한 투자 행동을 한 개종자가 첫 번째 반증 사건으로 떠나갔다.

그날 저녁에는 방문객이 더 많이 찾아왔다. 신문을 보고 많은 사람들이 호기심에서, 흥미에서, 또는 믿음에서 키치 부인의 집을 찾았다. 그리고 그중 한 명이 이들의 믿음을 강하게 뒷받침하는 효과를 일으켰다. 그는 17세의 소년으로, 몇 킬로미터 떨어진 집에서 차를 몰고 저녁 늦게 나타나서는 흥분한 태도로 닥터 암스트롱과 독대를 하고 싶다고 했다. 암스트롱은 그 소년과 한동안 이야기를 나누었고 그 다음에 매리언을 불러 셋이서 이야기를 더 나누었다.

소년이 간 뒤 매리언과 토머스는 그가 한 이야기를 다른 사람들에게 알려 주었다. 소년이 욕실에 앉아서 신문에 난 예언 이야기 기사를 읽고 있었는데 갑자기 어떤 목소리가 그에게 이렇게 말했다고 한다. "너는 그것을 믿지 않는구나." 올려다보니 낯선 남자가 회색 재킷을 입고 앞에 서 있었다. 회색 재킷 남자는 이어서 이렇게 말했다. "자, 그것은 사실이란다. 너는 걱정할 필요가 없어.

너도 픽업될 것이니." 이 소년이 망상에 빠진 것이었는지 장난을 친 것이었는지는 알 수 없지만, 이 이야기가 키치 부인을 비롯한 모임 일원들에게 자신들의 믿음을 입증해 주는 "독립적인" 증거로 여겨졌다는 점은 분명하다. 아마도 이 확증은 4시의 반증 사건에서 마음을 추스르고 회복하는 데 도움이 되었을 것이고 이다음 번의 예언(아래에서 설명할 것이다.)을 촉발하는 계기가 되었을 것이다.

그날 밤 10시부터 11시 30분 사이에 20~25명가량이 키치 부인의 집에 찾아왔다. 대부분은 십 대 고등학생이었고 인근 전문대학의 학생들 몇 명과 방학을 맞아 집에 온 대학생 세 명도 있었다. 방문객들은 간헐적으로 왔고 대개 서너 명이 함께 왔다. 이들은 거실에 앉아서 닥터 암스트롱과 키치 부인으로부터 이 모임의 신념 체계와 예언에 대해 상세한 설명을 들었다. 가끔씩 학생들이 반론을 펴기도 하면서, 여러 논점들에 대해 대체로 매우 활발한 토론이 벌어졌다.

키치 부인과 닥터 암스트롱이 보여 준 방문객 응대 태도의 변화는 주목할 만하다. 더 이상 그들은 방문객에게 무관심하거나 다른 일에 관심이 쏠려 방문객을 등한시하거나 하지 않았다. 그보다, 분명한 요점을 가지고 의식적으로 방문객을 설득하기 위한 시도를 했다. 비교 대상이 될 만한 반증 이전 시기가 그날 오전과 이른 오후의 불과 몇 시간(신문 기사를 보고 비슷한 유형의 방문객들이 찾아왔던 때)뿐이므로 확실하게 단정 지을 수는 없지만, 이 변화는 4시의 반증 사건으로 야기된 결과일 것이다. 어쨌든, 닥터 암스트롱과 키치 부인은 마지막 방문자들이 떠난 11시 반경까지 계속 전도 활동을 했다. 방문자들이 가고 집은 다시 조용해졌지만 이들에게 휴식은 허용되지 않았다. 가디언이 그들을 위해 계획한 바가 있었기 때문이다.

11시 30분경에 우리 조교들은 볼일을 보러 잠시 키치 부인의 집을 떠나야 했다. 한 시간쯤 뒤에 둘 중 여성 조교가 돌아왔는데, 자정에 키치 부인이 매우 중요한 메시지를 받은 상태였다. 비행접시 한 대가 선택된 자들을 태우러 뒤뜰로 오고 있다는 것이었다. 그리고 준비되지 않은 사람은 비행접시가 기다려 주지 않을 것이라고 했다. 갑작스럽게 주어진 마감 시간에 맞추느라 틀림없이 야단법석이 일었을 것이다. 이 이야기는 우리의 조교가 기록한 내용을 직접 보는 것이 좋을 것 같다.

"나는 12시 30분에 키치 부인의 집에 돌아왔다. 대문은 잠겨 있지 않았다. 불도 켜져 있었다. 그런데 집 안이 텅 비어 있었다. 나는 계단으로 올라가서 둘러보았다. 아무도 없는 것 같았다. 다시 아래로 내려왔다. 마크 포스트가 뒷문에 있다가 말했다. '몸에 금속 있어?' 나는 없다고 했다. 그는 나에게 따라오라고 했다."

"우리는 뒤뜰로 갔다. 추웠고 눈이 오고 있었으며 땅은 젖어 있었다. 매리언, 데이지, 토머스, 에드나 모두 거기에 있었다. 매리언은 내게 메시지 이야기를 해 주었고 금속에 대해 재차 물었다. 매리언은 내 신발을 확인하고자 했고 에드나는 징이 박혀 있을 거라며 내가 신발을 벗어야 할 거라고 했다."

"마크가 나와 같이 집으로 들어갔다. 내가 신발을 벗자 마크는 내 신에서 굽을 뗄 때 내기 시작했다. 나는 그에게 멈추라고 하고 이렇게 말했다. '그러지 말고 털양말하고 침실 슬리퍼를 가져다줘.' 그는 그렇게 하더니 내 코트의 단추를 가리켰다. 단추에 금속이 있었다. 나는 단추를 잡아 뗐다."

"우리는 다시 밖으로 나갔다. 에드나는 나를 옆으로 살짝 데리고 가더니 물었다. '브래지어 했어? 거기에 있는 고리가 금속 아니야?' 나는 다시 집 안으로 들어가서 브래지어를 벗었다. 이제 내 몸에 유일한 금속은 충치 때문에 땜질한 이빨뿐이었는데 누가 그것도 이야기할까 봐 겁이 났다. 우리는 차고 옆에 서서 계속 기다렸다. 매리언은 조용히 해야 기자들이 오지 않을 거라며 우리에게 목소리를 낮추라고 했다. 나는 기자들은 게을러서 이 야밤에 깨 있지 않을 거라고 말했지만, 매리언은 그렇지 않다며 이 일에 대해 알게 된다면 영화와 텔레비전에 쓸 사진을 찍으려고 조명을 켜고 몰려올 것이라고 했다. 그리고 우리가 어떻게든 그런 일은 피해야 한다고 했다. 마크도 기자들이 새벽 5시에 클레오를 깨운 적이 있다며 매리언의 말에 동조했다."

"새벽 1시 정도가 되자 매리언은 너무 춥다고 말하기 시작했다. 그리고 만약 모두가 동의한다면 집 안으로 들어가서 메시지를 받겠다고 했다. 매리언은 모두가 동의할 경우만 그렇게 하겠다는 것을 강조했다. 매우 춥고 지쳤지만 안으로 들어가기로 결정하는 책임을 자신이 지고 싶어 하지는 않는 것 같았다. 모두가 매리언에게 어서 들어가서 메시지를 받으라고 했다. 그러자 매리언은 '좋아요. 들어가서 메시지를 받아 올게요'라고 말했다. '내가 불을 깜빡거리면 모두 들어오라는 뜻이에요. 이것은 그저 시험이었을 뿐이고요.' 나는 다들 들어가서 쉴 수 있게 매리언이 불빛을 깜빡이기를 간절히 바랐다. 하지만 15분 뒤에 매리언은 다시 나와서 비행접시가 한 시간 안에 우리를 데리러 올 거라며 뒤뜰에서 기다리라고 했다."

"우리는 새벽 2시까지 밖에서 기다렸다. 분위기는 꽤 유쾌했고 기대감으로 고양되어 있었다. 하늘에는 번개가 꽤 많이 쳤는데 토머스는 연신 이것이 신호라고 말했다. 매리언도 굴뚝 주위에서 떠도는 밝은 빛을 보았다며 그 빛이 여기 왔다가 갈 거라고 했다."

"굉장한 기대감이 있었다. 그리고 굉장히 추웠다. 우리는 오들오들 떨면서 발을 동동 굴렀다. 암스트롱은 체조를 했다. 2시에는 추위를 더 이상 참을 수가 없게 되었다. 마크가 차고를 열고 차에 시동을 걸고서 차 안에 들어가 몸을 좀 녹이자고 했다. 여성 네 명은 차로 들어갔고 마크와 암스트롱은 계속 뒤뜰에 서 있었다."

"차 안에서 매리언은 메시지를 또 받아쓰기 시작했다. 매우 길었다. 앞의 절반은 참을성 있고 규율이 잘 잡힌 사람들을 길게 칭찬하는 반복적인 내용이었다. 참을성 있고 규율이 잘 잡힌 사람들은 보상을 받을 것이라고 했다. 메시지의 나머지 부분은, 한마디로 요약하면, 우리가 들어가서 쉬고 있으면 적절한 시간(구체적으로 특정되지는 않았다.)에 어떤 남자가 와서 우리를 픽업 장소까지 데려다 줄 것이라는 내용이었다."

"새벽 3시 20분쯤 우리는 집 안으로 들어왔다. 매리언은 우리가 연습이 잘 된 배우인지 아닌지에 대해 많이 이야기했고 이날의 경험이 연습이며 기본적인 훈련이라고 했다."

그날 밤의 사건은 이것으로 끝이었다. 덜덜 떨면서도 희망에 차서 세 시간을 기다린 결과는 또 한 번의 실망이었다. 하지만 이들은 실망을 겉으로는 분명하게 드러내지 않았고 이 반증 사건을 아주 대충만 설명하려 했다. 그리고 일단 너무 지치고 얼어붙을 만큼 추워서 다들 곧바로 침대로 갔다. 몇 시간 뒤에 아침을 먹고 나서야 이 일에 대해 더 본격적으로 이야기가 시작되었는데, 이때도 사람들은 만족스러운 설명을 고안해 내지 못했다. "훈련이나 리허설이었을 것이다." "규율을 연습시키려는 것이었을 것이다." 이렇게 결론은 내렸지만, 자정의 메시지가 "진짜"라고 너무나 확신했고 너무나 열정적으로 믿었던 터라 이 합리화는 충분할 수 없었다. 이들은 이 불편한 실망을 다룰 다른 방법을 찾아내지 못했고, 그래서 이 일을 비밀에 부쳤다.

오전 어느 시점에 키치 부인은 자정에 밖에 있었던 모든 사람은 그 일을 이야기할 때 극히 조심하고 신중해야 한다는 메시지를 받았다. 거기 있었던 우리 조교가 잠시 자리를 비웠다가 돌아오자 키치 부인은 곧바로 이 명령을 알려 주었고 대화 상대방이 누구인지에 대해 신경을 쓰라고 했다. 우리 저자 한 명이 이른 오후에 키치 부인의 집에 와서 근황을 물었는데, 누구도 자정의 비행접시 이야기를 해 주지 않았다. 그전까지는 암스트롱과 키치 부인이 이 저자에게 많은 정보를 스스럼없이 공유해 주었는데도 말이다. 어젯밤에 무슨 일이 있었냐고 콕 집어서 집요하게 묻고 나서야 비행접시를 보려고 자정부터 3시 반까지 밖에서 기다렸다는 말을 들을 수 있었다. 그리고 이 일은 "그저 훈련"이었을 뿐이라는 식으로 가볍게 이야기되었다. 이렇게 억지로, 그리고 별일 아닌 듯 언급한 것을 제외하면, 그날 밤에 밖에 있었던 사람들은 비밀을 아주 잘 지켰다. 우리의 나머지 저자 두 명에게 이 이야기를 자발적으로 해 준 사람은 아무도 없었다. 저자 한 명이 마크 포스트에게 물어보았을 때, 마크는 말하면 안 된다는 명령을 받았다고 대답했다. "창조주"를 대변하는 베르타조차 아무 이야기도 듣지 못했다. 사건 전체가 쉬쉬하며 묻히는 분위기였다.

금요일 밤에 비행접시를 기다리다 허탕 친 데 대한 반응은 비밀에 부치려는 노력에서만 그치지 않았다. 집단의 지지도 필요했기 때문이다. 토요일 오전에 매리언 키치는 모임의 모든 구성원을 모으라는 명령을 받았다. 마크는 오전 내내 전화를 붙들고 인근의 모든 일원들에게 전화를 돌렸고 먼 도시의 클라이드 윌튼, 컬리지빌의 클레오 암스트롱과 밥 이스트먼, 그리고 미네아폴리스에 사는 우리 저자 세 명에게도 장거리 전화로 명령을 전했다. 정오 무렵, 그는 전화를 다 돌렸고 많은 이들이 그날 밤에 오겠다고 약속했다.

토요일 오후 무렵이면 방문자의 수도 많아졌을 뿐 아니라 모임 사람들에게 방문자가 갖는 중요성도 상당히 커져 있었다. 신문에 대한 일반적인 태도는 다들 여전히 부정적이었다. 기자들이 되도록 오지 않게 하려 했고 기자들의 전화에는 "노코멘트"가 기본 응대였다. 하지만 곧 모임 일원들은 기사가 나면 더 많은 사람들이 그것을 보고 찾아올 수 있다는 점에서, 그러면 그 사람들을 설득하거나 확신시킬 수 있으리라는 점에서, 언론을 타는 것에도 장점이 있다고 생각하기 시작했다. 에드나와 데이지는 사람들에게 경각심을 주었다는 한 가지 점에서는 어쨌든 신문 기사가 좋은 결과를 가져온 셈이라고 말했다. 언론 공세로 가장 고생했을 토머스 암스트롱도 이제 전보다 긍정적이었다. "생각해 보세요. 어떤 사람이 백만 달러를 가지고 있다 해도 이렇게 언론을 타지는 못할 거예요." 닥터 암스트롱은 자신의 전도 활동이 얼마나 성공적인지에 대해서도 낙관적인 생각을 갖기 시작했다. 그는 우리 관찰자 한 명에게 전날 저녁에 왔던 젊은이 중 적어도 한 명이 여기에서 들은 내용이 그의 고정관념과 충돌했기 때문에 떠나갔다가 오늘 아침에 다시 돌아왔다고 말했다. 암스트롱은 이것이 굉장한 마음의 변화라고 생각했다.

토요일 오후에 모임 일원들은 더 진지하고 체계적인 방식으로 방문객에게 설명을 하기 시작했다. 십 대들은 마크 포스트가 담당했다. 마크는 오후 시간 대부분을 네 명이나 여섯 명 정도의 청소년들과 이야기하면서 보냈다. 토머스 암스트롱과 매리언 키치는 성인 방문자들을 응대하는 데 집중했고 "특별한 경우"라고 여겨지면 개인 면담을 해 주는 데도 상당한 시간을 할애했다. 이들의 전도 기법을 잘 보여 주는 개인 면담 사례가 하나 있다. 주인공은 35세의 공군 기술하사관이었다. 그는 전화로 약속을 잡은 뒤 오후 4시 30분쯤에 도착했다. 매리언은 그와 우리 저자 한 명을 다락으로 데리고 가서 자신이 받은 메시지의 역사와 홍수 예언, 그리고 세상에 홍수가 오게 될 이유 등을 설명했다. 한 시간 반 넘게 설교를 하고서 그에게 집에 돌아가서 명상하고 기도하며 "깨닫기를" 기다리라고 했다. 그리고 원한다면, "더 많은 빛"이 필요하다고 느껴진다면, 다시 와도 좋다고 했다. 하사관은 많은 질문이 여전히 답해지지 않은 채로 다소 어리둥절해하면서 떠났고 다시 오지 않았다. 한마디로, 이것은 매우 효과적이지 않은 전도 방식이었다. 하지만 이 사례는 이 시점에 모임 일원들이 전도에 얼마나 많은 시간과 에너지를 쏟았는지를 잘 보여 준다.

물론 모든 방문자가 동일하게 관심을 받는 것은 아니었다. 사람들을 집 안으로 들어오게 하는 데는 여전히 선별의 원칙이 적용되었다. 그렇긴 해도 토요일에는 돌려보내진 사람들이 전보다 적었다. 매리언은 마크와 닥터 암스트롱에게 정말로 관심 있어 하는 사람들은 돌려보내지 말아야 한다고 말하기도 했다. 금요일의 반증 사건에 이어 이들에게는 사회적인 지지와 지원의 필요성이 매우 강해져 있었다.

6시경이 되자 방문객도 줄었고 전화도 뜸해졌으며 집안 분위기도 다소 안정되었다. 저녁 모임에 참가할 사람들이 속속 도착했다. 레이크시티 인근에서는 베르타, 커트 프룬드, 아서 베르겐이 왔고 컬리지빌에서는 클레오 암스트롱과 밥 이스트먼이 왔다. 클라이드 윌튼은 비행기를 잡지 못했는데 다음날 아침이면 기차로 도착할 수 있다고 전화로 알려 왔다. 이렇게 해서 7시 30분경이면 오기로 한 사람들이 모두 모였다. 하지만 모임이 곧바로 시작되지는 않았다. 매리언 키치는 다른 생각에 정신이 쏠려 있는 것 같았고 무언가를 기대하는 듯한 모습이었다. 여러 차례 전화를 받으러 나갔고 전화를 받고 나서는 암스트롱과 따로 이야기를 나누기도 했다. 그러는 동안 다른 사람들은 둘씩 셋씩 모여 대체 오늘 저녁에 무슨 일이 일어나려는 것인지 궁금해 하면서 두서없이 이 얘기 저 얘기를 나누었다. 모두가 무언가 일어날 듯한 분위기를 감지할 수 있었고, 그래서 상당히 동요되었다. 아서 베르겐과 마크 포스트는 매우 긴장했고 도대체 오늘 일어날 일이 무엇인지 좀 알면 좋겠다고 여러 차례 이야기했다. 매리언, 그리고 아마도 닥터 암스트롱만 빼고 누구도 그날 무슨 일이 일어날지 모르고 있었는데, 매리언과 암스트롱은 이야기를 해 주지 않았다. 그날 내내 매리언은 계속해서 전화를 받았다. 알고 보니 계속된 이 전화들은 이날 밤에 있을 중요한 방문의 전조였다. 그리고 그 방문자들은 이들의 신념 체계를 가혹하게 공격하게 된다.

드디어 모임이 시작되었다. 하지만 딱히 이야기할 만한 주제가 없었던지라 모임은 중간 중간 끊겼다. "창조주"는 이야기를 시작했지만 곧 영감이 떨어진 것 같았고 매리언에게 자동기술을 하라고 했다. 매리언은 자동기술을 했고 "창조주"에게 메시지를 확인해 달라고 했다. 중간 중간에 전화가 울려서 모임을 자주 방해했다. 그때마다 키치 부인이 자기 방으로 가서 전화를 받았기 때문이다. 그러면 다른 사람들은 키치 부인이 돌아올 때까지 오늘밤을 이전의 어떤 밤과도 다른 밤이 되게 해 줄 미지의 사건을 궁금해 하면서 불편한 침묵 속에 앉아 있었다.

전화 때문에 방해를 받는 와중에도 키치 부인은 메시지를 하나 받았다. 이 메시지는 전날 밤의 반증 사건에 비추어, 특히 이들이 그 사건을 비밀에 부치고자 몹시 애썼다는 사실에 비추어 상세히 살펴볼 필요가 있다. 10시 30분쯤 매리언은 "사난다"에게서 긴 메시지를 받았는데, 이 메시지는 한 가지를 반복적으로 강조하고 있었다. "나는 전혀 늦지 않았다. 나는 그대가 계속 기다리게 만들지 않았다. 나는 무엇에도 그대를 실망시키지 않았다." 매리언은 이 메시지를 크게 읽었고 더 강조하기 위해 모두가 보도록 들어 보이기까지 했는데, 평소답지 않은 행동이었다. 매리언은 좌중을 둘러보면서 경건하게 말했다. "그들은 나에게 계획의 어느 부분도 잘못되지 않았다고 안심시켜 주었습니다. 계획은 결코 빗나가지 않았어요." 이에 에드나 포스트는 더없이 완벽한 대답으로 화답했다. "우리에게는 좋은 계획가들이 있기 때문이지요."

매리언 키치는 믿음을 강하게 다지려고 애쓰고 있었다. 자정에 비행접시가 오지 않았던 반증 사건으로 매리언은 여전히 마음이 불편했다. 오후에 방문객들이 줄줄이 찾아왔고, 정보를 더 달라는 전화가 빗발쳤고, 어젯밤에 자리에 없었던 사람들을 오늘 저녁의 모임에 소집하자 다들 즉각 응했고, 어제 자정의 일은 훈련일 뿐이었다는 설명(키치 부인도 이 설명에 동의했다.)이 제시되기도 했지만, 예언이 실현되지 않았다는 사실은 여전히 매리언을 괴롭혔다. 비밀에 부치는 것만으로는 믿음을 단단하게 다지기 힘들었다. 그러던 차에 "사난다"가 보내온 메시지는 매리언을 크게 안심시켜 주었다. 전날 밤에 함께 있었던 사람들에게도 마찬가지였을 것이다. 그리고 이 메시지는 매리언의 희망을 다시금 고양시켜 주었다. 바로 오늘 밤, 그러니까 잠시 후에 일어날 일이 "선택된 자"들은 비행접시에 의해 픽업되리라는 그들의 믿음을 확실히 입증해 주리라는 희망 말이다. 그렇다, 매리언은 이날 외계인이 이 집에 찾아오리라고, 그리고 어쩌면 "사난다" 본인이 올지도 모른다고 기대하고 있었다.

그날(12월 18일 토요일) 늦은 저녁, 사람들이 엘라 로웰의 예전 녹음테이프를 들으면서 거실에서 시간을 때우고 있는데 십 대 후반으로 보이는 다섯 명의 젊은 남성이 집에 들어오기를 청했다. 그리고 이들은 키치 부인의 집에서 두 시간 넘게 머물렀다. 이 방문은 모임에 매우 큰 영향을 미치게 되므로 조금 더 상세히 알아보기로 하자. 이 젊은이들이 왜 왔는지, 누구인지 등에 대해 우리는 알지 못한다. 장난으로 왔을 수도 있고 진지한 목적이 있었을 수도 있다. 의도가 무엇이었든, 그들은 매리언 키치의 신념 체계와 홍수 예언에 대해 매우 강한 공격을 퍼부었다. 키치 부인의 확신을 뒤흔들고자 꽤 체계적으로 계획된 이들의 공격은 가히 이날 밤의 클라이맥스였다.

이 이야기를 일관성 있게 설명하기 위해 시간을 잠시 거슬러 올라가 암스트롱의 해고 사실이 신문에 게재되었던 날로 돌아가 보자. 이틀 전인 12월 16일, 클래리온에서 왔다는 남성 두 명이 계속 전화를 걸어 와 키치 부인을 찾았다. 그날은 키치 부인이 비행접시 학회에서 강연을 한 날이었다. 강연을 마치고 밤늦게 돌아와 보니 텔레비전에 메모가 붙어 있었다. "우리는 여기 있었는데 그대는 여기 있지 않았군." 메모에는 "클래리온에서 온 소년들"이라고 서명이 되어 있었다. 이 두 명의 "외계인"은 금요일에도 내내 전화를 했다. 키치 부인은 이들이 정말로 외계에서 왔으며 정말로 전날 집에 찾아왔었다고 점점 더 확신하게 되었다. 키치 부인이 얼마나 들뜨고 흥분했는지는 이 "외계인"들이 내놓기 시작한 여러 가지 명령들을 열렬히 따르려 한 태도에서도 명백하게 드러났다.

토요일인 18일에는 전화가 더 자주 왔고 이들의 어투도 더 권위적이 되었다. 이른 오후에 "클래리온에서 온 소년" 중 한 명이 자신이 "사난다"라는 암시를 강하게 풍기면서 매시 정각에 메시지를 받을 준비를 하라고 명령했다. 메시지의 내용은 나중에 자신이 전화로 "재확인"해 줄 것이라고 했다. 키치 부인은 지침대로 했고 우리 조교 한 명에게 매시 정각이 되면 알려 달라고 부탁하기까지 했다. 정확히 정해진 시각에 자동기술을 할 준비를 갖추고 있으려는 것이었다. 또한 3시에서 4시 사이에 키치 부인은 옆방에서 매우 길게 전화 통화를 했다. 그리고 기쁨에 겨워 눈물이 글썽거리는 채로 방에서 나왔다. "그가 오고 있어, 그가 오고 있어."

그날 밤, 네 명의 동료를 대동하고 정말로 그가 왔다. 이들을 돌려보내야 하는지 아닌지에 대해 잠시 설왕설래가 있었지만 리더의 목소리를 알아차리자마자 매리언의 주저함은 즉시 사라졌다. 매리언은 어서 안으로 들어오라고 한 뒤 그들의 명령을 받을 준비를 한 채로 서 있었다. 리더는 20세의 젊은이였는데 암스트롱과 따로 만나게 해 달라고 했고 30분 정도 독대를 했다. 다음은 매리언의 차례였다. 매리언은 다섯 명의 "외계인"과 암스트롱보다 두 배나 오랜 시간 대화를 했다.

거실을 서성이던 나머지 사람들의 반응은 각양각색이었다. 우선, 토머스 암스트롱은 독대를 한 뒤 함박 미소를 지으며 방에서 나왔다. 존경과 기쁨의 마음으로 입이 다물어지지 않는 것 같았다. 암스트롱은 그들이 외계인이라고 단언했다. "그 소년 중 몇 명은 '위층'에서 왔어요." 암스트롱은 그들이 일련의 질문을 퍼부으며 자신을 몰아부쳤는데, 이제껏 이렇게 명민한 정신을 가진 존재를 상대해 본 적이 없었다고 했다. 암스트롱은 그들이 문을 들어서자마자 지구인으로 변장하고 있다는 것은 즉각 꿰뚫어 보았지만, 그들의 초인간적인 정신에 대해서는 더 신중하게 살펴보아야 했다고 말했다. 암스트롱은 그들의 방문 목적이 일종의 '시험'이라며, 매리언과 자신이 옳은 답을 하는지 확인하기 위해 온 것이라고 말했다. 그리고 암스트롱은 이 "외계인"들이 "매리언이 견해를 철회하게 만들려 하고 있다"고 말했다. "그들은 매리언이 이제까지 말한 모든 것을 취소하게 만들려고 해요. 그들은 매리언이 한 모든 말이 뒤죽박죽이고 거짓이라고 말하고 있어요. 이것은 시험이에요." 에드나 포스트도 이 방문자들이 우주에서 왔다는 것을 암스트롱 못지않게 확신했다. 거의 환희에 차서 에드나는 라이언스 필드에서 사이스를 놓친 게 늘 아쉬웠는데 오늘은 정신 차리고 "사난다"를 꼭 알아보겠다고 우리 관찰자 한 명에게 말했다. 에드나의 기쁨은 한이 없었다. 데이지 암스트롱과 마크 포스트도 관심이 고양되고 기쁜 것 같았다. 이들도 이 소년들이 "외계인"이라고 생각하는 게 분명했다. 한편 메이 노빅과 프랭크 노빅, 커트 프룬드, 아서 베르겐은 헷갈려 했다. 이들은 이 소년들이 누구이며 무엇을 하려 하는지 모르겠다고 했다. 마지막으로, 클레오 암스트롱과 밥 이스트먼은 매우 회의적이었다. 그들에게는 이 다섯 명의 소년이 그저 "허세 가득한 대학생 아이들"로 보였다.

　"외계인"들과 이야기하러 옆방으로 가기 전에 매리언 키치는 자신이 그들의 정체를 확신한다고 말했다. 매리언은 우리 관찰자

한 명에게 "손님들"이 왔다고 말했고 관찰자가 시간을 상기시켜 주자 (이날 낮부터 이 관찰자는 매시 정각에 매리언에게 시간을 일러 주고 있었다.) 매리언은 매우 놀란 얼굴로 그를 보더니 이렇게 말했다. "이제 그렇게 안 해도 돼요. 지금 그와 직접 접촉했으니까요." 얼른 소년들과 대화할 차례가 오기를 기다리면서 매리언이 느낀 환희는 에드나의 환희 못지않았다.

하지만 거의 한 시간 동안의 "확인 과정"을 마치고 거실에 다시 나타난 매리언은 충격을 받은 모습이 역력했다. 소년들이 떠날 채비를 하는 동안 매리언은 울면서 방문 앞에 서 있었다. 가녀린 몸은 벽을 향하고 있었고 옆으로 늘어뜨린 손은 주먹을 쥐고 있었다. 방문자들이 현관문을 나서기 시작했지만 매리언은 그들이 그냥 가게 두지 않았다. 크게 충격을 받았지만 포기할 수 없었던 매리언은 소년들을 다시 방으로 불렀고 이들 여섯 명은 다시 30분쯤 더 이야기를 나눴다.

대화가 끝난 뒤 소년들은 떠났고 매리언은 거실에 조용히 서 있었다. 골똘히 생각에 잠겨 있었지만 분명히 충격에서는 회복된 것처럼 보였다. 주위로 모여든 사람들에게 키치 부인은 "클래리온에서 온 소년들"과의 대화를 다음과 같이 설명했다. "계속해서 그들은 내가 이제껏 말한 것들을 철회하라고 했어요. 내가 말했던 것이 진리가 아니라고 말하라고 계속 압박을 하더군요. 그들은 내가 말했던 것은 다 뒤죽박죽이고 거짓이라고 했어요. 그리고 그들은 자기들도 외계와 통신을 한다며 내가 받아 적은 것은 다 잘못되었고 내가 예언한 것도 다 틀렸다고 했어요."

키치 부인은 이러한 공격에 너무나 충격을 받았고 정말로 혼란스러워져서 무슨 말을 해야 할지 몰랐다고 했다. 방문자들이 거의 고문을 하듯이 몰아붙이는 바람에 방에서 뛰쳐나올 뻔하기도 했다. 하지만 바로 그때 키치 부인은 분개해서 이렇게 반격했다. "당신은 내가 그렇게 하도록 만들 수 없어. 나는 내가 한 말 중 어느 것도 철회하지 않아. 여기에 유다가 있어. 이 방에 유다가 있어. 당신들은 나를 혼란에 빠뜨리고 화나게 하기 위해 보내진 거야. 그래, 실제로 화가 났지. 하지만 더 이상은 아니야. 나는 당신이 무엇을 하려는지 알아."

키치 부인이 이렇게 외치자 그들은 달래는 어조로 실제로 키치 부인을 시험해 보기 위해 온 것이 맞으며 키치 부인이 시험을 통과하면 안심을 시켜 주고 지지와 지원을 해 주기로 되어 있었다고 했다. 그리고 키치 부인이 시험을 통과했으므로 그들은 안심과 지지와 지원의 말을 해 주었다. 시험은 키치 부인의 승리로 끝났다.

키치 부인과 "외계인"들이 나눈 대화의 구체적인 내용은 키치 부인이 말한 것을 통해서밖에 알 수 없으므로 키치 부인의 묘사 중 어디까지가 정말로 일어난 일인지는 알기 어렵다. 우리 관찰자도 그날 "외계인" 중 한 명에게서 자기들도 지난 3년간 외계와 통신을 해 왔는데 매리언이 했던 말의 90퍼센트는 틀렸다는 말을 들었다. 그러니 매리언의 신념이 공격을 받았다는 사실은 교차 확인이 되었다고 볼 수 있다. 하지만 그 이후에 그들이 매리언을 안심시켜 주고 지지해 주었다는 데 대해서는 매리언의 진술 외에는 다른 정보가 없다. 어떻든 매리언은 "외계인"들이 준 것보다 훨씬 더 많은 안심과 확인이 필요했던 듯하다. 그래서 모인 사람들에게 계속해서 지지와 동의를 끌어내고자 했다.

매리언은 그 소년들이 우주에서 온 게 맞다고 믿는 이유들을 다시 말하기 시작했다. 매리언은 그들이 집에 들어오자마자 그들의 초인간적인 특성, 그리고 그들의 힘과 지능을 느낄 수 있었다고 했다. 또 매리언은 그 소년들이 매리언이 이제까지 받았던 메시지들의 내용을 모두 다 알고 있었으며 외계인만이 알 수 있을 만한 이 집의 최근 사건들도 다 알고 있었다고 했다. 매리언은 그 소년들이 비행접시의 파일럿이라고 확신했다. 암스트롱 부부와 에드나도 그렇게 생각했다. 이들은 매리언의 말에 전적으로 동의하면서 자신들이 나름대로 관찰한 바를 덧붙였다. 에드나와 데이지는 방문자들 중 세 명이 완전히 똑같이 생겼다고 말했고, 마크와 에드나는 "외계인"들이 지구의 간식거리들을 먹지 않으려 했다고 말했다.

클레오는 이 결론에 의구심이 드는 듯 보였고 밥 이스트먼은 아무 말도 하지 않았다. 가장 분명하게 동의하지 않는다고 밝힌 사람은 커트 프룬드였다. 그는 낮은 소리로 이렇게 말했다. "나는 그런 것은 하나도 못 보았다고 말해야겠습니다." 하지만 (우리 관찰자만 빼고) 아무도 그에게 관심을 기울이지 않았고, 그는 큰 목소리로 한 번 더 말했다. 매리언이 어떤 뜻이냐고 묻자 프룬드는 이렇게 대답했다. "그들은 그냥 대학생 아이들처럼 보이던데요? 그들은 여기에 그저 장난을 치러 온 것으로 보였어요." 매리언은 안쓰럽다는 듯 미소를 지었고 더 이상 아무도 그에게 관심을 갖지 않았다. 사람들은 계속해서 키치 부인의 해석에 동의하면서 그것을 뒷받침하는 세부 사항들을 말했다. 그 방문자들에 대한 해석은 그들이 외계인이 맞다는 결론으로 빠르게 합의되었고 모임 사람들의 열기도 드높아졌다. 외계에서 온 사람들이 고귀한 시험을 했고 그들이 그 시험을 통과한 것이다!

매리언은 눈을 빛내면서 흥분해서 소리쳤다. "이 시점에, 여러 분의 확신을 기립 투표로 보여 주시면 어떨까요?" 거의 모두가 일어섰다. 몇몇은 매리언을 완전히 신뢰한다고 말했다. 커트 프룬드, 클레오 암스트롱, 밥 이스트먼은 눈에 띄게 느릿느릿 일어섰지만 다른 사람들은 열광적이었다. 모임 일원 대부분이 명시적으로 지지를 밝혀 주자 이 사건에 대한 논의는 끝났다. 키치 부인의 신념 체계를 깨뜨리려던 공격은 이제 그 신념 체계를 지지하고 확증하는 쪽으로 작용하고 있었다. 키치 부인은 좌중에 다시 한 번 말했다. "기억하세요. 우리가 오늘 밤에 중요한 시험을 통과했다는 것을요. 잊지 마세요."

신념 체계에 대한 공격이 남긴 순효과는 확신의 강화였다. 그리고 이 사건은 드디어 사람들이 금요일 밤의 반증 사건에서 회복될 수 있게 해 준 것으로 보인다. 외계인이 온 것은 맞지 않은가? 단지 금요일이 아니라 토요일에 왔을 뿐이지 않은가?

전날의 쉬쉬하던 분위기와는 딴판으로, 일요일 아침에는 금요일 자정에 비행접시를 기다렸던 사람들이 자연스럽게 그 일을 이야기했다. 하지만 길게 이야기하지는 않았고 토요일 밤에 일어난 멋진 일을 설명하기 위한 도입부로서만 이야기했다. 우리 관찰자 한 명이 일요일 오전 9시에 키치 부인의 집에 왔을 때와 클라이드 윌튼이 늦은 오후에 도착했을 때 키치 부인은 지난 이틀간 있었던 일을 비교적 상세하게 설명했다. 키치 부인은 "클래리온에서 온 소년들"에게서 전화를 수없이 받았다고 이야기했고, 금요일 밤에 비행접시가 방문할 것이라고 했던 메시지에 대해서도 언급했다. 키치 부인은 사람들이 거의 얼어 죽어 가면서 두세 시간 동안이나 뒤뜰에서 기다렸던 에피소드를 웃으면서 이야기했고 가디언들에 대해 이런 말도 덧붙였다. "나는 그들을 비웃지 않아요. 그들과 함께 웃지요." 그리고 토요일 밤의 방문자들에 대해 환희에 차서 설명했다. 키치 부인은 외계인들이 가르침을 철회하라고 압박했는데 자신이 그러기를 거부하자 이것이 믿음에 대한 시험이었다고 알려 주었다고 했다. 그들이 키치 부인이 "신념을 팔아 버리지" 않는지 확인하기 위해 보내진 이들이었다는 것이었다. 이 시점에 키치 부인은 자신이 그리스도 못지않은 시험을 거쳤다고 느끼고 있다.

외계인의 방문으로 대부분은 믿음이 다시금 강화되었지만 두 명은 그렇지 못했다. 메이 노빅과 프랭크 노빅이었다. 이들은 매리언의 독려로 그날 저녁에 왔다가 클래리온 소년들이 집을 나서기 조금 전에 떠났고 다시 돌아오지 않았다. 그전에 이들은 이 모임과의 연결이 점점 약해지고 있는 상태였다. 이를테면 12월 13일 모임에도 참석하지 않았다. 또한 메이는 베르타와도 연락을 하지 않고 있었다. 프랭크는 이 신념 체계를 진지하게 믿은 적이 한 번도 없었던 것으로 보이고 토요일에도 아내 때문에 온 것이 분명했다. 가뜩이나 회의적이었던 프랭크에게 토요일 밤의 사건은 이 모임과 완전히 연결을 끊도록 아내를 설득하는 데 결정적으로 일조했을 것이다.

다음날인 일요일은 기다림의 날이었다. 신도들은 시간이 가기를 기다리며 방문객들을 응대하고 전화를 받았다. 홍수에 대해 추가 정보는 없는지, 어떻게 해야 자신과 가족들이 홍수에서 안전할 수 있을지, 키치 부인은 왜 홍수에 대해 그렇게 확신하는지, 키치 부인은 어떤 방식으로 경고 메시지를 받는지 등을 궁금해 하는 사람들이었다. 전화도 계속 울렸고 늦은 오전부터 밤 10시 혹은 11시까지도 방문객이 끊이지 않았다. 모임 일원 모두가 쉴 새 없이 교리를 설명하고 의구심을 품은 방문객을 설득하고 문제제기에 맞서 신념 체계를 옹호하는 일에 참여해야 했다.

누구를 집 안에 들어오게 하고 누구를 돌려보낼 것인가에 대해서는 여전히 선별주의 원칙이 적용되었다. 진심으로 더 알고 싶어서 온 것으로 보이면 들어오도록 허락되었지만 명백히 장난을 치거나 조롱하기 위해 온 사람들은 돌려보냈다. 하지만 전도 방식에 달라진 점이 하나 있었다. 이 집에 찾아오는 사람은 모두가 선택된 자이고 구원될 것이라는 가정을 하게 된 것이었다. 당사자가 안심과 위로를 구하든 아니든 간에, 집 안에 들어온 방문자는 그도 선택된 사람이며 그가 "빛을 구하러" 여기에 왔다는 것 자체가 가디언들에게 이미 선택되었다는 확실한 증거라는 이야기를 무조건 들었다. 이런 이야기로 방문자를 솔깃하게 하는 것은 이 신념 체계를 믿어야 한다고 그를 설득하는 단계에 들어가기 위한 사전 작업으로 종종 활용되었다.

일요일 오후 분위기에서 주목할 만한 점이 또 하나 있다. 모임의 일원들이 함께 모여 있어야 한다는 강박이 높아진 것이었다. 매리언 키치가 특히 그랬다. 그날 오후에 키치 부인은 여기에 없는 사람이 누구인지를 여러 차례 확인했고(베르타, 커트, 아서, 그리고 너무나도 필요했던 휴식을 취하러 간 우리 관찰자 몇 명이 자리에 없었다), 지금은 "강한 집단"으로서 모두가 함께 있어야 할 때라고 말했다. 이 시점에 집단, 그리고 집단이 제공하는 지지와 지원이 키치 부인에게 매우 중요했음을 분명히 보여 주는 대목이다.

누군가 마음이 떠나려 하거나 다른 데 신경을 쓰는 듯한 기미가 약간만 보여도 남은 사람들은 매우 괴로워했다. 가령, 클라이드 윌튼이 월요일에 집으로 돌아가겠다고 하자 키치 부인은 몹시 신경이 쓰이는 것 같았다. 결국 키치 부인이 그의 출발을 허락하는 메시지를 받긴 했는데, 그 메시지는 곧 다가올 운명의 밤에 그의 가족이 세 가족을 모아 함께 있어야 한다고 지시했다. 집단을 단단히 결속시켜야 할 필요성은 모임에서 실제로 이탈한 것 같아 보이는 몇몇 사람들 때문에 더 절박해졌을 것이다. 마냐는 이틀 동안 소식이 없었고 프랭크 노빅과 메이 노빅도 돌아올 것 같지 않았다. 여기 없는 사람들에 대한 매리언의 우려는 오후 내내 점점 높아졌고 급기야 매리언은 짜증을 냈다. 이런 상태는 이른 저녁에 몇 명이 다시 나타나자 곧 누그러졌다.

결속의 필요성에 대해 모두가 매리언과 같은 마음인 것은 아니었다. 클레오는 "캡틴 비디오"의 전화나 이름 없는 "화성인"의 전화를 진지하게 여겨야 한다는 데 대해 아버지와 계속 견해가 충돌했다. 한번은 매리언이 받은 메시지가 "말이 안 되고" "터무니없다"고 말하기까지 했다. 밥은 집을 청소하거나 때때로 전도 활동도 했지만 대체로 불만스러운 듯한 침묵을 지키고 있었다. 클레오와 밥은 컬리지빌을 떠나기 전에 엘라 로웰이 심어 놓은 의구심 때문에, 또 레이크시티에서 목격한 반증 사건들에 대한 합리화 논리들이 온전히 받아들여지지 않아서, 확신에 찬 마음 상태일 수가 없었다.

커트 프룬드도 겉으로 의구심을 드러내지는 않았지만 완전히 확신하고 있지는 못하다는 낌새를 보였다. 그는 대개의 시간에 멀찍이 떨어져 침묵을 지키며 앉아 있었고 이 신념 체계의 핵심 요소인 홍수 이야기 같은 것보다는 우주여행이나 심령 소통 같은 일반적인 주제를 더 이야기하고 싶어 했다. 그가 때때로 던진 질문과 회의적인 언명으로 미루어 보건대, 그는 홍수가 일어나리라고 믿지 않는 것 같았다.

하지만 나머지 사람들은 조금도 확신이 부족해 보이지 않았다. 이들은 방문자들을 맞아 전도 활동을 하거나 집 안의 소소한 일들을 하거나 그도 아니면 구원의 시간이 올 때까지 가만히 기다렸다. 하지만 홍수가 오지 않을지도 모른다는 의심으로 괴로워하지는 않았다.

12월 20일 오전 10시경, 매리언 키치는 전체 일원에게 전하는 다음과 같은 메시지를 받았다.

"자정에 그대들은 주차된 차량으로 가서 그대들이 가야 할 곳으로 옮겨질 것이다. 거기에서 톳마루[비행접시]에 탑승할 것이다. 거기에 도착하면 그대들은 목적대로 움직일 것이다. 그때 온 행운의 사람들은 오지 못한 몇 명을 잊어버릴 것이다. 하지만 그들 또한 즉시 불려 올라갈 것이다. 그들은 단지 장면을 연기하고 있는 것이다. 거기에 있어야 할 사람은 한 명도 빠짐없이 거기에 있을 것이다. 그때 말하라. '당신의 질문은 무엇인가?' (…) 그리고 결코 무엇이 무엇인지 묻지 말라. 어떤 계획도 어긋나지 않았다. 현재로서는 그저 기뻐하면 된다. 선택된 행운아들이 된 것을. 그리고 차후의 가르침에 대비하라. 벨레이스."

모두가 기다리던 메시지였고 이 메시지는 전혀 이르게 온 것이 아니었다. 다음날 동트기 전에 레이크시티가 물에 잠길 것이었으니 말이다. 하지만 선택된 자들은 안전할 것이다. 14시간 뒤에 드디어 그들은 비행접시에 올라 멀리 떠날 것이다. 모든 준비가 되었고 더 구체적인 지침이 올 것이다.

이 메시지는 신도들의 긴장을 크게 풀어 주었다. 바로 이것이다! 이제 언제 무슨 일이 일어날지 알게 되었으니 편안하게 자정까지 기다리기만 하면 되었다. 그들은 그날 하루를 느긋하게 빈둥거리면서 보냈다. 매리언은 휴식을 많이 취했다. 토머스와 데이지는 이제까지처럼 긴장한 채로가 아니라 편안하게 앉아서 하루를 보냈다. 다른 사람들은 책을 읽거나 카드 게임을 했다. 늦은 오후에 도착한 아서 베르겐이 어머니가 새벽 2시까지 안 오면 경찰에 알리겠다고 말했다고 하자 사람들은 웃으면서 그 시간이면 비행접시 안에 있을 테니 걱정 안 해도 된다고 말했다.

방문객도 침착하게 응대했다. 전날과 마찬가지로 방문객들은 그들 역시 선택된 사람이니 걱정할 것 없다고 안심시켜 주는 말을 들었다. 집에 돌아가 있으면 그곳이 어디이든 "그들"이 와서 데려갈 것이라고 말이다. 그날 신도들은 자신이 하는 말에 유독 더 확신을 가진 것 같았고 전보다 더 정제되고 정리된 톤으로 이야기했다. 앞일에 대해 구체적인 지시를 들었으니 만큼 전도 활동도 더 침착해졌다.

별다른 일 없이 하루가 지나가는 가운데, 신도들은 지상에서의 마지막 세션을 위해 모였다. 베르타 블라츠키는 아침 일찍, 아서 베르겐은 오후에 도착했다. 우리 관찰자 중 두 명은 거의 하루 종일 거기 있었고 이른 저녁에 세 명이 더 합류했다. 커트 프룬드는 9시가 조금 지나서 도착했다. 이 집에 살고 있는 일곱 명(암스트롱 가족 세 명, 포스트 가족 두 명, 그리고 매리언 키치)을 포함해 모두 15명이 거실에서 출발을 준비하고 있었다. 키치 부인의 남편은 여기에 없었는데, 그는 이날 밤의 일이 자신과는 상관없다고 생각해서 일찌감치 집 뒤쪽에 있는 방에 들어가 자고 있었다.

9시 반이 조금 지나서 매리언("사난다"의 메시지를 기술함)과 베르타("창조주"의 목소리를 말함)의 합동 세션이 열렸다. 과정은 지극히 공식적이었고 매우 신중하게 정확성을 기했다. 매리언은 메시지를 받아 적은 후 그것을 소리 내어 읽고 "창조주"에게 확인을 요청했다. 베르타는 "창조주"의 목소리로 말한 뒤 "사난다"에게 확인을 요청했다. 대개 상대에게서 긍정적인 재확인을 받았지만, 베르타와 매리언 둘 다 스스로에 대해 다소 불확실함을 느끼고 있었고 오늘만큼은 실수를 하거나 잘못 해석하지 않아야 한다는 생각에 몹시 긴장하고 있었다.

간간이 이들이 홍수 전야를 어떻게 보내고 있는지 알아보려는 기자들의 전화가 울렸는데, 다음과 같이 말하고 빠르게 끊었다. "노코멘트입니다. 지금으로서는 드릴 말씀이 없습니다. 번호를 남겨 주시면 말씀 드릴 게 생길 때 전화를 드리겠습니다." 기자가 아닌 사람들의 전화에도, 그들의 질문이 무엇이건 간에, 마찬가지로 짧게 응대했다. 이제 그들의 명령을 받았으니 자정의 출발을 준비하기 위해 모든 단계를 "확인"하는 작업에 무엇도 방해가 되어서는 안 된다는 분위기가 명백했다.

키치 부인이 낮에 받았던 추가적인 세부 지침들도 이 마지막 세션에서 하나하나 "재확인"되고 "명료화"되었다. 가장 중요한 것은 자정 정각에 외계인이 현관에 나타나서 그들을 비행접시[톨라]가 세워져 있는 곳으로 안내해 주리라는 내용이었다. 비행접시까지 가는 동안에는 다들 완전히 침묵을 유지해야 한다고 했다. 또 자정에 안내자가 와서 문을 두드리면 토머스 암스트롱이 확인을 위해 그에게 "당신의 질문은 무엇인가"라고 물어야 했다. 모두가 비행접시에 올라탈 때 대야 할 암호를 말하는 것도 완벽하게 연습했다. 매리언 키치가 우주선의 보초 역할을 맡아서 "나는 운송자다", "나는 지시자다"와 같이 일부러 잘못된 암호를 말하면 거실에 모인 사람들은 일제히 "나는 나 자신의 운송자다", "나는 나 자신의 지시자다"라고 정확한 암호를 외쳤다. 모두가 매우 꼼꼼하게 연습에 임했다.

다음 단계는 금속을 제거하는 것이었다. "창조주"와 "사난다"는 이에 대해 완전하게 설명했고 몸이나 옷에 금속을 지니는 것은 매우 중대한 오류가 되리라는 것을 다들 완전히 잘 인지하고 있었다. 그래서 모두가 열심히 명령에 따랐다. 아서 베르겐은 주머니에 있는 껌 종이에서 은박을 다 떼어 냈다. 주머니에서 동전과 열쇠도 꺼냈고 손목시계도 풀었다. 다들 옷, 신발 등을 이미 샅샅이 살펴보았지만 다시 한 번 살펴보았고 빼먹은 데가 없는지 서로서로 보면서 확인해 주었다. 금속 테 안경을 쓴 사람들은 비행접시에 타기 전에 즉시 안경을 버려야 하다고 모두가 동의했다.

또한 명령에 따르면 신분증 등 신원을 드러내 주는 것도 모두 없애야 했다.(이유는 제시되지 않았다.) 찢거나 잘라서 없애도 되고 그냥 놔두고 가도 되지만, 어쨌든 비행접시에 들고 타서는 안 되었다. 이것은 예기치 못했던 새 명령이었기 때문에 자신이 가지고 있는 것 중에 신원을 드러낼 만한 것이 무엇이 있는지 찾느라 또 한바탕 소동이 일었다. 마지막으로, 매리언이 이제까지 받은 메시지들이 담긴 "비밀 책자"는 커다란 쇼핑백에 넣어서 마크 포스트가 비행접시에 들고 타도록 지시받았다. 한 치의 오차도 없어야 했으므로 다들 꼼꼼하게 살펴보고 서로 확인해 주고 하느라 준비하는 데 시간이 많이 걸렸다.

11시 15분경, 키치 부인은 모두 코트를 가지고 대기하라는 메시지를 받았다. 잠시 어수선하게 우왕좌왕하다가 모두 거실에 다시 모였다. 매리언은 "평범하게 그저 친구들이 모인 것처럼 보이도록" 해야 한다며 조용히 앉아 있으라고 했다. 특히 거실 창문 쪽에서 있지 말라고 했다. 경찰, 기자, 이웃들이 들여다보고 있을지 모르고 이들이 비행접시를 향해 이동할 때 따라오려 할지도 모른다는 것이었다. 매리언은 특히 경찰을 걱정하면서 주위에 순찰차가 없는지 신중하게 확인했다. 누군가가 보고 있을지 모른다는 의심은 전화가 두 번 울리자 더 심해졌다. 전화를 받았는데 저쪽에서 아무 소리도 들리지 않은 것이다. 매리언은 우리가 아직 여기 있는지 확인하려는 기자들의 전화일 것이라고 말했다.

11시 반에는 모두 준비가 되었고, 혹시나 빼먹은 것이 없나 생각하면서 기다리는 것 말고는 다른 할 일이 없었다. 실제로 몇 가지 빼먹은 세부 사항이 있었고, 자정까지는 모든 것이 준비되어 있어야 했으므로 어떻게든 재빨리 해결했다. 이를테면, 갑자기 아서 베르겐이 자신의 신발 앞꿈치에 금속이 있다고 말했는데, 잘라 내기에는 시간이 너무 부족했다. 이런저런 제안들이 쏟아져 나오며 난리법석이 일다가 결국에는 신발 끈을 느슨하게 해 두고서 비행접시에 올라탈 때 신발을 벗고 타는 것으로 결론이 났다. 또 11시 35분에는 우리 관찰자 한 명이 바지 지퍼를 제거하지 않았다고 말했는데 이는 거의 패닉에 가까운 반응을 불러 왔다. 그는 방으로 달려 들어갔고 거기에서 암스트롱이 초 단위로 시계를 들여다보면서 벌벌 떨리는 손으로 지퍼를 면도칼로 찢고 고리를 펜치로 잘라냈다. 이 수술이 끝났을 때는 11시 50분이었다. 시간이 너무 없어서 시침질로 대충 꿰맸다. 자정이 거의 다가왔고 정각에는 모두가 준비되어 있어야 했다.

마지막 10분은 정말로 긴장된 시간이었다. 코트를 무릎에 놓고 앉아서 기다리는 것 말고 할 일은 없었다. 긴장되는 침묵 속에서 두 개의 시계가 큰소리로 재깍대며 돌아갔다. 하나가 10분 정도 빨랐다. 빠른 시계가 12시 5분을 가리켰고 우리 관찰자 한 명이 그 사실을 큰소리로 알렸다. 그러자 사람들은 일제히 아직 자정이 안 되었다고 말했다. 밥 이스트먼은 느린 시계가 맞는 시계라며 자신이 오후에 직접 그 시계를 맞췄다고 말했다. 그 시계로는 12시가 되기 4분 전이었다.

딱 한마디의 말을 제외하면 그 4분은 완전한 침묵 속에 흘러갔다. (더 늦은) 시계가 1분을 남겨 놓고 있었을 때, 매리언은 긴장해서 높아진 목소리로 "어느 계획도 빗나가지 않았다!"고 말했다. 쾌종 소리가 12시를 알렸다. 모두 기대에 차 숨을 죽인 가운데 12번의 종소리 각각이 고통스러울 정도로 명료하게 울렸다. 신도들은 꼼짝 않고 앉아 있었다.

아마 여러분은 무언가 가시적인 반응이 있었으리라 예상했을지 모르겠다. 자정은 지나갔고 아무 일도 일어나지 않았다. 홍수 자체는 일곱 시간도 채 안 남아 있었다. 그렇지만 방에 있는 사람들은 거의 반응을 보이지 않았다. 아무 말도, 아무 소리도 없었다. 다들 돌부처처럼 가만히 앉아 있었고 얼굴은 무표정했다. 마크 포스트가 조금이라도 움직인 유일한 사람이었다. 그는 소파에 누워 눈을 감았지만 잠을 자지는 않았다. 누가 말을 걸면 단음절로 답했고 그 외에는 움직이지 않고 누워 있었다. 다른 사람들도 표면적으로는 아무것도 드러내지 않았다. 하지만 나중에 명백하게 드러나듯이, 이들이 매우 심하게 타격을 받았다는 것은 틀림없었다. 이를테면, 다음날 아침 베르타 블라츠키와 닥터 암스트롱 둘 다 압도적인 충격을 받았다고 인정했다. 닥터 암스트롱은 이 시련을 겪었으니 이제는 무엇이라도 견딜 수 있을 것 같다고 했다.

자정이 5분쯤 지나자 "창조주"가 계획은 여전히 유효하다고 말했다. 단지 약간의 지연일 뿐이라고. 다시 침묵이 내려앉았다. 시간이 재깍재깍 흘러갔다. 때때로 누군가가 의자에서 뒤척이거나 기침을 했지만 아무도 의견을 말하거나 질문을 하지는 않았다. "창조주"가 뚝뚝 끊기는 목소리로 다시 이야기하기 시작했다. 모두의 관심이 베르타의 말에 집중되었고 사람들에게는 다시 생기가 돌았다. 기삿거리를 찾으려는 기자들의 전화가 두세 번 울렸다. 하지만 역시 짧게만 대답했다. "노코멘트입니다. 말씀 드릴 것이 없어요."

12시 30분 무렵에는 "창조주"의 이야기가 기적에 대한 약속으로 구체화되기 시작했다. 바로 그날 밤에 기적이 벌어지리라는 것이었다. 그런데 기적 이야기가 시작되자마자 커다란 문 소리와 함께 "창조주"의 말이 중단되고 기대에 찬 소란이 일었다. 토머스 암스트롱이 벌떡 일어나서 문 쪽으로 갔고 매리언이 반쯤 몸을 일으킨 채 말했다. "기억하세요. '당신의 질문은 무엇인가?'" 그리고 재빨리 밥 이스트먼과 우리 관찰자 한 명을 같이 보내서 만약의 경우 암스트롱에게 암호를 상기시켜 주도록 했다. 하지만 흥분은 금세 꺼졌다. 암스트롱은 암호를 말해 보지도 못하고 그냥 돌아왔다. 그는 문을 두드린 사람은 고대하던 안내인이 아니라 그냥 평범한 아이들이었다고 말했다. 흥분이 누그러지고 실망이 감돌았다. 그리고 "창조주"가 다시 말을 하기 시작했다.

이후 두 시간 동안의 일은 "사람들의 정신을 방금 일어난 반증으로부터 잠시 돌려놓은 뜬금없는 사건"이라고 묘사할 수 있을 것이다. "창조주"는 때때로 키치 부인에게 "자동기술로 재확인해 달라"고 요청해 가며 웅얼웅얼 이야기를 했는데, 점차로 그의 이야기는 오늘 모인 이들은 기적의 목격자가 되기 위해 모인 것이라는 주제로 구체화되었다. 그 기적이란, 매리언의 남편 키치 씨의 죽음과 부활이었다. 이런 흥미로운 소재가 난데없이 튀어나온 것은, 고대했던 자정의 방문자가 오지 않은 데 대한 반사작용이었을 것이다. 스펙터클이 연출될 만한 무언가로 관심이 쏠리면, 가령 기적의 약속 같은 것으로 관심이 쏠리면, 사람들이 끔찍한 실망감을 일시적으로나마 잊을 수 있을 테니 말이다. 예전에 언젠가 "창조주"는 믿음이 없는 키치 씨가 몰락하리라는 예언을 한 적이 있었다. 아마도 베르타에게 이 생각이 떠올랐을 것이고, 하지만 이번에는 기적의 이야기여야 하므로 키치 씨의 몰락 뒤에 환생 이야기를 덧붙여야 했을 것이다.

"창조주"는 기적을 수행하면서 이 기적의 속성에 대해 상세하게 설명했다. 이는 일시적으로 사람들의 관심을 비행접시, 홍수, 자정의 실망 등에서 돌려놓는 데 성공한 것 같았다. 키치 씨는 9시도 되기 전에 들어가서 자고 있었는데, "창조주"가 말한 기적이 일어나려면 (즉 환생을 하려면) 먼저 일단 그가 죽어야 했다. 암스트롱과 우리 관찰자 한 명이 그가 아직 안 죽었는지 확인하러 세 번이나 방으로 갔는데, 매번 그가 여전히 살아 있으며 정상적으로 숨을 쉬고 있다고 말했다. 기적은 오지 않을 것 같았다. 결국에 "창조주"는 (아마도 타개책을 찾으려고 고심하다가) 기적이 이미 일어났다고 선포했다. 키치 씨가 그날 초저녁에 죽었다가 살아났다는 것이었다. 하지만 이 설명은 너무나 부적절해서 "창조주"의 권위로도 사람들이 이 설명을 납득하게 만들 수 없었다.

이때, 기적의 수행은 곧바로 해결해야 할 몹시도 현실적인 문제 하나가 생기면서 중단되었다. 아서 베르겐에게 (지금쯤이면 자신이 우주를 날아가고 있을 거라고 생각했지만) 어머니가 새벽 2시까지 오지 않으면 경찰에 행선지를 알리겠다고 말했던 것이 생각난 것이다. 아서가 이 이야기를 하자 이 지극히 현실적인 걱정거리 때문에 일대 소동이 일었다. 지금 경찰이 온다면 그야말로 비참한 최후의 일격이 될 터였다. 사람들은 아서에게 당장 어머니에게 전화해서 지금 집에 가려고 하는 중이라고 말하라고 했고 서둘러 택시를 불렀다. 그들은 짧게 작별 인사를 나눴다. 사람들은 아서가 나머지 일원들을 위해 희생하는 것이라고 말했고 그가 어디에 있든 외계인은 그를 놓치지 않을 것이라고 안심시켰다.

아서가 가고 나서 "창조주"는 다시 기적 이야기로 돌아왔다. "창조주"는 키치 씨의 죽음과 환생이 순전히 영적인 것이었으며 실제로 이미 발생했다고 말했다. 이전 몇 주 동안 키치 씨는 영적으로 죽은 상태였고 걸어 다니는 껍데기였지만, 최근에 이 모임의 신념 체계에 관심을 가지게 되었고 오늘 잠을 자고 있는 동안 그 과정이 완료되어 영적으로 환생했다는 것이었다. 사람들은 이 해석을 받아들이는 것 같았다. 이렇게 해서, 기적 이야기는 끝났다. 2시 30분쯤 매리언은 "사난다"로부터 쉬는 시간을 가지라는 명령을 받았다.

쉬는 시간은 한 시간 반 정도 이어졌는데, 자정의 예언이 실패한 것에 대해 이야기하기를 모두가 꺼려했다. 물론 우리 관찰자 다섯 명을 빼고 모두 말이다. 우리는 그것에 대해 몹시 이야기하고 싶었고, 사람들에게 "자정에 오기로 했던 사람에게 무슨 일이 일어났을까요?", "왜 그는 안 왔을까요?", "그 기적은 그가 오지 않은 것과 어떤 관련이 있을까요?", "비행접시가 우리를 데리러 올까요?" 등등을 계속 질문했다.

밥 이스트먼은 미몽이 확 깨진 것 같았다. 약속된 비행접시가 자정에 오지 않자 이 모든 것을 저버리고 싶은 것처럼 보였다. 출판업자도 관심이 없어진 것 같았다. 그는 우리 관찰자 한 명에게 천 년 전에 비행접시가 왔을 수도 있고 천 년 뒤에 올 수도 있다며 시간은 아무 의미가 없다고 말했다. 하지만 다른 사람들은 미몽이 깨졌다고 생각하려 하지도 않았지만 그렇다고 자정에 오기로 한 안내인이 안 나타난 것에 대해 평정심을 유지하지도 못했다. 닥터 암스트롱은 우리의 질문을 받자 이렇게 말했다. "두려워하지 마세요. 믿지 않으려고 하지도 마시고요. 그는 나타날 거예요. 그는 올 거예요." 그는 우리가 메시지를 잘못 해석했을지도 모른다고는 생각했지만, 어쨌든 계획이 "위층 소년들"이 의도한 대로 진행되고 있다고 확신했다. 에드나 포스트는 우리의 질문에 대해 "사난다"의 메시지에 자정에 구체적으로 "사람"이 오리라고 되어 있지는 않았던 것 같다고 말했다. 하지만 메시지 원문을 확인해 보고 싶어 하지는 않았다. 우리 관찰자 한 명이 함께 메시지를 확인해 보자고 했지만 에드나는 거절했다. 베르타도 메시지를 잘못 해석했을 가능성 말고는 다른 설명을 찾지 못했다.

우리 관찰자들은 닥터 암스트롱과 키치 부인에게 아무 일도 일어나지 않은 채 자정이 지나갔음을 계속 상기시켰다. 확신을 잃지 않은 닥터 암스트롱조차 스스로 납득할 만한 설명을 찾아내지는 못하는 것처럼 보였다. 매리언은 메시지에 대해 새로운 해석을 하기를 거부했다. 그 대신 다음과 같은 긴 답변을 했는데, 비행접시가 오지 않은 것을 합리화하는 데 앞으로 쓰이게 될 공식적인 설명의 단초들을 여기에서 볼 수 있다.

"그래요, 그들이 우리에게 잘못된 날짜를 알려 줬다고 해 보죠. 이것은 겨우 목요일에 신문에 났고 사람들은 주님을 만날 시간이 72시간밖에 없었어요. 자, 그럼, 오늘 밤 그것이 일어나지 않는다고 해 보죠. 내년이나 2년 뒤, 3년 뒤, 4년 뒤에 일어난다고 해 보죠. 나는 전혀 달라지지 않을 거예요. 나는 여기 앉아서 자동기술을 할 것이고 아마도 사람들은 이 작은 집단이 여기에서 빛을 퍼뜨려서 홍수를 막았다고 생각할지도 모르죠. 아니면 한두 해 정도 홍수를 연기시켜서 사람들에게 준비할 시간을 주었다고요. 글쎄요, 나는 몰라요. 내가 아는 것은 계획은 결코 빗나가지 않았다는 거예요. 우리가 아는 계획은 달라지지 않았어요. 그리고 모두들 내일 이 집에 사람들이 가득 차는 것을 보게 될 거예요. 우리는 집을 외부에 열어야 할 것이고 여러분 모두가 전화에 답해야 할 거예요. 그들이 우리더러 방송에 출연하라고 할지도 모르지요. 나는 전혀 후회하지 않아요. 어떤 일이 일어나도 후회하지 않을 거예요."

쉬는 시간은 새벽 3시가 조금 지나서 끝났고 사람들은 다시 거실에 모였다. 이때쯤이면 대부분의 사람들이 어떤 안내인도, 어떤 비행접시도 오지 않을 것이고 홍수도 일어나지 않으리라고 인정하고 있는 듯했다. 아마 우리 관찰자들이 그 이전 30분 동안 질문을 해댄 것이 이런 인식을 촉진했을 것이고 그에 따라 사람들은 실망스러운 일이 일어났음을 더 이상 부인할 수 없었을 것이다. 어떻든 간에, 한 시간 반이 지나기 전에 사람들은 자정에 아무도 오지 않았고 비행접시도 없었다는 것을 인정하기 시작했고, 따라서 이제 중요한 과제는 이 반증 사건을 그들의 믿음에 비추어 적절하고 만족스럽게 설명해 내는 일이 되었다.

그들은 자정에 주차된 차로 가서 그것을 타고 비행접시로 이동하게 되리라는 예언이 담겨 있었던 원본 메시지를 다시 조사하기 시작했다. 쉬는 시간 동안 우리 관찰자들은 그 메시지에 대해 계속 캐물었고 "창조주"는 누구라도 원한다면 원본 메시지를 보아도 좋다고 허락한 바 있었다. 그 메시지는 다른 문서들 틈에 파묻혀 큰 봉투 안에 들어 있었다. 신도들은 아무도 그것을 찾아보고 싶어 하지 않았다. 하지만 우리 관찰자 한 명이 자원했고 원본 메시지를 찾아내 큰소리로 읽었다. 첫 번째의 재해석 시도가 곧바로 나타났다. 데이지였는데, 이 메시지는 상징적인 것이지 문자 그대로의 의미는 아닐 것이라는 해석이었다. 데이지는 메시지에는 주차된 차량을 통해 이동할 것이라고 되어 있었는데 주차된 차량은 움직이니 않으니 그것은 어디로도 사람들을 데리고 갈 수 없다고 지적했다. 그러자 "창조주"가 실제로 그 메시지는 상징적인 것이었으며, 주차된 차량이란 그들 자신의 신체를 말하는 것이라고 했다. 그리고 자정에 그들의 신체는 실제로 키치 부인의 집에 있었다. 이어서 "창조주"는 "툇마루"(비행접시)는 모인 사람 각자가 가지고 있는 내면의 힘, 내면의 앎, 내면의 빛을 상징하는 것이라고 했다. 어떤 종류의 어떤 설명이라도 나오기를 간절히 바라는 상태였던지라, 많은 이들이 이 설명을 받아들이기 시작했다.

흥미롭게도, 이 해석에 동의하기를 거부한 사람은 매리언 키치였다. 키치 부인은 그 해석이 진실처럼 들리지 않는다고 했다. 키치 부인은 그것이 정확한 해석이라고 생각하지 않았다. 그러자 베르타는 약간 적대적으로 매리언에게 더 타당한 해석이 있느냐고 물었고 매리언은 이렇게 대답했다. "아니요. 나도 더 정당한 해석은 없어요. 나는 우리가 해석을 해야 한다고 생각하지 않아요. 우리는 모든 것을 이해해야 할 필요가 없어요. 계획은 절대로 빗나가지 않아요. 우리는 계획이 무엇인지 모르지만, 어쨌든 그것은 결코 빗나가지 않아요."

하지만 이 입장도 만족스럽지 못하기는 마찬가지였다. 충격과 실망은 너무나 컸고 예언된 홍수는 (그 예언이 아직 유효하다면) 너무나 임박해 있었기 때문에, 이들은 어떤 설명에도 만족할 수 없었다. 그래서 온갖 해석들이 난무하는 논의가 계속되었지만 새벽 4시까지도 만족스러운 해법은 나오지 않았다. 이때 모임은 다시 쉬는 시간을 가졌다. 우리 저자 한 명이 바람을 쐬려고 문을 열고 나가자 그가 실망해서 마음이 떠난 것이라고 생각해 격려가 필요하리라고 느낀 암스트롱이 뒤따라 나갔다. 암스트롱은 영감을 북돋울 만한 이야기를 했다. 특히 중요한 부분은 암스트롱 자신의 처지와 믿음에 대한 것이었는데, 이야기를 마친 암스트롱이 (홀로 명상을 할 수 있도록) 우리 저자를 남겨 놓고 먼저 안으로 들어간 틈에 우리 저자가 곧바로 적어 놓을 수 있었던 덕분에 우리는 암스트롱이 한 말을 거의 토씨까지 정확한 기록으로 가지고 있다. 내용은 다음과 같다.

"나는 오랜 길을 왔습니다. 나는 거의 모든 것을 포기했어요. 모든 연결 고리를 끊었습니다. 모든 다리를 불태웠어요. 나는 세상에 등을 돌렸습니다. 그러니 나는 의심하는 사치를 부릴 수 없습니다. 나는 믿어야만 해요. 그리고 다른 진리는 없습니다. 설교자들과 목사들은 이 진리를 알지 못해요. 성경도 아주 면밀히 봐야만 알 수 있습니다. 나는 지난 한두 달간 끔찍한 타격을 받았어요. 아주 끔찍한 타격이었죠. 하지만 나는 내가 누구인지 알고 내가 무엇을 해야 하는지 알아요. 예수가 알고 있었듯이 나는 내가 아는 것을 가르치고 알리게 되리라는 것을 알아요. 그리고 오늘 밤에 무엇이 일어나든 상관하지 않아요. 나는 의심하는 사치를 부릴 수 없습니다. 설령 내일 기자들에게 우리가 틀렸다고 말하게 되더라도 나는 의심하지 않을 겁니다. 아마 당신은 지금 의심의 시기를 지나고 있겠지요. 하지만 견뎌 보세요, 조금만 견뎌 보세요. 이것은 어려운 시기이지만 우리는 '위층 소년들'이 우리를 돌볼 거라는 걸 알아요. 그들은 우리에게 약속했어요. 지금은 어려운 시기이고 이 길은 쉽지 않아요. 우리 모두 타격을 받았어요. 나는 아주 엄청난 타격을 받았지요. 하지만 나는 의심하지 않습니다."

밖에서 암스트롱이 우리 저자에게 조언을 하는 동안, 안에서는 키치 부인이 통제력을 잃고 고통스럽게 흐느끼기 시작했다. 키치 부인은 의심을 하기 시작한 사람이 있다며 우리 모두 빛을 가장 필요로 하는 사람에게 빛을 쏘아 주어야 하고 집단을 단단하게 하나로 묶어야 한다고 말했다. 나머지 사람들도 자제력을 잃었다. 이제는 다들 충격을 받은 상태임이 명백했고, 많은 사람들이 울음을 터뜨리기 일보직전이었다. 이렇게 안 좋은 분위기에서 15분이 흘렀다.

하지만 곧 우리 저자가 집 안으로 다시 들어와서 암스트롱이 크게 도움을 주었다고 말했고, 그가 돌아오자 사람들은 상당히 힘이 난 것 같았다. 키치 부인도 크게 안심했다. 하지만 근본적인 문제는 남아 있었다. 4시 반이 되었는데 아직도 반증을 설명할 마땅한 해법이 나오지 않은 것이다. 이때쯤이면 모인 사람 대부분은 자정에 오기로 되어 있었던 안내인이 오지 않은 것에 대해 공공연히 이야기하고 있었다. 사람들은 거실 주위를 서성거리거나 두

셋씩 모여 서서 자신의 감정을 이야기했다. 에드나와 마크는 이 사건을 사흘 전 추운 날 밤에 뒤뜰에서 비행접시가 오기를 기다리다가 느낀 실망과 비교했다.

그렇지만 이런 분위기는 곧 종식되었다. 4시 45분쯤, 매리언이 다시 한 번 모두를 거실로 불러 모으더니 자신이 막 메시지를 받았다며 그것을 큰소리로 읽었다. 다음과 같은 중대한 내용이 담겨 있었다.

"오늘 지구에는 단 하나의 신만 존재함이 확증되었다. 그리고 너희 가운데 그가 있다. 그의 손에서 너희는 이 이야기를 듣고 있다. 전능하신 신의 말씀이다. 그의 말씀에 의해 너희는 구원될 것이다. 죽음의 입에서 너희는 구원되었다. 지구에 일찍이 그렇게 선한 힘이 풀려난 적은 없었다. 지상에 시간이 시작된 이래로, 지금 이 방에 흐르고 있고 지구 전체에 흐르고 있는 것과 같은 선한 힘은 전에 없었다. 너희들의 신은 이 벽 안에 있는 두 사람을 통해 말한다. 그리고 그는 너희에게 말했던 것을 이미 보여 주었다."

신도들은 이 메시지를 열렬히 받아들였다. 반증에 대한 몹시도 적절하고 우아한 설명이었다. 홍수는 연기되었다. 이 작은 집단이 밤새 앉아서 굉장히 많은 빛을 퍼뜨렸기 때문에 신은 [홍수를 미루고] 세상을 파괴에서 구했다. 좌중의 모든 사람이 이 메시지를 완전히 받아들였다는 것이 분명해지자 매리언은 추가로 두 개의 메시지를 연이어 말했다. 첫 번째는 앞서 말한 메인 메시지의 서론격이라 할 만한 메시지로, 내용은 다음과 같았다. "밤새 아버지의 말씀을 들으러 앉아 있었던 무리, 아버지가 말씀하신 바를 들으려 앉아 있었던 무리에게 모든 것이 이야기될 것이다." 두 번째 메시지는, 서론 격의 메시지와 메인 메시지를 합해 "지구의 사람들에게 보내는 크리스마스 메시지"라는 제목을 붙이고 이 "크리스마스 메시지"와 이 메시지가 새벽 4시 45분에 내려왔다는 사실을 즉시 신문에 알리라는 지시였다.

매리언이 두 번째 메시지를 읽고 나자 커트 프룬드는 자리에서 일어나 코트와 모자를 걸치고 집에서 나갔다. 반증 사건으로 모임에서 또 한 명이 떠나갔다.

하지만 나머지 사람들은 반증에 대해 만족스러운 대답을 얻었기 때문에 활기에 넘쳤다. 분위기는 대번에 반전되었고 사람들의 행동도 반전되었다. 특히 언론에 대한 태도가 전과 180도 달라졌다. 기자들을 피하고 언론의 관심을 힘겨워하던 데서 순식간에 맹렬히 언론 홍보에 열을 올리는 쪽으로 바뀐 것이다.

매리언은 이제까지 이 모임에 호의적이었고 공정하게 기사를 써 온 기자에게 가장 먼저 정보를 주어야 한다고 주장했다. 매리언이 전화기 쪽으로 가자 마크가 혹시 매리언이 너무 피곤하다면 전화를 다른 사람이 해 주길 원하느냐고 물었다. 하지만 매리언은 격렬하게 사양하며 자신이 직접 해야 한다고 했다. 그래서 매리언이 신문사에 전화를 걸었는데, 그가 통화하길 원했던 기자는 집에서 자고 있었기 때문에 연결이 어려웠다. 매리언은 꼭 그 기자에게만 말해야 하는 정보가 있다고 계속 주장했다. 신문사에서 그를 찾아서 깨우는 동안 매리언은 15분 정도 전화기를 들고 있었다.

그동안 우리 관찰자 한 명이 매리언에게 물었다. "매리언, 당신이 직접 신문사에 전화한 것은 이번이 처음이지요?" 매리언은 곧바로 대답했다. "오, 그래요. 내가 한 것은 처음이에요. 전에는 내가 거의 기자들에게 이야기하지 않았지요. 하지만 이제는 긴급하게 기자들에게 이야기해야 할 필요성을 느껴요." 모임 전체가 비슷한 긴박함을 느끼고 있었다. 메시지를 되도록 빠르게 신문사에 전해서, 이 모임이 세계를 구했다는 것과 그 메시지가 홍수가 시작되기 불과 몇 시간 전에 왔다는 것을 세상이 알게 해야 했다.

드디어 키치 부인은 그 기자와 통화할 수 있었다. 기자에게 메시지를 읽어 주었고 그가 모든 것을 정확하게 알아들었는지 매우 공을 들여서 확인했다. 전화를 끊자마자 사람들은 다른 신문사들에도 알려야 한다고 너도나도 제안하기 시작했다. 닥터 암스트롱은 "매우 중요한 일이고 하나의 언론사만 알기에는 너무 큰일이기 때문"에 AP통신과 UP통신에도 전화를 해야 한다고 주장했다. 베르타 블라츠키도 여기에 동의하면서 "창조주"가 하나의 매체에만 기사가 나가는 것에 만족하지 않을 것이라고 말했다. 마크 포스트도 자신에게 우호적이었던 지역신문 기자에게 전화하고 싶다고 했다.

베르타와 닥터 암스트롱이 가장 열정적이었지만 다른 사람들도 되도록이면 빠르게, 또 되도록이면 널리 메시지를 알려야 한다는 데 모두 동의했다. 우리 관찰자 한 명이, 제일 처음 연락한 신문에 기사를 주고 싶다면 다른 매체에는 연락을 하지 않아야 한다고 했고 어차피 어딘가에서 기사가 나오면 다른 매체들도 그것을 받을 거라고 했지만, 이 말은 완전히 무시되었고 한 신문에 딱 5분만 먼저 알리고 그 다음에 다른 매체들에도 알리기로 신속하게 결정되었다. 이들이 느낀 긴급성과 절박성은 실로 엄청났다.

언론 홍보와 관련해 새로운 제안들이 계속 쏟아져 나왔다. 가령, 베르타는 『라이프』지가 이 소식을 다뤄 줄지 모른다고 했다. 하지만 키치 부인은 사람이나 장소의 사진, 또 메시지의 복사본 사진은 보내면 안 된다는 명령을 받았다. 내용은 오로지 "텍스트로만 나가야 한다"고 키치 부인은 선언했다.

피로가 몰려온 탓인지 안도감에 긴장이 풀린 탓인지 키치 부인은 붙잡고 있던 전화기에서 손을 놓고 휘청휘청 소파로 갔다. 냉큼 마크가 수화기를 들고 자신이 아는 신문사에 전화를 걸어서 아까 말한 우호적인 기자에게 연락을 취했다. 그 다음에는 암스트롱이 바통을 넘겨받아 매우 빠르게 주요 통신사에 전화를 돌렸다. 암스트롱은 걸려 오는 전화에 답하느라 그 후로도 한 시간 반 동안이나 전화기를 붙잡고 있었다. 그는 빠르고 단호하고 확신에 찬 말투로 "크리스마스 메시지"의 중요성을 상세히 설명했다. 데이지는 집으로 찾아오는 기자들에게 주기 위해 교정 교열을 봐 가며 "크리스마스 메시지"를 타자로 치기 시작했다. 홍보 활동은 맹렬한 속도로 전개되었다.

오전 6시 반경이면 모든 지역 신문과 전국 통신사에 전화를 돌린 상태였다. 들떴던 열기도 어느 정도 누그러졌다. 다들 밤을 새운데다 긴장해서 녹초가 되었다. 그리고 몇몇은 홍수가 나지 않은 세상에서 맞닥뜨려야 할 힘든 삶을 직시하기 시작했다. 에드나 포스트는 부엌으로 가서 조용히 울기 시작했다. 에드나는 자신이 완전히 혼란에 빠졌고 어쩔 줄을 모르겠다고 했다. 에드나도, 아들 마크도, 비행접시에 픽업될 줄 알고 일을 그만두어서 소득이 없었다. 저축이 약간 남아 있긴 했지만, 그 다음에는 무엇을 기대할 수 있을까? 누가 나를 도울까? 나는 무엇을 할 수 있을까? 곧 데이지와 클레오도 비슷한 문제를 이야기하기 시작했다. 그들의 가족도 경제적으로 불확실한 미래에 직면해 있었다. 암스트롱도 일자리를 구해야 할 텐데 도대체 어디에서 구할 것인가? 컬리지빌로 돌아가 조롱하는 도시에 직면할 수는 없을 것 같았다. 또 클레오는 아마도 대학을 그만둬야 할 터였다. 어디로 가야 할지, 어떻게 살아가야 할지 알 수가 없었다. 밥 이스트먼은 지치고 억울해 보였다. "지금 어떻게 느껴야 할지 모르겠어요. 나는, 그저, 분명하지가 않아요. 여기에서 일이 돌아가는 방식은, 왼손이 하고 있는 일을 오른손이 몰라요. 잠이나 자러 가야겠어요." 한편 매리언, 베르타, 암스트롱은 한 시간 전보다는 고양된 상태가 누그러졌지만 다른 사람들만큼 우울하지는 않은 것 같았다. 이들은 반증이 잘 설명되었다고 생각했다. 하지만 그래도 찜찜함이 완전히 가시지는 않았다.

이때 베르타가 새로운 홍보거리를 내놓아서 이들의 기운을 약간이나마 다시 북돋워 주었다. 한 시간 정도 진행된 세션에서 베르타는 "창조주"의 음성으로 두 가지의 중요한 선언을 했다. 첫째, 이제까지 비밀이었던 녹음테이프들을 대중에게 공개하라. 누구라도 원한다면 복사본을 가질 수 있게 하라. 둘째, 원하는 사람이면 누구에게든 창조주 자신이 특별한 녹음을 해 줄 것이다. 빈 테이프만 가져오면 "창조주"가 개별 면담을 통해 질문에 답해 주고 그 것을 녹음할 수 있게 해 줄 것이다. 그것도 무료로. 암스트롱이 녹음된 테이프들은 어느 것이든 텔레비전이나 라디오 방송에 보내도 되느냐고 묻자 "창조주"는 몹시 장려하는 바라며 녹음테이프들을 받아 볼 수 있다는 것을 주요 방송국에 속히 알리라고 했다. 세션을 기록한 녹음을 외부에 알리는 것과 관련해, 비밀주의에서 전국적으로 열심히 퍼뜨려야 한다는 쪽으로 방침이 180도 바뀌었다는 점은 더 설명할 필요가 없을 것이다.

마지막으로 "창조주"는 미래에 대해 걱정할 필요가 없다고 모두를 안심시켰다. 그들은 계속 배우게 될 것이고 공부하게 될 것이며 다른 이들에게 빛을 가르치게 될 것이고 보살핌을 받게 될 것이었다.

오전 8시쯤, 사람들은 그날 새벽에 방송국에 전화로 이야기했던 내용이 전국 방송에 나오는지 보기 위해 텔레비전을 켰다. 그들은 그들 앞에 펼쳐질 새로운 하루에 대해, 기자들에 대해, 그리고 세상에 대해 그 어느 때보다도 준비가 되어 있었다.

6장
실현되지 않은 예언과 한층 더 고무된 예언가

혼돈의 도가니로 보였을지 모르지만 12월 21일 직전의 며칠은 핵심 주제인 "홍수"와 "구원"을 중심으로 느슨하게나마 조직화되어 있었다. 하지만 21일 동틀 녘에는 저마다 열광적으로 자신의 신념을 세상에 확신시키고자 나서면서 조직적·체계적이던 모습은 온데간데없이 사라졌다. 또 이후 며칠 동안 이들은 계속해서 새로운 예언을 내놓고 그것이 이뤄지리라 믿으면서, 또 닥치는 대로 가디언의 지침을 (헛되이) 구하려 하면서, 인지부조화의 괴로움을 줄이기 위해 절박한 시도들을 했다.

12월 21일 아침, 이들이 전화를 돌린 언론사들에서 첫 번째 기자가 찾아왔다. 전에 이들을 다소 경박하게 다뤘던 신문사에서 온 사람이었다. 매리언 키치는 기자와 이야기를 하기 전에 기사 스크랩을 꼼꼼하게 읽고서 그에게 이렇게 말했다. "답은 '노'예요. 당신에게는 우리가 드릴 것이 없어요. 전혀 드릴 것이 없어요. 이런 스캔들 신문에는 아무것도 하지 않겠습니다." 기자는 항변을 시작했지만 끝맺기 전에 매리언이 말을 잘랐다. "우리는 당신에게 아무것도 줄 수 없어요. 아무 뉴스거리도 없습니다." 그렇게 말하고 매리언은 보도 자료를 그의 손에 거칠게 쥐어 주면서 말했다. "이것을 보세요. 여기 있는 내용이 뉴스인지 아닌지 살펴보세요. 읽어 보세요. 읽어 보세요. 읽어 보세요."

기자가 보도 자료를 읽는 동안 전화가 울렸고 키치 부인이 받았다. 통화는 끝없이 계속될 듯 보였고 그 기자는 매리언이 "가지 마세요. 잠시만 앉아서 기다리세요. 이 전화 먼저 끝내고요"라고 큰소리로 말했지만 결국 가 버렸다. 기자가 가고 한참 뒤에야 통화를 끝낸 매리언은 방을 둘러보고 기자가 안 보이자 기자를 그렇게 보낸 게 몹시 신경 쓰이는 듯했다. 매리언은 사람들마다 붙잡고 그가 어떻게 갔는지, 나가면서 뭐라고 말했는지, 다시 올 것 같은지 등을 물어보았다. 그가 나중에 다시 오겠다고 했다는 말을 듣고서 매리언은 겨우 안심했다.

매리언과 길게 전화 통화를 한 주인공은 언변 좋은 지역 방송 캐스터였다. 그는 20일 아침에도 매리언과 통화를 한 바 있었다. 당시에 그는 자정에 시작해서 종말의 날까지 이어지는 "종말의 날" 칵테일파티에 매리언을 초대하려고 했다. 그 통화를 할 때 그는 무례하고 제멋대로였다. 매리언이 파티에 가지 않겠다고 하자 캐스터는 "사난다"가 속이 좁다고 비난했고 매리언은 화가 나서 씩씩거리며 전화를 끊었다.

21일의 통화에서도 그가 깐족대며 자극하는 전략을 취했던 게 분명해 보인다. 매리언은 격렬하게 언쟁을 벌였고 그가 어느 한 지점도 그냥 넘어가게 두지 않았다. 결국 그는 집으로 찾아와서 매리언과 만나도 되겠냐고 물었다. 매리언은 "진지하시다면" 가능하다고 했다. 또 "[사난다에게] 메시지로 가부를 알려 달라고 요청할 것인데, 그 메시지에 따라야 할 것"이라고 덧붙였다. "안 된다는 메시지가 오면 당신은 거기에 따라야 합니다. 메시지에서 좋다고 하면 오셔도 좋아요." 매리언은 [자동기술로 메시지를 받기 위해] 종이와 연필을 꺼냈고 연필은 커다랗게 "좋다"고 적었다. 매리언은 기뻐하면서 전화기로 가서 이렇게 전했다. "메시지에 '좋다'고 나오네요. 바로 오세요. 지금요."

도착한 캐스터는 저녁 방송을 위해 녹음을 해도 되겠냐고 물었다. 매리언은 오전 4시 45분에 온 메시지만 녹음을 허용하겠다고 했다. 그리고 "내가 메시지를 읽고 녹음해 드리면 한 단어도 삭제하지 않고 전부 보도해 줄 수 있나요?"라고 물었다. 캐스터가 동의했고 매리언은 메시지를 읽었다. 또 녹음이 계속되는 동안 캐스터는 추가로 몇 가지 질문을 했고 매리언은 모든 질문에 상세하게 대답했다. 이렇게 해서, 이 운동의 배경, 신념 체계, 그리고 주요 메시지에 대한 해설을 전부 담은 긴 녹음테이프가 만들어졌다.

인터뷰가 끝나자 함께 온 방송 캐스터가 물었다. "저는 여러 중요한 사안에 대해 여성의 견해를 다루는 프로그램을 하고 있습니다. 말씀을 녹음해도 될까요?" 그는 [매리언이 아무리 거절하더라도] 어떻게든 매리언을 설득하려고 단단히 각오하고 온 듯했지만, 굳이 설득할 필요가 없었다. 매리언 쪽에서 이 새로운 전도 기회를 덥석 움켜잡았기 때문이다. 매리언은 그의 마이크를 붙잡고 이렇게 말했다. "매우 중요한 문제 하나는 교육의 어려움이라고 생각합니다. 우리의 교육 시스템은 모두 잘못되었습니다." 이어서 매리언은 약 10분간 마이크에 대고 "사난다" 등 가디언들이 교육 문제에 대해 드러내 준 메시지들을 이야기했다.

이런 양상으로 그날 하루가 지나갔다. 저녁까지 매리언의 집은, 이제는 매우 환영받는 신문, 라디오, 텔레비전 방송국 사람들로 북적댔고, 전화가 끊임없이 울렸으며, 방문자들(주로는 가죽 재킷을 입은 고등학생들)이 줄줄이 찾아왔다.

언론은 원하는 것을, 아니 원하는 것보다 더 많은 것을 얻었다.

우호적이었던 기자들만 상대한다던 초기의 원칙은 금세 사라졌다. 모든 기자가 환대를 받았고 커피와 음식을 대접받았으며 긴 인터뷰를 할 수 있었다. 모임 사람들은 기자들이 묻는 모든 질문에 답한 것은 물론이고 묻지 않은 정보까지 자발적으로 알려 주었다. 2시간 넘게 인터뷰가 이어지는 경우도 있었다.

물론 기자들은 키치 부인이나 닥터 암스트롱과 이야기하고 싶어했지만 다른 사람들도 중간 중간 인터뷰에 참여했다. 남편이 무서워서 홍보 활동을 피했던 베르타 블라츠키도 적어도 한 명의 기자와 길게 이야기를 나눴다. 데이지 암스트롱도 몇몇 인터뷰에 참여했다. 마크 포스트는 그가 염두에 두었던 우호적인 기자를 집에 초대했고 그 기자가 궁금한 점에 대해 남김 없이 답을 들을 수 있도록 신경을 썼다. 키치 부인과 닥터 암스트롱은 라디오용으로 총 다섯 번의 녹음을 했다. 아직까지 금지된 유일한 것은 사진 촬영뿐이었다.

이 모든 활동은 예전의 언론 응대 태도와 극적인 대조를 보인다. 반증이 있기 전 5일간에는 언론의 접촉 시도를 단칼에 거절했다. 기자들은 키치 부인과 닥터 암스트롱에게서 각각 단 하나씩의 인터뷰와 닥터 암스트롱에게서 30초짜리 방송 녹화 단 하나만 뽑아낼 수 있었다. 또한 그때 기자들은 한참을 진을 치고 기다린 뒤에야 키치 부인과 닥터 암스트롱을 만날 수 있었고 기사가 부정확하게 나갈지도 모른다는 협박에 가까운 이야기를 하고 나서야 겨우 이들이 인터뷰에 응하게 할 수 있었다.

그런데 21일에는 분위기가 딴판이 되었다. 이날도 기자들의 전화가 빗발쳤고, 기자 외에 진지하게 관심이 있는 사람들, 호기심에 전화해 본 사람들, 혹은 장난을 치려는 사람들의 전화도 많았다. 그런데 이제는 전과 달리 집까지 찾아오지 않은 기자들도 전화로 길게 인터뷰를 할 수 있었고 지난 며칠간의 일과 이들의 신념 체계를 상세하게 들을 수 있었다. 기자가 아닌 진지한 일반인들에게도 성의 있게 응대했고 대개는 집으로 오라고 초대도 했다. 심지어 장난전화를 건 게 명백한 사람들도 따뜻하게 대했고 유머로 응수했다. 때로는 이런 사람과 친근한 농담이 10분이나 15분 동안 이어졌고 집으로 한번 오라는 초대로 끝을 맺기도 했다.

또한 전과 달리 "선택된 자"와 "믿지 않는 자"를 구분하려 하지 않고 모든 방문자를 선별 없이 받아들였다. 닥터 암스트롱과 키치 부인 둘 다 되도록이면 방문객을 다 만나고 그들의 질문에 다 답하려고 노력했고 상황이 허락하면 상세한 설명을 하거나 논쟁을 벌였다. 하지만 전화, 기자의 질문, 새로운 방문자 등이 계속 끼어드는 바람에 논의는 중간중간 자주 끊겼다. 두 명의 지도자가 바쁠 때면 데이지 암스트롱과 마크 포스트, 에드나 포스트가 거들려고 노력했지만 이들은 그다지 뉴스 가치가 있는 인터뷰 대상자가 아니었고 화술도 좋지 못해서 기자나 사람들의 관심을 끌지 못했고 방문객들은 지루해 하다가 돌아가곤 했다. 다들 전도를 하고 싶어 했지만 수완이 없었고 전도 방식도 효과적이지 못했다. 지침을 체계적으로 가르칠 준비가 여전히 되어 있지 않았고 나눠 줄 만한 문건도 마련되어 있지 않았으며 잠재적인 개종자가 따르도록 할 의례나 의무도 준비되어 있지 않았다. 그래서 그저 닥치는 대로 자신들의 믿음 체계를 설명하고 홍수가 오지 않은 이유를 이야기하고 사람들의 질문에 답하는 데만 열심히 집중했다.

지난 36시간 동안 모두 서너 시간밖에 못 잤지만, 맹렬한 활기와 열기는 초저녁까지 계속되었다. 그때쯤 마지막 기자가 돌아갔고 집에 있는 사람들은 저녁 먹을 짬을 낼 수 있었다.

또한 그때쯤, 걸려 오는 전화 중에 가디언이 보내는 암호 메시지가 있을지 모른다는 의견이 제기되었다. 중요한 정보나 명령을 놓치지 않기 위해 이들은 전화에 녹음기를 연결해서 통화를 모두 녹음하기로 했다. 녹음기는 1주일 동안 전화기에 연결되어 있었고, 통화 내용에 담겨 있을지 모르는 명령들을 찾아내기 위해 때때로 녹음을 들으면서 검토했다.

8시 30분경, 고등학생 9명이 키치 부인과 이야기를 나누고 싶다며 찾아왔다. 키치 부인은 전화로 어떤 사람과 비행접시에 대해 이야기하는 중이었다. 나중에 알고 보니, 그때 키치 부인은 전화 상대방이 외계인이라고 생각하고 있었다. "외계인"과 대화를 더 나누고 싶지만 새로 온 방문객들을 기다리게 하는 것도 걱정이 되어서, 키치 부인은 방문객들 또한 전화 대화에 동참하도록 했다. 1시간 넘게 키치 부인은 거실의 손님들, 그리고 수화기 너머의 "외계인"과 번갈아 가며 이야기를 했다. 전도 의지가 너무나 충만해서 어떤 기회도 그냥 흘려보낼 수 없는 것 같았다. 또한 키치 부인은 전화 통화 중인 "외계인"이 집에 오도록 만들고 싶었다. 그래서 이 두 가지 목적을 동시에 달성하기 위한 전략을 취했다. 키치 부인은 학생들이 외계인에 대해 어떤 태도를 갖고 있는지 떠보면서, 전화 상대방이 만약 자신이 이 집에 찾아온다면 매우 환영받으리라고 여길 수 있게끔 대화를 이끌었다. 가령, 키치 부인은 학생들에게 이렇게 질문했다. "너희는 외계인이 너희에게 무언가를 가르칠 수 있다고 생각하니? 몇 명이나 그렇게 생각하니? 손을 들어 보렴. 아 그래, 적어도 너희들은 무언가를 배우고 싶구나. 너희들은 외계인과 공부하고 싶니? 외계인과 함께 공부하기 위해 불이익이나 피해를 감수해야 한다면 얼마나 많이 그럴 수 있니? 만약 외계인이 여기에 온다면, 그리고 박해받지 않기 위해 숨을 곳을 필요로 한다면, 너희는 그를 집에 숨겨 줄 거니? 그렇게 할 사람 손 들어 볼래? 좋아, 너희들 모두 외계인을 집에 머물게 해 주겠다는 거로구나? 그러겠다는 사람이 아주 많은 거네?"

"삼각 대화"는 수화기 너머의 "외계인"이 방문 의사를 내비칠 때까지 계속되었다. 학생 몇 명이 자동차로 마중을 나가겠다고 자청했다. 학생들이 출발하고 나서 키치 부인은 우리 관찰자 한 명에게 전화 통화에 그렇게 오랫동안 열중한 이유를 다음과 같이 설명했다. "그의 목소리를 듣자마자 매우 마음이 잘 통하고 우호적인 의사소통이 되리라고 느낌이 왔어요. 그리고 그가 '위층 소년들' 중 하나라는 것을 알아차렸죠." 명백히, 키치 부인은 이 일이 아주 잘 풀렸다고 생각해서 몹시 기뻐하고 있었다.

잠시 뒤에 또 전화가 울렸다. 어떤 소년이었는데, 키치 부인에게 이렇게 말했다. "우리 욕실에 홍수가 났어요. 그리고 우리는 파티를 할 거예요. 오실래요?" 매리언은 조금도 주저하지 않았다. 주소를 받아 적고 매우 신이 나서 사람들을 불렀다. "모두 코트를 입으세요. 갑시다." 다들 그리 멀지 않은 주소지로 향했고, 15분 뒤에 실망해서 돌아왔다.

아쉽게도 이 짧은 외출에는 우리 관찰자가 아무도 동행하지 못했다. 하지만 다음날 에드나 포스트에게 이야기를 들을 수 있었다. 에드나에 따르면, 모두 걸어서 그 집에 가서 문을 두드렸다. 어느 여성이 문을 열었고 키치 부인은 소년의 이름을 대면서 낮에 집에 찾아왔던 (그리고 키치 부인 생각에는 외계인임이 틀림없는) 학생을 찾았다. 하지만 문을 연 여성은 키치 부인 일행더러 돌아가라고 했고 모두 집으로 돌아왔다. 이렇게 명백한 장난까지 진지하게 여길 정도로, 키치 부인은 조금이라도 믿음을 확증해 줄 만한 것이라면 무엇이라도 붙잡을 태세였다. 외계인이 암호로 연락을 시도하는 중일 거라고 확신하고 있었기 때문이다. 이날의 사건이 어떤 식으로 합리화되었는지는 에드나가 한 말에서 실마리를 찾아볼 수 있다. "우리가 거기 갔을 때 그 집 앞에 주차되어 있던 자동차가 막 떠났어요. 우리가 신호를 놓친 거죠. 너무 늦게 도착하는 바람에 우리는 기대했던 것을 얻지 못했어요."

다들 집으로 돌아오고 얼마 뒤, "외계인"을 데리러 갔던 학생들이 그와 함께 돌아왔다. 그는 십 대의 비행접시 애호가였고 잔뜩 가져온 비행접시 문헌들을 사람들과 돌려 보며 저녁 내내 이야기를 나눴다. 11시경에는 다른 방문객은 모두 돌아가고 그 "외계인"만 남았고 닥터 암스트롱과 키치 부인이 그와 따로 대화를 나눴다. 이때 그들이 어떤 이야기를 했는지에 대해서는 우리에게 자료가 없다. 짐작컨대, 닥터 암스트롱과 키치 부인은 명령을 달라고 "외계인"에게 집요하게 졸랐을 것이다. 만약 그렇다면, 이것은 곧 더욱 두드러지게 나타날 어떤 징후의 첫 번째 발현이었다고 볼 수 있다. 이 시점이면 모두가 절박하게 몸부림치고 있었고 지도자들은 더욱 그랬다. 믿음은 여전히 확고했지만 나오는 예언마다 연달아 틀리면서 점점 더 방향성이 없어졌고, 따라서 이들은 이 다음에 무엇을 하라고 알려 줄 신호나 사람을 절박하게 찾으려 했다.

12월 21일에 드러난 경향 중 주목할 만한 것이 또 하나 있다. 키치 부인이 최근에 보도된 몇 가지 재난 사건들에 점점 더 중요성을 부여하기 시작한 것이다. 이날 아침 신문에는 닷새 전에 일어난 네바다의 지진 소식이 실려 있었다. 키치 부인은 인구 밀도가 높은 지역이었더라면 피해가 막심했을 거라고 말했다. 키치 부인은 흥분해서 이 기사를 모임 사람들에게 보여 주면서 재앙이 실제로 일어나고 있다고 강조했다. 이들이 모여서 빛을 퍼뜨린 덕분에 레이크시티는 재앙을 면했지만 다른 곳에서는 격동이 일어나고 있다는 것이었다. 키치 부인은 이것이 예언이 옳았다는 증거라고 말했다. 오전과 오후의 언론 인터뷰에서는 이 주제를 그리 두드러지게 이야기하지 않았지만 재난 소식이 더 알려지면서 이 주제는 키치 여사의 인터뷰에서 중요성이 점점 커졌다.

오후 2시경, AP통신과 UP통신이 전화를 걸어 와 그날 이탈리아와 캘리포니아 주에서도 지진이 났다고 알려 주었다. 키치 부인은 매우 침착하게 이 소식을 받아들이면서 "이 모든 것이 연결되어 있는 것 같다"고 말했다. 오후의 나머지 시간 동안에 키치 부인은 방문객들과 이야기할 때도 이 지진들을 자주 언급했고 "사난다"가 경고했던 바대로 재앙이 일어나고 있다며 지진이 일으킨 피해를 극적으로 묘사했다. 또 지진 기사를 최근에 이 모임에 벌어졌던 일들을 설명하는 데도 녹여 냈다. 즉 키치 부인은 (그리고 모임의 다른 사람들도) 다른 곳에서 지진이 발생했다는 기사가 자신이 믿는 바를 뒷받침해 준다고 여긴 것 같았다. "크리스마스 메시지"

로 반증 사건을 합리화하긴 했지만 아무래도 그것으로는 충분치 않아서 믿음을 확인해 줄 증거가 더 필요했던 것이다. 결정적인 반증 사건이 일으켰던 인지부조화는 너무나 막대해서 여전히 이들을 괴롭히고 있었다.

12월 22일 새벽에 키치 부인이 새로운 메시지를 받았는데, 당장 모임 사람들은 이를 언론에 연락해야 할 새로운 계기로 삼았다. 사진 촬영을 금지하던 이제까지의 방침을 철회한다는 내용을 담고 있었기 때문이다. 심지어 사진기자들에게 잘 대해 주라고까지 되어 있었다. 메시지의 일부는 다음과 같다.

"채비를 하고 있다가, 신문사에서 오면 그들에게 그것을 해 주어라. 너희는 함께 그것을 해 주어라. 너희는 하나의 단위로서 있어야 하고 함께 포즈를 취해야 한다. 좋은 인상을 주기 위해 최선을 다하고 그들에게 매우 잘 대해 주어라. 그들을 화나게 하거나 부당하게 거슬리게 하지 말아라. 대문에서 그들을 맞이해라. 그리고 혼란스러워 하는 사람들에게 알려야 할 적절한 메시지를 그들에게 주어라. 그들이 찾고자 하는 것을 주어라. 지금으로서는, 사진에 대해 우려해 온 사람은 그 예언자라고 말해라. 처음 온 사람에게 첫 번째 사진을 주어라. 그리고 누구에게도 거절해서는 안 된다. 너희는 기쁘게 포즈를 취하고 그들에게 신호를 보내어라. 그들 사이에 누가 형제가 아닌지, 누가 운송자가 아닌지는 아무도 알 수 없다. 현명하게 모든 기자에게 신호를 보내어라. 모두의 이익을 위해 예비된 쓰임새가 없는 사람은 이 방에 허락되지 않을 것이기 때문에 이는 매우 중요하다. 누구도 누가 누구이고 무엇이 무엇인지 이야기하지 않을 것이다. 새 옷을 입고 그리로 가서 그들에게 쇼를 주어라. 얼굴에 스미어(립스틱)을 바르고 그들에게 작품을 주어라. 너희 스스로를 광내어라."

신문사에 전화를 하기 전에 닥터 암스트롱과 키치 부인이 새로운 보도 자료를 준비했다(다른 사람들도 간간이 거들었다). 반증 사건이 이들을 여전히 고통스럽게 만들고 있었음을 보여 준다는 점에서 이 보도 자료는 우리에게 특히 흥미롭다. 보도 자료를 쓴 계기는 "사난다"가 보내 온 새로운 메시지였지만 정작 보도 자료 내용은 "사난다"의 메시지와 별로 관련이 없었다. 그보다 "지구 표면의 단층선"과 최근에 발생한 지리적인 요동에 대한 내용이 주를 이뤘다. 이런 내용과 키치 부인이 이탈리아, 캘리포니아 등지의 지진에 대해 보였던 반응은 관련이 있음이 분명하다. 또한 키치 부인 및 모임 사람들이 이런 재난이 홍수 예언, 그리고 그 예언의 토대인 그들의 신념 체계와 부합한다고 여겼음도 분명하다. 보도 자료 전문은 아래와 같다.

"예언에서 혼란이 일었으므로 우리는 예언을 완성하기 위해 제반 요소들을 모으기로 결정하였다."
"21일에 '지구의 신'에 의해 재앙이 미뤄졌음이 언론에 보도되었다. 이 날짜가 주어졌던 이유는 격동이 벌어질 가능성에 대해 미리 언질을 줌으로써 사람들이 패닉에 빠지지 않도록 하려는 목적에서였다."
"비행접시, 더 정확하게는 '지구의 가디언[수호자]'들이 분명한 목

적을 가지고 여기에 존재한다는 사실에 우리는 점점 더 관심을 갖
게 되었다. 그들은 지구를 조사해 지구 표면의 단층선이 있는 곳을
알아냈으며 위기가 임박할 시 지구에 착륙해서 격동이 발생하기 전
에 일부 사람들을 대피시킬 준비가 되어 있다."

"사람들이 패닉에 빠지지 않도록 이 가능성들을 알리고 대비하게끔
해야 한다."

"이제는 잘 알려져 있듯이, 또 언론에도 보도되었듯이, 지구는 불안
정한 상태에 있다. 올해 10월 4일에 부분적으로 언론이 이 문제를
다루었다. 지각이 미끄러지고 있는 것과 관련, 미국 국립연구위원
회의 로버트 R. 레벨 박사와 스크립스 해양학 연구소의 월터 H. 먼
크 박사는 로마에서 매년 지구 지각과 내핵 사이에서 약 75피트의
미끄러짐이 발생하고 있다고 밝혔다. 그뿐 아니라, AP통신에 따르
면, 이 과학자들은 지구 극지방의 빙하가 점점 증가하고 있는 것 또
한 확인했다."

"우리는 지난 몇 년 동안 파괴적인 요동이 여러 차례 있었다는 사실
에 사람들의 관심을 촉구하고자 하며, 특히 몇 년 전에 아삼과 티베
트에서 일어난 일, 그리고 더 최근에 지중해 지역과 미국 서부에서
일어난 일에 대해 관심을 촉구하고자 한다."

이 보도 자료는 자신의 믿음을 뒷받침할 증거를 포함시켜야 한
다는 절박함뿐 아니라 전도의 열망도 보여 준다. 또한 보도 자료를
내는 명시적인 이유가 "사람들이 패닉에 빠지지 않도록" 격동의 가
능성을 경고하려는 것이라고 천명된 것도 주목할 만하다. 21일 이
전에는 "사람들의 패닉을 피하기 위해" 홍수 예언을 외부에 말하

지 말아야 한다고 했던 것과 극명한 대조를 보이기 때문이다.

보도 자료가 다 작성되자 사람들은 다시금 맹렬하게 홍보 활동에 나섰다. 통신사와 지역 신문사들에 다시 한 번 전화를 돌렸고 처음으로 사진 잡지, 기록 영화 회사, 텔레비전 방송국에도 연락을 취했다. 이번에도 언론은 매우 관심을 보였고 전날보다 더 환대를 받았다. 모임 일원들은 어떤 요구대로라도 사진 촬영에 응했고 인터뷰에 할애하는 시간도 길어졌으며 인터뷰를 매우 고마운 기회로 여겼다. 또한 매리언 키치는 처음으로 언론을 위해 가디언으로부터 메시지 받는 모습을 시연하기로 했다.

기자들이 그리 열심히 요청한 것도 아니었는데, 매리언 키치는 네 번의 인터뷰에서 연필을 들고 자동기술로 메시지를 받았다. 어떤 것은 키치 부인에게 주어진 메시지였고 어떤 것은 기자들에게 전하는 메시지였지만 모두 진리를 "퍼뜨리라"는 지시를 담고 있었다. 한 메시지는 키치 부인에게 기자들을 잘 대우하라고 지시했다. "그들에게 사랑을 주어라. 그러면 너는 기쁠 것이다. 그들이 너의 대의를 이룰 것이기 때문이다. 그러니 그들을 축복하여라. 그들에게 그들이 찾는 과일을 주어라." 또 다른 메시지는 기자들에게 다음과 같이 지시했다. "그대들은 스스로 소통을 할 수 없는 가련한 사람들을 위해 이야기를 전할 책임이 있다. 그러니 긍지를 가지고 그 일을 행하라." 세 번째 메시지는 매우 길었지만 핵심적으로는 기자들에게 키치 부인을 어떻게 대해야 하는지와 관련해 두 개의 지침을 내리고 있었다. 하나는 "그녀를 멸시하지 말라"는 것이었고 다른 하나는 "그녀의 '시벳'이 되라"는 것이었다. 키치 부인은 이 마지막 메시지를 받아쓰고 나서 그것을 소리 내어 읽은 다음 몇 분간 그것에 대해 설명을 했다. 매리언은 "시벳"이 "제자"를 의미한다는 점만 설명을 했는데, 이로써 이 메시지가 기자들에게 키치 부인의 제자가 되라고 명령하고 있음을 분명하게 밝혔다.

12월 22일 늦은 오후가 되자 방문객의 흐름은 뜸해졌고 닥터 암스트롱은 매리언의 권유로 막간을 이용해 밤새 차를 달려 컬리지빌로 돌아갔다. 그의 누이가 암스트롱 부부가 온전한 정신이 아니라고 공식적인 판정을 받고 아이들과 재산에 대해 후견인을 세우기 위해 법적 행동을 개시했기 때문이다. 암스트롱이 서둘러 컬리지빌로 간 것은 밑의 두 아이를 데려오기 위해서였다.

암스트롱이 출발하고 나서, 그리고 여전히 방문자가 뜸했던 오후의 한가한 시간에 매리언 키치는 사소하지만 새로운 예언이 담긴 메시지를 하나 받았다. 가장 흥미로운 내용은 다음과 같았다.

"저녁에 너희는 제단에 가 있으라. 톨라[비행접시]가 바로 너희 위에 있을 것이다. 그러니 너 자신의 테이프 옆에서 너 자신의 시간에 춤을 추고 노래를 하여라. 마이크를 제단에 놓고 거기 앉아 손을 마이크에 너무 가깝지 않게 대어라. 그렇게 해서, 녹음된 꽃다발 소리를 가장 먼저 듣는 자라 되어라. 너희 자신에게 아름다운 노래로 기쁨을 주어라. 그 흥겨운 노래는 로솔로의 유쾌한 소년들이 부르는 것이다. 8시에 그것을 제단에 놓고 그 소년들에게 녹음을 하게 하여라. 그리고 너희들은 그대로 거기에 있어라."

명령에 따라 사람들은 8시에 제단[해가 잘 드는 툇마루]에 모였다. 매리언은 안락의자에 편한 자세로 앉아 오른쪽 팔과 손가락을 마이크에서 몇 인치 떨어진 곳에 두고 아무 말도 하지 않았다. 녹음기를 켠 채 한 시간 동안 사람들은 완전히 침묵을 지키며 앉아 있었다. 이들은 매리언 키치의 오른손이 로솔로 소년들의 노래를 테이프로 전달하고 있는 중이라고 여겼다.

테이프가 끝까지 돌아가기 전에 누군가가 문을 두드렸고 네 명의 기자와 사진기자가 집 안으로 들어왔다. 매리언은 녹음기를 끄고 두 시간 동안 언론 응대에 집중했다. 매리언이 인터뷰를 하는 동안 밥 이스트먼이 테이프를 되감은 뒤 볼륨을 중간쯤으로 놓은 상태에서 그것을 틀어 보았다. 10분이나 들어 보았는데도 아무 소리도 들리지 않았다. 아무것도 녹음되어 있지 않았던 것이다. 이번에는 마크와 에드나가 합류해 세 사람은 볼륨을 끝까지 키우고 다시 한 번 스피커에 귀를 대었다. 하지만 빈 테이프 돌아가는 소리만 들리자 결국 녹음기를 껐다. 밥은 녹음과 관련한 메시지를 꺼내 지시 사항을 꼼꼼히 다시 살펴보았다. 우리가 왜 아무 일도 안 일어난 것인지 물어 보았더니 밥은 어깨를 들썩 해 보이고는 이렇게만 말했다. "나도 몰라요." 같은 질문에 마크 포스트는 이렇게 대답했다. "글쎄요. 우리가 메시지로 받은 많은 일들이 일어나지 않고 있는데, 나도 잘 모르겠어요."

키치 부인도 테이프가 여전히 비어 있다는 것을 알아차렸고 자기도 아무것도 안 들린다고 인정했다. 이유가 뭐라고 생각하는지 물었더니 이렇게 대답했다. "이유는, 아마도 녹음기가 켜져 있던 동안 내가 생각을 멈추지 않고 있어서였던 것 같아요." 녹음기 반증 사건에 대한 합리화 설명으로 우리가 알고 있는 것은 이게 전부다.

그날 저녁, 잇따른 반증에 직면하면서 키치 부인의 내면이 (믿음에 대한 확신은 여전히 유지한 채로) 닥치는 대로 지침을 구하도록 몰리고 있는 상태였음을 보여 준 일화가 하나 더 있었다. 모임을 완전히 떠나야 할 상황이 된 우리 저자 두 명이 매리언에게 마지막 메시지를 청했다. 그런데 매리언의 반응은 우리 저자들이 가디언과 소통하는 "자체 채널을 가지고 있거나" 우리 저자들 본인이 외계인임에 틀림없다고 여기는 듯한 낌새를 풍겼다. (아래서 보겠지만, 매리언이 우리 저자들을 위해 받아 준 메시지에도 이런 낌새가 드러난다.) 매리언은 메시지를 받아 달라는 우리 저자들의 요청을 넌지시 건넨 농담이라고 받아들인 듯했다. 다 알고 있다는 듯한 미소를 지은 채 매리언은 연필을 들고 두 개의 메시지를 받아 적었고 그러면서 중간중간에 다음과 같이 말했다. "왜 당신의 비밀을 알려 주지 않으세요? 언제 모든 것을 다 말하실 건가요?" 두 메시지가 거의 동일한 내용을 담고 있으므로 하나만 인용해도 충분할 것이다. 메시지는 다음과 같았다. "자, 그대의 카드를 테이블에 놓으라. 에이스를 에이스라고 부르고 스페이드를 스페이드라고 부르라. 누가 누구이고 무엇이 무엇인지 말하라. 이제 형제로서 너의 의무를 다하라. 벨레이즈." 어디서든, 누구에게서든 지침을 찾고자 하는 절박한 노력이 빠르게 심해지고 있었다.

다음날인 12월 23일, 둘째와 셋째를 데리고 컬리지빌에서 돌아온 암스트롱은 전보다 키치 부인의 집이 눈에 띄게 조용해져 있는 것을 발견했다. 가끔씩 기자들의 전화가 오긴 했지만 이제 언론은 이 집에서 일어날지도 모르는 일에 흥미를 잃기 시작했고 이들과 관련된 기사는 더 이상 1면을 장식하지 않았다. 일반인의 전화와 방문도 빈도가 줄었고 십 대 아이들 몇 명 정도가 찾아올 뿐이었다. 그렇게나 많이 언론을 탔고 그렇게나 맹렬히 전도 활동을 했는데도 새로운 신도는 한 명도 생기지 않았고 잠재적인 신도들[방문자들]마저 줄어들고 있었다.

자신의 신념 체계가 조금의 지지도 얻지 못했다는 사실이 대중의 관심을 불러일으키기 위한 또 하나의 예언과 최후의 몸부림을 촉발한 요인이 되었을 것이다. 그리고 이 예언과 몸부림은 이제는 너무나 익숙한 패턴으로 이어지게 된다. 23일 오후에 키치 부인은 크리스마스이브에 있을 기념비적 사건을 예언하는 기다란 메시지를 받았다. 메시지에는 모임 일원들이 24일 오후 6시에 키치 부인 집 앞의 도로에 모여 크리스마스캐럴을 불러야 한다는 지시가 담겨 있었다. 그리고 이날 비행접시를 타고 외계인이 방문할 것이라고 했다. 또한 이전의 12월 17일과 21일 메시지에서는 비행접시의 착륙을 "비밀리에" 기다리라고 했던 것과 달리 이번에는 언론에 이 사실을 알리고 일반 사람들도 부르라고 지시되어 있었다.

이 메시지와 함께 키치 부인 집에 있던 사람들의 활동도 다시 한 번 재개되었다. 지도자들은 또 한 번 보도 자료를 준비했고 신문사와 통신사에 연락을 돌렸다. 우리는 이 보도 자료의 정확한 내용을 알지 못한다. 그리고 우리가 아는 범위만으로는 두 가지가 불확실하다. 첫째, 방문하기로 되어 있는 외계인이 그날 도로에 모인 사람 모두에게 보일 것이라고 예언되었는지, 아니면 선택된 사람들에게만 보이는 것이라고 예언되었는지가 확실하지 않다. 둘째, 비행접시가 이날 확실하게 신도들을 데려간다고 했는지 아니면 이날 데려갈 "가능성"이 있다고만 했는지가 확실하지 않다. 만약 둘 다 후자라면[즉 예언에서 외계인은 "선택된 사람"들에게만 보일 것이고 비행접시가 이날 신도들을 데려갈 "가능성"이 있다고만 이야기되었다면], 이것은 키치 부인이 받은 예언 중 처음으로 "명백한 반증이 불가능한" 종류의 예언이 된다. 반면, 만약 둘 다 전자라면[즉 예언에서 외계인이 도로에 모인 사람 모두에게 보일 것이고 비행접시가 이날 확실히 신도들을 데려갈 것이라고 이야기되었다면], 그 이후에 벌어진 일은 이전의 잇따른 반증 사건들에 이은 또 하나의 반증 사건이 된다.

메시지의 명령에 따라 키치 부인, 암스트롱 부부와 자녀들, 에드나 포스트와 마크 포스트, 밥 이스트먼은 크리스마스이브 날 6시에 키치 부인 집 앞 도로에 모였다. 신문에 일반 사람들도 모이라고 되어 있었으므로 200명 정도의 군중이 모였다. 모여든 사람들이 질서 없이 어슬렁거리는 와중에 키치 부인 일행은 캐럴을 불렀다. 이들은 약 20분 정도 캐럴을 부르고 외계인이 오기를 기다리다가 집으로 들어왔다.

이 사건에 대한 가장 생생한 묘사를 닥터 암스트롱과 어느 기자의 인터뷰에서 볼 수 있다. 또한 이 인터뷰는 신도들이 이날 발생한 일의 속성을 무엇이라고 해석했는지도 잘 보여 준다. 인터뷰는 다들 집으로 들어오고 나서 얼마 지나지 않아 전화로 이뤄졌고 통화 내용은 모두 녹음되었다. 이날 저녁에는 다른 인터뷰도 몇 건 더 있었는데 이 인터뷰가 이날의 인터뷰 양상을 전형적으로 보여 준다. 인터뷰는 한 시간 정도 이어졌지만 가장 특징적인 부분만 아래에 발췌했다.

기자 : 암스트롱 선생님, 이 일에 대해, 그러니까 오늘 저녁 6시에 픽업되실 거라고 신문사에 미리 알려 주셨던 내용에 대해 말씀을 나누고 싶어서 전화를 드렸습니다. 네, 그러니까 정확하게 어떤 일이 벌어진 것인지 알고 싶은데요. (…) 크리스마스이브 날 6시에 채비를 하고 기다려야 한다는 메시지를 받으셨다고 하지 않으셨나요?

암스트롱 : 그렇게 말하지 않았는데요.

기자 : 그렇게 말씀하지 않으셨다고요? 아, 죄송한데요, 선생님, 외계인이 오후 6시에 선생님을 픽업하러 오기로 되어 있었던 게 아닌가요?

암스트롱 : 글쎄요, 외계인이 군중 안에 있었어요. 헬멧을 쓰고 흰외투 같은 것을 입고요.

기자 : 군중 속에 외계인이 있었다고요?

암스트롱 : 그게, 알아보기가 좀 어렵긴 했는데요, 물론 마지막에, 그러니까 우리가 해산하기 직전에 거기에 매우 분명하게 외계인이 있었어요. 우주 헬멧을 쓰고 커다란 흰색 외투를 입고 있었거든요.

기자 : 아, 외계인들이 거기 있었군요?

암스트롱 : 음, 한 명이었어요.

기자 : 외계인 한 명이 거기 있었다……. 그가 무엇이라고 말했나요? 그와 이야기도 나누셨나요?

암스트롱 : 아니요, 이야기는 나누지 못했어요.

기자: 오늘 외계인에 의해 픽업될 것이라고 말씀하지 않으셨나요?

암스트롱 : 안 했는데요.

기자 : 아……, 네, 그러면 캐럴을 부르시면서 길에서 무엇을 기다

리고 계셨나요?

암스트롱 : 글쎄요, 우리는 캐럴을 부르러 나갔어요.

기자 : 아…… . 캐럴을 부르러 나가신 게 다인가요?

암스트롱 : 그러니까, 만약 무언가가 일어난다면, 글쎄요, 그건 좋아요. 우리는 일 분 일 분을 살아요. 매우 이상한 일들이 우리에게 계속해서 일어났어요. 그리고…… .

기자 : 하지만 외계인에 의해 픽업되리라고 기대하지 않으셨나요? 제가 이해한 바로는…… .

기자 : 우리는 기꺼이 그럴 의지가 있었어요.

기자 : 외계인에 의해 기꺼이 픽업되실 의지가 있으셨다…… . 하지만 그들이 픽업하기를 기대하지 않으셨나요? 그러니까 제가 맞게 이해한 것이라면요, 선생님께서는 그들이 올 것으로 기대하셨는데 그들이 마음을 바꾸었다는 것인가요? 그들의 행동은 원래가 예측 불가이고요. 맞나요?

암스트롱 : 글쎄요…… . 아, 제가 신문을 아직 못 보아서요. 정확히 신문에 뭐라고 났는지 모르겠어요.

기자 : 아뇨, 아뇨, 선생님께서 그렇게 말씀을 하시지 않았나요?

암스트롱 : 우리는 소식을 알리라는 지시를 몇 가지 받았어요, 네, 외계인이 아마도 우리를 픽업할 수 있다고요.

기자 : 누가 그 지시를 선생님께 주었나요?

암스트롱 : 음, 사난다와 소통하는 우리의 채널을 통해서 왔어요.

기자: 네, 그런데, 지금 정리해 보면…… , 그[사난다]가 선생님께 선생님이 외계인에 의해 픽업될 것이라고 말하지 않았나요?

암스트롱: 그게, 음, 그러니까 좀 보죠. 나는 그가 그런 취지에서 약

속을 했다고는 생각하지 않아요.

기자: 그가 선생님을 크리스마스이브 6시에 픽업할 수 있다고 말하지 않았나요?

암스트롱: 아니요. 그들은 언론에 그렇게 말하라고 했어요.

기자: 네, 그러면 언론에 그렇게 말하라는 말을 들으신 거군요? 하지만 그 내용을 선생님 본인은 믿지 않으셨나요?

암스트롱: 음, 말씀드렸듯이, 그 일은 일어날 수도 있었어요.

기자 : 어……, 네? 저, 그들이 선생님을 픽업하지 않은 것의 이유를 선생님은 무엇이라고 생각하시나요?

암스트롱 : 다른 기자분께 말씀드린 것처럼, 나는 외계인이 군중 속에서 매우 환영받지 못하고 있다는 느낌을 받았을 거라고 생각해요.

기자 : 아, 외계인이 거기에서 환영받지 못하고 있다고 느꼈을 거라는 말씀이시군요?

암스트롱 : 네, 그랬을 거라고 생각해요. 물론 거기에 외계인들이 있었을 거예요. 변장을 하고서요. 우리가 볼 수는 없었죠. 내 생각에, 음, 나는 그게 꽤 가능한 일이라고 생각합니다.

기자 : 외계인 몇 명이 군중 속에 있었을지도 모른다고요?

암스트롱 : 네, 그래요.

기자 : 어……, 그럼, 그러니까, 외계인들이 군중 때문에 겁에 질려서 선생님을 픽업하지 않으셨다는 거로군요?

암스트롱 : 글쎄요, 겁에 질려서라고는 말하지 않겠어요. 나는 장군이라면 자신이 원할 경우 계획을 바꿀 권리가 있다고 생각해요.

기자 : 어……, 네? 그런데, 그래도 선생님은 그들이 군중 때문에 겁에 질려서 그냥 갔을지 모른다고 생각하시는 것이지요?

암스트롱 : 오, 아니에요. 그들은 겁을 먹지 않았어요. 하지만, 그와 비슷한 것이긴 한데요, 그러니까, 임시방편이었다고 해 두죠.

기자: 임시방편이요?

암스트롱 : 네.

기자 : 어떤 면에서 그런가요?

암스트롱 : 제 말은, 그들[외계인들]이 무언가를 실제로 하기로 결정하기 전에 그런 상황에 대한 군중의 반응을 가늠하는 것이라고 할 수 있겠네요.

기자 : 그러니까, 선생님이 그때 픽업되어서 군중이 폭동이나 뭐 그런 것을 시작하지 않도록요?

암스트롱 : 휴, 말도 마세요. 군중은 그것보다 작은 일로도 폭동을 일으켜요. 잘 아시잖아요.

부인을 했다가 변명을 했다가 번복을 했다가를 반복하면서 일관성 없이 주워섬기는 것은 크리스마스이브의 일을 설명하고자 할 때 이들이 보인 엉성한 방식의 전형적인 모습이었다. 언론에 이야기를 할 때도, 자신들끼리 이야기를 할 때도, 신도들은 핵심적으로 두 가지를 이야기했다. 첫째, 이들은 캐럴 부르는 자리에 외계인이 나타났다고 주장했다. 다만, 믿지 않는 사람들의 눈에는 보이지 않거나 봐도 알아볼 수 없었을 것이라고 했다. 에드나 포스트는 베르타 블라츠키와 통화를 하면서 신이 나서 이렇게 말했다. "어젯밤에 우리는 그들이 우리를 둘러싼 것을 보았어요. 그의 보병들이지요. 정말 신나는 일이었어요. 군중들 중에서 매우 심각한 얼굴을 한 사람을 몇 명 찾을 수 있었는데 그들이 우리 주위로원을 그리고 있었어요. 매리언이 노트르담 미식축구 팀이 우리를 둘러싼 것 같았다고 말하라고 하네요." 둘째, 그들은 외계인들이 소란스러운 군중을 자극할까 봐 우려가 되어서 비행접시 착륙을 삼갔다고 말했다.

12월 25일에 우리의 새로운 관찰자가 모임에 등장했다. 이때 모임에서 그가 어떻게 받아들여졌는지는 상세히 설명할 필요가 있을 것 같다. 10월과 11월에 레이크시티의 관찰자 두 명이 키치 부인을 처음 찾아왔을 때와는 반응이 너무나도 달랐기 때문이다. 10월과 11월에 키치 부인은 우리 관찰자들을 따뜻하게 대접하기는 했지만 거리를 두었다. 그런데 이번에는 새로 온 우리 관찰자에게 식사를 대접하고 그에게 잘 보이려 하고 그가 모임에서 주목의 대상이 되게 했다. 아래에서 더 상세히 설명하겠지만, 이토록 환대받은 이유는 이들이 우리 관찰자를 그토록 고대하던 명령을 가지고 온 전령이라고 여겼기 때문이다. 즉 모임 사람들은 앞으로 해야 할 일에 대해 그가 세세한 계획을 일러 주리라고 기대했다. 또한 그렇기만 하다면 우리 관찰자[그러니까, 외계인의 전령]는 이들이 믿는 바를 확증해 줄 독립적인 증거가 되는 셈이기도 할 터였다. 새로운 관찰자는 크리스마스 날 오후 1시경에 이 집에 찾아와 키치 부인을 만나고 싶다고 했다. 그는 즉시 안으로 들어오도록 안내되었고 대번에 관심의 초점이 되었다. 아래는 그가 당시의 일을 직접 정리한 것이다.

"키치 부인이 어떻게 오게 되었느냐고 물어서 신문 기사를 보고 더 자세히 알고 싶어서 왔다고 대답했다. 암스트롱 부인과 밥, 에드나는 노트와 연필을 들고 앉았다. 우리의 대화를 기록하려는 게 분명했다."

"이것의 의미가 무엇인지가 곧바로 떠오르지는 않았다. 하지만 그들이 기대하는 것이 모종의 신호라는 것과 그들이 내가 특별한 메시지를 가지고 온 게 틀림없다고 생각한다는 것을 오래지 않아 알 수 있었다. 나는 학교에서 듣는 수업 중 하나에 천문학이 조금 나오는데 그것 때문에 우주여행에 관심을 갖게 되었다고 했고 가능하다면 더 알고 싶다고 했다. 그리고 키치 부인이 어떤 경험이든 이야기해 줄 수 있다면 나로서는 크게 흥미로울 것이라고 했다. 그러자 키치 부인이 나를 보더니 '당신이 제게 말할 것이 있을 것 같은데요?'라고 말했다. 이 말을 들으니 내가 지금 무언가의 한복판에 있으며 뭐라도 이야기해서 화답하지 않으면 안 될 것 같다는 생각이 들었다. 하지만 물론 나는 전달할 말이 없다고, 나는 아무것도 모르고 그저 배우고 싶을 뿐이라고 말했다."

"이때 키치 부인이 누군가에게 톰[암스트롱]을 불러 달라고 했다. 톰이 들어왔고 우리는 서로를 소개받았다. 그는 매우 기대에 찬 듯한 눈빛으로 나를 바라보았다. 그도 내게 질문을 하기 시작했다. (…) 나는 내가 처한 딜레마가 점점 커지는 것을 느꼈다. 하지만 최대한 짧게 직설적으로 대답하며 [참여관찰자로서의] 내 역할을 수행하는 것 외에는 할 수 있는 일이 없었다. 내가 무엇을 행하든, 또 무엇을 말하든, 거기에는 강하게 의미가 부여될 것 같았기 때문이다."

"닥터 암스트롱이 어떻게 이 모임에 관심을 갖게 되었냐고 계속 물었다. 이에 대해 나는 때때로 뭐가 뭔지 몰라 혼란스러워하고 외로움을 느끼며 오늘 벌어지고 있는 많은 일들을 이해할 수 있는 가르침과 지침을 구하는 사람의 역할을 하고자 했다. 외로움을 느낀다는 것과 관련해, 닥터 암스트롱은 혹시 내가 이 행성에 속해 있지 않은 것처럼 느껴지지는 않느냐고 물었다. 다른 행성에서 태어났던 것 같은 느낌이 없었느냐고 말이다. 나는 내가 다른 행성에서 태어났다는 것은 전혀 알지 못하며 다른 모든 사람이 태어난 것과 똑같은 방식으로 태어났을 것으로 생각한다고 대답했다. 내 대답에 키치 부인은 다시 미소를 지으며 나를 바라보더니 뭔가 다 안다는 듯한 표정을 지었다."

"그러다 가끔씩 내게로 관심이 다시 집중되면 키치 부인은 크리스마스 날 내가 왔을 때 얼마나 강렬한 느낌을 받았는지에 대해 이야기했다. 가령, '이것은 우리가 가져 본 것 중 가장 행복한 크리스마스예요. 바로 당신이 오셨기 때문이죠'와 같은 류의 말을 했다."

우리의 새 관찰자는 오후 4시 30분에 몹시 지친 채로 그 집을 떠났다. 그날 저녁에 매리언은 [이들의 믿음에] 우호적인 한 친구와 전화 통화를 하면서 이렇게 말했다. "그리고 말이야, 오늘 매우, 매우, 매우, 매우, 매우, 매우 특별한 손님이 왔어. 그가 들어와서 우리와 식사를 했는데, 우리 모두에게 이제까지 지냈던 것 중 가장 기쁜 크리스마스였어."

이 관찰자는 다음 날도 방문했고 전날과 비슷한 대우를 받았다.

"그들은 방에서 잘 보이는 자리에 내가 앉게 하고서, 그러니까 의자 배열 등과 관련해서 내가 잘 보이는 자리에 앉게 하고서, 다시 나에게 관심을 집중했다. (…) 닥터 암스트롱은 매우 기대에 찬 눈으로 나를 보았고 다른 사람들도 그랬다. 닥터 암스트롱이 말했다. '당신 이야기를 듣고 싶어요. 우리에게 말할 것이 없나요?' 나는 '아뇨, 아무것도 말씀 드릴 것이 없는데요'라고 대답했다. 그러자 그가 '노래 한 곡 해 주시겠습니까?'라고 청했다. 내가 '어휴, 안 돼요. 제 노래 목소리를 아신다면 절대 청하고 싶지 않으실 거예요'라고 대답하자 그가 또 말했다. '그러면 이야기를 해 주지 않으시겠습니까?' 이런 식으로 그는 집요하게 무언가를 계속 요청했고 키치 부인도 동조했다. 키치 부인도 내가 무언가를 이야기하도록 강하게 촉구하고 싶은 듯했다. 그리고 다른 사람들도 그랬다."

다음 날 새로운 관찰자는 처음으로 키치 부인과 단 둘이 이야기를 하게 되었다. 관찰자가 묘사한 그날의 대화는 다음과 같다.

"키치 부인은 절망적인 최후통첩(다른 적당한 표현이 생각이 나지 않는다.)을 하는 것 같은 목소리로 말했다. 줄 끝에 매달린 사람 같았다. '내게 전달할 메시지가 없으신 게 확실한가요? 우리 둘뿐이니까 말씀하셔도 돼요.' 내가 '아, 죄송해요. 저는 제가 무슨 메시지를 가지고 있는지 전혀 모르겠어요'라고 말하자 키치 부인이 다시 물었다. '이 주위에서 어떤 불안한 영향을 받고 계신가요? 무언가가 당신이 우리에게 메시지를 전달하는 것을 방해하나요?' 물론 나는 그런 종류의 느낌은 전혀 없다고 했다."

다음 두 주 동안 새로운 관찰자는 이틀에 한 번 꼴로 키치 부인의 집을 방문했다. 이 기간 내내 레이크시티 신도들은 그를 특별한 인물로, 자신이 알고 있는 것을 다 말하지는 않는 우주의 형제로 여기기를 끝끝내 멈추지 않았다.

새로운 관찰자의 경험은 크리스마스캐럴 사건 이후에 이 모임이 어떤 상태였는지를 특징적으로 보여 준다. 집요하고 절박하게 지침을 구하는 상태 말이다. 한편, 이 시기는 여러 외부적인 요인들로 모임이 뿔뿔이 흩어지기 시작한 시기이기도 하다. 매리언 키치와 암스트롱 가족은 레이크시티를 떠났고 그 이후에는 에드나 포스트와 마크 포스트를 중심으로 소소하게 활동이 지속되었다. 우리는 이들의 확신 상태와 활동에 대해 지속적으로 상세한 자료를 확보하기가 어렵게 되었다. 다만, 몇 달 동안은 몇몇 일원들이 때때로 편지로 주요 사건과 근황을 알려 주었다. 레이크시티 모임이 어떻게 해서 흩어지게 되었는지는 뒤에서 다시 설명할 것이다. 우선 다음 장에서는 이제까지 언급한 사건들이 구성원 개개인에게 어떤 영향을 미쳤는지 알아보면서 우리가 개진한 이론적인 주장들에 대해 현장 연구에서 수집한 실증 자료들을 토대로 결론을 도출해 보기로 하자.

7장

예언이 끝났을 때

이제까지 우리는 12월 21일 직전과 직후를 다루면서 레이크시티 모임 전체에 대해 중요했던 사건에만 초점을 맞추었고 키치 부인과 닥터 암스트롱 정도를 빼면 이런 일들이 구성원 각자의 행동과 믿음에 어떤 영향을 미쳤는지는 설명하지 않았다. 이 장에서는 일련의 반증 사건이 각각의 구성원에게 사건 직후에, 또 장기적으로 어떤 영향을 미쳤는지 살펴봄으로써 빠진 부분을 메워 보기로 하겠다. 또한 이 장 뒷부분에서는 우리 연구의 토대인 이론적 관점으로 돌아가서 우리가 세운 가설과 관련된 실증 자료들을 종합하고 요약할 것이다.

키치 부인과 닥터 암스트롱 반증 사건들이 벌어진 기간 내내 키치 부인과 닥터 암스트롱은 흔들림 없이 확신을 유지했다. 절박하게 지침을 구하기는 했지만 전체 기간 내내 둘 중 누구도 의구심을 표하는 말을 내뱉지 않았고 어떤 식으로든 자신이 틀렸을지 모른다는 기미도 내보이지 않았다. 실로 숭고한 이들의 믿음은 레이크시티 모임이 해체된 뒤에도 한참 동안 이어졌다. 키치 부인은 레이크시티를 떠난 뒤에도 계속해서 "사난다"의 메시지를 받았고 그것을 모임 사람들에게 우편으로 알려 주곤 했다.

가족과 함께 컬리지빌로 돌아온 닥터 암스트롱은 집을 팔고 떠날 준비를 했다. 1월 12일은 이들이 컬리지빌에서 머문 마지막 날이었는데 그날 오후에 우리 관찰자 한 명이 그들과 이야기를 나

눌 수 있었다. 대화의 분위기를 관찰자는 다음과 같이 기록하고
있다.

"닥터 암스트롱은 미래에 대해 매우 자신 있어 보였다. 그는 내가
기억하는 어느 때 못지않게 기분이 고양되어 있는 듯했다. 암스트
롱 부인도 계획을 이야기하며 들떠 있었다. 그들은 여전히 모든 게
계획대로 되고 있다고 했다. 초자연적 존재의 메시지를 전하는 자
로서의 역할을 그들에게 부여한, 그 계획대로 말이다."

앞으로 무엇을 할 것인지에 대해서는 "의사 생활은 너무 바쁘
죠. 나는 강연을 하고 사람들과 이야기하는 것이 좋아요"라고 말
했다. 즉 닥터 암스트롱은 일자리를 구하거나 의사 일을 계속하지
않고 이곳저곳 돌아다니면서 모임들에 참석하고 강연을 하면서
믿음을 전파하겠다는 결심을 내비쳤다. 바로 다음 행선지는 버지
니아 주에 있는 케세이 재단에서 주최하는 모임이었는데, 닥터 암
스트롱은 이 재단의 이름이 환생에 대해 방대한 기초 연구를 한
사람의 이름을 따서 지어진 것이라고 했다.

닥터 암스트롱이 방랑 설교자의 길을 갈 결심을 했다는 것은
2월에 클라이드 윌튼이 우리 관찰자 한 명에게 보낸 편지에서도
확인된다. "얼마 전에 톰[암스트롱]에게 내가 편지를 보내서 일자
리를 찾고 있다면 여기에 있는 공장 중 하나에 지원을 해 보라고
제안했는데 그는 여기저기 돌아다니면서 우리가 받았던 가르침
을 배우고자 하는 사람들을 만나고 있기 때문에 당분간은 정규
적인 일자리를 가질 수 없다고 답장했어요. 그는 데이지와, 그리

고 외계의 원천과 통신하는 채널을 가진 사람들과 함께 다니고 있다고 했어요." 닥터 암스트롱이 의사의 길을 포기하고 전도사의 길에 나선 것은 분명해 보인다.

닥터 암스트롱의 확신이 흔들리지 않고 지속되었다는 점을 보여 주는 추가적인 근거로 우리가 가진 정보는 하나뿐이다. 예언되었던 홍수 날짜가 5개월이나 지난 5월 초에 그는 짧게 컬리지빌을 다시 방문했다. 돌아다니며 전도를 하던 중에 그는 엘라 로웰이 받은 메시지의 내용을 알게 되었는데, 컬리지빌의 가장 큰 호텔 주차장 램프에서 비행접시가 그를 픽업하리라는 것이었다. 닥터 암스트롱은 아내 데이지, 딸 클레오, 그리고 엘라 로웰과 함께 거기서 하룻밤을 꼬박 기다렸다. 이들의 믿음에는 실로 한계가 없었고 반증 사건에 저항하는 그들의 태도는 숭고했다.

데이지 암스트롱과 에드나 포스트 암스트롱 부인과 포스트 부인은 이 모임에서 살림을 담당했다. 12월 17일에서 26일까지 이들은 가정부, 요리사, 비서 역할을 했다. 이들은 신실하고 헌신적인 사도였다. 키치 부인이나 닥터 암스트롱이 칭찬을 하면 기뻐하고 나무라면 풀이 죽어 어쩔 줄을 몰랐다. 일례로, 12월 20일 초저녁에 매리언은 최근에 받은 메시지를 어떻게 했느냐고 데이지 암스트롱에게 물었다. 데이지가 태워 버렸다고 하자 매리언은 그러지 말았어야 한다고 말했고, 데이지는 자신의 실수에 몹시 당황했다. 매리언이 "그러면 비행접시에 당신 자리는 없을지 몰라요"라고 농담을 하자 닥터 암스트롱도 웃으면서 이렇게 덧붙였다. "우리는 당신을 두고 가야겠는걸?" 그러자 데이지는 완전히 무너져서 그

가르침이 자신에게 너무나 소중하고, 자신이 다른 누구 못지않게 그것을 소중히 여기며, 태우고 싶어서 태운 게 아니라 정말 간직하고 싶었는데 태워야만 하는 줄 알았다는 등의 말을 계속 반복하며 거의 30분이나 통곡을 했다.

데이지 암스트롱과 에드나 포스트는 21일 아침의 반증으로 큰 충격을 받았다. 에드나가 특히 심하게 타격을 받았다. 그렇긴 했지만 반증의 시기 내내 둘 다 어떤 의문도 제기하지 않았고 메시지들, 예언들, 그리고 키치 부인과 닥터 암스트롱이 제시한 해명들을 받아들였다. 이들은 반증에 대해 지도자들이 만들어 낸, "계획"의 아름다움과 경이로움이 덧칠해진 합리화 설명들을 그대로 따라 말했다. 이후에도 (적어도 우리가 그들과 연락을 계속 주고받았던 기간 동안) 그들의 확신은 굳게 유지되었다. 1월 24일에 데이지는 버지니아로 가는 도중에 우리 저자 한 명에게 다음과 같은 편지를 보냈다. "정말이에요. 분명히 우리는 이 길 전체에서 신성한 지침을 가지고 있었어요. 우리는 위층에서 명령을 받았어요." 그리고 이렇게 덧붙였다. "우리의 '가장 좋은 안부'를 미니애폴리스에 계신 다른 두 분께도 전해 주세요. 미래가 '밝다는 것을' 우리가 알고 있다고 전해 주세요. 우리는 여러 놀라운 일들에 대한 약속을 들었고 우리에게 방향을 주는 **연출자**가 누구인지 여전히 알고 있어요. 우리는 그의 손님으로, 그의 사절단으로 가고 있어요."

에드나의 믿음도 계속 유지되었다. 1월 30일에 [우리에게] 쓴 편지에서 에드나는 자신이 매리언과 계속 편지를 주고받으면서 매리언이 받은 메시지들을 전달받고 있다고 했다. 또 다음과 같은 내용을 보면 에드나가 자청해서 맡았던 비서 역할도 계속 하고 있었던 것이 분명하다. "나는 테이프를 듣고서 우리 일원들에게 도움이 될 만한 내용들을 타자로 많이 쳤어요. 나는 일종의 '정보 청산소'랄까, 커뮤니케이션 센터랄까, 그런 기능을 하려고 노력하고 있어요. 능력이 닿는 한 힘껏요."

마크 포스트 젊은 사람들 중에서 어느 면으로 보나 가장 열정적이었던 사람은 마크다. 그는 매리언 키치가 내려 주는 지시대로 자신의 행동을 완전히 조정했다. 가령, 한동안 그는 매리언이 받은 메시지의 명령에 따라 견과류만 먹었다. 또 절대로 이 집 밖으로 나가서는 안 된다는 명령이 내려오자 정말로 집 안에만 있었다. (가디언은 며칠 뒤에 이 명령을 거두어 주었다.) 21일을 향해 가면서 점점 긴장이 높아지던 17일에서 20일 사이에, 모임의 활동에서 한 역할은 중간 정도였지만 전화를 받거나 방문자를 응대하는 일 등에 순종적이고 신실하게 임했다. 또 지시가 있을 경우에는 십대 방문자들에게 이 모임의 신념 체계에 대해 설명하기도 했다. 다른 할 일이 없을 때는 가르침을 공부하거나 클레오와 카드 게임을 하거나 아니면 그저 앉아서 기다리면서 시간을 보냈다.

17일 자정에 뒤뜰에서 비행접시를 기다리다 허탕을 치고서 마크는 의심이 솟아오르는 시험의 시기를 겪었던 것 같다. 당일의 반응에 대해서는 그가 비밀을 맹세했기 때문에 정확히 알 수 없지만, 21일의 반증을 합리화하는 설명이 나오자 마크는 지난 며칠간 자신이 예언의 진실성을 의심했다고 털어놓았다. 의심은 21일 새벽에 크리스마스 메시지가 오면서 잦아든 것으로 보이며, 마크는 크리스마스 메시지를 언론에 알리기 위해 신문사에 가장 먼저 전화를 한 사람 중 한 명이었다. 또 12월 22일에는 전보다 훨씬 더 열심히 모든 금속을 몸에서 제거했다. 시계의 금속 밴드를 떼고 가죽 밴드를 달았으며 벨트 고리도 가죽 끈으로 바꾸었다. 굉장히 아끼던 담배 라이터도 버렸다. 언제라도 비행접시에 탑승할 준비를 갖추고 있기 위해서였는지, 아니면 키치 부인과 데이지 암스트롱, 토머스 암스트롱처럼 이때쯤이면 금속의 존재를 일반적으로 꺼리게 되어서였는지는 알 수 없다.

마크의 열정은 이후에도 계속 높은 상태를 유지했고 우리가 마지막으로 그에 대해 소식을 들었을 때도 그랬다. 12월 26일, 매리언은 레이크시티의 집을 떠날 준비를 하면서 여기저기 상자에 쑤셔 박혀 있는 방대한 분량의 가르침과 메시지들을 마크 포스트와 에드나 포스트에게 잘 맡아 달라고 부탁한 바 있었다. 키치 부인은 상자에 들어 있는 내용이 "비밀의 책"이라고 여겼고 우리 관찰자 한 명에게 상자를 단단히 봉해 달라고 했다. 우리 관찰자는 꼼꼼하게 상자를 묶고 "봉인 : 열지 말 것"이라고 적어 놓았다. 에드나 포스트는 1월 30일에 [우리에게] 보낸 편지에서 "마크가 자신에 대한 가르침이 상자에 단단히 봉인되어 있는데 그것을 다시 꺼내서 봐도 괜찮을지 물어봐 달라고 하네요. 그래도 괜찮다면 정말 감사할 거라고요."라고 전해 왔다. 그 상자는 이제 마크의 소유였는데도 여전히 마크는 명시적인 허락 없이는 그것을 열지 않으려 했다. 종합적으로, 마크가 여전히 믿음을 강하게 유지하고 있었다고 볼 수 있을 것이다.

클레오 암스트롱과 밥 이스트먼 클레오와 밥이 컬리지빌을 떠나 레이크시티에 도착한 것은 12월 18일 밤이었다. 그 이전 약 1주일 간 그들은 엘라 로웰과 많은 시간을 보냈는데, 로웰은 키치 부인에 대한 클레오와 밥의 신뢰를 상당히 훼손했다. 재앙과 구원이 21일에 오리라는 예언에 대해 21일이라는 날짜를 명시적으로 부정하지는 않았지만 그날 홍수가 일어나지 않을 수도 있다는 암시를 강하게 내비친 바 있었다. 클레오와 밥 둘 다 21일설에 자신의 행동을 강하게 투자했지만 레이크시티에 도착했을 무렵에는 약간 의구심을 품은 상태였다.

18일에서 20일 사이에 클레오는 영 불행했다. 컬리지빌에 동생들을 두고 온 것이 마음에 걸렸고 레이크시티 사람들이 그다지 편하게 느껴지지 않았다. 대개 낯선 사람들이었고 나이도 많았으며 클레오가 보기에 재앙 말고는 아무것도 이야기할 줄 모르는 사람들 같았다. 클레오는 이렇게 긴장된 분위기가 불편했고 부모의 믿음 중 몇몇 부분을 공격하면서 몇 차례 논쟁을 벌이는 바람에 상황이 더 악화되었다. 한번은 키치 부인과의 개별 면담에서 클레오가 아주 많은 메시지를 받았다. 그것을 본 아버지 암스트롱은 그 메시지들에 대해 클레오와 논의하고 싶어했지만 클레오는 울음을 터뜨렸고 "이것들은 아무것도 말이 안 돼요, 말이 안 된다고요. 아무 의미도 없어요. 말이 안 되는 것들이에요"라고 반복해서 말했다. 또 한번은 집으로 걸려 온 전화가 장난전화인지 아니면 "위층 소년들"이 신도들의 믿음을 시험하는 것인지에 대해 클레오와 아버지가 의견이 갈렸다. 닥터 암스트롱은 그들이 암호화된 메시지를 주고 있는 것이며 그 메시지가 이 교리의 일부라고 주장했다. 이에 대해 클레오는 "터무니없다"고 쏘아붙였다. 하지만 이런 일들은 전반적으로 클레오가 이들의 신념 체계를 믿고 있었다는 것을 전제로 해석해야 한다. 또 옷에서 금속을 제거하는 등의 일에 열심히 임한 것을 보면 이 시기에 클레오의 행동은 일관적이지 않았다.

밥 이스트먼도 21일 전까지 시무룩하고 기분이 저조한 상태였다. 그는 주로 엘라 로웰의 녹음테이프를 듣고 멘토인 닥터 암스트롱과 로웰의 견해에 대해 이야기하면서 기운을 북돋웠다. 너무나 무뚝뚝하고 말이 없는 사람이라 21일 이전에 그의 확신 상태가 어떠했는지는 관찰자들이 평가하기가 쉽지 않았다. 그런데 21일의 반증 사건에 대한 그의 반응은 매우 특이했다. 이 잔인한 날의 초기에, 즉 반증을 해소해 주는 메시지[크리스마스 메시지]가 오기 전에, 누군가가 좌중에 이렇게 물어보았다. "오늘의 교훈은 뭘까?" 그러자 밥이 나서서 말했다. "참을 수 없는 지루함." 무엇에 대한 지루함이냐고 묻자 그는 이렇게 대답했다. "기다리고, 기다리고, 언제나 기다리는 것. 너무 많은 모임들. 나는 모임을 너무 많이 했고 이제는 진짜 정보가 무엇인지, 진정한 정보가 무엇인지도 잘 모르겠어요."

반증을 해소해 주는 메시지가 오고 얼마 안 되어서 우리 관찰자 한 명이 밥에게 말했다. "음, 흥미진진한 저녁이네요. 안 그래요?" 그러자 밥은 이렇게 대답했다. "네, 흥미진진하다고 말할 수 있겠네요. 여기에서 일이 돌아가는 방식은, 왼손이 하고 있는 일을 오른손이 몰라요. 만약 안다면, 그것은 미리 짜인 개념이고요. 잠이나 자러 가야겠어요."

요컨대, 클레오와 밥 둘 다 가을에는 신실한 신도였지만 이 시점에는 더 회의적이 된 것으로 보였다.

그런데 21일 직후의 며칠 동안 이들의 행동은 놀라운 반전을 보인다. 반증 사건을 보고 이들이 믿음을 저버렸겠거니 예상하기 쉽겠지만 실제로는 그 반대 양상이 벌어졌다. 12월 22일에 클레오는 단추를 바꿔 달고 벨트 버클을 가죽 끈으로 바꾸는 등 아버지와 마크 포스트가 금속을 몸에서 제거하는 일을 열심히 도왔다. 그날 저녁에 매리언 키치는 두 명의 신문기자와 인터뷰를 하다가 45분쯤 지나서 자리를 비워야 했다. 그러자 클레오가 곧바로 대타로 들어와 인터뷰를 마무리했다. 인터뷰 내내 클레오는 기자들과 맹렬히 논쟁하면서 이 모임의 신념 체계를 열정적으로 설명했다. 클레오가 이런 일을 한 것은 이때가 처음이었다. 컬리지빌에 있었을 때도 기자를 상대해야 할 일이 있었지만(21일보다 전이었다.) 그때는 되도록 기자를 피하려 하거나 어떻게든 둘러대 기자가 돌아가게 하려고 했지, 적극적으로 믿음을 옹호하려 하지는 않았다.

12월 25일에도 클레오는 특히나 적극적으로 기자들을 응대하면서 아버지 및 키치 부인과 함께 바삐 움직였다. 이는 클레오의 전도 활동이 크게 증가했으며 클레오가 확신을 다시금 강화하게 되었다는 것을 보여 준다. 재강화된 확신은 컬리지빌로 돌아가서 학교를 다시 다니게 된 뒤에도 계속 이어졌다. 1월 17일에 우리 관찰자 한 명이 컬리지빌 사람들 중 가장 회의적이었던 할 피셔와 이야기를 나누게 되었다. 피셔는 얼마 전에 클레오와 말싸움을 벌였다며 클레오가 키치 부인의 메시지들과 예언을 여전히 강하게 믿고 있다고 말했다. 우리 관찰자(클레오가 레이크시티로 떠나기 전에 암스트롱의 집에서 며칠간 지냈던 여성 관찰자다.)가 "그래? 신기하네. 클레오가 레이크시티에 가기 전에는 약간 회의적이었거든.”
이라고 말하자 할은 이렇게 대답했다. “그러게 말이야. 그런데 이
제는 굳게 믿고 있어.”

클레오의 마음이 확신 쪽으로 영구히 기울었음을 보여 주는 또
다른 증거는 5월에 컬리지빌의 호텔 주차장 램프에서 부모와 함
께 밤새 비행접시를 기다린 것이었다. 아마도 허가를 받는 게 무
의미하다고 생각해서였는지, 클레오는 기숙사에 외박 허가도 신
청하지 않았다. 클레오의 기숙사 카운셀러인 수전 히스는 이 신념
체계에 강한 투자 행동을 했던 “구도자” 중 한 명이었지만 이번
일을 우리에게 묘사하며 다음과 같이 말했다. “나는 이런 일을 더
이상 믿지 않아요. 그런데 클레오는 분명히 믿고 있어요.”

밥 이스트먼도 (적어도 한동안은) 클레오와 비슷한 반응을 보였
다. 12월 22일 저녁에 우리 관찰자 한 명이 밥에게 지금은 어떤 기
분이냐고 묻자 밥은 이렇게 대답했다. “글쎄요, 어젯밤에는 정말
로 회의적이었는데 그 이후로 우리가 교훈을 배웠고 메시지들을
받았기 때문에 나는 이해하기 시작했고 이 모든 것의 의미를 알
기 시작했어요.” 앞으로는 무엇을 할 것이냐고 묻자 밥은 이렇게
대답했다. “내게 오는 명령에 달렸지요. 부모님은 내가 크리스마
스 날을 여기에서 보낼 거라고 하면 미쳤다고 하시겠지만 그건
내게 오는 명령에 달려 있어요. 스틸시티로 돌아가라는 명령이 오
면 그렇게 할 것이고 여기 계속 있으라는 명령이 오면 그렇게 할
거예요.”

클레오처럼 밥도 결정적인 반증 사건 이후에 오히려 새로운 확
신을 갖게 되었음이 분명해 보인다. 크리스마스이브의 캐럴 반증

사건은 다시 한 번 키치 부인에 대한 밥의 믿음에 균열을 일으켰는데 이때 이후의 그의 심정은 12월 25일에 키티 오도넬과 나눈 장거리 통화에서 유추해 볼 수 있다. 통화를 시작했을 때는 회의적이던 밥이 키치 부인의 가르침을 믿지 않게 된 키티와 전화 통화를 하는 과정에서 점차 입장이 바뀌어 예전의 신념을 재확인하게 된 것이다.

밥 : 모르겠어, 내가 틀렸을지도 모르지만, 여기에서 지낸 이래로 나는 매리언에게 그리 믿음을 갖지 못하고 있어.

키티 : 픽업되지 않은 모양이네?

밥 : 응. 픽업도 그와 비슷한 어떤 일도 없었어.

키티 : 그들[외계인들]이 그때 거기 올 거라고 생각했는데. 신문 보니까 그들이 아침 7시 아니면 저녁에 캐럴을 부르고 있어야 한다고 했다며?

밥 : 아니, 어제 저녁 6시였어. 그런데 그것도 사연이 길어. 전화로 설명하기는 어려운데, 좌우간 그것은 전체 그림의 일부였어. 우리를 훈련시키려는 것이었지.

키티 : 네가 그렇게 생각한다니, 뭐 그건 좋아. 하지만 나는 믿지 않아. 나는 그들하고는 이제 끝났어. 그것만은 분명히 말할 수 있어.

밥 : 너는 정말로 부정적인 환경으로 들어갔구나.

키티 : 나는 부정적이라고 생각하지 않아. 단지 엘라 로웰을 더 믿을 뿐이야.

밥 : 아, 엘라는 정말 좋은 분이지. 그분과 사흘간 지냈을 때 매우 좋았어. 하지만 나는 엘라와 매리언 사이에 별로 차이를 모르겠던

데?

키티 : 글쎄, 잘 모르겠다.

밥 : 이 점에 대해 네 견해를 알게 되어 흥미롭다.

키티 : 글쎄, 나는 잘 모르겠어. 하지만 말이야, 밥, 나는 어떤 면에서는 좀 후회가 돼. 물론 나는 교훈을 배웠지. 하지만 내 돈과 물건을 다 줘 버렸다니 너무 멍청했다고 생각해. 그리고 난 그걸 잘 모르겠어.

밥 : 21일에 실망스러운 일이 있었던 거 말하는 거야?

키티 : 꼭 그렇지는 않아. 왜냐하면 원래도 내가 그것 전체를 다 믿은 적은 없었거든. 어느 정도까지는 믿었지만 예언대로 일이 일어나지 않은 것이 놀랍지는 않아.

밥 : 아, 예언이 일어나지 않은 것은 우리가 그에 대한 설명을 받기 전까지 우리를 시험하려는 거였어.

키티 : 글쎄, 적어도 한 가지는 감사해. 내 이름이 신문에 안 난 거.

밥 : 음, 그건 우리 중 누구도 원하지 않았어. 그것도 우리를 훈련시키는 일의 일부였지. 우리는 언론 홍보에 뛰어들라는 명령을 받았어. 우리가 굴욕을 견디고 겸손해지게 하는 과정이었달까, 나는 그렇게 생각해. (…) 일어났던 모든 일은 다 형제들의 승인 하에서 일어난 거야.

키티 : 지금은 뭐 하고 있어?

밥 : 그냥 기다리고 있어. 나는 전적으로 그들의 손에 있어.

키티 : 엘라 로웰이 말했던 것은 하나도 믿지 않아?

밥 : 믿지. 나는 엘라가 한 말을 다 믿어. 그런데 엘라에게 들었던 말 중 그 이후에 내가 이쪽에서 배운 것과 상충하는 것은 하나도 없어.

되살아난 신념을 밥이 얼마나 오래 유지했는지는 알 수 없다. 그는 12월 말에 스틸시티로 돌아갔고 거기에서 전기기술자 학원에 등록했으며 엘라 로웰의 모임에 다시 참석했다.

베르타 블라츠키와 클라이드 윌튼 베르타와 클라이드는 강한 투자 행동을 했고 모임 활동에도 깊이 관여했지만 12월 17일에서 21일 사이에는 다른 핵심 멤버들만큼 적극적으로 참여할 수 없었다. 베르타는 남편이 무서워서 모임에 정규적으로 참석할 수 없었고 집이 먼 클라이드는 가족과 너무 오래 떨어져 있을 수 없었다. 그래서 둘 다 결정적인 반증 사건을 모임 사람들과 떨어져서 홀로 겪어야 했다. 이러한 고립 상태는 반증으로 흔들린 확신이 완전히 회복되지 못하게 만드는 요인이 되었을 것이다.

이 모임의 역사 전체를 볼 때 베르타가 키치 부인의 집에 온 날은 장관을 연출하기는 했지만 그런 날 자체가 많지 않았다. 남편의 반대 때문에 무언가 핑계거리를 대거나 아니면 반대를 무릅쓰고 무리해서 와야 했기 때문이다. 남편의 반대는 12월 초 무렵부터도 매우 분명했다(남편은 허락 없이 나가는 것을 금지했다). 17일에서 21일 사이의 결정적인 시기에도 베르타는 18일 저녁이 되어서야 겨우 올 수 있었다. 18일에 와서 그날 밤은 키치 부인 집에서 보냈고 19일 새벽에 돌아갔다가 저녁에 다시 와서 한두 시간쯤 머물렀으며 20일 이른 아침에 와서 21일 오전 9시까지 있었다. 그 이후 1월 7일까지 베르타는 모임의 일원을 아무도 만나지 못했다. 24일 저녁에 매리언, 에드나와 통화를 했고 그 다음 주에 매리언과 한 번 더 통화를 했을 뿐이었다. 이 기간에 베르타가 모임 일원들을 만나지 못했던 것은 자발적인 것이 아니라 남편 때문이었다. 1월 7일에는 남편이 일을 보러 집을 비웠기 때문에 이 기회를 틈타 하이베일에 있는 에드나의 집에 가서 모임 사람들을 만날 수 있었다.

홍수 예정일 직전의 중요한 시기에 베르타의 마음은 내면의 소용돌이와 의구심, 그리고 자신의 권능에 대한 불안과 예언에 대한 불확실성으로 점철되어 있었을 것이다. 12월 18일에 우리의 관찰자가 참여한 자리에서 다음과 같은 대화가 오갔다.

"베르타는 남편에 대해 조금 이야기를 했고 남편에게 21일 이후에는 여기에서 손을 떼겠다고 약속했다고 했다. 베르타에 따르면, 남편이 매우 인내심이 있어서 21일까지는 베르타가 원하는 대로 하게 해 준다고 했으며 그래서 21일 이후에는 손을 떼겠다고 약속했다는 것이었다. 베르타는 '가장 힘든 것은 의심'이라고 말했다. 베르타가 21일 이후라고 말했을 때 나는 놀라서 눈썹을 치켜뜨고 물어봤다. '21일 이후의 일은 걱정하실 필요가 없지 않나요?' 그랬더니 베르타가 말했다. '가장 힘든 것은 의심하는 거예요.' 내가 말했다. '그래요, 저도 그게 가장 힘든 것 같아요.' 베르타는 날짜와 예언에 대해, 또 자신의 역할에 대해 의심이 많았다고 털어놓았다. 나는 '화요일에 메시지가 진짜인지 확신하는 데 어려움을 겪고 있다고 말씀하셨는데 그것은 다 해결되었나요?'라고 물어보았다. 베르타는 이렇게 대답했다. '아니요. 바로 그 책임감이에요. 나는 내가 한 말이 옳다는 것을 확실히 해야만 해요. 그런데 나는 잘 알지 못해요. 이 집에 있으면 의심을 품지 않는 것이 어렵지 않지만 집으로 돌아가 혼자 있거나 남편과 있으면 의심으로 가득 차게 돼요. 그리고 무엇을 해야 할지 정말 모르게 되지요.' 내가 말했다. '하실 수 있는 유일한 일은 믿음을 붙잡고 의심이 스스로 사라지도록 두시는 게 아닐까요?' 그러자 베르타가 말했다. '그래요 21일이면 더 이상 내게 의심이 남아 있지 않을 거예요. 정말로요.'"

21일 직후에 베르타가 보인 반응은 거의 환희에 찬 열정이었다. 언론 홍보를 피하려 하지 않았고 비밀 테이프들을 공개했으며 자청해서 어디에든 그것을 기사로 제공했다. 그리고 처음으로 신문 기자와 이야기를 했다. 하지만 이러한 흥분 상태는 금세 끝났다. 1월 7일에 모임 사람들을 다시 만나게 되었을 무렵이면 베르타는 지치고 낙담한 상태로 보였다. 베르타는 12월 21일 이후로 자신이 정말 지옥에서 살았으며 삶이 너무나 비참했다고 말했다. 지난 몇 주간 베르타는 도대체 무슨 일이 일어난 것인지, 자신의 역할은 무엇이었는지를 홀로 곱씹으며 보내야 했다. 의심이 다시 돌아왔고 더욱 증폭되었다.

한편, 클라이드 윌튼은 12월 18일 아침에 매리언 키치로부터 장거리 전화를 한 통 받았는데, 레이크시티로 즉시 오라는 용건이었다. 집을 떠나는 게 좀 주저되는 듯했지만 결국에는 명령을 따르기로 했다. 하지만 그날 비행기를 잡을 수가 없어서 다음 날 2시에야 레이크시티에 도착했다. 그는 하루만 레이크시티에 머물렀는데 12월 20일에 키치 부인이 그가 가족에게 돌아가도 좋다는 메시지를 받았기 때문이다.

클라이드의 투자 행동은 핵심 인물들에 비해서는 강하지 않았지만 그래도 상당한 정도는 되었다. 레이크시티까지 800킬로미터나 되는 거리를 한 달 사이에 세 번이나 왔는데, 모두 키치 부인이 전한 명령에 의한 것이었고 오로지 이 모임 때문에 온 것이었다. 경비도 자비를 썼고 직장을 결근해 수당도 못 받았을 뿐 아니라 잦은 결근으로 상사와 마찰도 일었다. 이 신념 체계에 대한 클라이드의 확신 상태는 "우호적인 열린 마음" 정도였다고 표현할 수 있을 것이다. 이 모임에서 그는 "학자적인" 역할을 담당했다. 그는 키치 부인이 전달하는 가르침의 내용을 잘 파악하고 있었고, 전반적으로는 이 믿음 체계를 받아들이는 것 같았다. 자신이 알고 있는 과학적 지식과 부합해야 한다는 필요성을 종종 드러내기는 했지만 말이다. (가령 한번은 이렇게 말했다. "나는 우리가 더 많은 증거를 갖는 게 좋다고 생각합니다. 우리는 믿음에 너무 의지하도록 요구당하고 있어요.")

클라이드는 12월 20일에 집으로 돌아갔고, 21일의 반증 사건 직후에 그가 어떤 반응을 보였는지에 대해 우리가 가진 자료는 그가 보낸 두 통의 편지뿐이다. 하나는 2월 8일에 쓴 것으로 반증이 일어났던 날의 행동이 다음과 같이 묘사되어 있다.

"12월 20일 밤에 나는 거의 내내 깨어 있었어요. 가끔씩 졸면서요. 21일 새벽 대여섯 시 정도에 매리언에게 전화를 했고 매리언이 톰을 바꿔 주었어요. 톰이 방금 받은 메시지라면서 신문에 낼 메시지를 읽어 주었어요. 나는 홍수가 피할 수 있는 일이었다면, 혹은 일어나지 않을 일이었다면, 대체 홍수 이야기를 우리가 왜 믿었던 것인지 어리둥절했죠. 무슨 타당한 이유가 있었나? 저 위의 정보 원천이 우리를 놀리려고 그랬나? 나는 잘 모르겠어요."

이것만 가지고는 클라이드의 태도를 알기 어렵지만 그 다음에 온 편지에는 반증으로 그의 미몽이 깨지고 혼란이 커졌음이 더 분명히 드러나 있다. 3월 12일에 쓴 편지에서 클라이드는 이렇게 언급했다.

"레이크시티로 갔을 때 나는 분명한 목적의식을 느끼고 있었어요. 그보다 목적의식이 덜 분명하게 느껴지는 일이라면 내가 내 방식을 벗어나서 무언가를 따르게 되지는 않을 거예요. 나는 중요한 사건이나 사고가 임박했다고 정말로 느끼고 있어요. 향후 몇 년이나 몇 십 년 사이에요. 그런데 정확히 그것이 무엇이냐, 그건 잘 모르겠어요."

"그래요, 나는 결과에 실망했어요. 나는 그 가르침이 모두 진리일 것이라고 믿도록 이끌렸던 것 같아요. 그런데 일이 그렇게 되니 그 가르침 중 진리가 있는지, 있다면 어느 부분이 진리인지 알 수 없게 되었죠. 여기에서 내가 홍수 예언 등등에 대해 이야기할 수 있는 유일한 사람은 내 친구의 아내였는데 그 사람도 나만큼 뭐가 뭔지 모르겠다고 했어요."

"나는 그 가르침에 무언가가 있긴 있다고 생각해요. 자신만의 앎, 내면의 앎을 향한 노력 같은 것 말이에요. 이것은 어려운 일이고 비교적 드문 경우를 제외하면 정말로 확신하게 되기는 어렵죠."

많은 면에서, 클라이드의 반응은 베르타의 반응과 비슷했다. 믿음을 완전히 버리려고는 하지 않았지만 반증 이후에 의구심이 점점 커졌다. 즉 반증 이후에도 확신이 굳게 유지된, 심지어는 확신이 강화된 다른 핵심 멤버들과 대조적이었다. 이 차이는 다른 사람들과 달리 베르타와 클라이드가 21일 반증 이후의 시간을 모임 사람들과 떨어져 고립되어 있었다는 데서 이유를 찾아볼 수 있을 것 같다. 지속적으로 지원과 지지를 제공해 주는 사람들이 없는 상태에서는 부인할 수 없는 반증이 일으킨 인지부조화가 기존 믿음을 유지할 수 있을 정도로 충분히 완화되기 어려울 것이다. 지원과 지지를 제공해 주는 사람들이 주위에 모여 있으면, 그것은 반증의 합리화 설명을 납득하고 받아들일 수 있게 해 주는 "사회적 실재"로서의 역할을 하게 된다. 모임 사람들을 짧게나마 다시 만날 수 있게 되었을 때 이것이 베르타의 믿음을 강화하고 의심을 불식시키는 데 얼마나 도움이 되었는지를 1월 7일에 베르타가 에드나의 집에서 사람들을 만나고 돌아간 뒤 그 자리에 있었던 우리 관찰자 한 명에게 보낸 편지에서 잘 볼 수 있다.

"이 말씀 꼭 드리고 싶어요. 어제 저녁에 여러분들하고 같이 있게 되어서 얼마나 위로가 되었는지 몰라요. 정말로 기도가 응답을 받은 것 같았어요. 이렇게 금방 응답이 오리라고는 기대 안 했는데 말이에요."

"필요성이 절박하게 커졌을 때(제가 그랬던 것처럼요), 그리고 그것이 선을 향한 방향으로 이끌릴 때는 선이 올 수밖에 없음을 보여 주는 것 같아요. 나는 알고 싶은 것이 아직도 많다는 것을 인정하지만, 아마도 내가 알고 싶은 게 시간은 아니리라는 것을 알아요. 그리고 시간이 오면 모든 것은 결국 밝혀지겠죠. 그리고 이유는 알 수 없더라도 **신뢰할 수 있는** 사람들로부터 확신을 얻는 것은 너무나도 멋진 일이었어요. 빛의 힘이 우세해지리라는 확신 말이에요. 이것은 정말로 의미가 커요."

"네. 나는 내 두 발로 서려 노력할 거예요. 우스운 일은, 전에는 내가 사람들이 내게 의지하는, 그런 사람이었는데 이제 갑자기 내가 사람들의 도움이 필요한 처지가 되었네요. 그리고 나는 내가 어떤 종류의 도움을 필요로 하는지도 잘 모르게 되었어요. 그냥 간절함만, 무언가를 잃어버린 듯한 느낌만 있어요. 하지만 다시 내가 나 자신을 잃을 만큼 무언가에 몰두해 스스로를 거기에 쏟아 붓는다면, 그것이 답일 거라고 생각해요. 나는 주저하고 있었죠. 가르침이 왔는데도 '현재'에 충분히 몰두하지 못하고 주저했던 것 같아요."

커트 프룬드 앞에서 설명했듯이, 커트는 드러내놓고 말하지는 않았어도 견고한 회의주의자였다. 대체로 그는 "우주의 철학자"와 같은 입장을 취하려 했다. 어떤 일도 자신에게는 놀랍지 않다는 듯이 말이다. 그는 비행접시의 존재를 믿었고 외계 생명체의 존재도 믿었지만 키치 부인의 예언, 메시지, 외계인의 방문 같은 것에 대해서는 강한 의구심을 보였다. 12월 21일 직전의 중요한 시기에도 이러한 태도를 견지했다. 예를 들면, 12월 18일에 다섯 명의 소년이 클래리온에서 왔다며 집에 나타났을 때 유일하게 회의적인 목소리를 낸 사람이 커트였다. "나는 [그들에게서] 그런 것[외계인다운 면모]은 하나도 못 보았다고 말해야겠습니다. 그들은 그냥 대학생 아이들처럼 보이던데요? 그들은 여기에 그저 장난을 치러 온 것으로 보였어요."

따라서 그는 투자 행동의 강도도 낮았다. 그가 감수한 유일한 희생이라면 크리스마스 연휴에 애리조나로 여행 가려던 계획을 포기한 것뿐이었다. 왜 여행을 포기했는지 묻자 그는 너무 바빠서 그렇다고 했다. 물론 홍수가 예정된 12월 21일에 여기에 있고 싶어서 그런 것이었을 가능성도 없지는 않지만 말이다.

12월 17일~21일 동안 커트는 키치 부인의 집에 세 차례 왔다. 18일, 19일, 20일 저녁이었고 20일에는 밤새 있다가 다음날 새벽 신문기자들이 몰려오기 직전에 집으로 돌아가서 다시 오지 않았다.

다시 오지 않았다는 것은 그가 이 모임의 신념 체계를 완전히 버렸다는 것을 암시하는 게 분명해 보인다. 하지만 2월 24일에 레이크시티의 관찰자 한 명과 이야기를 나눌 때 키치 부인에 대해 매우 찬사를 보내기도 했다. 단순한 연민인지 아니면 우리가 모르는 다른 태도를 암시하는 것인지는 알 수 없다. 우리가 추측해 볼 수 있는 것은 반증 전에도 반증 후에도 커트가 이 모임의 진정한 일원은 아니었다는 사실이다. 아마도 그는 이런 류의 운동이 우주적 역사에서 무언가 수행하는 역할이 있다고 믿었던 듯하고, 여기에서 스스로를 관찰자의 위치에 두려 했던 것 같다.

아서 베르겐 고등학생인 아서는 비행접시와 외계 생명체의 존재를 믿었지만 이 모임의 신념 체계나 예언에 대해서는 의구심을 가지고 있었다. 그는 수줍음을 많이 탔고 원체 조용해서 인터뷰를 하기가 쉽지 않았다. 우리는 그를 중간 정도의 확신을 가진 것으로 분류했지만 이는 다른 사람들에 비해 훨씬 적은 정보에 바탕한 판단이었다. 그는 12월 18일에 우리 관찰자와 대화하면서 "무엇을 믿어야 할지 모르겠다"고 했는데, 이는 그가 가지고 있었던 의구심을 상징적으로 보여 준다. 그는 키치 부인의 자동기술이 진리를 담고 있는지 의심했고, 홍수가 정말로 12월 21일에 일어날 것인지도 완전하게 믿지는 못했다.

하지만 그가 한 행동을 보면 그가 말한 바에서 나타난 것보다 더 큰 확신이 드러난다. 아마도 그는 다른 사람들보다 테이프를 더 많이 들었을 것이다. 또 12월 20일에 금속을 떼어 내느라 법석이 일었을 때 세심하게 껌 종이 은박지까지 하나하나 벗겨 냈으며 금속으로 된 신발 코가 안 떨어지자 어쩔 줄 몰라 했다. 또한 21일의 정확한 일출 시간을 확인해서 사람들에게 알려 준 유일한 사람이 그였다는 점을 볼 때 홍수 예언에 대해서도 상당히 진지하게 관심을 가지고 있었다고 볼 수 있다.

투자 행동의 강도는 다른 사람들에 비해 낮았다. 그가 감수한 유일한 희생은 늦게까지 키치 부인의 집에 있는 것에 대해 부모와 다툼을 벌인 것뿐이었다. 그리고 그가 묘사한 바로 볼 때 이마저도 그다지 심각한 싸움은 아니었던 것 같다. 한번은 누군가가 아서에게 부모와 문제가 있느냐고 물었는데, 그는 이렇게 대답했다. "아, 아니에요. 그냥 매우 재밌는 집안일뿐이에요. 어머니는 걱정하고 아버지는 미친 듯이 화를 내죠. 나는 상당히 내 멋대로에요. 그래도 엄마에게 걱정하지 말라고 하죠. 그러면 엄마는 걱정하지 않아요. 그러면 또 아빠는 엄마가 걱정하지 않는다고 화를 내죠. 하지만 그렇게 문제가 많은 것은 아니에요."

용감해 보이려는 청소년다운 허세였을지도 모르고 그가 말한 것보다 집안에서 문제가 더 컸을 수 있다는 점을 감안한다 해도, 12월 17일에서 21일 사이에 모임에 더 오래 있는 것과 부모에게 약속한 시간에 귀가하는 것 사이에 갈등이 일 때마다 아서는 매번 귀가했다. 그가 귀가 시간을 괜히 넘겨서 부모의 화를 돋우지 않으려고 했다는 점은 분명해 보인다.

17일에서 21일 사이에, 아서는 18일부터 20일까지 매일 키치 부인의 집에 왔고, 20일 밤을 넘겨 21일 새벽 2시 30분에 이 집을 떠났다. 그 이후로는 전화를 한 번 했을 뿐 다시 오지는 않았다.

12월 21일의 반증으로 그는 완전히 미몽을 벗어난 것 같아 보인다. 2월 초에 우리 관찰자 한 명이 그와 이야기를 나누었는데 이날 대화에서 관찰자는 아서가 더 이상 키치 부인을 믿지 않는다는 인상을 받았다. 비행접시 및 외계와의 통신 가능성은 여전히 믿고 있었지만 키치 부인이 가르친 믿음은 버린 상태 같았다.

반박 불가능한 반증 사건이 각 개인에게 미친 영향을 요약해 보자. 우리가 수집한 실증 자료를 토대로 볼 때, 레이크시티 일원 11명 중에서 2명(커트 프룬드와 아서 베르겐)만이 반증 이후에 완전하게 키치 부인의 메시지에 대한 믿음을 버렸다. 둘 다 투자 행동의 강도가 약한 사람들이었다. 21일 이전에 강한 확신을 가지고 있었고 강한 투자 행동을 했던 5명(포스트 모자, 암스트롱 부부, 키치 부인)은 반증 도중에도, 반증 이후에도 신념이 흔들리지 않았다. 클레오와 밥은 레이크시티에 올 때 매우 강한 투자 행동을 한 상태였지만 확신은 엘라 로웰의 영향으로 다소 흔들리고 있었는데, 12월 21일의 반증에 이어 전보다 확신이 강해졌다. 클레오는 강화된 확신이 계속 유지된 것 같고 밥은 확신의 강화가 일시적이었던 것으로 보인다. 베르타 블라츠키와 클라이드 윌튼은 반증이 시작될 때 약간의 의구심을 가지고 있었는데, 반증 이후에도 의구심이 지속되었고 키치 부인의 가르침에 대한 믿음을 완전히 버리지는 않았지만 자신의 미몽이 깨졌다는 것과 혼란을 느끼고 있다는 것을 인정했다. 베르타와 클라이드는 결정적인 반증의 시기에 모임 일원들과 떨어져 있어야 했는데, 이들의 반응이 클레오와 밥의 반응과 극명한 대조를 보이게 된 데는 이러한 "고립"이 영향을 미쳤을 것이다. "고립"의 효과는 다음 장에서 컬리지빌 사람들에게 반증이 미친 영향을 다루면서 더 상세하게 알아볼 것이다.

전도 활동

언급했듯이 우리는 이론적인 작업 중에 매리언 키치에게 관심을 갖게 되었다. 여기에서 우리의 이론과 직접적으로 관련되는 부분을 짚어 보고 우리의 이론적 가설을 뒷받침하는 실증 자료들을 요약해 보기로 하자.

1장에서 우리는 믿음이 반증된 뒤에 오히려 전도 활동이 증가할 수 있는 다섯 가지 조건을 제시한 바 있다. 레이크시티의 일원 대부분은 이 조건을 충족시켰다. 키치 부인의 예언을 강한 확신을 가지고 믿었고, 그 믿음에 부합하는 강한 투자 행동을 했다. 그리고 부인할 수 없는 반증이 발생했고, 그것을 합리화하는 설명은 인지부조화를 완전하게 해소할 수 없었다. 마지막으로, 소수의 예외를 제외하면 이들은 반증 사건과 그 이후의 여파를 모여서 함께 겪었다. 즉 이들은 우리의 가설을 테스트하기에 이상적인 조건이었다고 할 수 있었다.

지금쯤이면 독자들은 실증 자료가 우리의 가설을 뒷받침한다는 것을 대충이나마 알게 되었을 것이다. 그럼 여기에서 반증 이전과 이후에 언론 홍보, 면 대 면 전도 활동, 그리고 외부에 자신의 믿음을 노출시키는 정도 등이 어떤 차이를 보였는지에 대해 현장연구에서 수집한 실증 자료에 기반해 더 구체적으로 살펴보기로 하자. 들어가기에 앞서 짚어 둘 것이 있다. 닥터 암스트롱 정도를 제외하면 이들은 다수 대중을 대상으로 하는 비선별적이고 직접적인 전도 활동을 펴지 않았다. 이들의 전도 방식은 더 조심스러웠다. 전도 활동이 가장 맹렬하게 벌어졌던 동안에도 그 활동은 그들의 믿음 체계에 대해 관심을 환기시킨 다음에 누군가가 집으로 찾아오거나 전화를 걸어 오면 그들을 설득하는 식으로 이뤄졌다.

언론 홍보 물론 가장 극적인 변화를 보인 것은 언론에 대한 태도였다. 이들이 자신의 메시지를 세상에 내보이고 싶었다면 12월 16일에 더없이 좋은 기회가 있었다. 전국의 모든 뉴스 매체가 닥터 암스트롱의 해고에 대한 후속 취재를 위해 키치 부인의 집에

와 있었기 때문이다. 하지만 이때 언론은 상당히 냉대를 받았고 아무리 집요하게 취재를 시도해도 거절당했다. 이틀 동안 진을 치고서도 기자들은 닥터 암스트롱, 키치 부인과 겨우 짧은 녹화와 인터뷰 하나씩을 할 수 있을 뿐이었고 그것도 거의 협박하듯이 실랑이를 벌이고 나서야 가능했다. 한 사진기자가 몰래 들어와 사진을 찍고 나가자 모임 일원들은 소송을 하겠다고 했다. 또한 12월 18일에서 12월 21일 새벽 사이에 기자들의 전화가 수없이 걸려 왔지만 모두 "노코멘트"라는 간단한 대답으로만 응대했다.

그런데 12월 21일에 결정적인 반증에 대해 합리화 논리가 나오자마자 폭발적인 긴급성을 띠면서 분위기가 완전히 반전되었다. 처음으로 키치 부인은 자신이 먼저 신문사에 전화를 해서 기사거리를 알리겠다고 했다. 키치 부인이 전화를 내려놓자 곧바로 암스트롱과 마크 포스트가 전화기를 들고 모든 주요 매체에 전화를 돌렸다. 한 언론사에만 단독으로 기사거리를 주자는 제안은 단번에 일축되었다. 닥터 암스트롱과 키치 부인은 12월 21일 하루에만도 라디오 방송용 녹음을 다섯 개나 했다. 그 다음 3일 동안 매리언이 받은 메시지는 매번 새로운 보도 자료를 뿌려야 할 이유가 되었고 사진 촬영을 금지하던 원칙도 곧 없어졌다. 이들은 두 번 더 언론에 연락을 돌렸고 기자들이 찾아오면 친절하고 따뜻하게 대했다. 기자들은 매우 길게 인터뷰를 할 수 있었고 사진기자도 환영받았다. 냉랭했던 쪽이 이제는 맹렬하게 구애를 하고 있었다.

면 대 면 전도 활동 면 대 면 전도에 대해서는 이 운동의 매우 초기에 "준비된 자는 보내질 것이다"라는 언명으로 입장이 정리된 바 있었다. 암스트롱 부부, 키치 부인, 베르타 블라츠키, 엘라 로웰 모두 여기에 동의했다. 면 대 면 전도의 원칙은 "조심하라"가 핵심이었으며 모두가 그대로 실천했다. 외부에 이 신념 체계를 말할 때는 신중해야 했고 상대방더러 믿으라고 억지로 강요해서는 안 되었다. 12월 초에는 비밀주의 원칙까지 더해져서 외부인에 대한 태도는 거의 전도에 반대하는 게 원칙처럼 되었을 정도로 한 층 더 조심스러워졌다. 찾아오는 사람들 중에서도 "선택된 사람"이 확실해 보이는 경우에만 이야기를 할 수 있었다.

12월 17일 이전에는 외부인에 대해 이러한 정책이 잘 지켜졌다. 우리 관찰자 네 명과 저자들이 처음에 모임에 들어가려 했을 때 겪었던 어려움들이 이를 잘 보여 주며, 이에 대해서는 물론 아주 상세한 기록이 남아 있다. 모임에 비교적 쉽게 진입한 경우는 한 명뿐이었는데, 극적인 꿈 이야기를 가지고 암스트롱 부부의 집에 직접 찾아간 경우였다. 찾아온 이유를 더 평범하게 설명했던 다른 관찰자와 저자들은 따뜻하게 환대를 받았고 질문을 하면 대답도 들을 수 있었지만 믿으라고 적극적으로 독려를 받거나 다시 오라고 권유를 받거나 하지는 않았다. 그래서 다시 올 때마다 다시 찾아온 이유를 새로이 지어내야 했다. 우리야 연구를 해야 한다는 뚜렷한 목적이 있었으므로 계속 다시 찾아갔지만, 일반적인 외부인이었다면 위와 같은 태도에 금세 김이 빠졌을 것이다.

12월 16일과 17일에 신문 기사를 보고 많은 사람들이 키치 부인의 집에 왔지만 대개는 그냥 돌려보내졌다. 안으로 들어오도록 허락받은 사람들도 우리 관찰자들이 처음에 받았던 것과 비슷한 정도의 응대만 받았다. 그런데 12월 17일에 두 개의 반증 사건을 겪고 나자 방문객 중 돌려보내는 사람이 눈에 띄게 줄었고 안으로 들어오도록 허락된 사람들은 가르침을 믿으라는 권유를 훨씬 더 강하게 받았다. 즉 모임 일원들은 방문자를 진지하게 설득하기 위해 신념 체계를 열심히 설명했고 또 오라고 권유했다. 12월 19일이면 어느 정도의 1차적인 선별은 아직 존재했지만 집 안으로 들어오도록 허락받은 방문자들은 거의 모두가 "선택된 사람"이라고 선포되었고 이 신념 체계를 믿으라는 열정적인 권유를 받았다. 그러다가 12월 21일 이후에는 거의 모든 방문자가 집 안에 들어오도록 허락을 받았다. 12월 25일에 키치 부인의 집에 처음 찾아온 우리의 마지막 관찰자는 이전의 관찰자들이 첫 방문에서 받았던 것과는 180도 다른 응대를 받았다. 부분적으로는 모임 일원들이 지침을 절박하게 원하는 상황이었다는 점과 관련이 있겠지만, 부분적으로는 자신의 믿음을 확인해 주는 증거를 간절히 원하고 있어서였기도 했을 것이다. 완전히 낯선 사람을 대뜸 '가디언'이라고 여길 정도로 간절히 말이다.

비밀주의 11월 말경 이 모임은 비밀의 베일로 모임을 감싸기 시작했다. 암스트롱 부부는 가르침을 담은 모든 문서를 불태웠고 "구도자"를 사실상 해산했다. 이는 컬리지빌에서 효과적인 전도가 매우 어려워지게 만들었다. 관심 있는 외부인이 찾아올 만한 중심 집단이 없어졌기 때문이다. 레이크시티에서는 암호와 비밀 신호가 도입되었다. "선택된" 사람을 알아보기 위한 장치였는데, 이 장치가 "선택된 사람에게만 말하라"는 훈계와 결합해 매우 엄격하게 지켜진다면 새로운 사람이 모임에 들어오는 것은 불가능하게 된다. 비밀주의 원칙이 완벽하게 지켜지지는 않았지만 12월 17일 이전 몇 주 동안 비밀주의가 지배적인 태도였음은 분명하다. 홍수 예언마저도 비밀로 간주되었고 비행접시 학회에서 강연을 했을 때도 키치 부인과 닥터 암스트롱 모두 홍수를 언급하지 않았다. 이들은 비밀주의 원칙을 통해 되도록이면 외부 세계에 노출되지 않고자 했다.

그런데 12월 21일 이후에는 상황이 완전히 달라진다. 이제까지 가장 깊숙한 비밀이었던 것을 드러내면서, 사실상 세상에 대고 "우리에게 온 이 굉장한 일들을 보세요. 더 알고 싶지 않으세요?"라고 말하게 된 것이다. 그전까지 녹음된 테이프는 너무나 중요한 비밀이어서 오래된 일원들조차 내용을 기록하는 것이 금지되어 있었지만 이제는 누구에게라도 공개되었고 방송국에도 뿌려졌다. 키치 부인은 기자들을 위해 메시지를 받는 자동기술을 시연했고 "비밀의 책"을 펼쳐서 손에 들고 사진도 찍었다. 물론 가장 극적인 대조를 볼 수 있는 부분은 결정적인 반증이 있기 전에 외계인을 기다리면서 보인 행동과 결정적인 반증 이후에 외계인을 기다리면서 보인 행동의 차이다. 12월 17일과 21일에는 외부인들에 노출되는 것을 막으려 하면서 완전한 내부자만이 키치 부인의 뒤뜰이나 거실에서 비행접시가 오는지 살펴보았다. 그런데 12월 24일에는 비행접시가 착륙할 예정이라는 소식을 언론에 알렸을 뿐 아니라 키치 부인 집 앞에서 캐럴을 부르는 자리에 일반인들도 오라고 했다. 반증 이후에 이들이 외부인, 즉 잠재적인 개종자에게 자신의 활동을 훨씬 더 많이 노출했다는 점은 분명하다.

홍보 활동, 면 대 면 전도 활동, 비밀주의의 준수 여부 등에 대한 자료들을 볼 때, 1장에서 살펴본 천년왕국 운동에서와 같이 여기에서도 반증 이후에 전도가 증가했음을 분명히 알 수 있다.

이제까지 우리는 결정적인 반증 직전 몇 주와 직후 며칠의 전도 활동만 비교했다. 초창기의 전도 활동도 고려해야 마땅하겠지만 사실 이 경우에는 초창기를 상세히 고려할 필요가 없다. 8월 말까지는 전도 활동이 거의 없었기 때문이다. 9월 말부터 12월 초 사이에도 비밀주의 원칙과 "준비된 사람은 보내질 것"이라는 원칙이 세트로 확립되었기 때문에 전도 활동은 비교적 잠잠했다.

9월 초중순에 짧지만 강렬하게 전도 활동이 촉발된 적이 있었다. 홍수를 예언하는 메시지를 받은 직후였다. 닥터 암스트롱은 예언된 재앙이 너무나 중요하다고 생각해서 이를 대중에게 전파하기 위해 두 개의 보도 자료를 냈고 이를 본 기자의 요청으로 매리언 키치가 인터뷰를 한 번 했다. 또 닥터 암스트롱은 가르침과 예언의 내용을 "구도자"에서 소개했고 매리언 키치는 친구의 제안으로 형이상학 서점에서 소규모의 청중에게 한두 차례 낭독회를 했다. 이 모든 일이 2, 3주 사이에 일어났으며 이는 물론 임박한 재앙을 세상에 경고하려는 열망에서 나온 행동이었다. 이렇듯 상당한 전도 활동이 벌어지긴 했지만 이 활동들이 주로 단 한 사람, 즉 닥터 암스트롱에 의해서만 이뤄졌다는 점을 짚고 넘어갈 필요가 있다. 이 기간 내내 키치 부인은 메시지를 외부로 알리는 일에서 비교적 수동적인 역할만 했다. 어느 가능성으로 보나 키치 부인은 닥터 암스트롱이 하는 일을 묵시적으로 승인은 했지만 자신이 먼저 나서서 무언가를 하지는 않은 것으로 보인다. 또한 레이크시티의 다른 사람들은 반증 이전 시기에는 아무도 전도 활동에 나서지 않았다.

매우 대조적으로, 반증 이후에는 거의 모든 일원들이 맹렬한 전도에 나섰다. 예언자 역할을 시작한 이후 처음으로 키치 부인은 신문사에 자신이 먼저 전화를 걸었다. 베르타 블라츠키는 남편이 무서워서 21일 이전에는 필사적으로 언론을 피했지만 21일 오전에는 기자와 이야기를 했고 비밀 테이프들을 공개했으며 (NBC 방송도 포함해서) 요청하는 모든 곳에 테이프를 주겠다고 약속했다. 마크 포스트도 여러 신문사에 전화를 돌렸고 몇몇 기자와 인터뷰를 했다. 클레오는 컬리지빌에 있었을 때는 기자들을 피하려고 애썼고 도리 없이 기자를 만나야 할 경우에는 다소 창피해하면서 이 집이 그저 크리스마스를 보낼 준비를 하는 지극히 평범한 가정이라는 인상을 주려고 애썼지만, 반증 이후에는 기자들에게 조목조목 설명하면서 이 신념 체계가 옳음을 대담하게 주장했다. 에드나 포스트와 데이지 암스트롱은 몹시 수줍음이 많고 관심의 대상이 되는 것을 굉장히 기피하는 성격인데도 많은 기자들에게 이야기를 했고 사진 포즈를 취했으며 번갈아 가면서 방문객들을 맞아 신념의 내용을 설명했다. 반증 이후에 전도 활동은 모임 일원들이 가장 흔하게 시간을 보내는 활동이 되었다.

그치지 않고 만들어지는 예언 우리 연구의 초점은 전도 활동이지만 전도 활동에 대한 자료만으로는 반증에 대한 반응의 다양성이나 인지부조화 해소를 위해 쓰인 방법들의 다양성을 충분히 설명할 수 없다. 결정적인 반증 이후 키치 부인은 계속해서 새로운 예언을 내놓았다. 또 새로 온 방문자들을 외계인이라고 믿는 경향도 증가했다. 현장 연구를 하기 전에는 이런 현상을 예상하지 못했지만 우리는 이런 현상들 또한 우리의 이론과 부합한다고 생각한다. 신념 체계를 지탱하는 방법에는 전도 활동만 있는 것이 아니다. 자신이 믿는 바를 직접적으로 확증해 주는 근거가 발견된다면 훨씬 더 좋을 것이다. 이런 점에서, 반복적으로 새로운 예언을 내놓은 것은 그러한 확증 근거를 찾고자 하는 노력이었다고 볼 수 있을 것 같다. "로솔로의 유쾌한 소년들이 부르는 아름다운 노래"가 테이프에 녹음되었더라면, 혹은 크리스마스이브에 외계인이 나타났더라면, 이들의 믿음이 옳았음이 증명된 셈이 되었을 것이다. 또한 새로운 예언들이 계속해서 만들어진 것은 전도 활동이 한탄스러울 정도로 성공적이지 못했다는 점과도 관련이 있어 보인다. 전도 활동이 단 한 명의 진지한 개종자도 만들지 못하는 바람에 사회적 지지가 충분히 얻어지지 못했던 것이다.

확증 근거를 찾아야 할 절박한 필요성에 비추어 보면 그들이 왜 그렇게 많은 방문자를 외계인이라고 생각했는지도 이해하기 어렵지 않다. 반증 사건이 처음 벌어진 17일 이전에도 이들이 한두 명의 방문자를 외계인이라고 생각한 적이 있긴 하지만, 반증 이후에는 전화를 걸어 오거나 집에 찾아온 사람 중 몇 명을 외계인이라고 점찍지 않고 넘어간 날이 없었다. 계속해서 새로운 방문자를 외계인이라고 생각하는 것은 계속해서 새로운 예언을 내놓는 것과 유사한 면이 있다. 방문자가 정말로 외계인이라면 이것 역시 그들이 믿는 바가 옳다는 것을 입증하는 확증 근거가 될 것이기 때문이다.

하지만 그토록 열심히 방문객들에게서 외계인의 징후를 찾아내려 한 것은 확증 근거를 찾아야 할 필요성만으로는 다 설명되지 않는다. 어떤 경우에는 "클래리온 소년"임을 알아본 것만으로 [즉 확증 근거를 찾았다고 믿은 것만으로] 만족한 것 같기도 했지만, 누군가를 외계인이라고 규정하는 것은 거기에서만 그치지 않고 그에게 명령과 메시지를 달라는 간청으로 이어지는 경우가 훨씬 많았다. 크리스마스이브의 캐롤 반증 이후에 키치 부인의 집에 처음 찾아간 새로운 관찰자가 겪은 일이 좋은 사례다. 연달아 사흘 동안이나 모임 사람들은 생각할 수 있는 모든 방법을 동원해서 우리 관찰자가 메시지를 말하게 하고자 했다. 이는 지침과 방향성을 얻으려는 것이었음이 분명하다. 예언이 잇따라 실패해 방향성이 점점 더 상실되는 상태에서, 이들은 어떤 실마리라도 찾기 위해 안간힘을 썼다. 텔레비전에 방영되는 프로그램을 보면서 암호화된 지시를 찾아내려 했고, 암호 메시지가 들어 있을지 모른다고 생각해 전화 통화를 모조리 녹음했으며, 집으로 찾아온 "외계인"[이라고 그들이 생각한 사람]들에게 제발 의무를 다하라고 간청했다. 이 모두가 비행접시를 통한 구원의 길에 놓인 다음 단계가 무엇인지 명확히 알고자 하는 간절함에서 나온 절박한 시도였다.

8장

홀로, 그리고 깨어나서

이 책에서 우리는 매우 흥미로운 현상을 보여 주는 현대의 사례 하나를 상세하게 묘사했다. 그 현상이란, 어떤 신념이 도저히 부인할 수 없는 증거에 의해 반증되었는데 그 뒤에 신도들의 전도 활동이 오히려 증가하는 현상을 말한다. (특히 7장에서 이 점을 상세히 다뤘다.) 하지만 1장에서 밝혔듯이, 우리의 목적은 단지 그런 현상이 발생할 수 있다는 것을 보여 주는 것만이 아니었다. 우리의 목적은 한 차원 더 깊이 들어가서 그런 일이 일어날지 아닐지를 설명할 수 있는 변수와 조건을 구체적으로 제시하는 것이었다. 이에 대해 우리가 이론화한 다섯 가지 조건은 다음과 같았다.

첫째, 강한 확신을 가지고 믿고 있는 무언가가 있어야 한다.
둘째, 그 확신을 위해 강한 투자 행동을 했어야 한다.
셋째, 확신을 가지고 믿고 있는 그 신념은 부인할 수 없는 반증이 가능한 종류의 것이어야 한다.
넷째, 부인할 수 없는 반증이 발생해야 한다.
다섯째, 반증 이후에도 신도들이 사회적인 지지와 지원을 얻을 수 있어야 한다.

레이크시티 쪽 사람들 대부분은 이 다섯 가지 조건을 분명히 만족시켰다. 하지만 단순히 다섯 가지 조건이 존재했고 반증 뒤에 전도가 증가했다는 것을 보여 주는 것만으로는(그것은 이미 보여 주었다.) 여전히 불충분하다. 만약 이 조건 중 어느 것이라도 만족되지 않는 게 있다면 그 현상은 일어나지 않을 것인가? 7장에서 이 질문과 관련해 몇 가지 실마리가 제시된 바 있다. 가령 아서 베르겐과 커트 프룬드는 투자 행동의 강도가 그리 세지 않았는데, 반증 후에 적극적으로 전도에 나서기보다는 신념을 버리는 편을 택했다. 따라서 이는 첫째와 둘째 조건이 필요조건임을 입증해 주는 사례라고 볼 수 있다.

다섯 번째 조건이 필요조건임을 (다소 약하게나마) 보여 주는 증거도 언급되었다. 베르타 블라츠키와 클라이드 윌튼의 경우인데, 반증 이후의 모든 시간, 혹은 대부분의 시간을 모임 일원들과 떨어져서 보냈던 이 두 사람은 신념에 확신을 잃기 시작했고 외부인들을 전도하려는 열망도 나타내지 않았다. 다섯 번째 조건의 중요성을 보여 줄 더 강한 증거들을 제시하기 위해, 이 장에서는 컬리지빌 쪽 사람들에게 반증 사건이 어떤 영향을 미쳤는지에 대해 고찰해 볼 것이다. 컬리지빌 사람들은 대부분이 반증을 고립된 상태에서 맞았다. 만약 다섯 번째 조건이 필요조건이라면 이들의 반응은 레이크시티 사람들에게서 관찰된 것과 크게 달라야 한다.

12월 초에 닥터 암스트롱은 "구도자" 학생들에게 일상으로 돌아가서 홍수의 날에 벌어질 일에 대해 마음의 준비를 하라며 그들이 "선택된" 자라면 어디에 있든 들어 올려질 것이라고 했다. 그래서 대부분의 학생들은 크리스마스를 맞아 각자 집으로 흩어졌다. 고립의 영향을 테스트할 수 있게 된 것은 좋은 일이지만, 그 바람에 참여관찰을 하기가 매우 어려워졌다. 컬리지빌 학생들이 반증 사건 이후에 보인 반응에 대해서는 우리에게 정보가 그리 많지 않고, 대개의 정보는 학생들이 학교로 다시 돌아온 뒤에 그들에게 이야기를 들어서 수집한 것이다. 이들 대부분이 반증 시기를 모임에서 떨어진 채로 보냈기 때문에, 12월 21일의 반증이 미친 영향은 (자료가 있는 경우에 한해) 사람별로 각각 설명하기로 하겠다.

키티 오도넬 레이크시티에 가지 않고 컬리지빌에 남아 있었던 "구도자" 일원 중에서 키티는 어느 면으로 보나 홍수 예언에 가장 강도 높은 투자 행동을 한 사람이었다. 직장을 그만두었고 살던 집에서 나왔으며 운명의 날이 다가옴에 따라 돈도 다 써 버리거나 나눠 주었다.

21일이 되기 며칠 전, 키티는 [암스트롱 부부가 집을 비울 동안 아이들을 돌봐 달라는 부탁을 받아서] 암스트롱 부부의 집으로 들어왔다. 키티와 우리의 여성 관찰자가 이 집에 머물면서 두 아이를 돌보았다. 하지만 이 집에서 함께 지내는 사람 중 누구도 키티에게 사회적 지지와 지원을 제공하지 않았기 때문에 키티는 고립되어 있다고 볼 수 있었다. 12월 20일에 키티는 전화로 명령이 올지 모른다고 생각해서 여느 저녁과 마찬가지로 안방의 전화 옆에서 잠을 자겠다고 했다. 21일 아침, 키티는 7시 30분에 일어나서 레이크시티 소식을 보기 위해 텔레비전을 켰다. 우리 관찰자에 따르면, 가장 즉각적으로 키티가 보인 반응은 다음과 같은 한 문장의 말이었다. "글쎄, 레이크시티에서 아무 일도 안 일어났을 것 같아." 그리고 더는 아무 말도 하지 않았다. 9시쯤 암스트롱 부부가 레이크시티에서 전화를 해 왔다. 암스트롱 부인이 "크리스마스 메시지"를 키티에게 읽어 주었고 반증 사건을 합리화한 설명도 해 주었다. 이때 키티는 이것이 무슨 의미인지 파악한 것이 분명하다. 기자들이 집에 오기 시작했지만 키티는 신경 쓰지 않았고 빨리 스틸시티로 가서 엘라 로웰을 만나고 싶어하는 듯했다. 키티는 우리 관찰자에게 "아마 또 만날 수 있을 거야."라고 말하고 집을 나섰다. 돌아오지 않을지도 모른다는 암시였다. 키티는 그날의 나머지 시간을 로웰 부인이 주관한 모임에서, 즉 예전부터도 매리언 키치의 홍수 예언에 대해 회의적이던 사람들에게 둘러싸여서 보냈다.

12월 26일 무렵이면 키티는 회의감을 명시적으로 말하고 있었다. 앞에서 언급한 밥 이스트먼과의 전화 통화가 이를 잘 보여 준다. 이때 밥은 여전히 레이크시티에서 모임 일원들과 함께 있었다. 이 전화 통화에서 키티는 다음과 같은 이야기를 했다. "네가 그렇게 생각한다니, 뭐 그건 좋아. 하지만 나는 믿지 않아. 나는 그들하고는 이제 끝났어. 그것만은 분명히 말할 수 있어." 또 다음과 같은 말도 했다. "나는 어떤 면에서는 좀 후회가 돼. 물론 나는 교훈을 배웠지. 하지만 내 돈과 물건을 다 줘 버렸다니 너무 멍청했다고 생각해." 마지막으로, 이렇게도 말했다. "나는 전에 했던 것처럼 하지는 않을 거야. 이제 그것을 믿지 않으니까. 내 말은, 나는 성경에서 마치 내게 말하고 있는 듯한 구절들을 보았어. 엘라 로웰에 의해서도 아니고 내 친구들에 의해서야. 나는 이제 더 이상 그런 것은 하지 않아." 이보다 더 분명히 선언할 수는 없을 것이다. 더없이 분명하게 키티는 자신이 틀렸다고 인정했고 자신이 어리석게 행동했다고 했으며 암스트롱이나 매리언 키치와는 이제 끝났다고 했고 매리언의 예언도 믿지 않는다고 했다.

프레드 퍼튼과 로라 브룩스 프레드와 로라 모두 닥터 암스트롱의 매우 충실한 제자였다. "구도자" 모임에 거의 빠지지 않고 나왔고 학교 수업은 등한시했다. 가령 프레드는 학교에서 중요한 시험을 통과하지 못했다. 또한 키치 부인의 가르침과 예언을 믿는 것에 대해 부모의 반대가 높아지면서 프레드는 부모에게 매우 골칫거리가 되었다. 로라도 홍수가 오리라고 믿고서 소중히 여기던 물건들을 많이 버렸다. 프레드와 로라는 컬리지빌을 함께 떠났지만 크리스마스는 각자의 집에서 보내느라 떨어져 있었다. 이들은 반증의 시기를 키치 부인의 가르침을 믿지 않는 각자의 식구들과 함께 보냈다.

나중에 로라가 우리 관찰자 한 명에게 이야기한 바에 따르면, 20일 밤에 로라는 그저 현재에 집중했다. 저녁을 잘 먹었고 텔레비전을 보았으며 11시에 "속으로는 약간 무서워하면서" 잠자리에 들었다. 다음 날 아침, 로라는 찾아볼 수 있는 모든 방송 뉴스를 보았고 신문도 찾아 읽었다. 그리고 무언가가 일어나기를 기다렸다. 하지만 암스트롱이 신이 개입해서 재앙을 막았다고 설명했다는 소식을 듣고서 "이건 좀 우스꽝스럽고 그 일이 일어나지 않은 다음에 사후적으로 설명하려는 방식 같다"고 생각했다. 즉 로라의 즉각적인 반응은 회의감이었고 합리화 논리도 받아들이지 못했다.

크리스마스 연휴가 끝나고 컬리지빌에 돌아온 로라는 암스트롱 부부를 여러 차례 방문했다. 1월 17일에 로라는 우리 관찰자

한 명에게 자신의 믿음이 달라지지 않았으며 이 경험을 통해 인간 본성 일반에 대해 많은 것을 배운 것 같다고 말했다. 로라는 일어난 일 모두가 매우 중요했으며 사람들이 진지하게 생각하게끔 만들었다고 했다. 하지만 "구도자"든 다른 것이든 모임에는 더 이상 관심이 없다고 했고 가르침을 더 이상 원하지 않는다고 했다. 또한 물건을 그렇게 많이 처분한 것을 후회했다.

로라는 믿음이 달라지지 않았다고 했지만 그 믿음은 키치 부인의 가르침이라기보다는 더 일반적인 세계관을 말한 것으로 보인다. 로라는 반증을 합리화하는 논리를 받아들이지 않았고 키치 부인의 가르침에 더 이상 관심을 보이지 않았으며 이전에 했던 투자 행동을 후회했다. [키치 부인의 가르침에 대한] 로라의 확신은 매우 크게 줄어든 것이 분명했다.

프레드 퍼든은 20일과 21일에 대해 회상하면서 그날 꽤 늦게 잠자리에 들었지만 우주선이 자신을 데려가기로 되어 있다면 자신이 자고 있더라도 외계인이 깨울 게 틀림없다고 확신했다고 말했다. 그런데 다음날 아침에 일어나 보니 아무 일도 일어나지 않아서 굉장히 놀랐다고 했다. 그는 21일 저녁이 되어서야 신문을 볼 수 있었고 반증을 합리화하는 메시지도 그제야 읽을 수 있었다. 크리스마스 이후에 우리 관찰자가 그를 처음 만난 것은 1월 26일이었다. 이 만남을 관찰자는 이렇게 기록하고 있다.

"프레드는 세상에 더 잘 적응하고 있는 것 같았다. 얼굴도 더 느긋해 보였다. 그는 재앙이 일어나지 않아서 기쁘다고 계속 말했다. 살아 있으니 말이다. 그리고 이번 학기에는 공부를 열심히 하겠다고

했다. 지난 학기에는 공부를 전혀 하지 않아서 성적이 별로였다고
했다. 그는 자신의 믿음이 바뀌지는 않았지만 모임에는 갈 필요가
없을 것 같다고 했다. 이제 그는 애초부터 홍수가 오기로 되어 있지
않았다고 생각한다. 외계인이 우리를 시험하기 위해, 우리가 그 위
기를 이겨 낼 수 있는지 보기 위해, 재앙이 올 것이라고 말만 했을
뿐이라는 것이다."

"그는 남들은 키치 부인이 사기꾼이라고 말하지만 자신은 그렇게
생각하지 않는다고 했다. 키치 부인이 받은 메시지는 진짜였을 것
이다. 메시지 중 일부를 실수로 잘못 받아 적었을 수는 있지만 말이
다. 그는 이렇게 말했다. '닥터 암스트롱은 다른 재앙이 있을 거라
고 했어요. 날짜만 바뀌었다고 말이지요.' 암스트롱이 이 재앙은 1천
년 뒤, 아니면 1만 년 뒤에 있을 수도 있다고 말했다고 프레드는 전
했다. 그러면 우리의 생전에는 일어나지 않을 것이다. 프레드 본인
은 아마도 이 재앙이 아예 일어나지 않을 거라고 생각한다고 했다.
그 이유를 그는 이런 식으로 설명했다. '가만히 생각해 보면, 단지 교
훈을 주기 위해 모든 사람을 홍수로 쓸어버린다는 것은 너무 잔인하
잖아. 안 그래요? 사람들에게 교훈을 주는 방법, 사람들을 교육시키
는 방법은 천천히 가르치는 거예요. 사람들을 단번에 가르칠 수는
없어요. 그리고 사람들을 물속에 가라앉힌 다음에 아스트랄 계에서
그들을 교육하겠다는 건 다소 멍청한 생각이죠. 별로 논리적이지
않아요. 그렇죠?'"

퍼든은 로라 브룩스보다는 미몽이 훨씬 덜 깨진 것으로 보인다.

그는 홍수가 나지 않은 것을 반증으로 여기지 않았고 테스트였다고 생각했다. 하지만 로라처럼 그도 모임에 참여할 필요성은 느끼지 못했다. 그리고 처음으로 그는 닥터 암스트롱의 신념 중 몇몇 부분에 대해 진지하게 회의를 품게 되었다.

수전 히스 수전 히스는 "구도자"들 중에서도 매우 적극적인 사람이었다. 모든 모임에 참석했을 뿐 아니라 학생들 중에서 가장 열심히 전도 활동을 한 사람이기도 했다. 닥터 암스트롱이 공공연한 전도를 공식적으로 금지한 뒤에도 수전은 다른 사람들을 설득하려 했다.

신념을 위해 몇 가지를 희생하는 투자 행동도 했다. 우선, 교회에서의 학생 활동을 그만두었다. 교회 측이 닥터 암스트롱의 가르침에 반대했기 때문이다. 또 룸메이트가 회의적인 태도를 보이자 매우 친한 사이였는데도 믿음을 버리기보다 우정을 버리는 편을 택했다.

수전도 크리스마스를 맞아 집에 가 있었지만 "구도자"의 또 다른 일원과 함께 있었다. 수전 못지않은 확신을 가지고 있었고 수전 못지않은 투자 행동을 한 사람이었다. 우리 관찰자들이 12월 27일에 수전을 만났을 때(수전과 크리스마스 때 같이 있었던 사람에 대해서는 우리가 연락을 취하지 못해서 자료가 없다), 수전은 운명의 날이던 21일 아침을 다음과 같이 회상했다.

"화요일 아침에 9시 뉴스를 듣고서 침대로 가서 친구를 깨우고 말해 줬어요. 30분 정도 우리는 이야기를 했어요. 그리고 아무 일도 없었던 것처럼 나와서 아침을 먹었어요. 그 다음에 다시 앉아서 이 것저것 조각들을 맞춰 보기 시작했어요."

둘이 나눈 대화는 "구도자"에서 배운 것들과 정통 기독교의 가르침을 비교해 보는 것 위주였던 것으로 보인다. 수전은 함께 있었던 "구도자" 동료와 사도신경, 삼위일체, 천상과 지상의 예수, 그리스도의 형상 등에 대해 이야기했다고 했다. 이날 이들이 정통 기독교의 가르침과 "구도자"의 가르침을 융합한 것은 전에 암스트롱이 말했던 것과 다르지 않았다.

"내가 알고 있는 바로 그리스도는 여러 생을 살았어요. 이 지구에서 전에는 예수로서 존재했고 이제는 그의 이름이 '사난다'인 것이죠. 현재는 다른 행성에 살아요. 아마도 더 높은 발달 상태인 사람들이 사는 행성일 거예요. 하지만 그곳 사람들도 사난다만큼 발달된 상태는 아닐 것이고요."

신학을 이야기하는 쪽으로 넘어갔다는 것만으로는 반증 사건에 대해 수전의 즉각적인 반응이 무엇이었는지 정확하게 알 수 없다. 다만 수전이 한 말들로 미뤄 보건대 수전은 여전히 믿음을 유지하기 위해 매우 노력하고 있었던 것으로 보인다. 수전은 결정적인 반증이 있은 지 며칠 뒤에 닥터 암스트롱에게 편지를 보내 자신이 할 수 있는 전도 활동이 무엇일지에 대해 상의했다고 우리 관찰자들에게 말했다.

"나는 어쩌면 잡지에 긴 기사가 나가게 할 수 있을 것 같다고 닥터 암스트롱에게 말했어. 우리가 믿는 바를 최대한 잘 설명한 긴 기사 말이야. 사람들이 우리의 믿음을 너무 이상하게 생각하고 있는 것 같아서. 음, 그러니까, 더 높은 곳의 뜻과 부합한다면, 조각들을 잘 맞춰서 기사를 내도 되겠는지 닥터 암스트롱에게 물어본 거지. 또 이 신념의 내용은 전혀 모르고 단지 기사를 통해 우리 모임의 존재만 알게 된 사람들에게 내가 더 이야기해도 좋을지 알고 싶어. 그들은 궁금한 점들이 있을 텐데 우리가 얼마나 많이 이야기해도 되는지, 그들에게 우리의 가르침을 말해 줘도 되는지 말이야."

다른 사람들에게 이야기하는 것을 수전 본인은 원하고 있느냐고 물었더니 수전은 이미 몇 사람에게 이야기했다고 말했다. 사람들이 신문만 보고 오해하고 있는 "이상한 생각들을 바로잡으려고" 여러 번 노력했다는 것이었다. 또 관심을 보이는 학교 간호사와도 다음과 같은 이야기를 나눴다고 했다. "어제 밤에 이야기를 나누러 가도 되겠냐고 그 간호사에게 물었어. 그리고 우리는 많은 이야기를 했지. 전부 비행접시에 대한 것이었어. 나는 일어난 일이 정확히 무엇이었는지 알려 줬어. 신문에 실린 것을 더 명료하게 설명해 준 셈이지. 그 간호사에게 많은 것을 명백하게 설명했어."

수전은 반증 이전에도 적극적인 전도자였지만 이 신념을 믿도록 다른 사람을 설득시키려는 열망은 12월 21일 이후에 더 강화되었다. 사람들을 직접 만나 이야기를 했을 뿐 아니라 세상에 더 널리 알리기 위해 언론 홍보도 전에 없이 강하게 원했다. 적어도 12

월 말까지는 수전의 믿음이 단단하게 유지된 것으로 보인다. 반증 사건에 대한 수전의 반응은 레이크시티 사람들과 더 비슷했고 "구도자" 사람들과는 달랐다. 또한 레이크시티 사람들과 비슷하게, 그리고 "구도자" 사람들과 달리, 수전은 반증 직후의 중요한 날에 모임의 일원과 함께 있었기 때문에 사회적 지지와 지원을 받을 수 있었다.

수전의 믿음이 얼마나 오래 지속되었는지는 알 수 없다. 하지만 결국에는 확신이 줄어든 것이 분명하다. 우리가 수전과 다시 연락을 한 것은 5월이었는데, 이때쯤에는 공공연히 믿지 않는 사람이 되어 있었다. 클레오 암스트롱과 암스트롱 부부가 컬리지빌 호텔 주차장에서 비행접시를 기다리며 밤을 지새웠을 때 우리 관찰자들에게 이 일을 알려 준 사람이 수전이었다. 수전은 이 일을 비웃었다. 그리고 이제는 이 신념 체계에서 많은 모순이 보인다며 홍수가 오지 않은 것을 합리화했던 설명들을 받아들이지 않는다고 말했다. "나는 이런 일을 더 이상 믿지 않아요. 그런데 클레오는 분명히 믿고 있어요."

조지 셰르 조지도 모임에 빠지지 않고 참석하고 모임 외에도 암스트롱의 집에 자주 찾아오던 신실한 멤버였다. 그는 회의적인 친구들과 부모에게 홍수 예언을 이야기하고 자신의 믿음을 공개적으로 옹호할 만큼 강한 투자 행동도 했다. 하지만 사석에서는 우리 관찰자들에게 의구심을 내비치기도 했다.

조지는 크리스마스 연휴를 컬리지빌에서 부모와 함께 지냈다. 그리고 21일이 되기 전 며칠 동안 암스트롱 집의 사람들(우리 관찰자들, 암스트롱의 자녀들, 그리고 18일까지는 클레오와 밥)과 지속적으로 연락을 했다. 신문에 기사가 난 이후로 조지는 내내 부모와 갈등을 겪었고 20일 밤에 부모에게는 여자 친구를 만나러 간다고 거짓말을 하고 암스트롱의 집에 왔다. 그날 그는 (다른 때도 그랬던 것처럼) 엘라 로웰이 전하는 "닥터 브라우닝"의 녹음테이프를 또 들었다. 20일 밤에는 곧 닥칠 재앙에 대한 걱정과 다음 날 로웰 여사를 만나러 스틸시티로 가야겠다는 [상충되는] 계획 사이를 왔다 갔다 하면서 자정이 한참 넘어서까지 암스트롱의 집에 있었다.

집으로 돌아와서 늦게 잠자리에 들었지만 21일 아침 가장 이른 시간대 뉴스를 들을 수 있는 시간에 일어났다. 뉴스에 만족하지 못해서, 그리고 우호적인 사람들과 이야기하고 싶어서, 그는 우리 관찰자 한 명에게 전화를 해서 다른 정보가 없는지 물어보았다. 저녁에도 그는 우리 관찰자들과 무슨 일이 일어난 것인지 이야기하러 암스트롱의 집에 왔다. 키티가 없었으므로 그가 만날 수 있는 "그룹 멤버"는 우리 관찰자 두 명뿐이었다. 하지만 우리 관찰자들은 진정한 멤버였다면 줄 수 있었을 만큼의 지지와 지원을 줄 수 없었다. 그러니 사실상 조지는 모임 일원들과 떨어져 고립되어 있었다고 보아야 한다. 3일 뒤에 조지는 우리 관찰자 한 명에게 전화를 했는데, 관찰자는 이 대화를 다음과 같이 기록하고 있다.

"조지는 이것 전체에 대해 의심이 일기 시작했다고 말했다. 암스트롱이 정신감정 청원에 휘말렸을 때 그는 미친 사람은 암스트롱이 아니라 그 누이라고 생각했다. 하지만 레이크시티에서 집 앞에 모여 캐럴을 부르고 어쩌고 하는 등의 일을 보면서 의문이 생기기 시작했다고 했다. 그는 암스트롱이 키치 부인의 가르침에 대해 너무 맹목적이 되었다고 말했다. '나는 암스트롱은 진심이라고 생각해요. 아마 키치 부인이 다른 영혼들에 의해 잘못 인도되었을 수 있겠죠. 어떻게 생각해야 할지 모르겠어요.' 그는 이 말을 여러 번 했다."

조지는 의구심이 점점 커진 것 같았고 "구도자"와의 끈을 약화하려 하기 시작한 것 같았다. 다른 주에 사는 친척이 다니러 올 예정이라는 이야기를 하던 도중에 그는 자신이 암스트롱과 가까운 관계였다는 것을 친척들에게 알리고 싶지 않다는 것을 꽤 분명하게 암시했다.

그런데 1월 1일에 암스트롱 부부를 만나고서 조지의 신념이 다시 돌아온 것으로 보인다. 이때의 심정을 그는 나중에 우리 관찰자들에게 다음과 같이 이야기했다. [아래는 관찰자의 기록이다.]

"조지 셰르는 1월에 엘라 로웰이 암스트롱 부부를 만나러 컬리지빌에 와서 교령회를 열었을 때 거기에 참석했다고 말했다. 로웰이 전하는 '닥터 브라우닝'의 메시지는 모임 전체를 대상으로 한 것이었지만 조지는 마치 그것이 자기에게 개인적으로 전하는 말처럼 느껴졌다고 했다. 그는 전에는 안 그러려고 했는데도 회의가 들었는데 이제는 더 이상 회의적으로 생각하지 않는다고 했다. 21일 일에 대해 어떻게 생각하느냐고 물었더니 그는 그 일이 주로는 암스트롱에 대한 테스트였지만 나머지 사람들에 대한 테스트이기도 했다고 말했다."

암스트롱 부부, 그리고 암스트롱 부부에 대해 지지를 보였을 엘라 로웰을 만나고 나서 조지는 신념이 강화된 것으로 보인다. 이것이 조지에 대해 우리가 알고 있는 마지막 자료이기 때문에 이때 강화된 신념이 지속되었는지 일시적으로만 그러다 말았는지는 알 수 없다.

할 피셔 확신에 찬 신비주의자이자 주술에 조예가 깊고 박식한 할은 처음부터 매리언의 예언에 의구심을 표했다. 그는 매리언이 가르침을 열심히 연구했다고는 하지만 매리언의 영매 경험이 일천하다고 생각했다. 그는 모임 내에서 가장 의문을 많이 제기하는 회의주의자였다.

할도 크리스마스를 보내러 집에 갔고, 20일과 21일에 그가 어떤 반응을 보였는지에 대해 우리는 아는 바가 없다. 감을 잡을 수 있게 해 주는 유일한 단서는 21일 이전에 그가 보낸 두 장의 크리스마스카드다. 암스트롱에게 보낸 카드에는 "12월 21일?"이라고 쓰여 있었고 수전 히스에게 보낸 카드에는 "다음 학기에 보자"라는 말이 있었다.

관찰자들은 1월 17일이 되어서야 할과 연락을 취할 수 있었다. "구도자"의 예전 일원들 몇 명이 모였던 다음날이었다. 할도 전날의 모임에 갔었고 그것에 대해 우리 관찰자에게 다음과 같이 이야기했다. [아래는 관찰자의 기록이다].

"할은 전날 대여섯 명이 참석했다고 했고 자신이 클레오 암스트롱과 말싸움을 벌였다고 했다. 할은 이렇게 말했다. '클레오는 부모에게 속고 있는 것 같아.' 또 할은 키치 부인이 자동기술 메시지를 받는 면에서는 아마추어라고 말했다. 영매가 되는 데는 시간과 노력이 매우 많이 든다면서 말이다. 할은 연휴를 마치고 돌아온 후 자신이 줄곧 암스트롱 부부를 만나 왔는데 닥터 암스트롱은 일어난 일들이 다 큰 계획의 일부라고 말한다며 웃었다. 할은 웃으면서 이렇게 말했다. '너도 잘 알겠지만, 무슨 일이 일어나더라도 그는 그게 다 계획의 일부라고 말할 거야.'"

키치 부인의 가르침과 암스트롱의 믿음에 대해 할이 예전에 무엇을 얼마나 믿었든 간에, 이제는 그 믿음이 다 사라졌다는 것이 명백했다. 이 시점에 할은 운동의 지도자들이 아마추어였다고 결론 내리고 있었다.

이제까지 컬리지빌 모임의 적극적인 일원 15명 중 10명에 대해 반증 이후의 반응을 알아보았다. 6명은 위에서 설명했고 운명의 날을 전후한 시기에 레이크시티에 있었던 4명(암스트롱 부부, 클레오, 밥)은 앞 장에서 설명했다. 나머지 5명은 우리가 확보한 자료가 없거나 너무 적어서 반증 이후에도 그들에게 확신이 지속되었는지 아닌지 알기 어렵다. 암스트롱의 아들은 한 번도 이 운동의 신념을 깊이 믿은 적이 없지만 부모의 행동 때문에 얼떨결에 강도 높은 행동 투자를 한 셈이 된 경우였다. 그는 21일 아침에 일어나서 뉴스를 보고 침대로 돌아가서 벽 쪽으로 누워서 가만히 있었다. 그리고 그날 거의 하루 종일 아무 말도 하지 않았다. 나중에 그가 이야기한 바로 미뤄 보건대, 친구들에게 놀림을 받을 게 두려웠던 듯하고 이 두려움이 반증에 대한 그의 주된 반응이었던 것 같다. 이 운동의 신념 체계를 믿는지 등에 대해 그가 우리 관찰자들에게 이야기하기를 꺼려했기 때문에 확신의 정도가 어떻게 달라졌는지에 대해서는 우리가 알고 있는 정보가 없다. 나머지 4명은 우리가 가진 정보가 너무 적어서 추측조차 해 보기 어렵다.

이 4명이 반증 사건에 어떤 반응을 보였든지 간에, 컬리지빌 모임은 곧 와해되었다. 암스트롱은 1월에 컬리지빌을 떠났고, 얼마 후 나머지 사람들이 모임을 다시 만들려는 시도가 있었지만 성공하지 못했다. 이날 참여한 사람은 조지 셰르, 클레오 암스트롱, 할 피셔, 수전 히스, 그리고 수전 히스와 함께 21일을 보낸 친구 한 명뿐이었다. 그리고 오간 대화의 상당 부분은 할과 클레오의 말싸움이 차지했다. 할은 윌리엄 두들리 펠리의 글을 인용하면서 매리언 키치를 공격했고 클레오는 이에 맞서 매리언 키치를 옹호했다. 우리가 알기로는 이것이 마지막 모임이었다. 다음 몇 달 동안 우리 관찰자들은 가끔씩 "구도자"의 예전 일원들을 마주치곤 했다. 그들은 따뜻하게 인사를 했지만, 우리 관찰자들이 12월 21일이나 "옛날 일들"에 대해 이야기를 시도하면 대개 응하지 않았다. 암스트롱의 옛 제자들은 이제 이 일 전체를 이야기하고 싶어 하지 않았고 관련된 일 모두를 뒤에 남겨 놓고 가고 싶은 것 같았다.

분명히 반증이 컬리지빌 사람들에게 미친 효과는 레이크시티 사람들에게 미친 효과와 크게 달랐다. 우리에게 충분한 자료가 있는 6명을 보면, 우선 키티 오도넬은 자신이 예전에 잘못 생각했다고 명시적으로 말했다. 할 피셔는 21일 전에도 양면적인 입장이었고 21일 이후에는 명시적으로 암스트롱을 조롱하면서 예언이 틀렸다고 말했다. 로라 브룩스는 일반론에 대한 믿음은 달라지지 않았지만 이 모임과 함께 어울리는 것은 더 이상 하고 싶지 않다고 말했고 결정적인 반증 사건에 대한 합리화 논리를 받아들이지 않았다. 프레드 퍼든도 일반론에 대한 믿음은 유지했지만 홍수 예언에 대한 암스트롱의 견해에 대해서는 점점 회의적이 되었다. 수전 히스는 처음에는 믿음이 흔들리지 않았지만 5월이면 더 이상 믿지 않는다고 인정했다. 조지 셰르는 처음에는 회의적으로 반응했다가 암스트롱 부부와 로웰을 만나고서 믿음을 회복했다.

종합하면, 6명 중 3명이 신념을 포기했고 2명은 전보다 회의적이 되었다. 1명만이, 그것도 회의적인 기간을 거친 뒤에, 신념을 회복했다. 또 수전 히스를 제외하면 컬리지빌 사람 중 아무도 반증 이후에 전도를 시도하지 않았다. 오히려 그 반대였다. 키티 오도넬은 기자들이 오기 시작하자 암스트롱의 집을 떠났고 조지 셰르는 자신이 "구도자" 일원이었음을 숨기려 했다.

요컨대, (우리가 자료를 가지고 있는 사람들에 한해서 볼 때) 컬리지빌 사람들에게 반증은 확신을 줄이는 방향으로 작용했고 전도에는 영향을 미치지 않았거나 전도를 줄이는 방향으로 영향을 미쳤다. 이는 레이크시티 사람들에게서 드러난 일반적인 패턴과 다르다. 레이크시티에서는 전도 활동이 크게 증가했고 이탈한 사람은 2명뿐이었으며 의심이 증가한 사람도 2명뿐이었다. 컬리지빌 사람들이 믿음을 포기함으로써 인지부조화를 극복했다면, 레이크시티 사람들은 믿음을 단단히 부여잡고 그것을 뒷받침하는 지지자들에 둘러싸여 있음으로써 인지부조화를 극복했다.

이 차이가 사회적 지지와 지원의 중요성을 입증해 준다고 결론 내리기 전에, 이 차이를 설명할 수 있는 또 다른 가설은 없는지 점검해 보아야 할 것이다. 여기에서는 두 가지의 대안적인 설명을 살펴보기로 하자. 하나는 두 지역 사람들이 투자 행동의 강도에서 차이가 있었다는 설명이고, 다른 하나는 엘라 로웰이 컬리지빌 사람들과 레이크시티 사람들의 확신의 강도에 상이하게 영향을 미쳤다는 설명이다.

우선, 두 지역 사람들이 반증 이후에 보인 반응의 차이에 대한 가장 단순한 설명은 애초부터 컬리지빌 사람들이 레이크시티 사람들보다 자신의 삶을 이 믿음에 덜 투자했고 그 덕분에 믿음을 위협하는 어려운 현실이 닥쳤을 때 믿음을 더 쉽게 포기할 수 있었다고 보는 것이다. 물론 투자 행동의 강도는 중요하다. 하지만 이것이 이야기의 전부는 아니다. 컬리지빌의 키티 오도넬은 레이크시티 사람들 못지않게 강한 투자 행동을 했다. 로라 브룩스도 학업을 포기했고 물건들을 나눠 주었으며 학교에서 조롱과 비판을 견뎠고 부모와 갈등도 겪었다. 로라의 행동 투자는 적어도 (레이크시티 사람인) 밥 이스트먼만큼은 강했다고 볼 수 있다. 그런데도 반증 사건 이후에 키티는 확신을 잃었고 로라는 확신이 줄었으며 둘 다 전도 노력은 전혀 보이지 않았다.

둘째, 홍수 예정일 직전의 며칠간 엘라 로웰은 홍수가 일어나지 않을 것이라는 암시를 강하게 풍기는 말들을 했다. 앞에서 보았듯이, 이 때문에 클레오와 밥의 확신도 키티와 조지의 확신만큼이나 크게 흔들린 바 있었다. 정확한 정보는 없지만, 이는 컬리지빌의 다른 사람들에게도 비슷한 영향을 미쳤을 것이다. 키티와 조지의 경우 확신과 전도 열망이 반증 직후에 분명히 크게 줄었다. 하지만 확신의 강도로 양 집단의 차이를 설명하는 것은 그리 만족스럽지 않다. 레이크시티에 있었던 클레오와 밥의 경우에는 반증 이후에 확신과 전도 열망이 크게 강화되었기 때문이다.

요컨대, 컬리지빌 사람들이 투자 행동의 강도가 약했던 것과 로웰의 영향으로 확신이 약화되었던 것은 반증에 대한 반응이 레이크시티 쪽과 달랐던 것에 물론 영향을 미쳤겠지만, 위에 언급한 반례들이 보여 주듯이 이 변수들만으로는 차이가 다 설명되지 않는다. 그렇다면, 양 집단 사람들의 차이를 가장 잘 설명해 주는 요인이 사회적 고립이라는 우리의 가설을 더 자세히 살펴보도록 하자. 여기에서 "고립"이란 동료 신도들과 물리적으로 떨어져 있었다는 것을 의미한다. 두 명을 제외하면 "구도자" 사람들은 12월 21일 아침과 그 이후 며칠을, 그나마 나은 경우에는, 자신의 신념에 동의도 반대도 하지 않는 사람들과 함께 보내거나, 안 좋은 경우에는, 자신의 신념에 암묵적, 또 명시적으로 반대하는 사람들과 함께 보냈다.

12월 21일의 뉴스는 홍수가 오리라던 확신과 홍수가 나지 않았다는 사실 사이에 명백한 부조화를 일으켰다. 이 부조화를 얼마나 줄일 수 있느냐는 각 개인이 끌어올 수 있는 외부 지원이 어느 정도인지에 크게 좌우된다. 자신이 믿었던 바와 반대되는 견해를 드러내놓고 말하는 사람들에게 둘러싸여 있었던 컬리지빌 사람들은 반증 사건 이후에 부조화를 강화하는, 혹은 적어도 줄이지는 못하는 주장들만 들었다. 이런 상황에서 의구심이 커지고 믿음에 확신이 줄어드는 것은 놀라운 일이 아니다. 명시적인 반대 의견, 혹은 적대적인 의견에 직면하지 않았다 해도, 믿는 사람이 나

혼자뿐인 상황에서는 반증을 합리화하는 논리에 진심으로 납득될 수 있을 만큼의 사회적 지원을 얻을 수 없다. (합리화 논리를 진심으로 믿는 것은 부조화를 줄이는 데 없어서는 안 될 필수조건이다.)

이와 달리 레이크시티 사람들 대부분은 반증 사건과 그 이후의 시기에 계속 동료들과 함께 있었다. 서로서로 제공할 수 있었던 사회적 지원 덕분에 이들은 합리화 설명을 받아들일 수 있었고, 따라서 부조화를 어느 정도 줄일 수 있었으며, 원래의 신념에 대한 확신을 회복했다. 지지하고 지원해주는 동료 신도들의 존재는 극단적인 반증의 충격에서 회복되는 데 꼭 필요한 조건으로 보인다.

양 집단 모두 해당 지역의 패턴에서 벗어난 예외가 존재하는데, 이 역시 고립의 효과로 설명할 수 있다. 레이크시티 사람들 중에서 클라이드 윌튼과 베르타 블라츠키는 반증 이후에 확신이 줄었는데, 이들은 반증 시기 동안 모임에서 떨어져 있었다. 컬리지빌 사람들 중에서는 유일하게 수전 히스가 12월 21일이 지나서도 (적어도 당분간은) 믿음이 비교적 견고하게 유지되었고 유일하게 전도의 노력도 보였는데, 수전은 12월 21일을 자신과 같은 믿음을 갖고 있는 동료와 함께 보냈다.

12월 말, 불친절한 세상은 레이크시티의 이 작은 집단이 결국 뿔뿔이 흩어지게 만들었다.

키치 부인의 문제는 꽤 오래 전부터 부글거리고 있었다. 앞에서 보았듯이, 외계 행성, 우주여행 등은 초등학생들에게 참으로 매력적인 주제였던 터라 가을 내내 인근 초등학교 아이들이 키치 부인 집에 모여들었다. 이르게는 10월부터도 학부모들이 불만을 제기했고 경찰은 키치 부인에게 아이들과 이야기하는 것을 중단하라고 경고했다. 이 경고로 키치 부인은 경찰이 무언가 조치를 취할지 모른다는 공포를 갖게 되었고 이 강박은 이후에도 내내 사라지지 않았다.

12월 24일에 집 앞 도로에서 캐럴을 부른 일로 키치 부인에 대한 이웃의 비난은 최고조에 올랐다. 모임 사람들은 더 이상 부끄러워하지 않으면서 키치 부인의 집 앞에서 대담하게 구원을 위한 마지막 행동을 했다. 이들이 캐럴을 부르면서 외계인을 기다리는 동안 2백 명 정도의 구경꾼이 모여들었고 누군가가 군중을 통제해 달라고 경찰을 불렀다. 이날 경찰은 조용한 분위기를 깨뜨린다는 불평부터 아이들의 비행과 탈선을 부추긴다는 우려까지, 키치 부인에 대해 불만을 제기하는 민원에 저녁 내내 시달렸다. 크리스마스 날은 조용히 지나갔지만 다음 날인 12월 26일에 키치 부인과 닥터 암스트롱에게 구체적인 혐의를 적시한 경고장이 나왔다.

정작 경찰은 법적 조치 같은 공식적인 절차를 개시하고 싶어하지 않는 것 같았다. 경찰은 키치 부인의 남편에게 전화를 해서 경고장 내용을 알려 주면서 이 집에서 여는 모임을 중단하지 않으면 도리 없이 경고장대로 할 수밖에 없다고 말했다. 또 경찰은 일단 법적인 조치가 개시되고 나면 마을 사람들이 키치 부인을 정신병원에 보내려 할지 모른다고 강하게 암시했다. 남편 키치 씨는 이 경고를 집에 있던 사람들(암스트롱 부부와 세 자녀, 에드나 포스트와 마크 포스트, 밥 이스트먼, 매리언 키치)에게 알렸고 이들은 즉시 떠날 채비를 했다.

키치 부인과 포스트 모자는 클레오 암스트롱, 밥 이스트먼과 함께 교외인 하이베일에 있는 포스트의 집으로 가서 여기에 은신했다. 매리언은 이후 2주 동안 의사소통을 단절한 채 지냈다. 어찌나 놀랐던지, 매리언은 언론과 외부인을 피한 것은 물론이고 베르타 같은 모임 일원조차 잘 만나려 하지 않았다. 피신을 하고서 하루 이틀 사이에 매리언은 지난 몇 주 동안보다 훨씬 더 외로워졌다. 클레오 암스트롱이 아버지와 함께 지내기 위해 하이베일을 떠났고(닥터 암스트롱은 닥터 암스트롱대로 법적인 문제에 직면해 있었다.) 클레오와 함께 밥 이스트먼도 떠났기 때문이다. 이제 레이크시티 집단은 세 명으로 줄었다. 베르타는 여전히 남편이 정신감정을 받게 하겠다고 협박했기 때문에 합류할 수 없었다. 동료 신도들과의 교류를 너무나 원했지만 베르타는 남편 말에 거역하지 못했고 정신감정을 받는 위험을 무릅쓸 용기가 없었다.

포스트의 집에 모인, 이제는 규모가 작아진 핵심 집단도 오래가지 못했다. 1월 초에 매리언 키치는 여전히 경찰을 강박적으로 신경 쓰면서 레이크시티를 완전히 떠나기로 했다. 애리조나 주에 있는 다이어네틱스 센터로 간다고 했다. 매리언은 가명을 쓰고 혼자서 갔고 공항에서 잡히지 않도록 매우 치밀하게 준비했다. 그이후로 매리언에게 정확히 무슨 일이 있었는지에 대해서는 우리에게 그리 많은 정보가 없다. 매리언은 계속 가디언에게서 메시지를 받았고 때때로 다른 신도들에게 우편으로 그것을 알려 주었다. 또 종종 근황을 전하는 편지도 보냈다. 이런 편지들로 미루어 보건대, 키치 부인은 외계인이 지시를 주거나 어떤 조치를 취해 주기를 여전히 기대하고 있었던 것으로 보인다.

1월 9일이면 레이크시티에는 아무도 남지 않게 된다. 에드나 포스트는 계속해서 모임 사람들과 두루 연락을 주고받으면서 일종의 정보 청산소 같은 역할을 하려 노력했고, 여름 중반 무렵에는 스틸시티로 가서 엘라 로웰의 팀에 합류했다. 마크의 행동에 대해서는 우리가 알고 있는 정보가 없다.

한편 암스트롱 부부의 삶도 크게 교란되었다. 레이크시티에서 12월 26일에 경찰의 경고장을 받고서 암스트롱 부부는 곧바로 짐을 꾸렸다. 그리고 둘째와 셋째 두 아이를 차에 태우고 컬리지빌로 돌아갔다. 급히 떠난 것이긴 했지만 계획 없이 떠난 것은 아니었다. 그들에게도 문제가 벌어지고 있었기 때문이다. 앞에서 언급했듯이, 암스트롱의 누이는 암스트롱 부부가 어린 두 아이를 방치한 것에 화가 났다. 암스트롱 부부는 아이들을 컬리지빌에 두고 레이크시티로 가면서 믿을 만한 사람에게 아이들을 맡아 달라고

당부해 두었고, 따라서 "방치"한 것은 아니었다. 하지만 암스트롱의 누이는 그렇게 보지 않았다. 12월 23일에 누이는 암스트롱 부부가 제정신이 아니라는 청원을 내고 두 아이와 재산에 대한 후견인 자격을 요구했다. 그래서 암스트롱 부부는 법원이 지정한 정신과 의사 두 명으로부터 정신감정을 받았는데, 의사들은 암스트롱이 다소 일반적이지 않은 생각들을 가지고 있긴 하지만 "전적으로 정상"이라고 결론 내렸다. 누이의 청원은 기각되었고 암스트롱 가족은 제약 없이 행동할 수 있게 되었다. 암스트롱 부부는 컬리지빌을 떠나기로 결심했다.

다음 2주간 암스트롱 부부는 집을 팔고 컬리지빌의 일들을 정리했으며, 닥터 암스트롱은 자신의 소명이라고 생각한 일을 준비했다. 방랑 설교자가 되어 가디언의 가르침을 전파하는 것이었다. 이후 몇 달 동안 암스트롱은 버지니아, 플로리다, 캘리포니아 등지를 다니며 관심을 보이는 사람들에게 강연을 했다. 아내 데이지와 막내딸도 함께 다녔다. 컬리지빌에 다니러 온 적도 한두 번 있다. 우리가 암스트롱에 대해 마지막으로 들은 소식은, 초여름에도 그가 새로 찾은 소명을 여전히 수행하고 있다는 것이었다. 그때 그는 남캘리포니아의 "우주의 지혜 학회"가 주최한 대규모 컨퍼런스에서 비행접시 애호가들에게 강연을 한다고 했다.

레이크시티의 모임은 법적 조치의 위협이나 개인적인 사정 등 그들의 통제 밖에 있는 요인들에 의해 해산되었다. 견고한 믿음을 가진 사람들이 외부 요인으로 뿔뿔이 흩어지는 동안, 새로이 이 신념을 믿게 된 개종자는 한 명도 생기지 않았다. 이들은 전도의 면에서는 정말이지 수완이 없었다. 하지만 만약 그들이 매우 수완 있는 전도사였다면, 그래서 자신에게 주어졌던 유리한 전도 기회들을 아주 잘 활용했다면 이후의 경로가 크게 달라졌을지도 모른다. 1주일 정도 그들은 전국에 걸쳐 신문 1면을 장식했다. 또 그들이 제시한 개념은 대중적인 호소력이 없지 않았다. 수백 명이 그들을 방문했고 전화를 했고 편지를 보냈다. 상당수는 정말로 진지하게 관심이 있는 사람들이었다. 돈을 후원하겠다는 제안도 있었다. (이 제안은 단호히 거부되었다.) 즉 이들은 신도 수를 크게 늘릴 수도 있었을 만한 전도 기회들을 가지고 있었다. 이들의 전도 활동이 효과적이었더라면 반증 사건은 끝이 아니라 강력한 시작이 되었을지도 모른다.

부록: 방법론에 관하여

통상적으로, 자료 수집을 참여관찰에 크게 의존하는 연구에서는 관찰자가 관찰 대상자들에게 자신이 연구를 수행하려 한다는 점을 밝힌다. 하지만 우리의 관찰자들은 닥터 암스트롱과 키치 부인을 중심으로 형성된 모임에서 다른 일원들처럼 이 신념 체계를 믿는 사람인 척했다. 즉 우리의 연구는 관찰 대상자들에게 우리의 정체와 목적을 알리거나 그에 대해 동의를 받지 않은 채로 이뤄졌다. 이 상황은 상당히 많은 문제를 야기했으므로 상세히 설명할 필요가 있을 것 같다.●

이 모임의 핵심 인물들에게 처음 접촉해 본 결과, 이들이 외부인을 대하는 태도가 매우 조심스럽고 비밀주의 원칙을 따르고 있었으므로 관찰자가 정체를 공개하고 참여관찰을 수행하기란 불가능하리라는 것이 명백했다. 따라서 우리가 해결해야 했던 가장 기본적인 문제는 모임 사람들을 하나하나 다 관찰할 수 있기에 충분한 숫자의 관찰자들이 모임 안으로 진입하게 하는 것, 그리고 그와 동시에 관찰자들이 모임 사람들의 믿음이나 행동에 미칠지 모르는 영향을 절대적으로 최소화하는 것이었다. 우리는 어떤 방향성도 제시하지 않고 그저 우호적으로 경청하는 사람이고자

● 이 연구는 연구윤리 규정이 정립되기 전인 1954년에 이루어졌다. 현재는 인간을 대상으로 하는 연구는 연구윤리위원회의 심의를 거쳐 승인을 받아야 하며, 인간 대상 연구에는 이 연구에서와 같은 참여관찰 연구도 포함된다. 일반적으로 연구자는 연구 목적과 수집한 자료의 사용처를 당사자에게 알리고 동의를 받아야 한다. 옮긴이

했으며, 다른 이들이 우리에게 말하고자 하는 것은 무엇이든 알고 싶고 호기심도 많지만 수동적인 참여자이고자 했다. 나중에 다시 언급하겠지만, 우리가 바랐던 중립성, 즉 이 운동에 **아무 영향도** 미치지 않는 것은 우리가 통제할 수 없는, 그리고 이러한 연구에 내재적인 몇 가지 이유들로 인해 매우 비현실적인 바람이었던 것으로 판명났다. 이에 더해, 기술적이고 현실적인 문제들도 있었다. 모임에서 무언가가 벌어지고 있을 때면 빠지지 않고 우리 중 누군가가 그 현장에 있어야 했고, 관찰한 것들은 세부 내용을 잊거나 이후의 사건들로 기억이 왜곡되기 전에 재빨리 기록할 기회를 확보해야 했다.

내부로 들어가기

우리가 홍수 예언을 처음 알게 된 것은 9월 말이었지만 다른 일정들로 바빠서 모임과 직접 연락을 한 것은 1주일이 더 지나서였다. 그리고 이 운동이 우리 가설을 검증하기에 필요한 조건들을 만족시킨다는 것을 알 수 있을 정도로 충분한 정보를 갖게 된 것은 11월 초였다. 적절한 관찰자를 찾아내고 그들에게 아주 간단한 교육이나마 시키는 데 또 한두 주가 걸렸고 이들이 레이크시티와 컬리지빌에서 모임의 일원으로 확실하게 진입할 수 있기까지 다시 그만큼의 시간이 걸렸다. 이 모든 일이 매우 신속하게 이뤄져야 했다. "반증 이전"의 자료를 가능한 많이 확보하는 것이 우리 연구에 굉장히 중요했고 비교적 내밀한 질문까지 무리 없이 할 수 있을 만큼 내부자로 자리 잡는 데 상당한 시간이 필요하리라고 생각했기 때문이다. 연구 현장이 우리가 사는 곳에서 꽤 떨어져 있다는 점도 관찰자들을 교육하고 현장 관찰을 지휘하는 데 제약 요인으로 작용했다.

우선, 우리가 해결해야 했던 첫 번째 문제는 빠른 시간 안에 우리가 사는 곳에서 거리가 꽤 떨어진 두 지역의 모임에 진입해 내부자가 되는 것이었다. 시간이 촉박했기 때문에 관찰자들을 모임에 가장 효과적으로 소개할 수 있을 법한 모든 기법을 다 동원했다. 이 과정은 관찰자 각각마다, 또 장소마다 달랐다. 우리가 가장 먼저 접촉한 사람은 키치 부인이었다. 우리 저자 중 한 명이 9월 말에 신문에서 기사를 보고 키치 부인에게 전화를 했다. 그는 자신의 이름을 말하고 키치 부인이 신문사에 전한 내용 몇 가지와 관련해, 특히 홍수 예언과 비행접시와 관련해 이야기를 나눌 수 있겠냐고 청했다. 그는 마침 레이크시티에 "출장"을 오게 되었는데, 자신이 살고 있는 곳의 몇몇 친구가 그 기사를 보고 관심 있어 해서 여기 온 김에 전화를 한번 해 보았다고 말했다. 키치 부인은 전화로는 자신의 믿음에 대해 어떤 내용도 말하기를 꺼렸고 믿는 사람이 몇 명이나 되는지 등을 상세히 알려 주는 것도 꺼렸다. 전화를 건 저자가 그때 곧바로 키치 부인을 찾아갈 수 있는 상황이 아니었기 때문에, 그는 나중에 레이크시티로 출장갈 일이 생기면 집에 찾아가도 되겠느냐고 물었고 좋다는 답변을 받았다.

열흘쯤 뒤, 우리 저자 두 명이 레이크시티에 갔다. 주요 목적은 이 운동(이 형성되어 있다면)의 규모와 구성원들의 활동 등에 대해 되도록 많은 정보를 알아내는 것이었다. 레이크시티에 도착해서

둘 중 한 명이 키치 부인에게 전화를 걸었고 다음 날 오전에 찾아가기로 약속을 잡았다. 그는 자신이 사업가이며 출장을 많이 다닌다고 소개했다. 하지만 키치 부인은 그의 직업에 대해서는 전혀 관심이 없어 보였다. 이어서 그는 미네아폴리스에서 몇몇 친구들이 "비공식적인 모임"을 만들었고 "자주 모여서 비행접시 같은 것들에 대해 이야기를 한다"고 했는데, 키치 부인은 이 말을 곧바로 믿었다.

키치 부인은 자신의 자동기술 경험에 대해 기꺼이 이야기하기 시작했고 공책 가득 적어 놓은 메시지를 길게 소리 내어 읽어 주기도 했다. 전체적으로 말해서, 키치 부인은 방문자를 꽤 잘 받아들여 주는 편이었고 친절했으며 이야기도 많이 했다. 하지만 홍수 예언에 대해서는 잘 이야기하려 하지 않았고 여러 차례 물어 보고서야 정보가 될 만한 것들을 들을 수 있었다. 레이크시티에 "신도"가 얼마나 되느냐는 질문에도 키치 부인은 모호하게 대답했다. 또 키치 부인과 신도(랄 것이 있다면)들이 홍수에 대비해 무언가를 할 것이냐는 질문에는 단호하게 아니라고 대답했다. 마침 데이지 암스트롱도 키치 부인 집에 와 있어서 우리로서는 무척 다행이었다. 키치 부인이 말해 주지 않은 몇 가지 정보를 데이지 암스트롱에게서 들을 수 있었기 때문이다. 데이지 암스트롱은 컬리지빌의 "구도자" 모임에 대해 말해 주었고 12월 말에 홍수를 피해 엘리게니산맥으로 갈지 모른다는 계획에 대해서도 이야기해 주었다.

이 저자는 이 두 여성과 총 3시간 정도 대화를 했고 저녁에 다른 저자와 함께 다시 방문했다. 아침에 왔던 저자는 미네아폴리스에서 동업을 하는 사람이라고 동행자를 소개했고, 이들은 다시 서

너 시간을 이야기했다. 대화가 끝나고 집을 나서면서 저자들은 더 궁금한 게 있으면 레이크시티나 컬리지빌에 올 일이 있을 때 다시 연락하겠다고 했다. 종합해 보면, 이 두 여성과 안면을 트고 이후에 다시 만날 수 있는 기반을 닦는 것은 그리 어렵지 않았다.

3주 뒤, 우리 저자 한 명이 컬리지빌에 있는 암스트롱의 집에 찾아갔다. "3주" 뒤는 우리가 갈 수 있는 가장 빠른 날짜이기도 했고 너무 강한 관심과 너무 잦은 접촉으로 암스트롱 부부가 괜히 놀라거나 이상하게 생각하지 않도록 첫 접촉 날짜와 어느 정도 기간을 둔 날짜이기도 했다. 이때 우리의 목표는 "구도자" 멤버들을 만나고 거기에 들어갈 수 있게 되는 것이었다. 실제로 이날 방문에서 "구도자" 멤버들을 많이 만났고, 암스트롱 부부와 이야기를 나누었으며, 홍수가 오기 직전에 산에 있는 은신처로 가려는 계획에 대한 이야기도 들었다. 이러한 정보에 기반해서, 우리는 컬리지빌 쪽 참여관찰자들을 구하기로 했다.

먼저, 사회학을 전공하는 한 남학생이 암스트롱에게 접근을 시도했다. 우리는 그에게 커뮤니티 교회에서 열리는 초급자용(3장 참조) "구도자" 공개 모임에 참석해서 암스트롱과 안면을 트고 좋은 관계를 맺기 위해 노력해 보라고 했다. 암스트롱의 집에서 일요일마다 열리는 "구도자" 고급 모임에 들어가는 것이 목표였다. 앞에서 설명했듯이, 이 관찰자가 암스트롱의 관심을 끄는 것은 매우 어려웠고 고급 모임에 초대받으려는 시도는 성공하지 못했다. 시간이 계속 흘렀고 우리는 귀중한 관찰 기회를 잃고 있었다. 그래서 우리는 암스트롱이 관찰자에게 "심령 체험"을 한 적이 있느냐고 물었던 것에 착안해 다시 전략을 짰다. 즉 관찰자가 초자연적인 "체험"을 했다고 이야기하기로 했다.

관찰자는 멕시코에서 얼마간 살았다고 암스트롱에게 말한 적이 있었다. 그래서 우리는 그곳의 민속 전설 하나를 빌려 와 다음과 같은 이야기를 만들어 냈다. 우리 관찰자는 친구 한 명과 함께 멕시코의 두 도시 사이를 자동차로 이동하고 있었다. 황혼이 다가올 무렵 그들은 같은 방향으로 간다는 시골 노파를 차에 태워 주기로 했다. [이들은 운전석과 조수석에 있었고] 뒷좌석에 있는 사람은 노파뿐이었다. 곧 노파는 긴 훈계조로 다가올 재앙에 대해 경고를 하기 시작했다. 관찰자와 친구는 노파의 말에 관심을 기울이지 않았다. 얼마 뒤 노파가 조용해졌고 그들은 노파가 자는 모양이라고 생각했다. 목적지인 도시로 진입하면서 그들은 노파에게 어디에 내려 줄지 물어보기 위해 뒤를 돌아보았다. 그런데 노파가 사라지고 없었다! 노파가 말을 멈춘 이후에 차를 한 번도 세우지 않았고 줄곧 매우 빠르게 달리고 있었으며 문이 열리는 소리나 비명 소리 같은 것도 듣지 못했는데 말이다!

이 이야기는 곧바로 암스트롱의 관심을 끌었다. 그는 갑자기 우리 관찰자에게 전보다 훨씬 더 관심을 보이면서 더 친밀하게 대하기 시작했다. 그리고 자신의 집에서 열리는 "구도자" 모임에 오라고 했다. 모임에 진입하는 것과 관련해서 말하자면 전략은 대성공이었다.

컬리지빌의 남성 관찰자가 이 전략을 수행하는 동안 우리는 여성 관찰자도 한 명 뽑아 교육을 시켰다. 맡은 역할은 비슷했다. 남성 관찰자가 교회에서 공개로 열리는 초급 모임을 통해 내부로 들어가려 시도하다 어려움을 겪었던 터라, 여성 관찰자는 "심령 체험"이 있는 것으로 하고 암스트롱의 집에 직접 찾아가기로 했다. 여성 관찰자는 암스트롱의 집에 가서 이렇게 말했다. 며칠 전에 이상한 꿈을 꾸었는데 계속 신경이 쓰였다. 1년쯤 전에 학교 보건소에서 암스트롱에게 진료를 받은 적이 있었는데, 그때 그가 "우주와 잘 조율되어야 한다"고 강하게 조언했고 이 말이 계속 마음에 남아 있었다. 그래서 영 뒤숭숭한 며칠 전의 꿈에 대해 그를 찾아가 도움과 조언을 구해야겠다는 생각이 들었다. 꿈의 내용은 다음과 같았다. "언덕 기슭에 서 있었어요. 산은 아니지만 정확히 언덕도 아니었죠. 위를 올려다보았는데 한 남자가 정상에 있었어요. 후광에 싸여 있었고요. [내 주변은] 온 사방에서 물이 소용돌이치고 있었어요. 그리고 그가 내려와 나를 들어 올렸어요. 나는 안전하다고 느꼈어요."

이 이야기를 듣고 암스트롱 부인은 매우 흥분된 반응을 보였다. 우리 관찰자를 굉장히 따뜻하게 환영하면서 곧바로 우주에 있는 가디언들에 대해 이야기하기 시작했다. 한 시간 만에 관찰자는 그들의 신념 체계에 대해 많은 것을 알게 되었고 홍수 예언, 비행접시의 임무 같은 것에 대한 이야기도 들었다. 닥터 암스트롱이 퇴근해 돌아오자 아내는 뿌듯해하며 우리 관찰자를 "보내진 사람"이라고 소개했다. 이어 암스트롱 부부는 우리 관찰자의 꿈을 해석하기 시작했다. 그 다음 며칠 동안 이 관찰자는 "구도자" 모임에서 이 꿈 이야기를 하도록 여러 차례 요청받았고 급기야는 레이크시티나 그 밖의 다른 지역 사람들에게 보낼 수 있도록 꿈 이야기를 녹음하자는 요구도 받았다. 어쨌든, 여성 관찰자에 대해서도 내부 진입을 위한 우리의 계획은 성공적이었다.

그런데 너무 성공적이어서 문제였다. 모임 사람들이 믿는 바와 너무나 잘 부합하는 이야기를 지어낸 것이 탈이었다. 관찰자들이 내부로 들어갈 수 있게 할 방법을 찾는 데 우리가 너무 몰두했고 그 방법이 너무 성공적이었던 나머지, 우리는 가디언들이 인류를 지켜보고 있으며 "선택된 자"들은 가르침을 배울 수 있게끔 알아서 "보내질 것"이라는 그들의 믿음을 의도치 않게 강화하고 말았다. 처음에 암스트롱이 남성 관찰자에게 그다지 관심이 없었기 때문에 우리는 여성 관찰자의 "꿈" 이야기가 불러올 수 있는 강력한 효과를 과소평가했다. 게다가 여성 관찰자가 미친 효과는 그가 남성 관찰자에 이어 너무 가까운 시일 내에 (겨우 2, 3일 뒤에) 자발적으로 찾아온 방문자였다는 데서 더욱 증폭되었다.

그래서 레이크시티 쪽 관찰자들은 그리 흥미를 불러일으킬 구석이 없는 평범한 이야기로 자기소개를 하기로 했다. 레이크시티의 남성 관찰자는 키치 부인을 찾아가서 9월에 신문 기사를 보았다며 더 일찍 오고 싶었지만 이 근처에 올 일이 없었기 때문에 이제야 왔다고 말했다. 그는 자신이 알고자 하는 것이 정확히 무엇인지는 알 수 없었지만 관심은 죽 있었다며 그저 신문에 나온 이야기가 더 알고 싶다고 말했다.

키치 부인의 반응은 호의적이었지만 암스트롱 부부가 컬리지빌의 여성 관찰자에게 보여 준 것만큼 열렬하게 환영받지는 못했다. 키치 부인은 어떻게 메시지를 받기 시작했는지, 메시지들이 비행접시와 어떤 관련이 있는지, 메시지의 이런저런 내용들이 어떤 중요성이 있는지 등을 이야기했다. 키치 부인은 이런 것들을 설명하며 한두 시간을 보냈고 우리 관찰자에게 다과를 제공했다.

관찰자가 다시 와도 되겠느냐고 묻자 키치 부인은 "우리 집 문은 늘 열려 있어요. 언제든지 오세요"라고 말했다.

레이크시티의 여성 관찰자는 조금 다른 접근 방법을 취하기로 했다. 우연의 일치가 과장되지 않도록 하기 위해서였다. 여성 관찰자는 남성 관찰자보다 하루 정도 먼저 방문했다. 키치 부인에게 여성 관찰자는 자신이 살고 있는 동네에서 윤리와 종교 문제에 관심 있는 사람들과 모임을 갖고 있는데 거기에서 비행접시 이야기가 나왔고 옆에 있던 사람이 비행접시에 대해 더 알고 싶으면 키치 부인을 찾아가 보라며 주소를 알려 주었다고 말했다. 한동안은 그냥 생각만 하고 있었는데 이날 충동적으로 그 주소를 찾아오게 되었다고 했다. 조금 어색해하다가 관찰자는 자신이 "좀 바보같이" 느껴진다며 "왜 왔는지는 나도 잘 모르겠는데" 자신은 "그저 비행접시에 관심이 있다"고 말했다.

키치 부인은 이때도 호의적으로 반응했다. 관찰자를 집 안으로 들어오게 해서 따뜻하게 대해 주고 비행접시, 외계인들과의 통신, 사난다의 메시지, 환생 같은 것들에 대해 이야기해 주었다. 라이언스 필드에서 "사이스"를 만난 이야기와 아틀란티스와 뮤 사이의 "전쟁" 이야기도 했다. 그리고 "사난다"가 주는 개인적인 "가르침"을 받겠냐고 물어보았다. 이날 키치 부인은 총 4시간을 자신의 신념 체계에 대해 이야기하는 데 보냈는데, 홍수가 12월 21일에 오리라는 이야기는 하지 않았다. 남성 관찰자와 마찬가지로 여성 관찰자도 또 와도 되겠느냐고 물었고 키치 부인은 그러라고 허락했다. 하지만 다른 제자가 가르침을 받고 있을 수도 있으니 미리 전화를 하고 오라고 했다.

레이크시티 관찰자들이 전혀 신비로울 것이 없는 평범한 이야기를 했는데도 나중에 키치 부인은 컬리지빌에서 암스트롱 부부가 관찰자들이 자신의 집에 나타난 이야기를 모임에서 사용한 것과 마찬가지로 관찰자들이 자신의 집에 나타난 이야기를 사용했다. 키치 부인의 상상 속에서 이 상황에는 장식이 덧붙었다. 여성 관찰자가 온 지 1주일도 안 되어서 키치 부인은 모임의 다른 사람들에게 웬 여학생이 매우 혼란스러워하면서도 흥분된 상태로 손을 떨며 문 앞에 나타났는데 너무 겁에 질려서 말도 제대로 하지 못했다고 말했다. 키치 부인은 그 여학생이 여기 왜 왔는지 자기도 잘 모르겠다고 했다며 명백히 가디언들에 의해 "보내진" 것이라고 말했다. 그리고 이어서 웬 남학생도 찾아왔는데 그 또한 여기에 왜 왔는지 자기도 모르겠다고 했고 여기 온 것에 대해 혼란스럽고 어쩔 줄 몰라 하고 있었다고 했다. 키치 부인은 방문자들의 혼란이나 감정 상태만 과장한 것이 아니라 그들을 맞이한 자신의 환대와 위로도 과장했다. 키치 부인 버전의 이야기는 컬리지빌 모임에서 암스트롱 부부에 의해 다시 이야기되었다. 컬리지빌 관찰자들의 방문에 대한 암스트롱 부부 버전의 이야기가 레이크시티 모임에서도 다시 이야기되었듯이 말이다. 두 경우 모두에서, 우리 관찰자들이 스스로 찾아온 것은 "무언가 이상한 일들이 실제로 벌어지고 있다"는 것을 입증하는 사례로 간주되었다.

이런 이야기들을 들은 모임 사람들은 불과 며칠 사이에 구성원이 이렇게 늘어난 것이 몹시 인상적으로 느껴진 듯했다. 꽤 작은 모임에 열흘 사이에 새로운 사람이 네 명이나 왔다는 것은 기존 구성원들의 확신 상태에 분명히 영향을 미쳤을 것이다. 특히 이들이 믿는 바에 대해 대중의 무관심이 매우 높았던 시기에 새로운 사람들이 나타났기 때문에 더욱 그랬을 것이다. 또한 그 시기에는 컬리지빌과 레이크시티 쪽 모두 새로운 사람이 찾아오거나 질문을 해 오는 경우가 거의 없었다. 게다가 매우 중요하게도 이 네 명의 관찰자는 기존 구성원들이 (한 다리를 건너서라도) 알던 사람이 아니었다. 다른 구성원들의 경우에는 모임에 오게 되는 일반적인 경로가 지인을 따라오는 것이었는데 우리 관찰자들은 그렇지 않은 것이 분명했다. 우리 연구와 관련해서 이런 일들은 불행하지만 불가피했다. 우리는 두 도시에서 관찰자들을 모임에 진입시켜야 했고, 그것도 매우 빠른 시간 안에 해야 했으며, 그들이 (다른 사람들에게 질문을 하고 대답을 들을 수 있을 만큼) 충분히 내부자로서 신뢰를 얻게 해야 했다. 그래서 우리는 최대한 대담하게 관찰자들을 내부로 밀어붙였다. 관찰자들이 오랫동안 주변적인 인물이나 낯선 인물로만 머물게 할 사치를 부릴 여유가 없었다.

마지막 다섯 번째 관찰자는 남성 관찰자로, [반증 사건이 모두 지나고서] 크리스마스 날 이 모임에 처음으로 접촉을 했다. 그는 키치 부인의 집에 찾아가서 최근에 벌어진 일들에 대한 기사를 보고 무슨 일인지 궁금해서 왔다고만 말했다. 이렇게 간단한 설명만 했는데도 그는 내부로 진입하는 데 아무 어려움이 없었다. 앞에서 보았듯이, 그는 어서 들어오라고 즉각 환영을 받았고 "외계인"이라고 여겨졌다. 그가 자신은 지구인이라고 말했고 직업이 무엇인지도(IBM 오퍼레이터였으나 실직 상태라고 했다.) 가장 직설적으로 말했는데도 말이다.

그가 반증 사건이 있은 이후에 나타났다는 사실도 모임 사람들의 확신 상태에 영향을 미쳤을 것이다. 반증 이후에 이 모임에 새로 들어온 사람은 그가 유일하기 때문이다. 그래서 모임 사람들은 그의 방문에 특별한 의미를 부여했다. 우리가 새로운 관찰자를 투입한 이유는 관찰을 지속하기 위해서였다. 이전의 고정 관찰자와 저자들이 그 시점이면 거의 열흘간 쉴 새 없이 일을 한 터라 매우 지쳐 있었고 챙겨야 할 개인적인 일들도 있었기 때문이다.

내부자 자격을 유지하기

관찰자로 활동할 때 달성해야 할 커다란 과제 하나는 대상자들과 충분히 친밀해져서 대상 집단의 활동에 깊이 통합되는 것이다. 또 중요한 사건들마다 현장에 있을 수 있어야 하고 사람들에게 꽤 개인적인 질문들도 할 수 있어야 한다. 그러면서도 투자 행동, 전도 활동, 확신에 대한 표출 등 대상 집단에 방향성을 부여할 만한 행동을 해서는 안 된다. 앞에서 보았듯이, 단지 모임에 처음 찾아간 것만으로도 암스트롱 부부와 키치 부인에게 확신을 높이는 효과를 낳았다. 그리고 내부에서 참여관찰을 수행하는 과정에서는 이런 문제에 더 많이 봉착했다. 우리는 완전한 중립성이라는 목표를 달성하지 못했다. 관찰자들이 모종의 행동을 취하도록 압력을 받는 상황이 자주 벌어졌는데, 무엇을 하든 그 행동이 모임에 영향을 미치게 될 수밖에 없었다. 다음의 몇 가지 사례는 그러한 곤란한 상황이 야기하는 어려움에는 어떤 것들이 있는지, 그리고 관찰자들이 이 어려움을 어떻게 다뤄 나갔는지를 잘 보여 준다.

가장 명백한 유형의 압력은 모임에서 어떤 행동을 취하거나 무언가를 제안해야 하는 책임을 부여받는 것이었다. 우리 저자 한명이 11월 23일에 맞닥뜨린 상황이 대표적인 사례다. 매리언 키치가 그에게 그날 모임을 이끌어 달라고 사실상 명령을 한 것이다. 우리 저자는 다 같이 명상을 하자고 제안해 일단 시간을 벌었다. 괴로운 침묵이 이어지다가 베르타가 영매가 되면서 침묵이 깨졌다. 베르타가 영매가 된 것은 침묵 때문에 나타난 일이었을 것이고, 즉 우리 저자가 아무런 행동을 하지 않았기 때문에 나온 일이었을 것이다. 길고도 길었던 그날의 모임 중에 매리언 키치는 두번 더 우리 저자에게 "메시지를 가져오지 않았는지" 물었다. 무언가 행동을 취하거나 발언하기를 세 번째로 거절했을 무렵에는 이러한 명백한 무능함이 그가 어렵사리 형성해 놓은 라포를 해칠까봐 걱정이 되었다.

또한 레이크시티의 관찰자 두 명 모두 12월 중순에 직장을 그만두고 시간을 온전히 여기에 쏟으라는 압력을 여러 차례 받았다. 한 관찰자는 직장을 어떻게 할 건지에 대해 말하기를 줄기차게 회피했다. 다른 관찰자는 17일까지 답을 하지 않고 버티다가 그날 직장을 그만두었다고 말했다. 이들이 직장을 그만두라는 요구를 회피하거나 미룬 것이 모임 일원들에게는 당황스럽게 느껴졌을 것이고 이는 라포를 해칠 수 있는 일이었다. 또 모임 일원 중 직장을 그만둔 사람들이 자신의 행동이 잘한 일이었는지 의심하게 만들어 그들의 확신을 흩뜨릴 수 있을지도 몰랐다. 요컨대, 모임의 내부자로서 관찰자들은 중립적일 수 없었고 어떤 행동을 하건 모임에 영향을 미쳤다.

행동을 취하도록 압박하는 또 다른 유형의 압력은 모임 사람들 사이에 견해가 갈릴 때 자신의 입장을 밝혀야 하는 경우였다. 관찰자 모두 이런 상황에 직면한 경험이 있었다. 가령 12월 4일 모임에서 베르타가 "창조주"가 채식 규칙을 철회했다며 키치 부인의 집에 고기를 가지고 왔을 때 대부분의 사람들은 고기를 먹었지만 키치 부인은 먹지 않았다. 관찰자가 어떤 행동을 하더라도 "사난다"와 "창조주" 사이에서 선택을 했다는 것을 의미할 수 있었다. 관찰자들은 고기를 먹지 않기로 했다.

외부인을 직접 응대하는 일을 맡아야 하는 경우도 어려움을 야기했다. 12월 중순에, 특히 18일에서 20일 사이에, 레이크시티 관찰자들은 때때로 전화에 응대해야 하는 임무를 받았다. 도저히 피할 수 없을 때는 상세한 지침을 달라고 한 뒤 엄격하게 그것을 따랐다. 한두 번은 방문자들에게 신념 체계를 설명해야 하는 경우도 있었다. 일반적으로 관찰자들은 이런 일은 키치 부인 등 주요 인물이 맡도록 돌렸지만, 방문자가 직접 묻는 질문을 늘 피할 수는 없었다. 이런 질문은 관찰자 개인을 당황스럽게 하기도 했지만 전술적인 어려움도 야기했다. 모임의 "진짜" 일원이 듣게 될 수도 있었기 때문이다. 그래도 관찰자들은 방문자 누구에게도 적극적으로 확신을 주지는 않으면서 동시에 내부 구성원들 사이에서 어떤 의심도 일으키지 않는 식으로 이런 상황들을 어찌어찌 헤쳐 나갔다. (관찰자들이 이 신념 체계에 대한 이해와 지식이 모자란 것 같다는 의심을 샀을 수는 있다.)

때때로 관찰자들의 잘 숨겨진 외부 인맥으로부터 정보를 얻어 참여관찰에 도움을 받은 적이 있었는데, 이것이 의도치 않게 모임 사람들이 의미 부여를 하게 만드는 결과로 이어지기도 했다. 이를 테면 우리 저자들은 키치 부인이 "공식적으로" 공표한 바가 없는 모임 두 번을 외부 인맥을 통해서 알게 되었고 그 모임에 가도 되겠느냐고 키치 부인에게 물어보았다. 나중에 키치 부인이 한 언급들로 미뤄 보건대, 키치 부인은 우리가 이 정보를 또 다른 초자연적 정보 원천을 통해 알게 되었다고 생각한 것 같았다. 또 한번은 중요한 모임에 관찰 일손이 부족할 것 같기에 한 관찰자더러 개인 일정을 조정해서 그 모임에 가게 한 적이 있었다. 못 온다고 했던 그가 뜻밖에도 나타나자 모임 사람들은 이유를 물었고 그는 그냥 그러고 싶어서 일정을 바꾸었다고 대답했다. 대부분의 사람들이라면 이런 일을 그저 우연의 일치로 생각하겠지만 키치 부인은 가디언의 의미심장한 영향력이 발휘된 것이라고 생각했다. 이런 식으로 중요한 순간마다 누군가가 나타나자, 급기야 키치 부인은 우리 저자 중 한 명이 가디언과 소통하는 "별도 채널"을 가진 사람이라고 생각하게 되었다.

마지막으로, 어떤 활동에도 참여하지 않을 게 아니라면 관찰자가 신도들에게 영향을 미치지 않기란 불가능함을 단적으로 보여 준 사례가 하나 있었다. 12월 3, 4일 모임의 마지막에 베르타는 "개인 상담"을 했다. 베르타의 입을 매개로 각자 "창조주"와 개별 면담을 하는 것이었다. 관찰자들은 자기 차례가 오면 성실하게 "창조주"에게 한두 개의 질문을 했고 대답이 나오면 수동적으로 받아들였다. 그리고 최대한 예의 바르게 상황을 끝냈다. 그런데 마지막 관찰자가 모임의 방향성에 영향을 전혀 미치지 않고 수동적으로만 존재하는 것이 도저히 가능하지 않은 상황에 봉착했다.

영매의 목소리는 몇 분간 낮게 웅웅거리다가 "나는 창조주다"라고 말하더니 이렇게 물었다. "방금 내가 '나는 창조주다'라고 내가 말했을 때 너는 무엇을 보았느냐?" 관찰자는 "아무것도 보지 못했습니다"라고 대답했다. 그러자 영매의 목소리가 설명했다. "그것은 아무것도 아닌 것이 아니다. 그것은 공허다." 그러더니 질문을 더 던져서 관찰자를 압박했다. "공허에서 빛이 보이느냐?" 관찰자는 "공허에서 빛이요?"라고 되묻는 것으로 일단 이 난감한 상황을 모면하려 했다. "창조주"는 "공허를 뒤덮고 확장되는 빛"이 보이지 않느냐고 더 상세히 물었다. 이어서 공허와 빛을 설명하는 말이 점점 더 화려해지더니 다른 사람들을 방으로 들어오게 해서 우리 관찰자가 방금 "창조를 목격할 수 있도록 허락되었다!"고 말했다. 한술 더 떠, 영매는 자신이 "나는 창조주다"라고 말할 때마다 관찰자가 창조의 광경을 목격했으므로 이 "사건"은 자신이 "창조주"의 목소리로 말하는 것이 진실임을 입증하는 것이라고 했다. 창의적인 해석이 이렇게 폭주할 때는 모임에 영향을 미치지 않기 위해 고안된 어떤 정교한 참여관찰 기법도 소용이 없었다.

최선을 다해 그러지 않으려고 했지만 우리는 이 운동에 영향을 미쳤다. 여기에서는 영향을 미친 사건들만 강조했기 때문에 관찰자가 실제로 미친 영향을 사실보다 과장하고 있는 것인지도 모르지만, 우리가 그곳에 존재했다는 것 자체가, 그리고 우리가 행한 몇 가지 행동이 그들의 확신과 투자 행동을 지지하고 지원하는 효과를 낳은 것은 분명하다. 한편, 전도 활동에는 우리가 어떤 영향도 미치지 않았다. 우리는 영향을 미칠지 모른다는 가능성을 염두에 두고 매우 조심스럽게 행동했고 그 덕분에 매우 중요한 종속변

수 중 하나인 전도 활동에는 영향을 미치지 않는 데 성공했다.

관찰자의 구성과 그들의 임무

관찰자는 모두 심리학과나 사회학과의 학생 또는 교수였으며 인터뷰와 참여관찰에 대해 경험이 있었다. 우리는 두 도시에서 각각 남성, 여성 조교 한 명씩을 뽑았다. 남성끼리, 또 여성끼리 대화를 해야 이야기가 더 수월할 수 있기 때문에 대상자의 성별에 따라 같은 성별의 관찰자가 이야기를 할 수 있게 하기 위해서였다. 성별을 다양하게 구성한 것이 가져다준 의외의 소득도 있었는데, 여성 관찰자들이 키치 부인의 집과 암스트롱 부부의 집에 아예 거주하면서 굉장히 많은 정보를 얻을 수 있었던 것이다. 관찰자가 모두 남성이었다면 훨씬 어려운 일이었을 것이다.

관찰 조교들의 임무는 사전에 세세하게 특정하기 어려운, 열린 성격의 것일 수밖에 없었다. 관찰해야 할 상황 자체가 매우 유동적이고 예측 불가였기 때문이다. 관찰 조교들은 이 연구의 목적과 수집해야 할 핵심 정보의 유형에 대해 매우 간략한 "교육"을 받았다. 우리는 조교들에게 이 운동에 참여한 사람 개개인의 "확신", "투자 행동", "전도 활동"의 강도가 어떠한지에 대한 정보가 필요하다고 주지시켰다. 각 참여자가 이 신념 체계의 제 요소들에 대해 그것이 진리라고 얼마나 확신하는가? 이 운동에 참여하기 위해 개인적으로 [철회가 불가능한] 어떤 투자 행동을 했는가? (혹은 하지 않았는가?) 이 신념 체계를 널리 퍼뜨리거나 다른 이에게 설득시키려는 활동에 얼마나 많이 나섰는가? 이러한 정보들을 수집하는 것에 더해, 관찰자들은 이 신념 체계의 발달이나 변화를 암시하는 발언이나 행동도 모조리 기록하고, (특히 홍수 대응과 관련해) 미래에 대한 계획이 더 구체화되거나 변화하는 것도 기록하도록 지침을 받았다. 또한 모임 일원들 각자가 어떤 계기로 여기에 관심을 가지게 되었으며 어떻게 해서 적극적으로 참여하게 되었는지를 드러내 주는 개인적인 이야기도 수집해야 했다. 특히 이런 이야기가 그 사람의 확신, 투자 행동, 전도 활동과 관련해 시사하는 바가 있을 경우에는 더욱 그랬다. 요컨대 관찰의 첫 번째 목표는 이 믿음을 믿는 신도들의 집단이 있는지, 그들은 누구인지, 그리고 그들이 얼마나 이 믿음에 확신을 가지고 있고 그것을 위해 투자 행동을 했는지를 알아내는 것이었다.

두 번째의 중요한 임무는 홍수 날짜가 가까워 옴에 따라 이들이 그에 대비해 어떤 행동을 취할 것인지를 파악하는 것이었다. 반증 사건이 벌어지는 [즉 홍수가 일어나지 않는] 바로 그 순간과 그로부터 회복되는 시기에 관찰자들이 반드시 현장에 있어야 했으므로 이들이 어떤 계획을 가지고 있는지 꼭 알아야 했다. 또 우리는 엘리게니산맥의 "안전한 장소"로 가려던 초기 계획이 실행될 가능성도 염두에 두고 세세하게 신경을 썼다. 몇 명이나 가야 할지, 구체적으로 누가 어디로 가야 할지, 관찰자가 몇 명 더 필요할지 등을 가늠해야 했기 때문이다. 인력이나 장비도 문제였고, 관찰자들이 은신처로 함께 가야 할 경우에 이동 수단을 마련하는 일과 한겨울에 산속에서 얼마가 될지 모르는 기간 동안 그들과 함께 거주해야 하는 문제 등 여러 가지를 염두에 두어야 했다.

마지막으로, 그들의 신념 체계 자체가 계속 변화할 수 있는 것으로 보였고 지도자들이 어떤 영감을 받을지가 예측 가능하지 않았기 때문에, 예언 날짜가 바뀌거나 연기되거나 아예 취소되는 (연구의 목적에 비추어 보면) 끔찍한 가능성을 포함해 어떤 가능성에도 준비가 되어 있어야 했다. 이 괴로운 불확실성은 예정된 운명의 날인 12월 20일 자정과 21일 아침까지 계속되었다.

요컨대 우리의 참여관찰은 안정적이고 조직된 집단, 즉 정기적으로 모임을 갖고 꽤 고정적인 행동 계획을 가지고 있는 집단이나 공동체를 연구하는 것과는 매우 달랐다. 특정한 행동이나 상호작용이 규칙적으로 되풀이되리라는 가정에 의존해 계획을 세우기란 불가능했다. "구도자" 정기 모임 같은 몇몇 예외를 제외하면, 모임의 중요한 활동에 대해 그것이 무엇이며 언제 어디에서 있을지를 겨우 하루 이틀 전에야 알 수 있었다. 지도자들 자신도 그들의 활동에 계획적인 일관성을 부여할 수 없었다. 그들이 받는 지침 자체가 지상의 규칙을 초월하는 속성을 갖는데다가, 관찰자들이 앞으로의 계획을 물어본다 한들 "명령을 기다리고 있을 뿐"이라는 답변만 들을 수 있었기 때문이다. 따라서 우리의 관찰자들은 자기 책임 하에서 자율적으로 일해야 했고 자신의 순발력과 상황 판단에 따라 그때그때 알아서 행동을 결정해야 했다. 변덕스럽기 그지없어 보이는 운동의 과정을 어떻게든 따라가기 위해, 관찰에서 엄격한 체계성과 일관성을 유지하는 문제는 일단 접어 두기로 했다.

강도 높은 관찰은 홍수 예정일을 한 달 정도 앞둔 11월 19일에 시작되어 1월 7일에 끝났다. 이 기간 동안 우리는 컬리지빌에서

29일, 레이크시티에서 31일간 관찰을 수행했다. 어떤 것은 한두 시간 정도의 짧은 방문이나 연락이었지만 어떤 것은 쉬지 않고 12시간, 14시간씩 이어지기도 했다. 홍수 예정일이 가까워오면서 관찰의 강도와 밀도는 더 높아졌다. 컬리지빌에서는 12월 9일부터 24일까지, 레이크시티에서는 12월 14일부터 27일까지 날마다 관찰을 수행했다. 또 두 장소 모두에서 17일부터 22일 사이에는 사람들이 깨어 있는 모든 시간대에 적어도 한 명의 관찰자가 현장에 있도록 했다. 이 기간 중에 여성 관찰자들은 키치 부인 집과 암스트롱 부부의 집에 거주하다시피 했다. 레이크시티에서는 여성 관찰자가 17일에 직장을 그만두었다고 말하자 곧바로 키치 부인이 자기 집에 들어와 지내라고 제안해서 그렇게 되었다. 컬리지빌에서는 암스트롱 부부가 13일에 레이크시티로 가면서 우리 여성 관찰자가 당연히 그 집에 머물면서 기꺼이 아이들을 돌봐 주겠거니 생각했다. 그래서 컬리지빌의 여성 관찰자는 도리 없이 그렇게 해야 했다.

이런 식으로, 우리는 주요 사건들이 일어나는 모든 현장에 관찰자가 있을 수 있게 하는 데 대체로 성공했다. 주요 사건이 있을 시점과 장소를 정확하게 예측하지 못해서 관찰자가 현장에 있지 못했을 경우에는 빠른 시간 안에 모임 일원 중 그 자리에 있었던 사람에게 물어서 정보를 얻었다. 11월 20일부터 1월 7일까지는 한 번만 빼고 모든 주요 사건에 우리의 관찰자나 저자가 현장에 있었다고 확신한다. 우리 관찰자나 저자가 현장에서 직접 보지 못한 주요 사건은 12월 24일 키치 부인 집 앞에서 캐럴을 불렀던 사건뿐이다.

관찰자의 피로 때문에 12월 12일~13일에 매리언 키치와 엘라 로웰이 만난 상황에 대해서는 완전한 기록을 가지고 있지 못하다. 그렇지만 기본적인 사항은 모두 확보했으며 이 만남의 중요성에 대해서도 충분한 자료를 확보했다. 한편 중요하지 않은 몇몇 사건 중 우리가 직접 관찰하지 못한 것들이 있다. 그중 하나는 12월 5일에 베르타의 집에 소수의 일원들이 모였을 때였는데 우리는 가지 못했다. 12월 6일에 암스트롱 부부가 엘라 로웰을 찾아간 것도 우리가 직접 관찰하지 못했다. (하지만 이날 나온 이야기들은 "닥터 브라우닝"의 메시지를 녹음한 테이프에 상당 부분 담겨 있다.) 12월 16일에 비행접시 학회 강연을 마친 뒤 소수의 사람들이 가졌던 모임에도 관찰자가 참여하지 못했다. 이런 경우들에 대해서는 현장에 있었던 사람에게 나중에 이야기를 들어서 정보를 수집하고 중요성을 가늠했다.

모든 현장마다 자리에 있으면서 관찰하는 것은 꼭 필요한 일이지만 매우 어려운 일이었다. 관찰자가 있었던 현장 중 많은 경우가 정보의 산출이 낮았다. (완전히 쓸모없는 경우는 없었지만 말이다.) 이전에 비해 새로운 일이 없었거나 모임 사람들이 그저 기다리고 있는 중이었기 때문이다. 특별한 사건이 벌어지지 않는 날이면 관찰자들은 모임 일원 개개인의 배경에 대해 정보를 얻거나 이들에 대한 소문이나 기록을 재확인하거나, 확신이나 전도 활동의 강도에 대한 정보를 얻거나, 이도 저도 다 아니면 단순히 라포를 쌓았다.

무언가가 일어날 것 같은 때마다 정신이 말똥말똥하고 집중할 수 있는 상태의 관찰자를 투입할 수 있는 게 아니었다는 점에서도 어려움이 있었다. 이 연구에서 참여관찰은 매우 진이 빠지는 일이었다. 절대적으로 수동적인 역할을 해야 한다는 압박에 더해(믿기 어려운 이야기들을 다 받아들이고 진심으로 믿는 척도 해야 했다), 매우 오랜 시간 동안 방대한 이야기를 최대한 암기하려 애쓰며 앉아 있어야 했다. 때때로 키치 부인과 베르타는 매우 장시간의 모임을 강요했고 참가자들이 자리를 뜨지 말아야 한다는 규칙을 계속해서 말했다. 한 관찰자가 중요한 국면에서 너무 장시간 발이 묶이는 바람에 교대할 사람을 부를 수 없었거나 교대할 사람이 끼어들 수 없는 경우도 많았다.

관찰자들은 참여관찰 일 말고 일상에서 해야 할 일도 있었고 직업도 있었다. 잠이 너무 부족해서 피로와 질병에도 시달렸다. 이 일은 종종 짜증스럽기도 했다. (우리 연구 목적으로 볼 때) 관련성 없는 일들이 너무 많았고 밤샘 모임은 너무 많은 시간을 잡아먹었으며 많은 발언이 반복적이었고 신념 체계의 요소들은 일관성이 없었기 때문이다. 신념 체계에 일관성이 없었다는 점은 관찰자들이 집중하기도 어렵게 만들었지만 (기록을 그 자리에서 할 수 없는 상황에서) 나중에 그것을 정확하게 복기하기도 매우 어렵게 만들었다.

관찰 내용의 기록

관찰자들이 수집한 자료에는 그들이 직접 관찰한 사건들에 대한 일화적인 설명, 모임 일원들이 그 이전에 혹은 다른 지역에서 겪었거나 행한 행동에 대해 알려 준 이야기, 모임 일원들과 대화나 질문을 통해 알아낸 사실관계 정보나 그들의 태도에 대한 정보, 그리고 모임 전체에 선언된 공식적인 주장이나 강연 내용 등 다양한 형태가 망라되어 있다. 관찰 상황의 특성상, 드러내놓고 필기를 하는 것은 어디에서도 허용되지 않았다. 유일한 예외는 11월 23일 모임이었는데, 이때는 "창조주"가 기록을 하라고 명령했다. 비밀리에 기록을 하는 것도 어려움이 많았다. 집 안에서는 관찰자들이 혼자 있을 수 있는 경우가 거의 없었기 때문이다. 모임을 잠깐 벗어나려면 매우 독창적인 핑계를 대야 했다. 때때로 쓰인 수법은 화장실에서 기록을 하는 것이었는데 완전히 만족스러운 해법은 아니었다. 너무 자주 화장실에 가면 의심을 사거나 괜한 관심을 끌 수 있기 때문이다. 번갈아 화장실을 사용하는 식으로 해결하기도 했다. 가령 12월 21일 아침에는 관찰자 모두가 너무 피곤해서 자신의 기억력을 많이 믿을 수가 없게 되었다. 그래서 나머지 관찰자들이 남아서 듣는 동안 번갈아 한 사람씩 화장실에 가서 자신이 들은 내용을 기록하는 식으로 내용을 정리했다.

뒤뜰로 나가서 어둠 속에서 기록을 하는 방법도 있었다. 쉬는 시간에 관찰자들은 바람을 쐰다며 밖으로 나가 기록을 했다. 가령 12월 21일 새벽 3시 30분에 닥터 암스트롱이 밖으로 나온 우리 저자에게 의심과 회의를 거두라고 말하고 나서 집 안으로 들어간 뒤, 우리 저자는 따라 들어오지 않고 혼자서 생각을 좀 하겠다고 하고서 밖에 남아 그 대화를 즉시 기록했다.

기억에 일단 의존한 뒤 가급적 빠른 시간 안에 그 내용을 녹음기에 대고 구술로 풀어서 기록하기도 했다. 모든 관찰자는 녹음기를 사용할 수 있었고 되도록 빠르게 관찰 내용을 구술했다. 대개 이러한 구술은 관찰자가 현장을 떠난 지 몇 시간 이내에 이뤄졌다. 관찰자가 철야 모임으로 너무 피곤해서 먼저 잠을 자야 했던 적도 있긴 했지만, 우리 자료의 대부분은 현장을 벗어난 지 서너 시간 안에 구술되었다. 레이크시티 팀이 24시간 내내 현장에 있어야 했던 동안(12월 17일에서 22일 사이)에는 키치 부인의 집에서 800미터쯤 떨어진 호텔에 임시 본부를 마련했다. 여기에서 세 대의 녹음기가 쉬지 않고 돌아갔고 대부분의 내용이 관찰자가 키치 부인의 집에서 나온 뒤 한 시간 안에 구술되었다.

전부 합해서 관찰자들의 기록은 1시간짜리 공테이프 65개 분량이었고 글로 풀어 보니 1천 페이지 정도가 되었다. 이에 더해 우리는 약 1백 페이지의 직접 녹음 자료를 구할 수 있었다. 여기에 포함된 내용들은 다양하다. 가령 키치 부인과 닥터 암스트롱이 비행접시 학회에서 강연을 했을 때 우리는 조교 한 명을 청중으로 그곳에 보냈다. 조교는 미니 녹음기로 강연을 거의 다 녹음할 수 있었다. 직접 녹음된 자료 중에는 전화 통화 내용도 있다. 12월 21일 저녁부터 사람들은 가디언이 전화로 지시를 줄지 모른다고 기대하고서 걸려 오는 모든 전화를 녹음했다. 우리 관찰자 한 명이 테이프를 빌려 달라고 하자 흔쾌히 빌려 주었고 우리는 그 내용을 풀어서 기록했다. 또한 컬리지빌의 관찰자는 엘라 로웰의 녹음 테이프 상당 부분을 글로 풀어서 가지고 있을 수 있었다. 또 키치 부인이 자동기술로 받은 가르침 중 가장 중요한 부분들에 대해서도 토씨까지 원문 그대로 기록한 사본을 (때로는 원본도) 확보할 수 있었다.

우리가 모은 자료들은 토씨까지 원문 그대로 기록된 것, 현장에서 필기로 기록한 것, 매우 긴 모임 중 주요 장면만 요약한 것까지 정확성에서 편차가 크다. 또 참여관찰이 이뤄지기 전의 일들에 대해서는 회고적인 묘사에 의존해야 했다. 이 책에서 우리는 토씨까지 원문 그대로 기록된 것들에만 직접 인용 표시를 다는 것을 원칙으로 했다. 하지만 관찰자가 대화가 끝나고 몇 분 안에 기록을 할 수 있었던 경우, 혹은 해당 구절을 말 그대로 기억할 만한 어떤 계기가 있어서 그것을 명시해 놓은 경우에도 직접 인용 표시를 달았다.

요약

이제까지 묘사한 내용과 앞의 여러 장들에서 나온 내용들을 볼 때, 독자들은 이 연구의 수행 과정이 정통적인 사회과학과 여러 면에서 다르다는 것을 알 수 있었을 것이다. 끝으로 우리는 그러한 차이점들을 요약하고 그 차이가 필요했던 이유를 설명하고자 한다.

우선, 너무나 명백하게도 이 연구는 사회심리학의 일반적인 연구 기법에 의존할 수 없었다. 우리의 자료는 양적이기보다는 질적이었으며 우리가 관찰한 내용은 표로 만드는 것조차 어려웠다. 대상이 되는 운동이 새로이 나타난 운동이었는데다 예측이 불가능했고, 여기에 더해 시간의 압박 때문에 우리는 사건, 행동, 발언, 감정 등에 대한 표준적인 범주들을 만들 수 없었다. 또한 모임 일원 중 누구도 표준적인 측정 도구들(가령, 반증 이전과 이후의 지표들을 비교하기 위한 질문지, 구조화된 심층 면접 같은 것)을 사용해 조사할 수 없었다.

우리는 관찰자 역할만큼이나 탐정 역할도 해야 했다. 초기 단계에서는 계속해서 듣고, 추궁하고, 질문해 가며 누가 모임의 일원인지, 그들의 믿음이 얼마나 진심인지, 그 믿음에 따라 어떤 행동들을 취했는지, 어느 정도나 다른 이들을 설득하고 내용을 전파하는 일에 나섰는지 등을 알아보아야 했다. 나중에는 이런 종류의 데이터를 쌓아 가는 한편으로 이 운동의 다음 단계에서는 무슨 일이 일어날지를 계속해서 물어야 했다. 가령 새로운 모임이 잡히면 거기에 누가 초대되었는지, 홍수를 기다리기 위해 모임이 어디로 가야 할지 (혹은 개개인이 어디로 가야 할지) 등을 계속 질문해야 했다. 게다가 이 모든 탐정 활동을 은밀하게 해야 했다. 연구의 목적을 밝히지 않고 연구자가 아니라 그저 관심 있는 일반인인 척해야 했기 때문이다. 우리는 이 믿음 체계가 옳다는 것은 믿지만 아직 수동적이고 집단에 영향을 미치기에는 미미한 존재인 척하려고 노력했다. 우리가 수집한 자료는 우리가 원했던 정도보다 덜 완전했고 우리가 집단에 미친 영향은 우리가 원했던 정도보다 더 컸을지 모른다. 하지만 우리의 이론에 대해 일관된 설명을 제시할 수 있을 만큼 충분한 정보를 모을 수 있었고, 다행히도 반증 사건이 미친 영향은 탄탄한 결론을 도출하기에 충분할 정도로 명백했다.

1장 미주

1. P. Hughes, *A Popular History of the Catholic Church* (New York: Doubleday and Company, 1954), p. 10.

2. Richard Heath, *Anabaptism: From Its Rise at Zwickau to Its Fall at Munster, 1521-1536* (London: Alexander and Shepheard, 1895), p. 119. 다음의 일부다. *Baptist Manuals: Historical and Biographical,* edited by George P. Gould.

3. Ibid., pp. 147~148.

4. Ibid., pp. 120~121.

5. 사바타이 운동에 대한 묘사는 다음에 실린 내용을 토대로 했다. H. Graetz, *History of the Jews* (Philadelphia: Jewish Publication Society of America, 1895), Vol. 5, pp. 118~167. 이 운동과 관련해 단일 자료로는 이 책이 가장 훌륭하다고 생각한다.

6. Graetz, p. 122.

7. Ibid., pp. 134, 137.

8. Ibid., p. 146.

9. Ibid., pp. 147~148.

10. Ibid., p. 149.

11. *The Memoirs of Gluckel of Hameln,* translated by Marvin Lowenthal (New York: Harper, 1932), pp. 45~46.

12. C. E. Sears, *Days of Delusion* – A Strange Bit of History (Boston and New York: Houghton Mifflin, 1924).

13. Francis D. Nichol, *The Midnight Cry* (Tacoma Park, Washington, D.C.: Review and Herald Publishing Company, 1944).

14. Ibid., p. 33.

15. Ibid., p. 101.

16. Ibid., pp. 124~125.

17. *Brother Jonathan*, February 18, 1843. 다음에 인용됨. Nichol, p. 130.

18. *Signs of the Times*, January 25, 1843, p. 147. 다음에 인용됨. Nichol, p. 126.

19. Nichol, p, 126.

20. Sears, p. 1 19.

21. Nichol, p. 160n.

22. Sears, pp. 140~141.

23. Ibid., p. 144.

24. Nichol, p. 206.

25. Sears, p. 147.

26. *Advent Herald*, July 17, 1844, p. 188. 다음에 인용됨. Nichol, p. 208.

27. *Advent Herald*, July 24, 1844, p. 200. 다음에 인용됨. Nichol, p. 208.

28. Nichol, pp. 209~210.

29. Ibid., p. 213.

30. *Advent Herald*, October 30, 1844, p. 93. 다음에 인용됨. Nichol, p. 216.

31. Sears, pp. 156~157.

32. Nichol, p. 231.

33. *The Midnight Cry*, October 19, 1844, p. 133. 다음에 인용됨. Nichol, p. 236.

34. *The Midnight Cry*, October 3, 1844, p. 104. 다음에 인용됨. Nichol, p. 238.

35. Nichol, pp. 238~239.

36. Hirad Edson. 그의 삶과 경험에 대한 원고의 일부분. pp. 8, 9. 다음에 인용됨. Nichol, pp. 247~248.

37. Luther Boutelle, *Life and Religious Experience*, pp. 67~68. 다음에 인용됨. Nichol, pp. 248~249.

38. 별도의 설명이 없으면, 기독교에 대한 우리의 논의에 등장하는 모든 인용은 다음에서 따온 것이다. *Christianity in the Light of Modern Knowledge* (London and Glasgow: Blackie and Son, 1929). 이 책은 논문 모음집으로, 우리가 인용한 부분이 담긴 논문들은 다음과 같다. Francis Crawford Burkitt, F.B.A., D.D., "The Life of Jesus," pp. 198~256; Rev. Charles Anderson Scott, D.D., "The Theology of the New Testament," pp. 337~389; Rev. Canon David Capell Simpson, M.A., D.D., "Judaism, the Religion in Which Christ Was Educated," pp. 136~171.

39. P. 335.

40. P. 350.

41. P. 165.

42. P. 226.

43. Graetz, Vol. 2, p. 166.

44. 인지부조화 이론과 시사점은 레온 페스팅거의 근간에서 상세히 다뤘다.

믿음에 맞춰 현실을 조정하려는 사람들

"확신에 찬 사람은 잘 바뀌지 않는다. 그에게 '나는 당신에게 동
의하지 않는다'라고 말해 보라. 그는 외면할 것이다. 그에게 사실
관계 정보와 수치 근거들을 제시해 보라. 그는 출처를 의심할 것
이다. 그에게 논리적으로 반박해 보라. 그는 당신 말의 요지를 파
악하지 못할 것이다."

견해의 극단화와 과격화, 이를 가속화하는 소셜 미디어, 그에
따른 사회적 분절을 우려하는 요즘, 책의 서두라고 해도 전혀 이
상하지 않을 이 단락은, 1956년에 출간된 『예언이 끝났을 때』의
첫 부분이다. 사회심리학자 레온 페스팅거(1919년~1989년)와 동료
연구자들은 1954년에 '인지부조화 이론'을 구상하면서 그 이론 중
한 부분을 검증하기 위해 현장 연구를 진행했는데, 그것이 바로
이 책의 내용이다.

'인지부조화'란 어떤 사람이 가지고 있는 인지적 재료들이 서
로 부합하지 않는 경우를 말하며, 이때 발생하는 불편함을 해소하
기 위해 그 사람은 적극적으로 자신의 인지적 재료들을 재구성하
려 한다는 것이 인지부조화 이론이다(45~47페이지 참조). 현실에
서 발견된 새로운 증거들에 맞추어 믿음이 조정되기도 하지만 믿

음을 유지하기 위해 현실에 대한 인식이 조정되기도 한다.

전반적인 이론 작업 중에서● 이 현장 연구는 어떤 사람이 가지고 있는 믿음에 대해 도저히 부인할 수 없는 명백한 반례가 나타났을 때('반증 사건') 그의 확신이 오히려 강화되는 현상을 확인하기 위해 이루어졌다. 페스팅거와 연구팀은 반증 사건 이후에 믿음이 철회되기는커녕 다른 이들에게까지 그 믿음을 전파하려는 '전도 활동'이 전보다 증가하는 것이 관찰된다면 이 현상을 확인할 수 있으며, 이를 '확신의 강도,' '투자 행동의 강도', '사회적 지원'이라는 세 가지 변수로 예측할 수 있으리라는 가설을 세웠다. 그리고 어느 날 신문에서 외계의 우월한 존재로부터 지구 종말에 대한 예언을 들었다는 한 여성에 대한 기사를 우연히 보게 된 저자들은 이것이 위의 가설을 현실에서 검증해 보기에 더없이 적합한 기회가 되리라는 것을 깨닫고 연구 조교들과 함께 이 모임에 잠입해 '반증 사건'(예정된 날짜에 지구 종말은 오지 않았다) 전과 후에 신도들이 보이는 반응을 직접 관찰했다.

오늘날 '인지부조화' 개념은 사회심리학뿐 아니라 마케팅, 소비자 행동, 정보 탐색 등 광범위한 분야에서 연구에 적용되고 있으며, 학계를 넘어 일반적으로도 널리 쓰이는 일상 용어가 되었다. 또한 페스팅거는 단순히 '인지부조화' 개념이 유명해졌다는 면에서만이 아니라 실험사회심리학이라는 분야 자체를 개척한 인물로도 높이 평가받는다. 페스팅거 사후 부음 기사에서 『미국 심리학회지*American Psychologist*』는 "실험 연구에 기반한 사회심리학은 레

● 전반적인 이론은 『예언이 끝났을 때』가 나온 이듬해인 1957년에 『인지부조화 이론*A Theory of Cognitive Dissonance*』이라는 책으로 출간되었다.

온 페스팅거가 아니었다면 생겨나지 못했을지도 모른다"고 평가 했고, ● 『유럽 사회심리학회지*European Journal of Social Psychology*』는 "페 스팅거의 사망으로 현대 사회심리학은 이 분야에 가장 근본적인 족적을 남긴 사상가를 잃었다"고 언급했다. ●● 공저자 두 명도 못 지 않은 학문적 영향을 남겼다. 스탠리 샥터(1922~1997년)는 집단 귀속 동기, 개인이 인식하는 현실의 재구성에 영향을 미치는 사회 적 요인, 행동에 대한 내부 귀인과 외부 기인의 조건 등 심리학의 폭넓은 주제에 대해 이론과 실증연구 모두에서 많은 업적을 남겼 으며, ●●● 헨리 W. 리켄(1917년~2012년)은 사회과학 분야에 '무작 위 통제 실험randomized controlled trial'을 적용하는 것과 관련한 방 법론의 기틀을 다져 사회과학의 엄정성을 높이는 데 기여했다는 평가를 받는다. ●●●●

이 책에 등장하는 사람들은 지구의 종말과 예수의 재림, 외계의 메시지와 비행접시 등 현실성이 있다고는 보기 어려운 요소들의 조합을 굳게 믿고서 현실에서 중요한 일들을 포기해 가며(가령, 직 장을 그만둬 가며) 이 믿음에 헌신한다. 외부에서 보기에는 황당무 계하고 '비정상적'인 사람들로 보이지만, 저자들은 "웬 정신 나간 여성의 광기"라고 치부하거나 "미친 사람만 이런 생각을 믿을 것" 이라고 생각하면 안 된다고 분명히 밝히고 있다(91~92페이지 참

● Zajonc, R. B.(1990). "Obituary: Leon Festinger(1919~1989)," American Psychologist, 45(5): 661~662.

●● Moscovici, Serge. (1989), "Obituary: Leon Festinger," *European Journal of Social Psychology*, 19: 263~269.

●●● Nisbett, Richard E. (2000). "Stanley Schachter (1922~1997): Obituary," *American Psychologist* 55(2): 1505~1506

●●●● Boruch, R. F. (2013). "Henry W. Riecken Jr. (1917~2012)," *American Psychologist*, 68(5): 398

조). 이들의 믿음을 구성하고 있는 각각의 요소 모두가 당대에 꽤 널리 유행하던 개념들이었을 뿐 아니라, 무엇보다 이 연구 자체가 인간의 '보편적인' 속성을 탐구하는 과정에서 나온 연구이기 때문이다. 즉, 이 책은 '이상한 사람들'의 우스꽝스러운 믿음에 대한 책이 아니라 '우리 모두'가 가지고 있는● 심리적 동기를 고찰하는 책이다.

오늘날의 우리도 현실의 증거에 따라 믿음을 조정하기보다 믿음에 따라 현실을 조정하는 사람들을 늘상 접하며(누군가가 보기에는 나 역시 그러고 있을지도 모른다), 특히 최근에는 이 현상이 소셜 미디어를 통해 더욱 증폭되는 듯한 (혹은 적어도 더욱 가시화되는 듯한) 양상을 보여 왔다. 비슷한 생각을 가진 사람끼리 편향된 견해를 서로서로 확증해 주면서 집단별로 견해가 점점 더 과격화, 극단화되는 '반향실' 효과나 '필터 버블' 효과가 집단 사이에 합의나 조정은 고사하고 소통 자체를 가로막아 각자 극단적인 견해에 고착되게 함으로써 사회의 분절을 심화시킨다는 우려도 높다.●●

● 페스팅거 본인도 예외가 아니다. 인지부조화 개념을 설명할 때 흡연자가 담배의 유해성을 알고도 담배를 계속 피우는 경우에 대한 사례가 나오는데(46페이지 참조) 어쩌면 자신의 이야기였는지도 모른다. 일설에 의하면, 페스팅거는 엄청난 흡연가였는데 말년에 간암으로 투병하게 되자 이렇게 말했다고 한다. "내가 폐암이 아니라 간암이라고 모두에게 꼭 좀 알려 주세요." (Zajonc, R. B. (1990). "Obituary: Leon Festinger (1919~1989)," *American Psychologist*, 45(5): 661 – 662).

●● 사회심리학 외에도 행동경제학, 정치학, 미디어학 등 여러 분야에서 (인지부조화 이론 자체를 직접적으로 언급하지는 않더라도) 최근 이와 관련한 연구가 많이 이루어졌는데, "소셜 미디어 시대의 분절된 민주주의"(Cass R. Sunstein. 2017. *Republic: Divided Democracy in the Age of Social Media*, Princeton University Press), "소셜 미디어는 어떻게 미국을 극단화하는가"(Jaime Settle. 2018. *Frenemies: How Social Media Polarizes America*, Cambridge University Press), "반사회적 미디어: 페이스북은 어떻게 우리를 단절시키고 민주주의를 훼손하는가"(Siva Vaidhyanathan. 2018. *Antisocial Media: How Facebook Disconnects Us and Undermines Democracy*, Oxford University Press)와 같은 제목이나 부제가 이러한 우려를 단적으로 보여 준다.

『예언이 끝났을 때』에서 저자들은 기존의 믿음이 오히려 더 강화되는 현상을 설명하려면 '확신'의 강도 외에 '투자 행동'과 '사회적 지원'이라는 두 가지 변수를 더 고려해야 한다고 주장했는데, 극단화된 입장을 소셜 미디어에서 가시적으로 드러내고 나면('투자 행동') 타협이나 조정의 여지가 점점 없어진다는 점에서도, 그리고 소셜 미디어가 전에는 주류에서 벗어나 있어서 서로서로를 찾기 어려웠던 사람들이 서로를 찾아내고 북돋워 줄 수 있는 '준사회적parasocial' 장의 기능을 한다는 점에서도('사회적 지원') 현재적 시사점을 가진다.●

책의 시사점이 너무나 오늘날을 향한 메시지처럼 느껴져 흥미롭다면, 연구가 진행된 방식은 '그때 그 시절'을 보는 것처럼 느껴져 흥미롭다. 방법론의 정교성 측면에서 그렇다는 게 아니라, 오늘날이라면 연구윤리위원회의 심의를 통과하기 어려울 '위장 잠입' 방식으로 참여관찰을 수행했기 때문이다. 지명과 인명을 가명으로 사용하는 등 대상자를 보호하기 위해 노력했지만, 방법론을 설명한 "부록"을 보면 당사자에게 동의를 구하지 않은 채로 삶

● 소셜 미디어가 실제로 극단화를 촉진하는지, 그리고 그 기제가 알고리즘 자체인지 사회적 요인인지 등에 대해서는 여전히 논쟁이 진행 중이다. 소셜 미디어가 극단화를 촉진하며 특히 추천 알고리즘 자체가 기계적으로 그러한 극단화를 일으킨다는 주장도 있었고 이에 대해 오히려 소셜 미디어의 알고리즘은 극단적인 콘텐츠를 걸러 주는 기능을 한다는 반론도 있었다. 또 어떤 연구는 유튜브에서 가장 극단주의적인 채널들은 콘텐츠와 구독자 모두 2017년 이후로 줄어드는 추세이므로 소셜 미디어가 반드시 일방향적으로 극단화를 계속 진행시킨다고는 볼 수 없지만, 극단적인 채널에 계속 남아 있는 사람들은 다른 사람들에 비해 유튜브 채널을 더 "커뮤니티적"으로 인식하는 경향이 있다고 언급했다. 이 마지막 부분은 페스팅거의 '사회적 지원' 가설과 잘 부합한다. (https://www.cjr.org/the_media_today/youtube-radicalization.php; https://www.wired.com/story/not-youtubes-algorithm-radicalizes-people/).

을 밀착 관찰하면서 정보를 모으는 것 자체의 윤리적 문제는 크게 고려하지 않은 것 같아 보인다('부록'은 주로 연구자가 의도치 않게 대상자의 생각에 영향을 미쳐서 결과가 왜곡될 가능성에 대해 논하고 있다). 그렇더라도, 1958년에 사회학자 에버렛 휴즈Everett Hughes가 이 책을 읽고 『미국 사회학회지American Journal of Sociology』에 게재한 서평에서 "사람을 대상으로 연구하는 경우 고려해야 할 것들이 무엇인지"에 대해, 가령 "우리는 몰래 사람들을 참여관찰할 권리가 있는가? 있다면, 그 결과를 그들의 신원이 특정될 수 있는 방식으로 출판하는 것이 타당한가?"와 같은 질문들에 대해 고민이 필요할 것 같다고 언급한 것을 보면, 이 책이 '참여관찰에서의 연구윤리'가 학계에서 논의되는 데 적어도 하나의 계기가 되었음은 분명하다.

2020년의 우리가 아집과 분열을 넘어 생산적인 사고와 소통을 할 수 있기 위해 필요한 것이 무엇일지 고민하는 데도 이 책이 64년의 시간을 뛰어넘어 하나의 작은 단초가 될 수 있기를 바란다.

2020년 4월

김승진

찾아보기

예언이 끝났을 때

첫 번째 찍은 날 | 2020년 4월 23일

지은이 | 레온 페스팅거, 헨리 W. 리켄, 스탠리 샥터
옮긴이 | 김승진
펴낸이 | 이명회
펴낸곳 | 도서출판 이후
표지 및 본문 디자인 | A. Lance

ⓒ 김승진, 2020

등록 | 1998. 2. 18.(제13-828호)
주소 | 10449 경기 고양시 일산동구 호수로 358-25(동문타워 2차) 1004호
전화 | (대표) 031-908-5588 (편집) 031-908-1357 팩스 02-6020-9500
블로그 | blog.naver.com/ewhobook
ISBN | 978-89-6157-100-5 03300

이 도서의 국립중앙도서관 출판시도서목록(CIP)은 e-CIP 홈페이지(http://www.ni.go.kr/cip.php)에서 이용하실 수 있습니다. (CIP 제어번호: CIP2020013333)